Introduction to

New Out of Home Advertising 2판

新 옥외 광고론

심성욱 • 박 현 지음

서울경제경영

머리말

요즘은 너무나 빨리 옥외광고 산업이 변화하고 있다. 2012년에 초판이 발행되고 2년이 채 안되어 내용이 시대에 뒤처지는 양상을 보이기 시작해서 마음으론 언젠가 빨리 개정판을 내야겠다는 생각을 하게 되었다. 공동 저자인 박현 선생과 얘기만 했던 것이 벌써 5년이 흘러버렸다. 늦게나마 개정판을 내게 되어 기쁘게 생각한다. 옥외광고는 디지털 옥외광고로 빨리 변화하고 있으며 좀 더 시장은 투명화 되고 있지만 옥외광고 시장의 발전은 더딘 실정이다. 물론, 현재 한국 광고시장의 성장없이 옥외광고의 성장을 바라기는 쉽지 않은 상황이다. 그렇지만 이 상황에서도 크리에이티브가 강할 수 있는 옥외광고 성장기회는 있으리라 본다.

1부는 옥외광고의 개념을 정리하면서 2016년에 일부 개정된 옥외광고물 등의 관리와 옥외광고산업 진흥에 관한 법률에 의한 옥외광고 개념을 추가하였으며, 2부는 옥외광고 전략과 집행부분으로 여기에서는 큰 수정은 없었다. 3부는 옥외광고 효과측정을 다루면서 새로운 효과측정 연구와 사례를 추가하였다. 예를 들면, 아이트래킹 조사를 통한 옥외광고효과 측정을 포함시켰다. 아울러, 해외 옥외광고 플랜닝 일부를 소개하였다. 4부는 디지털사이니지를 다루면서 디지털사이니지 시장과 관련한 현황을 업데이트 하였고 진화된 형태의 디지털사이니지를 포함시켰다. 5부는 새로운 옥외광고 크리에이티브 사례를 추가하였으며 6부는 옥외광고 법규와 관련하여 신고해야 할 옥외광고, 금지되는 옥외광고법 내용 등을 다시 정리하였으며 미래의 옥외광고 산업을 전망하였다. 이 책을 통해 독자들이 옥외광고를 잘 이해하고 집행하는데 있어 조금이나마 도움이 되었으면 하는 생각을 가져본다.

저자들은 이 책을 집필하면서 여러 사람으로부터 도움을 받았다. 책을 만드는 과정에서 조교를 했던 김소중, 한양대 박사과정 변혜민 등의 친구들이 책을 구성하는데 도움을 주었다. 아울러, 교재를 집필하는데 있어 항상 격려해주시는 서울경제경영출판사 김은중 사장님, 편집진 등에게 감사함을 전한다. 마지막으로 2판을 집필하는데 격려와 지원을 해준 저자들의 가족들에게 감사함을 전함과 동시에 이 책이 출판되는 기쁨을 나누고 싶다.

2017년 8월

심성욱, 박현

차례

CHAPTER

INTRODUCTION TO **NEW OUT OF HOME ADVERTISING**

01 옥외광고의 정의

1. 정의

현재 옥외광고에서 새로운 매체가 계속 등장하고 있고 디지털 매체로 변화함으로써 옥외광고를 정의하기가 쉽지 않게 되었다. 환경의 변화와 더불어 새로운 매체들이 개발되고 있는 상황에서 옥외광고의 정의는 계속적으로 변화하고 있다. 현대도시의 급격한 변화는 그 지역의 건물과 그 기능의 역할을 새로이 요구하고 있어 옥외광고물은 건물과 더불어 새로운 모습으로 변화하고 있기 때문이다(이정교, 이예승,강미성, 구은연, 2004). 현재 옥외광고물은 지금까지 행정자치부의 「옥외광고물 등의 관리와 옥외광고산업 진흥에 관한 법률(이하 옥외광고물법)」과 시.도 조례로 관리되어 왔으며, 이에 대한 제한과 규제의 필요성에 따라 사용되어 왔다. 그러나 최근 옥외광고물은 간판이나 사인보다 광고매체로써 가치가 높아지고 있기 때문에 옥외광고를 제대로 정의하는 것은 중요하다.

옥외광고물에 대한 개념 규정은 국가별, 도시별, 지역별 그리고 상업경제 역할에 따라 다양한 정의를 제시하고 있다. 이정교 외(2004) 논문에서는 옥외광고물의 정의를 다음과 같이 요약하였다.

옥외광고는 광고효과가 지속적인 경우가 많으며, 설치 장소에 따라 특정지역, 특정계층의 대상에 밀도 있게 전달되어야 하는 목표를 갖고 있는 메시지 매체"라고 정의될 수 있다(이정교 외, 2004).

위의 내용을 바탕으로 해서 종합해보면 옥외광고는 "상업경제의 영리목적을 달성하기 위한 옥외광고는 상점 및 기업의 마케팅 커뮤니케이션 활동으로써 실

표 1.1 옥외광고물의 정의

관련법, 문헌	정 의
1. 옥외광고물 관리법 (1991년 1월 8일 제정)	상시 또는 일정기간 계속하여 공중에게 표시되어 공중이 자유로이 통행할 수 있는 장소에서 볼 수 있는 것(대통령령이 정하는 교통시설 또는 교통수단에 표시되는 것을 포함한다)으로서 간판, 입간판, 현수막, 벽보, 전단 기타 이외 유사한 것
2. 옥외광고디자인전략, 류승희, 1995	건물은 물론 지하도, 철도역, 지하철, 공항, 항만 및 고속도로의 교통시설과 열차, 전동차, 자동차 관리법에서 규정하는 자동차와 항공법에서 규정하는 비행선 등 교통수단을 포함한 곳에 불특정 다수인을 대상으로 광고 게시시설을 설치하기 위한 시설물을 말한다.
3. 광고대사전	광고매체로서는 가장 역사가 오래된 것으로 광의로는 간판, 광고탑 등이 포함되지만 협의로는 광고게시의 공간을 제공하는 옥외구조물을 말한다.
4. 미국 옥외광고협회 (OAAA)	일정한 규격과 디자인 그리고 광고판의 구성에 부합되어진 것으로서 가정 밖에서 광고메시지를 소비자에게 전달하는 많은 유형의 광고매체(서범석 외, 2004, p.16).
5. 일본 옥외광고물법	상시 또는 일정한 기간 계속해서 옥외에서 공중에게 표시된 것으로 간판, 입간판, 벽보 및 전단 또는 광고탑, 광고판, 건물과 기타의 공작물 등에 부착되거나 또는 표시되는 것과 그에 준하는 종류의 것을 말한다.
6. 옥외광고론, 서범석	가정 이외의 오프라인 상에서 상업적 목적으로 일정 기간 소비자에게 시각적 메시지를 전달하는 광고매체로서 옥외광고, 교통광고, 스포츠광고, 특수광고, 기타 광고 등을 포함한다.
7. 옥외광고물 등 산업진흥법(2017년 개정)	"옥외광고물"이란 공중에게 항상 또는 일정 기간 계속 노출되어 공중이 자유로이 통행하는 장소에서 볼 수 있는 것(대통령령으로 정하는 교통시설 또는 교통수단에 표시되는 것을 포함한다)으로서 간판 · 디지털광고물(디지털 디스플레이를 이용하여 정보 · 광고를 제공하는 것으로서 대통령령으로 정하는 것을 말한다) · 입간판 · 현수막(懸垂幕) · 벽보 · 전단(傳單)과 그 밖에 이와 유사한 것을 말한다.

외 공간에서 발생되는 정보전달을 위한 시각, 청각 등의 감각 표현전략으로써 불특정 다수의 공중을 대상으로 옥외의 특정한 장소에서 일정기간 계속해서 시각적 자극을 주는 광고물을 총칭한다. 즉, 옥외환경에서 상업적 목적을 갖는 광고내용을 일정한 기간 동안 구체적인 소비자 또는 불특정 다수에게 인지할 수 있는 방법을 동원해서 예술적, 감각적 표출 효과로 메시지를 전달하는 광고전략의 일환으로써, 전달하는 정보내용을 구현하는 형태 또는 실현 매체를 옥외광고물이라 한다. 이상에서와 같이 옥외광고는 외부에서 노출되어 소비자에게 메시지를 전달하는 매체의 총칭이라 할 수 있다. 2017년에 새로 개정된 옥외광고물 등 산업진흥법에서는 디지털옥외광고물의 개념이 포함되었다는 것이 큰 특징이라 볼 수 있겠다.

2. 옥외광고물의 분류체계(종류)

(1) 국내 옥외광고물 분류사례

옥외광고물 분류체계에 대한 연구가 다양한 측면에서 연구되어 왔으나 급격한 도시화로 인한 많은 종류의 옥외광고물을 포함시키기 어려웠다. 몇 가지만 살펴보면 다음과 같다. 서범석외 3인(2004)에서는 옥외광고에 전반적인 내용 분석에 따라 광고 산업 측면에서 옥외광고 종류를 크게 다섯 분류로 나누고 있다. 첫째, 옥상 광고 형식으로 빌보드(옥상 간판, 야립 간판), 네온 광고, 전광판, 기타광고 형식(탑광고) 등이 있으며, 둘째, 교통 광고 형식으로 차량광고(버스, 택시, 트럭 등), 지하철 광고, 철도 광고, 공항 및 터미널 광고, 고속도로 광고가 있다. 셋째, 스포츠 경기장 광고로 야구장, 축구장, 골프장, 스키장, 볼링장 등으로 구분된다. 넷째, 특수 광고로 비행선 광고, 점보트론 광고, 애드벌룬 광고 및 각종 시설물 광고가 여기에 포함된다.

이 분류는 광의의 분류체계로 옥외광고물의 개념을 '가정 밖에서 광고메시지(정보)를 소비자에게 전달하는 많은 유형의 광고매체'로 정의하고 이에 따라, 스포츠 경기장 광고, 특수 광고, 극장 광고 등으로 장소와 목적, 수단에 따라 세분화하였다.

서울시정개발연구원(1995)에서는 1차년도 연구(서울시정개발연구원,1994)의 후속 연구로서 1차 년도에 이루어진 장기적 정책관리방향 다섯 가지 가운데 비현실적인 개정에 초점을 맞추어 이에 대한 문제점 발췌와 개선 방안을 제시하

표 1.2 옥외광고학원론 분류체계, 서범석외 3인(2004)

분류	광고물 유형
1.옥상 광고	빌보드 광고, 네온 광고, 선광판 광고, 기타 옥상 광고
2.교통 광고	차량 광고, 철도 광고
3.스포츠 경기장 광고	야구장 광고, 축구장 광고, 실내경기장 광고, 골프장 광고, 기타 경기장 광고
4.특수/기타 광고	비행선 광고, 열기구 광고, 점보트론 광고, 애드벌룬 광고, 각종 시설물 광고
5.극장 광고	극장 광고

였다. 이 보고서에서도 앞에서 언급했듯이 광고물의 분류 체계 개선의 중요성을 제시하며, 다음 표와 같은 분류 체계를 제안하였다.

그 내용은 광고물을 첫째, 광고내용에 따라 업소광고물(on site business sign)과 선전광고물(off site advertising sign)로 구분한다. 공공광고물을 국가, 지자체 광고물로 국한하며, 공공단체 광고물은 제외한다. 둘째, 게시기간에 따른 분류를 하여 임시광고물(temporary sign)을 구분하여 법도 규제한다. 그리고 셋째, 게시방식에 따른 분류를 통해 벽면부착광고물 등 총 7개 유형으로 구분한다. 또한, 넷째, 전기 이용에 따른 분류로 점멸광고물(flashing sign) 및 동화상광고물(animating sign)을 구분하였다. 다섯째, 새로운 유형의 광고물을 포함할 수 있는 분류로 전광판, 차양막, 캐노피광고물 등은 벽면부착광고물로 포함하고, 깃발 등 바람이용광고물은 임시광고물 중 깃발류에 포함한다.

본 분류체계의 특징은 상업경제의 목적과 내용에 따른 영역(업소광고물, 선전광고물)과 시간적(임시광고물) 사용기준, 그리고 소재(전기이용광고물) 사용기준 등을 종합적 구조 모형으로 분류한 것이 특징이다. 특히, 업소광고물 과 선전광고물이라는 새로운 영역 분류를 제시하고, 이에 따른 광고물의 종류를 제시하였다.

표 1.3 서울시정개발연구원(1995), 옥외광고물의 효율적 관리방안연구(II), 분류체계

분류	관리방안	
1.공공광고물		
2.업소광고물	1) 벽면부착광고물 3) 창문이용광고물 5) 지주이용광고물	2) 벽면돌출광고물 4) 옥상이용광고물 6) 교통수단광고물
3.선전광고물	1) 벽면부착광고물 3) 지주이용광고물 5) 교통수단광고물	2) 옥상이용광고물 4) 공공시설물이용광고물
4.임시광고물	1) 벽보 3) 선전탑 5) 애드벌룬	2) 현수막 4) 아치 6) 깃발류
5.전기이용에 따른 분류	1) 일반조명광고물 3) 점멸광고물	2) 네온광고물(비점멸) 4) 동화상광고물

(2) 국내 옥외광고물 관련법의 분류내용

가. 옥외광고물의 분류

옥외광고물 등의 관리와 옥외광고산업 진흥에 관한 법률시행령[1] 제3조에서 옥외광고물의 분류는 〈표 1.4〉와 같다.

앞에서 제시된 내용에 따르면 현행 옥외광고물의 분류체계는 위계나 분류 기준을 갖지 않고 상업경제 활동에서 필요한 종류들을 필요에 따라 포함시킨 첨가식 종류를 갖는다. 이러한 현행 분류체계는 형태별, 내용별, 위치(게시시설)별, 소재별 분류가 혼재하여 있어 관계자들(광고주, 제작자, 소비자)간의 명확한 의사소통에 혼선을 유발하는 모순점을 나타내고 있다(이정교 외, 2004). 그리고 전달용어에서 옥외광고물에 대하여 현행법에서는 '옥외광고물'이라는 용어와 '간판'이라는 용어가 혼용되고 있다. '간판'이라는 용어는 일반적으로 판류형의 평면적인 광고물의 형태를 의미하기 쉬우나, 최근의 광고물은 다양한 입체적 형태 및 소재, 방식을 도입하고 있으며 판류를 사용하고 있지 않은 경우도 많으므로, '간판'이라는 용어의 사용은 바람직하지 않다(이정교 외, 2004). 현재는 옥외광고와 간판이라는 용어가 혼재되어 있어 옥외광고물을 문화적 관점으로 보는 시각을 저해시키고 있다. 이와 더불어 이러한 분류는 옥외광고물을 광고매체로 보지 않게 하는 단점을 가지고 있다. 옥외광고물을 간판이라는 틀을 넘어서 광고매체로 볼 수 있는 새로운 분류체계가 필요한 시점이다. 한편, 이렇게 종류를 한정함에 따라 새로운 옥외광고매체가 나타날 때 마다 새롭게 정의해야 하는 불편함이 따르게 된다.

3. 특성

옥외광고의 특성에 대해 일본 관동네온협동조합의 보고서에는 SSL 효과라고 표현하고 있다. 즉 스케일효과(Scale Effect), 서브리미널 효과(Subliminal Effect), 랜드마크 효과(Land Mark Effect)가 그것인데 이는 스케일에 따른 상력한 영향력, 정기적인 접촉을 통한 반복효과, 지역의 상징적 의미를 부여하는 효과를 말한다.

이밖에 옥외광고는 타 매체가 가지고 있지 않은 고정 강제성, 반복 소구성 및 장기 지속성, 크리에이티브 확장성, 거점 표시 및 상징성, 경제성 등의 특성을 갖

[1] 일부개정 2017.5.8 대통령령 제 28019호

표 1.4 옥외광고물법 시행령

1. 벽면 이용 간판: 다음 각 목의 것
   가. 문자 · 도형 등을 목재 · 아크릴 · 금속재 · 디지털 디스플레이 등을 이용하여 판이나 입체형으로 제작 · 설치하여 건물 · 시설물 · 점포 · 영업소 등의 벽면, 유리벽의 바깥쪽, 옥상난간 등에 길게 붙이거나 표시하는 것
   나. 문자 · 도형 등을 도료, 색상이 표시된 천 · 종이 · 비닐 · 테이프 등을 이용하여 건물 · 시설물 · 점포 · 영업소 등의 벽면, 유리벽의 바깥쪽, 옥상난간 등에 길게 표시하는 것
   다. 주유소 또는 가스충전소의 주유기 또는 충전기시설의 차양면(遮陽面)에 상호 · 정유사 등의 명칭을 표시하거나 상호를 현수식(懸垂式)으로 표시하는 광고물
2. 삭제 〈2016.7.6.〉
3. 돌출간판: 문자 · 도형 등을 표시한 목재 · 아크릴 · 금속재 등의 판이나 이용업소 · 미용업소의 표지등(標識燈)을 건물의 벽면에 튀어나오게 붙이는 광고물
4. 공연간판: 공연 · 영화를 알리기 위한 문자 · 그림 등을 목재 · 아크릴 · 금속재 · 디지털 디스플레이 등의 판에 표시하거나 실물의 모형 등을 제작하여 해당 공연 건물의 벽면에 표시하는 광고물
5. 옥상간판: 건물의 옥상에 따로 삼각형 · 사각형 또는 원형 등의 게시시설을 설치하여 문자 · 도형 등을 표시하거나 승강기탑 · 계단탑 · 망루 · 장식탑 · 옥탑 등 건물의 옥상구조물에 문자 · 도형 등을 직접 표시하는 광고물
6. 지주(支柱) 이용 간판: 다음 각 목의 것
   가. 문자 · 도형 등을 표시한 목재 · 아크릴 · 금속재 · 디지털 디스플레이 등의 판을 지면에 따로 설치한 지주에 붙이는 광고물
   나. 문자 · 도형 등을 따로 설치한 삼각기둥 · 사각기둥 · 원기둥 등의 게시시설 기둥면에 직접 표시하는 광고물
   다. 군사시설, 철도의 주요 경계시설, 공사 현장 등을 가리기 위하여 지주 형태로 설치한 시설물에 문자 · 도형 등을 표시하는 광고물

6의2. 입간판: 건물의 벽에 기대어 놓거나 지면에 세워두는 등 고정되지 아니한 목재, 아크릴 또는 조례로 정하는 재료로 만들어진 게시시설에 문자 · 도형 등을 표시하는 광고물

7. 현수막: 천 · 종이 · 비닐 등에 문자 · 도형 등을 표시하여 건물 등의 벽면, 지주, 게시시설 또는 그 밖의 시설물 등에 매달아 표시하는 광고물
8. 애드벌룬: 비닐 등을 사용한 기구에 문자 · 도형 등을 표시하여 건물의 옥상 또는 지면에 설치하거나 공중에 띄우는 광고물
9. 벽보: 종이 · 비닐 등에 문자 · 그림 등을 표시하여 지정게시판 · 지정벽보판 또는 그 밖의 시설물 등에 붙이는 광고물
10. 전단: 종이 · 비닐 등에 문자 · 그림 등을 표시하여 옥외에서 배부하는 광고물
11. 공공시설물 이용 광고물: 공공의 목적을 위하여 설치하는 인공구조물 또는 편익시설물에 표시하는 광고물
12. 교통시설 이용 광고물: 제2조제1항제1호 각 목의 교통시설에 문자 · 도형 등을 표시하거나 목재 · 아크릴 · 금속재 · 디지털 디스플레이 등의 게시시설을 설치하여 표시하는 광고물
13. 교통수단 이용 광고물: 제2조제1항제2호 각 목의 교통수단 외부에 문자 · 도형 등을 아크릴 · 금속재 · 디지털 디스플레이 등의 판에 표시하여 붙이거나 직접 도료로 표시하는 광고물
14. 선전탑: 도로 등의 일정한 장소에 광고탑을 설치하여 탑면에 문자 · 도형 등을 표시하는 광고물
15. 아치광고물: 도로 등의 일정한 장소에 문틀형 또는 반원형 등의 게시시설을 설치하여 문자 · 도형 등을 표시하는 광고물
16. 창문 이용 광고물: 다음 각 목의 것
    가. 문자 · 도형 등을 목재 · 아크릴 · 금속재 · 디지털 디스플레이 등을 이용하여 판이나 입체형으로 제작 · 설치하여 건물 · 시설물 · 점포 · 영업소 등의 유리벽의 안쪽, 창문, 출입문에 붙이거나 표시하는 광고물
    나. 문자 · 도형 등을 도료, 천 · 종이 · 비닐 · 테이프 등을 이용하여 건물 · 시설물 · 점포 · 영업소 등의 유리벽의 안쪽, 창문, 출입문에 표시하는 것

고 있다. 또한 POP 매체의 구매 유도성, 공공시설이용광고물의 사회공익성 등 옥외매체 마다 각각 독특한 특성을 가지고 있어 4대매체와의 미디어 믹스를 통해 효율적으로 활용된다.

옥외광고는 옥외 활동 중에 자연스럽게 노출될 수 있기에 마케팅커뮤니케이션 활동에 중요한 역할을 수행한다. 옥외광고의 역할은 매체별 특성에 따라 각각 다르게 나타날 수 있는데 일반적으로 얘기하면 첫째, 기업 및 브랜드 이미지와 인지도 제고를 들 수 있다. 대형 비쥬얼 매체를 통한 이미지 제고와 소비자가 이동하는 동선에 강제 노출, 반복 소구함으로써 브랜드 인지도를 높일 수 있다. 일반적으로 4대매체 캠페인 광고와 같이 집행되어 단기간에 인지도를 높이는 역할을 하기도 하지만 단기 캠페인이 끝나고 난 후 브랜드의 장기적인 유지, 회상 역할을 담당하기도 한다.

둘째, 정보제공을 통한 판매촉진 및 구매유도이다. 타깃 지역에서 접촉 시간이 긴 매체들은 타깃에 직접적으로 작용하여 구체적인 정보를 제공하며 제품 판매에 중요한 역할을 한다. 또한 구매 접점지역에서의 POP (Point of Purchase)성 매체들은 구매유도에 매우 효과적이다. 옥외광고는 구매시점에서 구매를 유도하는 POP라고도 할 수 있다.

셋째, 기업이 확장함에 따라 기업의 이미지를 제고시키고 임직원에게 자긍심 고취시키는 역할이 있다. 대형 옥외광고 또는 연고지역에서 집행되는 옥외광고는 해당 기업의 사세과시 및 이정표 역할을 한다. 또한 그 주변을 매일 통과하는 임직원에게 자신의 기업, 또는 브랜드에 대한 자긍심을 고취한다. 따라서 많은 기업들이 공장 또는 자사 빌딩을 이용한 옥상광고 또는 벽면 래핑 등을 운영하고 있고 주변 지하철 역사를 이용한 이정표 역할의 광고 등을 게재하고 있다

넷째, 화제 유발과 이슈 창출의 역할이다. 캠페인 광고 집행시 단기간에 소비자 관심도를 극대화 시키기 위해 독특한 옥외광고, 초대형 옥외광고 또는 엠비언트 미디어(Ambient Media)등을 이용한 크리에이티브 이미지로 소비자의 입소문을 유발시킨다.

4. 옥외광고 분류와 사례

옥외광고의 법직 정의는 공중에게 항상 또는 일정 기간 계속 노출되어 공중이 자유로이 통행하는 장소에서 볼 수 있는 것(대통령령으로 정하는 교통시설 또는 교

통수단에 표시되는 것을 포함한다)으로서 간판ㆍ디지털광고물(디지털 디스플레이를 이용하여 정보ㆍ광고를 제공하는 것으로서 대통령령으로 정하는 것을 말한다)ㆍ입간판ㆍ현수막(懸垂幕)ㆍ벽보ㆍ전단(傳單)과 그 밖에 이와 유사한 것을 말한다고 볼 수 있다. 그렇지만 옥외광고는 이제 Out of Home (OOH) 미디어로써 내부나 외부에 노출될 수 있는 어느 형태라도 존재하는 광고물로 정의할 수 있다. 실내에 설치되는 디스플레이, 외부에 설치되는 디스플레이 및 거리에 표현되는 야광표시형 광고물 등 어느 형태와 무관하게 존재할 수 있는 매체를 의미한다. 앞으로 옥외광고의 범위는 더욱 더 확장될 것으로 본다.

옥외광고의 종류는 설치장소와 매체 형태, 그리고 그 형태별 세부 사양에 따라 구분된다. 또한 나라별로 옥외광고의 발전 상황에 맞게 다양하게 분류된다. 예전 우리나라 옥외광고의 경우 크게 일반 옥외광고와 교통광고로 구분되었고 일반 옥외는 옥상 빌보드가, 교통광고에선 지하철광고와 버스광고가 규모면에서 큰 비중을 차지하고 있었다. 하지만 소비자 이동 동선이 넓어지고 기술의 발전으로 매체 형태와 사양이 다양해지면서 매체의 종류도 세분화, 구체화 되었다.

옥외광고는 일반옥외, 교통, 스포츠, 기타 생활공간으로 크게 4가지로 구분할 수 있다. 이는 소비자가 옥외광고를 접하는 장소적 구분으로서 지역(Area)마케팅 차원에서 옥외광고가 매체 형태 보다 설치장소적 의미에 무게를 둔 구분으로 볼 수 있다.

일반 옥외광고의 경우 도심내 건물, 도로변 그리고 고속도로 및 국도변에 옥외광고법이 허용하는 범위 내에서 다양한 매체들이 등장했는데 대부분 옥상, 야립과 같은 규모감 있는 대형광고 또는 안내판, 홍보판과 같은 공공시설물을 이용한 중소형 광고 등이다.

교통광고의 경우 지하철 노선의 확대, 버스 운영 제도 개편, KTX의 출범, 인천공항 개항 등의 변화에 맞춰 신매체들이 다수 등장했다. 교통광고는 일반옥외광고와 달리 옥외광고법에 크게 영향을 받지 않기 때문에 다양한 신매체가 활발하게 개발되었다.

스포츠광고는 예전 프로스포츠 중심의 경기장 광고에서 골프장, 휘트니스센터 등 생활 체육적인 공간으로 광고매체가 확대 되었다. 매체의 종류도 각 장소별 특징에 맞게 효과적으로 개선, 개발되어 발전했다.

극장 쇼핑몰광고는 대부분 젊은층 타깃의 신매체 중심으로 운영되고 있고 백화점, 할인점등 주부 타겟의 장소에서는 W/C, 푸쉬카트, 동영상 매체 다소 전통

표 1.5 옥외광고의 분류

구분	장소		매체
일반 옥외	도심	건물옥상, 벽면	빌보드, 네온사인, 전광판, 트라이비전, 래핑, 현수막
		도로변	야립, 홍보탑, 차량탑재형 광고, Street Furniture
	고속도로, 국도		야립, 교통정보판, 홍보안내판, 아취
	기타		비행선, 애드벌룬, 열기구, 기타
교통	지하철	역사내	W/C, 래핑, 스크린도어, 동영상, 키오스크 등
		차량	액자형, 천정걸이, 천정모서리, 조명액자, 외부광고 등
	철도	역사내	W/C, 래핑, 동영상, 입간판, 의자, TV전시대 등
		차량	LCD, 액자형광고
	버스, 택시	차량	버스외부광고, 버스내부광고, 차량래핑, 택시외부 등
		시설물	버스쉘터, 택시쉘터
	항공	공항	W/C, 배너, 전시대, 조형물, 동영상, 푸쉬카트 등
		비행기	LCD동영상
스포츠	경기장	야구장	펜스, A-Board, 전광판, 조명탑 등
		축구장	A-Board, 펜스, 전광판 등
		농구장	A-Board
		배구장	A-Board, 플로어광고, 유니폼
	레저, 기타	골프장	시계탑, 홀안내표시판, 골프공세척기, 파이론탑 등
		스키장	리프트Chare, 야립, 시계탑, 전광판 등
		경륜, 경마장	전광판, 시계탑, 펜스 등
		휘트니스센터	W/C, 래핑 등
기타 생활 공간	극장		스크린광고, W/C, 동영상, 래핑, 포토존 등
	복합쇼핑몰		W/C, 래핑, 전광핀, 의자, 소형물, 키오스크 등
	지하상가, 집단상가		W/C, 래핑, 키오스크 등
	할인마트, 백화점		W/C, 래핑, 동영상, 푸쉬카트 등
	아파트		시계탑, 게시판, 엘리베이터 LCD 등
	학교		대학교PDP, 게시판, 거울 등
	편의점, 병원, 은행 등		동영상, 포스터, W/C 등

출처: HS 애드 내부자료

적인 매체들이 주류를 이루고 있다. 그밖에 아파트, 학교, 병원, 은행 등 생활속에서 자연스럽게 만나는 소비자 동선상에 포스터, 동영상광고 등이 운영되고 있다.

이러한 분류 〈표 1.5〉에 따라 옥외광고물 사례를 보면 다음과 같다.

표 1.6 옥외광고 분류에 따른 옥외광고물 사례

일반옥외			
도심	건물옥상, 벽면	빌보드	
도심	건물옥상, 벽면	네온사인	
도심	건물옥상, 벽면	전광판	

표 1.6 (계속)

<table>
<tr><th colspan="4">일반옥외</th></tr>
<tr><td>도심</td><td>건물옥상, 벽면</td><td>트라이비젼</td><td>
</td></tr>
<tr><td>도심</td><td>건물옥상, 벽면</td><td>래핑</td><td>

</td></tr>
<tr><td>도심</td><td>건물옥상, 벽면</td><td>현수막</td><td>

</td></tr>
</table>

표 1.6 (계속)

<table>
<tr><th colspan="4">일반옥외</th></tr>
<tr><td>도심</td><td>도로변</td><td>야립</td><td></td></tr>
<tr><td>도심</td><td>도로변</td><td>홍보탑</td><td></td></tr>
<tr><td>도심</td><td>도로변</td><td>차량
탑재형 광고</td><td>

</td></tr>
</table>

표 1.6 (계속)

일반옥외			
도심	도로변	Street Furniture	
고속도로, 국도		야립	
고속도로, 국도		교통정보판	
고속도로, 국도		홍보안내판	

표 1.6 (계속)

일반옥외		
고속도로, 국도	아치	
기타	비행선	
기타	애드벌룬	
기타	열기구	

표 1.6 (계속)

일반옥외			
기타		기타	
교통			
지하철	역사내	W/C (Wide Color)	
지하철	역사내	래핑	  

표 1.6 (계속)

일반옥외			
지하철	역사내	스크린 도어	   
지하철	역사내	동영상	

표 1.6 (계속)

일반옥외				

지하철	역사내	키오스크		 
지하철	역사내	교통카드 테그판		
지하철	역사내	기타		

표 1.6 (계속)

일반옥외			
지하철	차량	액자형	
지하철	차량	천정걸이	
지하철	차량	천정모서리	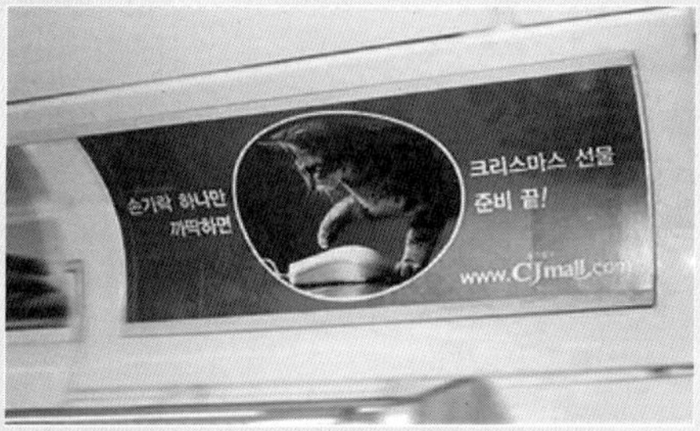
지하철	차량	조명액자	

표 1.6 (계속)

일반옥외			
지하철	차량	외부광고	 
지하철	차량	기타	
철도	역사내	W/C	 

표 1.6 (계속)

일반옥외				

철도	역사내	래핑		
철도	역사내	동영상		
철도	역사내	입간판		
철도	역사내	의자		
철도	역사내	TV전시대		
철도	역사내	기타		

표 1.6 (계속)

일반옥외				

철도	차량	LCD		 

표 1.6 (계속)

일반옥외				
철도	차량	액자형 광고		  
버스, 택시	차량	버스외부 광고		 

표 1.6 (계속)

일반옥외				
버스, 택시	차량	버스내부 광고	 	 
버스, 택시	차량	차량래핑		
버스, 택시	차량	택시외부		
버스, 택시	차량	기타		

표 1.6 (계속)

일반옥외			
버스, 택시	시설물	버스쉘터	  
버스, 택시	시설물	택시쉘터	
항공	공항	W/C	

표 1.6 (계속)

일반옥외			

항공	공항	배너	 
항공	공항	전시대	
항공	공항	조형물	
항공	공항	동영상	

표 1.6 (계속)

일반옥외			
항공	공항	푸쉬카트	
항공	비행기	LCD동영상	

표 1.6 (계속)

일반옥외			
스포츠			
경기장	야구장	A-Board	  
경기장	야구장	전광판	
경기장	야구장	조명탑	자료없음
경기장	야구장	기타	 

표 1.6 (계속)

일반옥외			
경기장	축구장	A-Board	
경기장	축구장	전광판	
경기장	농구장	A-Board	
경기장	배구장	A-Board	

표 1.6 (계속)

일반옥외			
경기장	배구장	플로어광고	
경기장	배구장	유니폼	
레저, 기타	골프장	시계탑	자료없음
레저, 기타	골프장	홀 안내 표지판	 

표 1.6 (계속)

일반옥외			
레저, 기타	골프장	골프공 세척기	 
레저, 기타	골프장	파이론탑	
레저, 기타	골프장	기타	   

표 1.6 (계속)

일반옥외			

레저, 기타	스키장	리프트 Chair	
레저, 기타	스키장	야립	 

표 1.6 (계속)

일반옥외			
레저, 기타	스키장	시계탑	
레저, 기타	스키장	전광판	 
레저, 기타	경륜, 경마장	전광판	자료없음
레저, 기타	경륜, 경마장	시계탑	자료없음
레저, 기타	경륜, 경마장	펜스	자료없음
레저, 기타	휘트니스 센터	W/C	 

표 1.6 (계속)

<table>
<tr><th colspan="4">일반옥외</th></tr>
<tr><td>레저, 기타</td><td>휘트니스 센터</td><td>래핑</td><td>

</td></tr>
<tr><td>레저, 기타</td><td>휘트니스 센터</td><td>기타</td><td></td></tr>
<tr><th colspan="4">기타</th></tr>
<tr><td colspan="2">극장</td><td>스크린광고</td><td></td></tr>
<tr><td></td><td></td><td>W/C</td><td>
</td></tr>
</table>

표 1.6 (계속)

일반옥외		
	동영상	 
	래핑	  

표 1.6 (계속)

일반옥외		
	포토존	 
	기타	 

표 1.6 (계속)

일반옥외		

복합쇼핑몰	W/C	 
복합쇼핑몰	래핑	 

표 1.6 (계속)

일반옥외		
복합쇼핑몰	전광판	 
복합쇼핑몰	의자	
복합쇼핑몰	조형물	

표 1.6 (계속)

<table>
<tr><th colspan="3">일반옥외</th></tr>
<tr><td>복합쇼핑몰</td><td>키오스크</td><td>

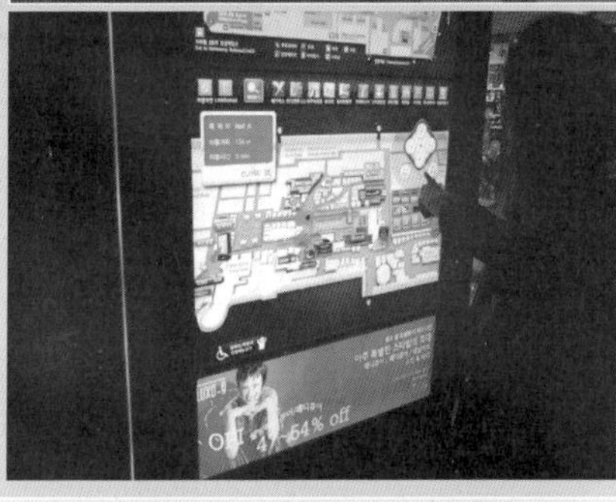</td></tr>
<tr><td>할인마트, 백화점</td><td>W/C</td><td>
</td></tr>
<tr><td>할인마트, 백화점</td><td>래핑</td><td></td></tr>
</table>

표 1.6 (계속)

일반옥외			

할인마트, 백화점	동영상		
할인마트, 백화점	푸쉬카트		
	기타		

표 1.6 (계속)

일반옥외			
아파트	시계탑		
아파트	게시판		
아파트	엘리베이터 LCD		
학교	대학교PDP	 	

표 1.6 (계속)

<table>
<tr><th colspan="3">일반옥외</th></tr>
<tr><td>학교</td><td>게시판</td><td>
</td></tr>
<tr><td>학교</td><td>거울</td><td></td></tr>
<tr><td>학교</td><td>기타</td><td>  
</td></tr>
<tr><td>병원,
까페, 뷰티샵 등</td><td>동영상</td><td></td></tr>
</table>

표 1.6 (계속)

일반옥외		

병원, 까페,뷰티샵 등	포스터	
병원, 까페,뷰티샵 등	W/C	

02 한국 옥외광고의 역사

옥외광고의 기원은 간판의 기록에서 시작하였다. 그리고 그러한 간판의 흔적은 기원전 세계 곳곳에서 나타나고 있으며 우리나라의 경우에도 오래된 역사 기록 속에서 간판과 같은 흔적 들을 찾아볼 수 있다. 옥외광고는 광고의 가장 오래된 형태로 인정 받고 있으며 시간의 흐름과 기술의 발달 속에 지속적으로 변화 발전하고 있다. 최근에는 단순한 간판의 기능과 역할을 뛰어넘어 광고 목적을 달성하기 위한 가장 새로운 형태의 미디어로서의 역사를 써 나가고 있으며 최신의 기술들이 옥외광고에 가장 먼저 적용되어 뉴미디어 시장을 이끌어가고 있다. 따라서 옥외광고는 가장 오래된 광고물이자 가장 새로운 광고물이라 할 수 있을 것이다.

한국 옥외광고의 역사는 고려시대와 조선시대의 간판과 관련한 기록에서 먼저 찾아 볼 수 있으나 현대적 의미에서의 옥외광고 역사는 구한말 우리나라 개화기부터 시작되었다고 볼 수 있다. 광고가 자본주의와 상업을 기반으로 하여 나타난 산업 영역임에 따라 근, 현대적 의미의 산업이 시작된 구한말이 우리나라 광고산업의 태동기로 볼 수 있으며 옥외광고 역시 그 시점부터 광고 목적의 간판과 홍보 시설물들이 개발되어 사회적으로 인정 받기 시작하였다.

미디어의 발달이 사회, 경제, 문화적 맥락과 밀접한 관련이 있듯이 옥외광고도 우리나라의 역사적 상황과 변화 속에서 발전기와 침체기를 거치며 오늘날까지 이어져 왔다. 해방과 6.25동란 그리고 5.16혁명, 새마을운동, 경제부흥운동, 올림픽개최, IMF 외환위기 등의 정치, 경제, 사회적 변화는 도시의 환경과 시민생활을 바꾸어 놓았고 그러한 변화 속에서 옥외광고는 발선하였다.

따라서 이 장에서는 현대적 의미에서의 한국 옥외광고 역사를 정리해 보고자 하며 그 시점은 앞서 얘기한 구한말부터 2011년 현재 까지를 대상으로 한다. 그리고 100년 이상의 긴 시간을 보다 의미 있게 설명하기 위해 옥외광고산업의 양적, 질적, 내용적 변화의 계기가 된 시점을 정하여 태동기, 도입기, 성장기, 성숙기, 디지털도입기로 구분하고자 한다.

1. 태동기(구한말~1960년)

이 시기는 우리나라에 현대적 의미의 상점 간판이 최초로 등장하였고 기업의 이름이나 제품을 대중들에게 널리 알리기 위해 시내 중심가에 대형 옥외광고판과 홍보 시설물을 처음으로 설치하였던 시점이다. 따라서 옥외광고가 매스미디어적 성격의 대중 광고 매체로 처음 탄생되었다는 점에서 이 시기를 우리나라 옥외광고의 태동기라 할 수 있겠다.

우리나라 개화기의 시작이라 할 수 있는 1894년 갑오경장을 전후로 우리나라는 조선시대의 구습을 벗고 근대화가 시작되었다. 이 시기는 조선시대의 전통적인 사회, 문화가 일본과 서구 문명의 영향으로 변화되면서 우리나라에도 본격적으로 현대적 의미의 간판이 등장하는 시기라 할 수 있다. 개화기 이후 판매 시설이 갖추어진 상점의 수가 늘고 서구의 새로운 상품이 들어오면서 상품을 파는 장소임을 알려주던 소극적인 성격의 표시물들이 상품이나 서비스의 판매를 확대하기 위한 적극적인 성격의 점두 간판으로 바뀌게 되었으며 그 수도 나날이 늘어갔다. 또한 상품 또는 서비스의 종목만 적었던 간판들도 우리나라 최초의 사진관인 "천연당사진관"과 같이 자신만의 독특한 상호명을 가진 간판들로 바뀌게 되었다. 물론 당시 상점 간판의 형태는 포렴이나 판자를 이용하여 한자나 한글로 표기한 것이 대부분이었으나 건물의 정면 상단에 크게 부착하는 가로형 간판이나

그림 2.1 구한말 장승

그림 2.2 구한말 약방 간판

그림 2.3 구한말 전당포 간판

그림 2.4 구한말 소공동 사진관 간판

돌출형 간판의 형태도 눈에 띄는 것을 볼 때 당시의 이 간판이 현대적 간판의 효시가 아닐까 생각 된다.

이러한 간판은 일제 강점기에 들어와서 그 수가 보다 더 많이 늘어나게 되면서 1925년 〈조선상공안내〉라는 책자의 목차에는 "간판제작업"이 나타나고 있고(그 안에 간판 제작업 5개사와 페인트공사의 광고가 있다) 1927년 〈별건곤〉 12월호에는 서울시내 간판품평회에 대한 기사가 등장한다. 이것은 당시 간판에 대한 수요 증가로 간판 제작이 사회적으로 전문 업종화 된 것과 간판에 대한 대중적 관심이 높아졌음을 의미한다(서범석, 2001). 또한 1899년 최초 전차가 도입되어 일제 강점기에 도시 서민들의 중요한 교통수단으로 자리잡게 되었는데 이 때 운영된 전차 상단 가로형 광고는 우리나라 최초의 교통광고로 볼 수 있다

1910년 파리에서 열린 제 1회 EXPO에서 세계 최초로 네온사인이 소개되고 1930년 일본으로부터 우리나라에 네온사인이 전파 되었다. 그리고 그 후 네온사인은 페인트 화공간판과 더불어 점포간판의 중심적인 역할을 하게 되었다. 일제 강점기에는 외래상품 상점 등 일부에 국한되어 있던 간판들이 일반 소매 상점으로부터 이발소, 한의원, 음식점, 찻집 등으로 확산되었고 그 형태도 예전의 것과 다르게 변화하였다. 1938년 2월 26일자 신문에 "상점.상품광고의 새 경향 光, 音, 動 장식"이라는 기사가 나오는데 이것은 당시 간판에 대한 효과를 고려한 새로운 기법으로 광, 음, 동을 제안하는 것이었다. 이것은 간판이 사람들의 인목을 끌고 주의력을 집중시키기 위해서는 명멸기를 사용하여 전등과 네온을 소등과 점등을 반복하게 하고 소리를 곁들이게 되면 더욱 효과적이라는 내용이다(서범석, 2001).

1930년대 이후 네온사인은 일반 소매점 간판 뿐만 아니라 〈그림 2.6〉과 같이 도심내 전차 이동선 주변의 대형 지주사인과 옥상 광고판에도 설치되어 운영

그림 2.5 1899년 전차 상단 광고

그림 2.6 1935년 상업은행 앞

그림 2.7 일제강점기 명동 번화가

되었다. 당시 점멸기가 개발 되어 있었던 터라 대형 네온 사인 역시 점멸이 가능했을 것으로 보이며 당시 최고의 신기술 광고매체, 상징성 높은 랜드마크 구조물로서 인정 받았을 것으로 생각된다.

일제강점기에 또 하나의 중요한 옥외광고물은 극장 간판과 포스터였다. 극장의 공연물을 알리는 목적으로 대형 광고판이 극장 앞에 들어서게 되고 거리에는 포스터가 나붙었다. 이 시기에는 예전부터 있어왔던 화공간판과 포스터가 일반적인 광고물이었다면 네온사인이라는 신기술 조명장치는 높은 비용을 들여 설치하는 고급스러운 광고물로 평가 받았다. 또한 옥외광고물이 점포를 표시, 안내하는 수준에서 대중들에게 널리 메시지를 알리기 위한 매스미디어적인 목적의 광고물로 변화한 시기이기도 했다. 해방과 6.25전쟁을 거치는 사회적 혼란 속에서도 이러한 흐름은 지속되었으며 1956년경에는 일제 때 들어왔던 네온 제작 기술을 바탕으로 우리 자본에 의한 간판 제작이 활발히 이루어졌다. 이때 극장, 백화점 건물 외부 윤곽을 따라 화려한 네온장식을 하는 것이 유행처럼 번져나갔고 1959년 부산 광복동에 세워진 '제일모직사'의 회전네온 아치탑과 같은 상업적 대형 광고물이 등장하기도 했다. 이때 우리의 제작 환경은 트렌스, 프레임 등을 제작하는 공장이 따로 없었기 때문에 업자들이 설계, 디자인, 생산, 설치를 모두 다 맡아 해야 했다.

2. 도입기(1961년~1979년)

1960년대에서 1970년대는 우리나라 옥외광고의 도입기라 할 수 있다. 이 시기는 기술적으로나 산업적으로 아직까지 일본이나 다른 나라에 비해 그 수준이 미약하여 새로운 기술의 도입을 통해 발전을 도모하고자 노력하였던 시기였다.

1961년 5.16 이후 경제 부흥의 분위기가 확산되면서 옥외광고의 수요가 늘어나고 기업에서도 매스미디어로서 옥외광고 집행을 선호하였다. 따라서 이 시기부터 우리나라에서도 광고매체로서 옥외광고가 본격적으로 운영되기 시작했으며 의약품 광고가 종로, 을지로 등 도시 중심가에 경쟁적으로 대형 빌보드로 설치되었다 또한 철판에 페인트로 표시하는 화공간판 뿐만 아니라 국산화된 네온 사인이 중소형 간판 뿐만 아니라 대형 옥상 빌보드에도 적용되어 도시 경관을 화려하게 바꾸어 놓았고 동적인 요소와 입체성을 부여한 다양한 형태의 광고물도 다수 등장하였다.

이러한 분위기 속에 옥외광고물이 범람하기 시작하자 1962년 6월 20일 〈옥외광고물등단속법〉이 전문 7조로 제정 시행되어 치안본부 관할의 법적 규제가 시작되었고 1963년 11월 11일에 개정되었다. 이는 옥외광고의 허가 및 관리 업무를 각 시도 규칙으로 정하고 단속권한을 관할 경찰서장에게 위임하여 경찰에서 단속을 한 일종의 규제법이었다(서범석, 2001).

하지만 이러한 분위기 속에서도 옥외광고 산업의 발전은 계속되었고 양적으로 엄청난 신장을 가져왔다. 당시에는 여전히 일제 시대의 예전 방식으로 네온을 제작하고 점멸기를 만들어 왔으므로 대형 옥상네온광고 제작에 한계가 있었으나 국내 기술자들의 신기술에 대한 열정으로 새로운 광고물들이 속속 개발되었다. 앞서 언급한 1959년 제일모직사의 회전 네온 아치탑을 설치할 당시 부산의 제일

그림 2.8 제일네온전광사 전경

그림 2.9 당시 네온 점멸기 제작 모습

네온전광사(1958년 창립, 현재 제일광고)는 일본 최고의 네온 제작 회사인 구로도 네온(Claude Neon) 전기주식회사와 기술제휴를 맺고 선진 기술을 도입하여 국내 대형 옥상 네온 사인들을 설치하기 시작했다.

1960년대에 제일네온전광사는 일본과의 기술제휴를 통한 국내 네온사인 기술로 제일모직, 경남모직, 조선방직, 제일은행, 서울은행, 칠성사이다. 진로소주, 오비맥주, 미원, 백화양조, 유한양향, 금성사, 펩시콜라, 신진자동차, 오리엔탈시계 등 당시 대형 광고주들의 옥상네온광고탑을 다량 설치하였으며 우리나라에 옥상 네온 사인 광고의 새 바람을 몰고 왔다.

그림 2.10 1968년 서울역 앞

1960년초에는 선형 네온사인이 주류를 이루었고 1960대 중 후반 들어 선형 네온사인이 면형 네온사인으로 바뀌었고 그것이 4면의 구조물을 통해 표현되는 현대적인 옥상광고탑으로 이어졌다. 그리고 그 사례로 1966년 오비맥주 광고와 1968년 금성사 광고를 들 수 있다. 이러한 변화는 일본에서 그 당시 유행이 된 광고 형태를 국내로 들여온 것으로서 우리나라에서도 옥외광고물이 하나의 랜드마크 또는 상징매체로 인정받게 되었다.

하지만 1973년 11월 오일쇼크를 계기로 이러한 네온사인을 비롯한 조명광고가 전면적으로 규제되면서 더 이상의 발전을 이루지 못하고 병원이나 약국, 호텔 등 제한적인 장소에서만 소규모로 네온이 허용되었기 때문에 네온사인 제작업체는 물량 축소에 따른 매출 감소로 큰 수난을 겪게 되었다. 그럼에도 불구하고 이 시기는 현재와 같이 광고매체가 다양하지 않던 상황이어서 옥외광고가 광고주부터 주요 매체로 인정 받았고 가장 활발하게 운영된 시기였다.

조명광고 규제 시점인 1970년대 초에는 '새마을운동간판'이라는 매체가 매체사인 국도에 의해 개발되어 전국 방방곡곡 마을 입구마다 마을 안내 표지판 성격으로 세워졌고 그 수가 3,000여개에 달했고'금성사', '삼성전자', '대한전선' 등 주

그림 2.11 1966년 오비맥주 네온사인

그림 2.12 1968년 금성사 네온사인

요 가전 업체들이 광고주로 참여하였다(유승철, 2011). 또한 1974년 8월 15일에 지하철 1호선이 개통과 더불어 전홍이 광고대행사로 선정되어 차내광고, 와이드 칼라광고, 편의시설이용광고 등의 광고물을 운영하였다. 조명광고의 규제로 옥외에서의 대형 조명광고물들은 축소되었으나 당시 활발한 사회분위기 속에서 지하철광고, 철도광고 등 여러 다양한 광고물들이 개발, 운영되었다. 또한 조명이 설치되지 않은 야립 간판과 옥상광고판 또한 고속도로와 교량 주변, 도심 속에서 다수 운영되었다.

1977년10월부터 도시미관과 자연보호 차원에서 고속도로 야립광고와 옥상광고물의 설치가 전면 금지되면서 옥외광고 업계는 다시 한번 수난의 시대를 맞게 된다. 1978년부터 규격 위반과 풍치 미관을 해치는 광고물들이 철거되기 시작했으며 79년 7월에는 옥상 및 야립 빌보드가 전국적으로 1,580기만 남게 되었다(서범석, 2001). 하지만 이시기에는 철도확장, 고속도로 및 지하철 개통으로 교통광고 영역이 새롭게 옥외광고 시장에 진입하였고 1974년에는 제일기획이 SP전담부서를 국내 최초로 신설, 운영하였다.

3. 성장기(1980년~1996년)

1980년대에서 1996년 IMF 외환위기 이전 시점까지는 우리나라 옥외광고 시장이 양적, 질적으로 가장 많이 성장한 시기로 볼 수 있다. 네온규제가 풀리고 기금광고의 등장으로 효과적인 우수 매체가 대량으로 운영되었으며 지하철, 고속도로, 버스쉘터 등 교통시설이 확대되고 대형 전광판과 스포츠광고가 새롭게 등장하는 등 경제 활성화와 더불어 옥외광고가 가장 활발하게 집행된 시기였다.

1980년대 들어 "옥외광고물등관리법"과 "광고물등관리법시행규칙"이 제정, 시행되었다. 이것은 오늘날과 같이 옥외광고 규제가 단속에서 관리 차원으로 법규제가 바뀐 것을 의미한다. 관할 관청도 치안본부에서 내무부로 바뀌어 시, 도에서 관리되었다. 서울시에서도 1980년 2월 8일 '서울시 광고물등관리법시행규칙'이 서울특별시 규칙 제 1841호로 공표되었고 1982년 설치 금지령으로 묶여있던 네온 및 조명광고가 관광진흥 차원에서 단순네온에 한해 부분적으로 허용되었다. 또한 86아시안게임, 88올림픽 등 대규모 국제대회를 준비하는 과정에서 법으로 금지되었던 주요 옥외매체가 기금광고라는 이름으로 한정적 한시적으로 허용되었다. 1985년 86아시아경기대회 및 88서울올림픽 기금조성의 목적으로 〈옥외광고물등관리법〉 시행규칙에 특례조항이 설치되어 허가된 네온 및 전광판, 야립, 버스외부광고, 택시표시등광고, 광고탑, 지하철 동태광고가 우리나라 최초의 기금광고였다.

그림 2.13 점멸형 옥상 네온사인

그림 2.14 버스외부광고

그림 2.15 신사동 후지필름 네온

그림 2.16 택시표시등광고

그림 2.17 야립광고

그림 2.18 점보트론광고

그림 2.19 애드벌룬광고

이러한 옥외광고 아이템의 확대와 더불어 1989년 말에는 부분적으로 허용되었던 네온 및 옥상광고가 상업지역으로 확산되었고 1993년 엑스포, 1995년 광주 비엔날레, 1997년 무주 동계 유니버시아드 등의 대규모 국가행사를 위한 기금 광고가 추가로 등장하였다. 1993년 엑스포 기금광고로 허용된 매체로는 차량탑재 영상광고(점보트론 5대)와 레이저광고(2기), 서치비전광고(1기), 애드벌룬광고(100개), 네온광고탑(20기)이 있고 1995년, 1997년의 기금광고는 효과성이 인정된 옥상광고, 야립 중심의 광고물이었다. 당시 이러한 우수 광고물들은 높은 광고 효과로 인해 광고주들의 경쟁적 참여를 가능케 하였다 또한 그동안 한정된 수량으로 갈증을 일으킨 고속도로 광고물량도 절대 공급부족에서 공급과잉으로 상황 반전을 가져왔다.

또한 유연성 원단 소재(FLEX)와 대형 실사 출력기의 개발로 실사 비쥬얼의 시대가 열렸다. 1991년부터 불기 시작한 실사 연출 광고의 확산 바람은 갈수록 그 열기가 식지 않고 실사 연출의 붐을 이루었다. 많은 광고주들이 주요 포스트에 자기의 옥상 광고물을 가지고 싶어 했고 그 표현 기법에 있어 단순 로고 처리보다는 비주얼 처리된 차별화된 광고에 관심을 가졌다. 실사 연출 기법의 등장은 대다수의 광고주들이 옥외광고를 '브랜드 인지' 매체에서 '메시지 전달' 또는 '이미지 전달' 매체로 인식 전환하도록 만든 계기가 되었다.

풀칼라 전광판의 등장도 이시기에 가장 큰 변화 중의 하나이다. 1987년 시청 앞 한흥빌딩 옥상에올림픽 기금조성광고물로 세워진 램프식 전광판이 우리나라 대형 전광판광고물의 효시였으나 1989년 기술적인 문제로 철거되었고 이후 1988년 조선일보 코리아나 벽면에 Q보드와 서울신문의 LED 전광판이 설치되었다(서범석, 2001). 1991년 서울에 운영된 대형 전광판은 13기, 전국적으로는 21

그림 2.20 옥상 내부조명 FLEX 광고

그림 2.21 야립 광고(실사연출)

기로서 대부분 LED 전광판과 Q보드 사양이었다. 그리고 직접 발광이 가능한 LED전광판은 RED, GREEN의 두가지 소자로 된 2COLOR 전광판으로서 붉은 빛을 띌 수 밖에 없는 한계가 있었다. 하지만 1995년부터 새롭게 개발된 BLUE 소자가 추가되어 3COLOR 전광판이 설치되기 시작하였다. 블루소자의 개발로 인해 대형 옥외 LED 전광판도 천연색 TV와 같이 풀칼라 구현이 가능해지면서 전광판 광고는 1996년 한 해에도 40여기 이상이 설치되었고 만 2년이 못되어 전국 100개소 이상에 설치되어 소비자에게 강력하게 소구하는 광고매체로 자리를 잡았다. 주로 많은 전광판이 언론사 주도로 설치되었지만 대량생산 체제에 의한 단가 하락이 이루어지면서 중소 옥외매체사까지 적극 동참하여 전광판을 설치하였다. 이렇게 전광판 설치가 활성화된 이유로는 LED소자의 개발과 네트워크 기술의 발전을 들 수 있지만 초대형 동영상이 일반인들의 관심을 끌기에 충분했고 다양한 정보의 제공 및 TV CM의 재인지가 가능한 광고매체로 인정 받았기 때문이었다.

교통광고 시장 역시 꾸준히 성장하였다. 기금광고로 운영된 버스 외부광고와 지하철5호선이 개통되던 시점의 지하철 광고는 가장 많은 유동인구를 접하는 장소로 인정받아 소비자 및 광고주 모두가 선호하는 대중매체로 인식되기 시작했

그림 2.22 김포공항 아치 전광판

그림 2.23 수원역 2COLOR 전광판

그림 2.24 지하철 와이드칼라 광고

그림 2.25 버스쉘터 광고

다. 또한 1995년에는 버스정류장에 비와 햇빛을 피할 수 있는 편의시설인 버스쉘터가 개발되어 설치되었다. 부산에서 먼저 시작된 이 버스쉘터 광고물은 서울 및 지방 대도시로 확대되었고 현재까지 인기 있는 매체로 자리매김 하였다. 특히 저렴한 광고비와 고급감, 안정적인 가시 확보, 장시간 메시지를 전달할 수 있다는 장점이 버스쉘터를 옥외광고 시장에서 주요 매체가 될 수 있는 이유였다.

1980년대 들어 아시안게임, 올림픽 등 대형 스포츠 이벤트가 개최되고 프로야구가 개막되면서 스포츠에 대한 국민적 관심이 높아졌고 그로 인해 경기장 내 광고가 등장했다. 야구장 펜스 광고, 축구장 A보드 광고 등 현재 경기장에서 볼 수 있는 많은 종류의 광고판이 스포츠 경기장에서 운영되었다. 스포츠광고는 TV 노출 목적이라는 광고 특성상 TV 중계가 많지 않았던 당시 상황에서 크게 활성화 되지 않았지만 1990년대를 지나면서 야구장, 축구장 광고 중심으로 광고주 참여도가 높아졌고 1997년 잠실야구장 광고 사업권 입찰시 기존 납입가의 2배 이상의 금액으로 사업자가 결정되는 등 일부 과열현상도 빚어졌다.

이 시기의 옥외광고는 양적으로 그 어느 때 보다 많이 늘어났고 매년 두자리

그림 2.26 잠실야구장 전광판 하단 광고물

그림 2.27 잠실야구장 펜스광고

숫자의 성장율을 기록했다. 이러한 분위기 속에 1981년에는 지하철광고 전문회사가 설립되고 1980년대 말부터는 메이저 광고대행사에서 옥외광고 전담팀이 만들어지는 등 옥외광고 영역이 구체화 되고 전문화 되기 시작했다. 우리나라의 옥외광고 역사를 놓고 볼 때 이 시기는 가장 활발한 매체 개발과 참여가 이루어졌고 옥외업계가 하나의 산업으로 정착되는 계기가 되는 시점이었다. 하지만 1997년 IMF를 계기로 전 업종의 경기 불황과 광고료 감축이 본격화 되면서 예전과 같은 물량 증가와 경쟁적 광고 참여 분위기는 조금씩 줄어들게 되었다.

4. 성숙기(1997년~2005년)

1997년도부터 시작된 외환위기와 경기 침체로 인해 광고주들은 광고매체에 대한 질적 변화를 요구하였다. 이러한 추세는 옥외광고업계에 광고료 거품을 제거하고, 매체 효과를 높이며, 광고효과 측정에 대한 관심을 불러 일으키는 등 업계 전반에 만연했던 무분별한 매체 개발과 투명하지 못한 영업에 대한 반성의 계기가 되었다. 따라서 이 시기부터는 효과와 경제성이 높은 매체만이 살아 남을 수 있다는 시장 분위기가 서서히 형성 되기 시작했으며 광고 캠페인에서 타 매체와 더불어 옥외광고가 분명한 역할을 수행할 수 있는 매체로 인식되기 시작하였다. 즉 양적으로 빠르게 증가하였던 고도 성장기를 지나 옥외광고의 성숙기가 도래한 것이다.

매년 고도성장을 구가하던 옥외광고 산업은 1997년 처음 마이너스 성장을 기록하였다. 이는 금융시장 불안, 외환사정 위기로 인한 광고업계 전반에 불어 닥친 불황이 가장 큰 이유였지만 옥외매체가 1995년에서 1996년을 고비로 더 이상의 양적 성장을 기대할 수 없을 정도로 포화상태가 된 점도 중요한 이유였다. 옥외광고 업계는 1997년부터 질적 고도화 보다는 양적 성장에 대한 한계점을 보였고 양적 성장 전략에 실패한 광고사업이 사례가 속속 나타나기 시작했다.

고도 성장기의 옥외광고 업계는 사업권만 확보하면 팔 수 있다는 자신감이 있었다. 그렇기 때문에 옥상광고를 비롯한 각종 교통광고, 스포츠광고의 사업권 입찰은 치열한 경쟁이 불가피했다. 하지만 외환위기를 계기로 전혀 다른 상황이 되어버렸다. 인상된 낙찰가에 비해 판매는 극도로 부진했고 결국 사업권을 반납하는 사례가 속출했다.

광고주들 또한 광고비 예산의 축소로 광고 노출량이 줄어들자 적은 광고량으로 많은 효과를 기대하고자 하였다. 따라서 옥외광고 전략을 양적 확대에서 질적 고도화로 수정하고 매체의 고급화, 차별화를 꾀하는 분위기가 생겨났다. 이러한 분위기 속에서 야립간판에 형광등이 들어간 내부조명야립이 올림픽대로에 생겨났고 풀칼라 연출이 가능한 알파네온, CR네온이 처음 등장하였다. 옥외광고 디자인 부분에서도 차별화의 노력은 역역했다. 구조물의 형태를 기존 사각형에서 탈피된 형태로 추진하려는 노력이 보였고 부조형태의 돌출 옥상광고도 출현하였다.

1999년 산업 전반에 걸쳐 경기가 회복되기 시작하면서 옥외광고도 서서히 다시 성장하기 시작했다. 하지만 옥외광고의 집행목적이 기존의 사세과시 및 상징성 측면에서 효율적인 메시지 전달과제품 판매율 제고라는 방향으로 바뀌었다. 따라서 장기 운영이 불가피하고 상품 판매에 직접적인 영향을 미치지 못하는 옥상 빌보드와 같은 매체 보다는 버스, 지하철, 공항, 고속도로 등 단기 캠페인에 효과적이고 타깃에 집중할 수 있는 교통광고의 성장이 눈에 띄게 돋보였다. 2001년 인천국제공항의 개항과 2기 지하철의 완전 개통 등 교통 시설물의 확대도 교통광고 성장에 영향을 주었다.

2001년도 지하철광고는 그 동안 보기 어려웠던 최고의 호황기를 맞았다. 2호선 광고는 판매율 100%를 보이며 많은 광고주들을 참여 대기선 상에 올려놓았다. 1,3,4호선의 판매율도 90% 이상을 상회하였고 2기 지하철도 높은 판매율을 보였다. 이는 서울 인구의 38%이상이 지하철을 이용하고 그 연령대가 20~40대의 소비층이 주류를 이루고 있으며 저렴한 광고비로 비용 대비 효율성을 높일 수 있다는 장점으로 인해 대형 광고주들이 지하철광고에 대거 참여한 것에 기인한다.

2002년은 한.일 월드컵이라는 대형 호재를 맞아 큰 폭의 성장을 기대했지만

그림 2.28 내부조명 야립광고

그림 2.29 알파네온 옥상광고탑

그림 2.30 대형 건물 래핑광고

그림 2.31 지하철 래핑광고

생각만큼 양적 성장을 이루어 내지 못하였다. 하지만 월드컵 분위기를 고취시키기 위한 건물 외벽을 이용한 대형 래핑광고나 버스외부를 활용한 그래픽 등의 매체가 일반화되기 시작했고 외국에서 시도되었던 고급스럽고 도전적인 Creative를 국내기업들도 시도하기 시작했다. 효과 중심의 단기 집중적인 옥외광고가 더욱 더 유행하였고 단기 이벤트적인 요소가 강한 옥외광고의 형태도 등장하여 양적 측면 보다는 질적 측면의 발전을 이루었다.

하지만 이러한 분위기 속에 선호매체와 비선호 매체간의 매체 양극화 현상은 더욱 가속되었다. 인천공항고속도로나 경부고속도로 야립, 지하철2호선 등 선호매체는 수요를 따라 오지 못해 광고료가 계속 올라갔고 이러한 매체를 확보하기 위한 옥외광고 회사들의 경쟁은 치열해졌다. 공공기관들은 최고가 경쟁 입찰을 고수했고 무조건 따고 보자는 식의 업계의 입찰 참여가 또 다시 광고료를 높여 놓고 말았다.

2003년에는 소비자 트렌드의 변화와 높아진 옥외광고의 위상을 바탕으로 다양한 장소의 옥외매체가 각광을 받았다. 꾸준히 인기를 지속하던 극장이나 코엑스몰, 테크노마트와 같은 젊은층 타깃의 쇼핑몰과 급속한 속도로 늘어나고 있던 할인마트 등 소비와 엔터테인먼트 공간에 대한 이용객이 증가하면서 그 장소에 설치되는 옥외매체 또한 새롭게 인식되기 시작했다.

이 시기에 새롭게 등장한 옥외매체의 트렌드 중 하나는 예술과 광고를 접목한 조형광고물과 전시적인 요소를 접목한 프로모션의 시도를 들 수 있다. 기존의 애드벌룬이나 단순한 조형물과는 차원이 다른 보다 정교화되고 전략적 의미가 있는 조형물 광고가 탄생하였다. 또한 제품 전시대와 공간 개념이 포함된 제품전

그림 2.32 공항 마네킹 광고

그림 2.33 인천공항 제품전시대

시장도 공항, 철도역, 쇼핑몰 지역에 등장하였다. 이는 브랜드 컨셉트에 따른 공간 연출을 통하여 평면적인 광고물로는 전달 할 수 없는 메시지를 시연이나 체험을 통하여 소비자에게 전달하는 이른바 양방향 커뮤니케이션 트렌드의 일환이었다.

2004년은 버스 운행 체제의 변화와 더불어 버스광고 규제가 풀리면서 광고 면적이 확대되었다. 기금광고로 운영되었던 버스광고가 일반화 되면서 인기가 급상승 했으며 지하철광고에 매력을 잃었던 광고주들이 버스광고로 대거 이동하기 시작했다. 지상에서 노출될 수 있고 크기가 2배 이상 커진 버스광고의 매체력이 지속적으로 단가만 상승된 지하철광고를 이기기 시작한 것이다. 이때 다양한 버스노선과 10여개의 매체사 라는 복잡한 환경속에 버스광고 미디어렙이 등장하였다. 이것은 옥외광고 시장의 최초의 미디어렙이라고 할 수 있는 형태로서 향후 그 영역을 확대하여 전문 옥외미디어렙으로 발전하는 발판이 되었다.

또한 KTX의 개통은 서울역을 포함한 KTX역사에 광고 경쟁 바람을 가져왔다. 개통 전부터 대기업 중심의 참여 경쟁이 일어나면서 광고료는 매우 높은 가격에 형성되었고 교통광고 전체에 고가의 광고료가 적용되는 기준이 되었다. 반면 지하철광고는 2003년을 정점으로 하락하기 시작했다. 매체의 변화없이 지속적으로 단가만 인상해 왔던 분위기 속에서 대기업 광고주들이 지하철광고를 포기하기 시작했고 중소형 광고주들 역시 고가의 광고료로 인해 예전과 같이 장기간의 지하철 광고 운영을 하지 않게 되었다.

2005년도는 여러 신규 매체들이 시장에 나와 정체된 전체 옥외광고 시장에 새로운 활기를 불어넣었으나 야립과 버스광고를 제외한 전통적인 옥외매체들은 고전을 면치 못하였다. 전통적인 지하철 광고는 조금씩 하락하는 시장 상황과 대

그림 2.34 버스외부광고

그림 2.35 KTX 서울역 배너

형광고주의 외면 조짐에도 불구하고 서울메트로 등 관련 기관 등은 자신의 수익을 지속적으로 올리길 희망했고 결국 최고가 입찰의 문제점을 해결하기 위한 새로운 사업자 선정방식인 미디어렙 방식으로 사업자를 결정하였지만 사용자 고수익 구조로 인해 시장 상황이 호전되지 못하였다.

반면 이시기에 새롭게 태어난 대표적인 신매체로 지하철 스크린도어와 중앙차로 버스쉘터를 들 수 있다. 지하철 역사의 공공성 차원에서 설치가 시작된 스크린도어광고는 우수역사, 고급감, 장시간의 노출시간 등의 이유로 초기 판매율 70%를 기록하며 성공적으로 시장에 안착했다. 또한 삼일로, 강남대로 등 서울 주요 요지에 설치된 중앙차로버스쉘터 역시 다국적 광고주의 선호매체로 꼽히면서 짧은 시간에 주요 옥외매체로 떠올랐다.

그림 2.36 중앙차로버스쉘터

그림 2.37 지하철스크린도어

5. 디지털 도입기(2006년~2016년)

1997년에서 2005년까지는 외환위기를 겪으면서 드러난 문제점들에 대한 반성과 이를 극복하고자 한 노력들을 통해 옥외광고의 나아갈 방향을 알 수 있게 된 시기였고 양적 성장 보다 질적 성장이 진정한 옥외광고 저변을 만들 수 있음을 확신하게 한 시기라고 말할 수 있다. 그리고 그러한 노력들은 2006년 이후에도 계속하여 이루어졌다.

2006년부터는 LCD 디스플레이 기술이 발전하면서 옥외광고 전용 LCD라는 제품이 탄생되었다. 이것은 기존의 옥외 매체를 고정형 디스플레이에서 실시간으로 변화가 가능한 디지털 디스플레이 매체로 변화시켰다. 디지털사이니지라는 이름이 본격적으로 회자되기 시작한 것도 바로 이 시점이다. 그리고 이때부터 LCD 디스플레이의 단가도 낮춰졌으며 다양한 사이즈의 LCD 패널들도 생산되었고 여러 장소에서 온라인을 통해 손쉽게 운영, 관리 할 수 있는 솔루션들이 개발되어 본격적으로 사용되기 시작하였다. 사회 전반에서 불어오던 디지털 환경의 변화와 더불어 우리 주변의 공간들 속에 다양한 디지털사이니지 광고 매체가 개발되기 시작한 이 시기를 우리는 디지털 도입기라고 부를 수 있다.

옥외광고의 발전사에서 디지털사이니지는 1980년대 말에 등장한 대형 전광판으로부터 시작된다고 볼 수 있지만 디지털 신기술을 접목시켜 소비자 접점에서 Benefit을 전달하거나 기존의 것과 다른 형태의 메시지를 제공하는 현재의 디지털사이니지 개념은 아니었다. 또한 2003년부터 시작된 지하철 승강장 PDP 광고나 그와 유사한 인천공항 PDP 등은 최초의 디지털사이니지 형태로 인정할 수는 있겠으나 이것 역시 네트워크나 하드웨어의 불안전성, 유지 관리 문제 등의 한계를 가지고 있었다. 따라서 옥외광고 전용 LCD와 네트워크를 통해 대학교, 병원, 커피숍 등 우리 주변의 생활공간 속으로 디지털사이니지가 펴져 나가기 시작한 2006년부터를 옥외광고의 본격적인 디지털 도입기라고 볼 수 있겠다.

이 기간부터 옥외광고 매체는 디지털사이니지를 항상 염두해 두고 발전해 나갔다고 볼 수 있다. 기존 포스터나 라이트박스 광고들은 디지털사이니지로 대체되었고 새롭게 개발되는 쇼핑몰이나 극장, 할인점, 아파트 등에서도 디지털사이니지가 제일 먼저 광고매체로 검토되었다. 하지만 옥외광고의 특성상 움직이는 유동인구에 짧은 순간 노출되어야만 하는 한계로 디지털사이니지는 광고주에게 큰 효과성을 주지 못하였고 지나가는 소비자의 발목을 잡을 수 있는 차별화된 콘

그림 2.38 승강장 PDP

그림 2.39 대학교 PDP

텐츠 제공에도 실패했다.

2006년도에는 그동안 꾸준히 제기되어 왔던 옥외광고법 개정과 관련한 규제개혁위원회 주도의 옥외광고 규제완화 조치가 입법예고 되었지만 여러가지 현실적인 문제로 최종 입법화 되지는 못하였다. 하지만 정부기관, 학계, 업계 등이 모여 옥외광고의 미래와 관련한 여러 차례의 대대적인 논의를 낳았고 1996년 12월에 종료되는 특별법 매체의 향방에 대한 논의로 이어졌다.

2006년도에는 대규모 신규 매체의 등장은 없었지만 옥외광고 각 분야에서 다양한 시도들이 이어졌다. 젊은 타깃 밀집 지역인 코엑스몰에는 마네킹을 설치하여 행인의 시선을 끈 센스 광고, 버스 쉘터 내부에 기계 장치를 설치하여 상승하는 공을 형상화한 KT와이브로 광고 등 기존의 형태를 변형한 새로운 크리에이티브 광고가 운영되기도 하였다. 또한 이러한 흐름은 대규모 제작비가 투여되는 대형 매체에서도 찾아볼 수 있었는데 김포공항에 설치된 삼성전자 애니콜 '손 조형물'광고나 시청 광장의 삼성화재 '메트로폴'은 날로 발전하는 새로운 기술이 옥외광고에도 실시간으로 적용되고 있음을 보여 주었다.

그 밖에 지하철 2호선에서는 변형 매체와 차내 조명매체 등이 등장하였고 도심속에서 펼쳐지는 게릴라성 옥외광고도 유행하였다. 상암경기장에는 프로축구 FC서울 구단이 국내 최초로 전광판 A보드를 설치하였으며 6월 이후에는 독일월드컵 분위기가 전국을 휩쓸면서 대형 실사 광고물과 조형물이 거리 곳곳에서 운영되었다. 극장 광고 영역에서는 CGV 체인을 시작으로 디지털 영사 시스템이 세팅 되면서 광고모니터링 방식의 현대화, 실시간 관람객 집객에 의한 시청률 조사, 프리미엄 패키지 등과 같은 다양한 매체 판매 방식이 도입되었다 그리고 2006년 12월말 20여년간 운영되었던 기금광고가 사업기간 만료로 완전 철거되

그림 2.40 코엑스몰 싸이언 조형물

그림 2.41 김포공항 삼성전자 조형물

면서 2007년도 옥외광고 시장의 위기를 예고하였다.

2007년도는 야립광고 214기가 완전 철거 되고 새로운 법안은 만들어지지 않은 채 그 향방을 알 수 없는 상황이 되었다. 2~3년 전부터 예고되어 왔던 지하철 광고의 몰락은 현실화 되었고 버스광고 시장 역시 높아진 단가에 잠시 주춤하였다. 야립광고의 철거로 옥상광고나 교통광고의 특수가 있을 것이라는 예상은 완전히 빗나갔고 오히려 옥외광고 시장 규모 하락에 큰 영향을 주었다.

이러한 불황 속에서 인천공항 철도인 AREX가 오픈을 하였지만 인천공항에서 김포공항 구간의 노선이라 이용객수가 적었고 광고매체 역시 인기를 얻지 못하였다. 또한 KTX 광고사업에 대한 입찰과 반납, 도시철도공사 구간의 사업자 공백, 서울메트로 광고사업 입찰에서의 지속적인 유찰 등은 이 시기의 옥외광고 매체 시장 분위기를 더욱더 악화시켰다.

하지만 이 시기는 광고주들의 옥외광고 활용도가 그 어느 때보다도 빛난 한 해였다. SK텔레콤의 3G+ 캠페인을 포함한 다양한 교통광고 사례와 크리에이티브한 Ambient 미디어들은 옥외광고가 얼마나 다양해질 수 있는지를 보여준 좋은 사례라 할 수 있다. 또한 삼성홈플러스 지하철 래핑 광고는 홈플러스 매장을 소비자 동선으로 옮겨 놓은 것처럼 보이게끔 만들어 2008 뉴욕 원쇼, 뉴욕페스티벌, 칸 광고제 본상을 수상하는 영예를 안았다. 그밖에 코엑스몰, 롯데월드 등 복합쇼핑몰과 전국 CGV, 메가박스, 롯데시네마, 이마트 등 전국적인 체인망을 가지고 있는 극장과 대형 할인점에서 디지털 사이니지 매체가 확대 운영되었다.

2008년도는 기금광고 철거 이후 계속된 옥외광고 시장의 불황이 이어졌던 시기였다. 하지만 옥외광고 산업의 발전을 위하여 행정안전부 지방재정공제회

그림 2.42 SK텔레콤 3G+ 캠페인

그림 2.43 삼성홈플러스 지하철 래핑광고

그림 2.44 코엑스몰 리엑트릭스

그림 2.45 지하철2호선 펩시콜라

산하에 한국옥외광고센터가 설립되었고 지자체 중심의 공공 디자인 사업이 활발히 일어났으며 IT 기술을 접목한 다양한 동영상 디지털사이니지가 개발되기 시작하였다.

특별법에 의해 운영되었던 기금광고는 2008년 6월 개정된 옥외광고물등관리법시행령이 발효되면서 일반법화 되어 재 운영이 가능해졌다. 2008년 4월에는 이러한 기금광고 사업을 추진할 옥외광고센터가 출범하였다.

2008년은 교통지역 및 복합쇼핑몰, 그리고 다양한 리테일 숍 등에서 디지털사이니지가 활발하게 개발된 한 해였다. 서울 지하철 1,3,4호선에서는 열차정보안내시스템, 부산, 대구, 대전 지하철 열차정보 안내시스템, 송파, 양화로 중앙차로버스쉘터 LCD, 코엑스몰 내 디지털디렉토리 매체 등이 주목할 만한 신규 매체로 등장하였다. 이 밖에 커피빈, 세븐몽키스, VIPS, GS25 등 전국적인 체인망을

그림 2.46 코엑스몰 스탠드형 L/B

그림 2.47 인터렉티브 디지털사이니지

가지고 있는 리테일숍에서도 네트워크를 활용한 디지털사이니지 매체들도 다수 운영되었다.

2009년은 상반기 경기 침체로 시작했으나 하반기 들어 경기 회복세를 타고 위축되었던 광고 시장이 점차 되살아난 한 해였다. 기금광고 야립은 연초부터 입찰이 시작되어 사업자가 결정되고 사업준비를 진행하였으나 연말까지 설치 및 영업은 부진하였고 옥상광고 시장의 하락세는 꾸준히 지속되었다. 하지만 교통광고나 극장 광고 등 타깃접점 매체는 판매 호조를 보여 전체 시장을 견인했으며 각종 디지털사이니지 매체는 지속적으로 증가하였다.

광고 예산 축소로 효율성을 중시하는 경향은 계속되어 전략적 선택과 집중이 불가피한 상황에서 단기 운영이 일반화되고 타깃에 집중된 틈새광고 개발이 활발하였다. 또한 크리에이티브 측면에서도 의욕적인 도전이 계속되어 2009년 칸 광고제 옥외광고부문에서 니콘광고가 수상의 영예를 안았다.

지하철광고에서는 스크린도어 광고가 여전히 강세를 이어갔고 중앙차로버스 쉘터와 버스외부광고의 판매가 활성화되었다. 또한 1단계 구간을 개통한 9호선이 지하철광고의 새로운 지평을 열었다. 지하철광고의 경우 기존에는 매체별로 광고주 영업을 하였지만 9호선은 역사광고물 전체와 차량 광고물 전체를 묶어 한개의 광고주가 독점하는 방식을 취하였다. 또한 언론사인 동아일보사가 광고 사업권을 확보하여 옥외광고사업 영역에 진입하는 계기가 되었다.

서울시에서도 각종 디자인 서울 거리 사업이 활발히 진행되었는데 그 중 강남대로를 디지털스트리트화 하는 사업의 일환으로 대형 전광판과 미디어폴이 설치되었다. 강남대로 미디어폴은 지자체가 도시 환경 개선을 위해 자발적으로 설

그림 2.48 강남대로 미디어폴

그림 2.49 서울스퀘어빌딩 미디어파사드

치한 공익성 미디어로서 콘텐츠 유지 및 시설 관리를 위해 입찰을 통해 광고사업자를 모집한 사례로 주목 받았다.

2009년 새롭게 등장한 디지털사이니지로는 국철구간 승강장 동영상광고와 김포, 제주공항 LCD광고, 버스내부 LCD광고, 탐앤탐스 매장 내 LCD 광고 등이 있고 서울역 앞 서울스퀘어빌딩벽면에 98 m × 78 m의 초대형 미디어 파사드가 설치되어 운영되었다.

2010년은 2006년 이후 지속적으로 하락하였던 옥외광고 시장규모가 3년만에 상승세로 돌아선 한 해였다. 시장 규모 면에서는 2006년과 비슷한 수준이나 광고주들이 효과성에 기반한 매체를 중심으로 참여하는 분위기 속에서 이룬 반등세임을 감안할 때 의미 있는 한 해가 아닐 수 없다.

2006년 전면 철거되었던 야립광고는 오랜 진통 끝에 드디어 본격적으로 설치가 시작되었고 삼성, LG, 현대기아차, SK 등 대기업의 참여를 이끌어 냈다. 하지만 건설 경기 불황과 고가의 광고료 등 여러 불리한 영업 상황으로 인해 만족할 만한 실적은 올리지 못했으며 시업 주체인 옥외광고센터의 까다로운 디자인 심의 등 절차 상의 문제로 광고주들의 불만을 사기도 했다.

하지만 버스외부 광고와 버스쉘터 광고, 지하철광고 등 교통광고 영역에서 큰 성장을 이루었다. 2009년 하반기부터 불기 시작한 교통광고 활성화가 2010년에도 계속하여 이어졌고 지하철2호선 실시간 정보시스템의 설치와 지하철 디지털뷰 사업 등 대규모 디지털사이니지 사업이 시행되었다.

또한 스포츠, 극장, 쇼핑몰 광고의 성장과 다양한 디지털사이니지의 개발이

그림 2.50 야립광고

그림 2.51 CGV STIKUS

이루어졌다. 기존의 디지털사이니지가 단순한 동영상이나 정지화상이 표현되는 수준이었다면 CGV DLA (Digital Lobby Advertisement)나 클라우드는 소비자에게 새로운 경험과 감동을 줄 수 있는 신기술이 적용된 매체였다. 그리고 이 기간에 등장한 디지털사이니지 매체로는 케페베네LCD, 약국LCD, SPC그룹 매장 내 LCD, HOLLYS LCD 등과 LG유플러스 아파트 엘리베이터 LCD 등이 있다.

2011년은 전년도의 시장 성장세를 계속 이어간 한 해였다. 특히 디지털사이니지 시장이 확대되었고 대형 전광판과 프로젝터를 활용한 신기술 광고들이 새롭게 선보였으며 IT 기술의 발달과 스마트폰의 보편화로 옥외광고가 다양한 미디어와 결합을 시도했다. 또한 교통광고 시장이 매우 활발했고 바이럴 효과를 기대한 이슈성 광고가 어느 때 보다 많은 한 해이기도 했다.

교통광고 시장의 경우 병원과 소셜커머스 광고주들의 적극적인 참여가 있었다. 버스광고의 인기는 더욱 높아졌고 지하철 광고도 2호선을 중심으로 판매가 활성화 되었다. 특히 신분당선의 개통, 인천공항철도의 완전개통 등 지하철 영역의 확대가 시장 성장을 도왔고 지하철 프로모션 매체 개발과 신분당선의 디지털 매체는 지하철 공간을 디지털화 시키는데 영향을 미쳤다. 또한 인천공항 역시 디지털 매체 중심으로 광고물을 개편하여 사업자를 선정하였고 철도역사에도 70인치 대형 디지털디렉토리 광고물도 등장했다.

쇼핑몰과 극장, 스포츠 광고시장도 성장했다. 디큐브시티, 김포롯데몰, 인천공항교통센터 등 대형 복합쇼핑몰이 오픈하면서 다량의 디지털사이니지 광고물이 설치되었고 극장광고 역시 3D 광고가 새롭게 스크린에 등장하였으며 청담 CGV 내부에 기아차관과 같은 브랜드관이 운영되는 등 극장 공간을 이용한 광고주들의 마케팅 활동이 활발했다. 야구장광고와 같은 스포츠 광고도 인기가 높았으며 전광판을 이용한 인터렉티브 광고와 건물 전체를 캔버스로 활용한 빌딩 맵

그림 2.52 강남CGV 인터렉티브 전광판

그림 2.53 신촌밀리오레 빌딩 맵핑

핑 광고도 국회의사당과 신촌 밀리오레에서 운영되었다.

2012년도는 시장 규모 측면에서 2011년도 대비 성장세는 유지하였으나 전년 만큼의 성장 폭은 확보하지 못했다. 특히 극장광고의 성장이 눈에 두드러졌고 옥외광고 시장에 대한 언론사나 대기업의 진출, 디지털사이니지 확대 및 QR코드 활용, 체험형, 복합형 옥외광고의 활성화 등이 주요 이슈였다. 종류별로 구체적으로 살펴보면 다음과 같다.

먼저 대형 광고시장에서는 야립광고가 2차 사업권 입찰이 있었고 여기서 경부고속도로 서초구 구간에는 중앙일보와 CH커뮤니케이션즈가 88올림픽대로에는 인풍이 새로운 사업자로 등장했다. 야립광고 시장은 전년도에 이어 지속 성장세를 유지해 갔으나 입찰가 인상으로 사업자들의 부담이 커졌다. 다음으로 교통광고 시장에서는 서울메트로의 광고사업 직영제 전환, 디지털 광고물화와 물량 전체를 대상으로 입찰을 시행한 제주국제공항 광고사업 그리고 서울 버스외부 광고사업 등 큰 이슈들이 있었다. 또한 지하철2호선과 지하철 스크린도어, 중앙차로버스쉘터 광고의 판매 활성화가 돋보였고 KTX도 기존 역사의 광고사업 정비와 2011년 추가로 개통된 울산, 신경주, 김천구미, 오송역 등의 안정화로 시장이 다소 성장하는 추세를 보였으며 공항광고는 인천, 김포, 김해, 제주 공항을 중심으로 대체적으로 양호한 판매실직을 보였다.

다음으로 극장광고는 2012년에도 지속적인 상승 기조를 유지했으며 특히 전년 대비 관객수가 약 27% 증가하면서 시장규모도 2010년 1,000억에서 1,500억대로 성장해 역대 최고치를 경신했다. 그리고 쇼핑몰광고도 코엑스몰의 인기가 지속되면서 IFC몰, 영등포타임스퀘어 등의 대형쇼핑몰이 광고주들의 신제품 론칭이나 프로모션 장소로 자주 활용되었고 대표적인 3대 할인점도 전체 점포수가 350개를 넘어서면서 여전히 주부 타깃 광고지로 성장세가 지속 되었다. 이러한

그림 2.54 제주공항 디지털 매체

그림 2.55 이마트, 롯데마트 쿠폰키오스크

분위기 속에 쇼핑몰을 포함한 극장, 커피전문점, 편의점, 아파트 등 다양한 영역에서는 디지털사이니지형 매체가 추가 개발되었고, QR코드를 이용한 광고나 단순 노출형 광고에서 체험형, 복합형, 프로모션형 체험부스가 새로운 옥외광고의 모습으로 등장하면서 광고주들의 관심을 불러일으키고 옥외광고의 새로운 가능성을 보여주었다.

2013년 옥외광고 시장은 2009년 이후 지속적 성장세가 유지되면서 전년 대비 약 5.9% 성장하였으나 주요 옥외 캠페인의 축소, 계약 기간의 축소, 물량의 축소 등 광고업계에서 느끼는 체감 경기는 다소 위축된 한 해였다. 대형 광고 시장은 지속적으로 축소, 교통광고와 쇼핑몰 등의 광고는 증가추세에 있으며 특히 교통광고 중 지하철, 철도, 공항 매체는 판매량이 증가하였으나 버스광고는 광고료 인상 등의 이유로 시장이 위축되었다. 또한 코엑스몰, 제2롯데월드몰이 공사중임에도 불구하고 이 분야에서의 옥외광고 매체 개발과 극장광고, 스포츠광고 등은 지속적으로 증가하고 있다.

야립광고의 경우 2기사업이 새로 시작한 가운데 기존 사업자와 신규사업자 간 양수도 문제가 진통 끝에 원만히 마무리됨으로써 야립 판매시장은 안정화를 찾았고 연간 시장 규모 측면에서 보면 소폭 신장하였다. 반면 옥상광고는 핵심 위치 중심의 매체 외에는 판매가 여전히 부진했고 전광판 매체는 인터랙티브 전광판 개발, 한국전광방송협회 차원에서 전광판 방송통합관리시스템 구축 등 여러 노력이 있었으나 성과를 크게 보지는 못하고 있다. 철도광고는 경부 고속선이 완전 개통되어 부산까지 2시간대로 단축되면서 이용객이 증가하고 광고 판매도 조금씩 증가하고 있으며 지하철광고 역시 모바일 게임광고주의 성장과 더불어 2-3호선 중심으로 판매량이 꾸준히 증가하고 쉘터 광고와 공항광고도 지속 성장세를 유지했다. 하지만 고가 낙찰(3년 1,385억)된 버스광고가 광고료 인상요인 외에도 주류광고 게재불가와 의료광고의 사전심의로 판매량이 크게 위축되었다.

이것 외에도 2013년도 교통광고의 주요 이슈는 3호선부터 시작한 서울메트로 직영제인 판매대행수수료제 방식과 가로변 버스쉘터의 리뉴얼 등이 있다.

극장광고는 1,700억 원대로 전년에 이어 또 다시 성장했다. 총 관객수는 전년대비 9.5% 증가한 2.13억 명이었고 연평균 일인당 극장관람회수도 4.25회로 세계 최고수준을 기록했으며 멀티플렉스 극장수도 전년대비 20개 늘은 270개로 늘어났다. 스포츠 광고도 NC다이노스가 2013년부터 참가하고 광주 챔피언스필드가 2014년부터 오픈 하는 등 프로야구 흥행몰이가 지속되었고 대형 할인점 등에서는 기존 카트나 벽면광고 외에도 무빙워크 상단 배너나 래핑 광고 등 신규 매체 개발이 활발하게 일어났다.

2014년은 세월호 여파로 상반기에는 사회적 분위기 및 경기 체감 저하로 인해 광고주들도 조심스러운 마케팅 활동을 펼쳤다. 따라서 옥외광고 시장도 상반기에 고전을 면하지 못했는데 하반기 끝부분에 모바일 게임 등의 광고주가 적극적인 광고활동을 펼치면서 시장규모는 전년 대비 소폭 하락하는 선에서 마감되었다.

내용을 구체적으로 살펴보면 먼저 대형 광고물의 경우 야립은 2기 사업자가 안정적인 영업활동을 하면서 예년과 유사한 실적을 나타내었고 장기계약이 관행인 옥상광고도 큰 변화는 없었다. 하지만 단발성 참여가 많고 시의적 상황에 민감한 전광판 매체는 다소 판매가 저하되었다.

그리고 2014년은 지속적인 성장세를 이어오던 교통광고 분야에서도 버스쉘터를 제외한 모든 매체가 하락세를 보였다. 인천공항까지 연결된 철도광고는 꾸준한 이용객 증가에도 불구하고 판매가 부진하였고 지하철광고 역시 1기 스크린도어 광고 외에 차량광고 등은 스마트폰의 영향으로 극심한 부진을 겪었다. 그리

그림 2.56 강남역 게이트비전

그림 2.57 NC다이노스구장 전광판 상단광고

고 2010년 지하철 117개역사 913기가 설치되었던 디지털뷰가 2014년을 마지막으로 철거되었으나 84인치 UHD급 패널을 사용한 스크린도어 PDV (Platform Digital Vision)등의 신규매체는 광고주들로부터 좋은 반응을 얻었고 매립형 투명 LCD, 개찰구 LCD 등의 매체도 신규로 론칭되었다. 또한 서울메트로 1-3호선의 광고사업은 총 6개사가 판매대행을 맡아 운영하게 되었고 9호선 사업자는 동아일보에서 세종광고센터로 변경되었다. 버스쉘터의 경우 기존 서울시 중앙차로 쉘터는 지속적인 성장세를 보였고 KT가 투자한 가로변 쉘터가 2013년 5월부터 시작된 개선사업이 완료되어 3,800여개의 쉘터가 최신 디자인으로 바뀌게되었고 버스외부광고는 극심한 경영난에 기존 사업자가 1년 6개월만에 사업권을 반납함으로써 새롭게 사업자 선정이 이루어졌고 JS커뮤니케이션이 2014년말부터 2017년말까지 사업권을 보유하게 되었다.

극장광고는 소폭 상승하였고 경기장, 쇼핑몰 광고 역시 지속적인 성장세가 멈추지 않았다. 코엑스몰의 리뉴얼과 제2롯데월드몰의 오픈으로 대형복합쇼핑몰 광고와 할인점 광고 등이 추가 개발되었고 건물 내 다양한 장소에서의 신규 디지털 미디어들이 다수 개발되었다.

2015년 옥외광고 시장은 5월 찾아온 메르스 등의 여파로 체감경기가 위축되는 등 어려운 환경속에서 시장규모는 전년 대비 7.4%로 소폭 성장하였다. 그 이유는 2014년 하반기부터 시작된 모바일게임 광고주의 옥외광고 집행 흐름이 이어졌고 배달앱이나 쇼핑앱 등 모바일 관련 서비스와 관련 업종이 주요 광고주가 되어 옥외광고에 투자를 하였다.

매체별 상황을 구체적으로 살펴보면 야립광고는 2기 사업이 12월말로 끝나는 관계로 2015년 10월에 3기 사업권 입찰을 실시하였는데 신규사업자로 승보광

그림 2.58 KT의 가로변 버스쉘터

그림 2.59 코엑스몰 채널코엑스

고가 새롭게 참여하고 중앙일보가 기존사업자에서 빠지게 되었다. 이때 총 사업 물량은 8개권역 203기였다.

2015년 호남 고속선의 개통과 신규사업자의 선정을 계기로 철도광고는 보다 더 좋은 환경의 광고사업지로 바뀌어갔다. 즉, 서울-부산과 마찬가지로 서울-광주간 운행시간이 매우 단축되면서 이용객이 증가하였고 서울역 광고사업권 입찰을 통해 재산커뮤니케이션즈가 사업자로 선정되면서 기존 서울역 광고매체의 디자인이 세련되고 통일성 있게 변모하여 광고주로부터 큰 호응을 받았다. 또한 동대구역도 사업자가 새로 선정되면서 디지털 디스플레이가 늘어나는 등 역사 환경이 예전에 비해 개선되었다.

지하철광고의 경우 스크린도어나 라이트박스는 유력한 매체로 유지되었으나 차내 광고물은 스마트폰의 영향으로 점점 더 상황이 악화되어갔다. 반면 강남역 게이트비전에 이은 삼성역 미디어터널, 디지털포스터 등의 디지털 옥외광고물이 지하철 영역에서 성공하면서 디지털 광고물 등장에 대한 기대감을 다소 높여주었고 9호선 연장구간의 개통되면서 한승공영이 사업자로 선정되었다.

쉘터광고는 여전히 높은 판매율을 유지하였고 새롭게 론칭한 가로변 버스쉘터도 차등적인 가격정책을 통해 조금씩 성장세를 만들어갔다. 또한 버스광고는 2014년의 부진을 털고 새로운 이슈매체로 부각되었으며 택시광고 역시 서울시택시운송조합이 서울시내 210개 택시법인을 묶어 하나의 사업자를 선정하여 광고사업을 본격화 하였다. 버스광고는 기존의 동일 단가체계에서 5단계 차등단가 체계로 바꾸고 새롭게 추가된 서울사랑면, 후면광고면 등을 토대로 광고주의 신뢰를 쌓아나갔다. 그리고 택시광고는 모바일 콜택시 서비스의 영향으로 사업 초반 안착에 성공하였다.

스포츠 광고는 2015년 프로야구 관중 수 736만 명을 돌파하면서 역대 최대치를 기록하였다. 2013년부터 NC다이노스가 합류하였고 2015년에는 KT위즈가 제10구단으로 합류하면서 야구장 광고는 새로운 중심매체로 부각되기 시작하였다. 쇼핑몰광고는 기대했던 코엑스몰 리뉴얼 실패와 제2롯데월드몰의 영업중지, 메르스 등의 이슈로 다소 부진하였으나 거점을 대상으로 론칭 프로모션을 하고자 하는 광고주들의 캠페인 이슈 등으로 전체적인 시장규모는 소폭 상승하였다. 그리고 디지털사이니지 시장에서는 LG유플러스의 골프장 거울 광고물이 처음 론칭 되었다

2016년도 옥외광고 전체 시장규모는 전년과 시장규모와 유사한 결과를 보였

그림 2.60 서울역 매체 리뉴얼

그림 2.61 골프장 거울광고

다. 야립, 옥상, 전광판 등의 시장은 변화가 거의 없었고 교통광고시장은 버스광고가 유례없는 호황을 맞아 크게 성장한 반면 지하철 광고는 크게 위축되어 서울메트로 직영제에 인한 영업수수료 제도에 대한 회의가 일어났다. 반면 지하철 내부에 디지털 광고매체는 강남역, 삼성역 등 핵심 장소 중심으로 크게 늘어났고 특히 디지털 포스터의 인기가 높아졌다. 철도광고는 수서역 SRT가 오픈하면서 철도의 강남 시대를 열었고 부산역도 CJ파워캐스트에서 사업권을 확보하면서 물량 확대로 인한 시장 확대가 이루어졌다.

또한 2016년은 1월에 법률 개정, 7월에 시행령 개정이 있었다. 이번 법 개정의 취지는 예전 법이 옥외광고의 관리와 규제를 목적으로 했다면 개정된 법은 이름부터 진흥의 의미를 담고 있었다. 즉, 이름을 '옥외광고물등관리법'에서 '옥외광고물 등의 관리와 옥외광고산업진흥에 관한 법률'로 바꾸었고 디지털 옥외광고의 법적 근거와 광고자유표시구역과 같은 전례 없는 제도를 마련하였다.

또한 스포츠광고 시장은 대구 라이온즈파크와 고척돔구장이 새롭게 오픈하였고 잠실야구장은 연말에 실시한 사업자 입찰을 통해 한국경제신문사를 새로운 사업자로 낙찰하였다. 쇼핑몰 광고시장은 코엑스몰의 인기하락을 제외하고 하남 스타필드가 오픈하는 등 할인점, 백화점, 면세점 등의 증가로 지속 성장 추세를 보였다. 또한 중앙일보가 극장광고를 전문으로 운영하는 자회사를 설립하였고 강남역 미디어폴 사업을 수주하여 새롭게 론칭 하였고 서울시 강남구 코엑스 일대가 새로운 광고자유표시구역으로 선정되었다. 이와 같이 2016년도는 새로운 제도의 변화와 함께 중앙일보, 한국경제신문 등 언론사의 업계 진출이 활발했던 한 해였다.

2017년은 옥외광고 시장에서 매우 큰 변화가 예고되고 있다. 2016년 말에

그림 2.62 광고자유표시구역 예시사진

그림 2.63 대구라이온즈파크 야구장

선정되어 2017년 12월말에 설치가 예고된 코엑스 일대 광고자유표시구역과 종로거리 중앙차로 버스쉘터 사업권 입찰이 6월에 있었다. 그리고 2017년 10월 오픈 예정인 인천공항 제2터미널 광고사업권 입찰과 서울시 버스광고 입찰, 제주공항 광고사업 입찰 등 굵직한 사업권 입찰이 예정되어 있다. 또한 서울시내 최초의 경전철인 우이신설구간 경전철이 오픈을 준비하고 있고 시도조례 개정으로 새롭게 합법화된 디지털 옥외광고의 설치와 운영이 본격화 될 조짐을 보이고 있다.

또한 옥외광고 시장의 새로운 전기를 마련할 수 있는 옥외광고 효과조사 측면에서 새로운 성과가 나타날 것으로 예상된다. 최근 옥외광고 효과 조사는 위치인식과 카운팅이 가능한 모바일을 이용한 솔루션 등을 통해 특정 지역의 소비자 숫자와 성향을 파악하고 카메라 분석 기술, 센서 인식 기술, 아이트래킹 연구기법 등을 통해 광고효과에 대한 파악이 가능해짐에 따라 산업계를 중심으로 여러 효과측정 방법들이 연구되고 있다. 특히 KT, SKT 등의 통신사, 삼성SDS, LG CNS 등의 솔루션 회사, CJ파워캐스트와 같은 사업자들이 새로운 효과측정 솔루션을 발표하여 업계 활용도를 높일 수 있을 것으로 예상된다.

6. 맺음말

옥외광고의 발전상을 볼 때 현재의 옥외광고 시장은 또 다른 성장을 위한 준비단계로 볼 수 있다. 하지만 여러 시행착오를 거치고 새로운 형태의 디지털 옥외매체가 등장하면서 이제 예전과 같은 모호한 효과 개념을 가지고 광고를 집행하는 시기는 지났다. 최근에는 구체적이고 정확한 효과 데이터와 목표 타깃에게 어떤 내용이 어떻게 전달되는지에 따라 매체의 종류를 선정하고 집행의 수량과 기간을 결정하는 것이 일반화되었다.

그리고 4대 매체와의 구색 맞추기를 위해서가 아닌 명확한 역할이 부여된 옥외광고가 요구되면서 보다 효율적인 운영 방식과 효과성을 지닌 신 매체들이 속속 등장하고 있다. 전통적인 옥외매체도 과감한 변형이 이루어지고 있으며 타깃 접점에서 효과성을 발휘할 수 있도록 Creative 디자인과 이벤트, 인터넷 등과 연계된 Cross Media 성격의 옥외매체도 많이 개발되고 있다.

지금까지 그랬듯이 과학기술의 발전과 소비자 트렌드가 향후 옥외매체를 지속적으로 변화시킬 것이다. Mass Media의 범주에 들었던 옥외매체도 이제 점점 소집단화 되고 개인화 될 것이며 개인적 선호도를 높이기 위한 방향으로 진화될 것이다. 또한 무선인터넷이 일반화 되면서 옥외 디지털 매체가 보다 강력한 전달력을 가지게 될 것이고 유비쿼터스 시대에 맞는 인터렉티브 매체가 지속적으로 등장할 것이다.

최근 4차산업혁명 시대에 살고 있다고 한다. 우리는 현재 세계 곳곳에서 운영되는 옥외매체 정보를 실시간으로 집에서 받아 볼 수 있는 시대에 살고 있으며 이러한 상황이 옥외매체의 글로벌화를 빠르게 진행시키고 한국 옥외광고의 미래를 매우 긍정적으로 볼 수 있게 한다. 이제 우리 옥외광고 업계도 보다 빠른 시기에 현재를 발판으로 미래의 성장과 변화를 준비해야 할 것이다.

CHAPTER INTRODUCTION TO **NEW OUT OF HOME ADVERTISING**

03 옥외광고 시장과 유통구조

옥외광고 시장은 다른 광고 매체 시장과는 조금 다른 특성을 가지고 있다. TV나 라디오와 같은 전파매체는 방송사의 프로그램에 여러 종류의 고정된 광고매체를 시점별로 판매하고 있으며 신문이나 잡지와 같은 인쇄매체의 경우도 종류는 많으나 거의 같은 형태를 띄고 있는 반면 옥외매체는 설치장소와 매체의 종류가 매우 다양하고 그 특성도 서로 상이하다.

그리고 매체 개발 구조 또한 매체 소유주와 개발자의 특성에 따라 다르며 판매 방식도 매체마다 차이가 있다. 따라서 옥외광고의 대표적인 매체 중심으로 그 시장규모와 추이를 살펴보고 매체개발 과정과 특징 그리고 대표적인 유통구조를 알아봄으로써 옥외광고 시장에 대한 전반적인 이해를 돕고자 한다.

옥외광고 분야는 종합광고대행사에서 전문 부서로 분화된 지 20여 년 밖에 안되기 때문에 다른 분야에 비해 Data가 상당히 적은 편이다. 따라서 최근 23년간의 자료를 통해 시장의 성장 추이와 규모 등을 분석하고 매체 개발 방식과 유통구조 등을 살펴보도록 하겠다.

1. 옥외광고 시장의 성장 추이

1993년부터 2015년까지 23년간 옥외광고 전체 시장규모를 보면 전반적으로는 성장 곡선을 그리고 있으나 몇 차례의 하강 꼭지점들을 볼 수 있다. 1980년대부터 고도 성장을 구가하던 옥외광고 시장이 첫 번째 하락하게 된 시점은 1997년도이다. 이 시점은 우리나라 외환위기 시점으로서 경제 전반이 어렵기도 했으나 그로 인해 광고주들이 광고효과에 대해 의문을 가지고 효과성 중심으로 매체 집행을 재편한 시점이기도 하다. 당시 가장 큰 타격을 받은 매체는 옥상빌보드와 같은 상징성 중심으로 운영되던 장기성 대형 매체였으며 단기 캠페인에 적당하고 많은 유동인구에 직접적으로 전달될 수 있으며 상세한 제품 설명이 가능한 지하철광고 등의 교통매체는 상대적으로 인기가 높아졌다.

두 번째 주목해야 할 하강점은 2007년이다. 2007년은 당시 최고 인기 매체이자 옥외광고를 대표하는 야립광고가 모두 철거된 해이다. 약 900억 원 가량의 시장 물량이 통째로 없어진 것도 큰 이유였으나 야립의 철거가 광고주들로부터 옥외광고에 대한 관심을 떨어뜨렸다. 또한 이 시점은 사업자들도 무조건 따고 보자는 식의 무리한 입찰에 대한 반성이 있던 시기였다. KTX 사업권 반납과 기존 지하철광고의 유찰 등의 악재로 인해 스크린도어와 버스쉘터의 인기에도 불구하고 교통광고 시장이 크게 성장하지 못하였다.

23년간 옥외광고 시장의 성장 추이를 볼 때 기존 매체에 대한 반성과 변화 없이 무리하게 광고료만을 인상 할 경우 시장에서 광고주들로부터 철저히 외면당한다는 점과 소비자 라이프스타일과 트렌드에 따라 광고 매체 선호도가 바뀔 수 있다는 점을 알 수 있다. 대형 옥외매체의 하락과 집객공간 옥외매체의 꾸준한 성장이 이러한 점을 말해주고 있다〈표 3.1〉.

한국의 옥외광고 시장은 전통매체인 옥상 빌보드, 야립, 전광판 등 대형 옥외매체가 주도하여 왔다. 하지만 2000년을 전후하여 지하철 노선의 확대와 버스광

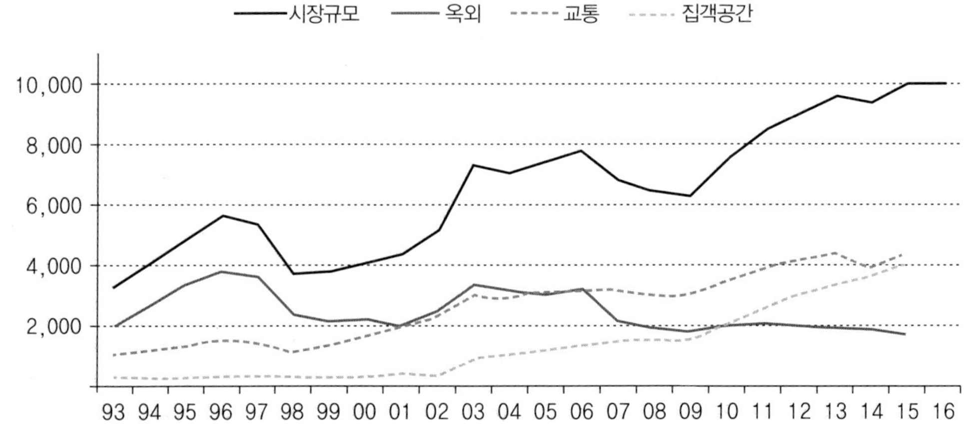

그림 3.1 최근 23년간 옥외광고 시장규모 추이

표 3.1 연도별 옥외광고 시장 규모

년도	시장규모	옥외	교통	집객공간
93	3,280	2,000	1,010	270
94	4,069	2,678	1,173	218
95	4,893	3,359	1,279	255
96	5,602	3,794	1,516	292
97	5,344	3,605	1,409	330
98	3,684	2,351	1,065	268
99	3,757	2,180	1,279	298
00	4,124	2,176	1,681	267
01	4,354	1,998	1,946	410
02	5,100	2,489	2,280	332
03	7,283	3,338	3,031	914
04	7,027	3,112	2,913	1,002
05	7,358	2,991	3,165	1,202
06	7,737	3,220	3,163	1,354
07	6,793	2,131	3,149	1,513
08	6,395	1,896	2,963	1,537
09	6,248	1,778	2,967	1,503
10	7,494	2,001	3,453	2,040
11	8,448	2,069	3,895	2,484
12	9,105	1,960	4,102	3,043
13	9,645	1,909	4,388	3,348
14	9,362	1,884	3,885	3,593
15	10,051	1,712	4,339	4,000
16	10,050			

출처: 1994~2016 광고연감, 제일기획

고의 일반화, 그리고 교통 관련 시설물의 증가로 인해 교통매체가 양적으로 확대되었다. 그리고 그 비중도 점차 올라가 2005년부터는 교통광고가 대형매체 시장보다 더 커지고 있다. 또한 소비자 라이프 스타일이 다양해지고 활동 장소가 넓어지면서 골프장, 스키장 등 리조트 지역 외에도 휘트니스센터, 할인마트, 극장 등 타깃 중심의 집객공간 옥외매체 개발이 활성화 되었으며 신기술 기반의 다양한 매체들이 출현하였다. 그럼 대형 옥외매체, 교통매체, 집객공간 매체의 범주 안에서 매체별 시장 성장 추이를 13년간의 데이터를 통해 살펴보면 다음과 같다.

먼저 대형 옥외매체의 경우에는 옥상광고의 꾸준한 하락과 야립광고의 몰락을 특징으로 들 수 있다. 1998년 이후 옥상광고는 지속적으로 하락하고 있으며 매체의 양극화 현상을 낳았다. 즉 핵심 도심의 우수 위치의 매체는 그 희소성으로 인해 광고료가 유지되거나 올라가고 있는 반면 부도심에 위치하거나 노출효과가 높지 않은 경우는 광고료가 낮아지거나 영업이 안되어 철거되는 현상이 계속된 것이다. 반면 전광판의 경우는 효과성에 대해 광고주들이 크게 인정하지는 않고 있으나 핵심 도심의 상징적인 위치에서 큰 비용 없이 단기 캠페인 동영상광고를 노출할 수 있고 쉽게 광고안을 교체할 수 있는 장점이 있어 옥상광고 보다 선호도는 조금 높다고 할 수 있으며 강남의 주요도로 등에 전광판 수량의 증가로 시장 규모는 옥상광고와 유사한 수준을 유지하고 있다〈표 3.2〉.

교통광고 시장은 사업권 입찰이 성장과 하락에 영향을 많이 주는 편이다. 입찰가가 높아져 광고료가 올라가게 되면 광고주가 외면하는 경우가 많고 그걸 견디지 못하고 기존 사업자가 사업권을 반납하게 되면 새로운 사업권자가 나타날 때까지 오랜 기간 사업권이 유찰되는 경우가 많다. 이러한 악순환의 고리가 최근

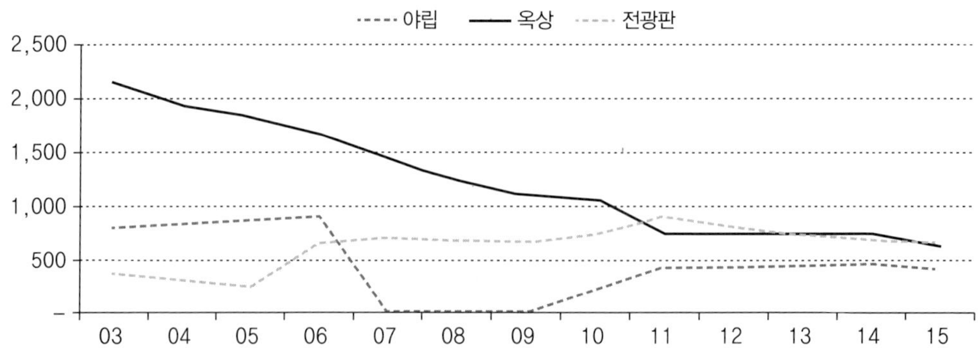

그림 3.2 대형 옥외매체 성장 추이

지하철, 버스, 철도 등에 여러 차례 일어났고 그 영향에 따라 교통광고시장은 변화하였다. 하지만 새로운 교통수단과 시설물의 등장, 우수한 신규매체의 개발로 전체적으로는 성장세를 유지하고 있으며 최근 디지털사이니지의 도입으로 상승 추세는 지속될 것으로 예상된다.

먼저 지하철광고의 성장 추이를 보면 2003년 초를 최정점으로 하여 지속적으로 하락세를 유지했는데 이것은 입찰가 상승에 따른 광고료 인상으로 광고주들이 지하철광고를 외면하고 인기가 높아진 버스광고와 중앙차로쉘터 등의 신규매체로 관심을 돌린 것에 기인한다고 볼 수 있다. 특히 지하철광고 사업의 실패에 따른 사업자 부재도 가장 큰 요인 중에 하나였다. 이러한 하락세는 2009년부터 서서히 다시 상승하기 시작했는데 스크린도어 매체의 인기도 상승과 9호선개통, 행선게시안내기 등 디지털사이니지의 대량 유입, 전 역사 스크린도어 설치, 2기 지하철 광고사업 본격 개시와 신분당선 개통 등이 원인이었다. 하지만 이러한 상승세는 2013년 다시 하락하기 시작했으며 그 원인으로 스마트폰의 영향으로 차량 내 광고의 인기 감소와 이러한 점을 극복하고자 시도했던 서울메트로의 광고사업직영제 실패를 들 수 있으며 현재까지 이러한 추세는 지속되고 있다.

버스광고의 추이를 보면 이것 역시 입찰가에 따른 낙폭이 자주 변하고 있음을 볼 수 있다. 입찰가가 낮을 경우 광고료는 유지되나 높을 경우는 인상이 불가피해지기 때문에 광고주 참여도를 높일 수 없다. 광고주는 정해진 예산으로 효과성을 높일 수 있는 매체를 선택해야 하기 때문에 예전 금액보다 높은 비용으로 버스광고를 집행하는 것이 꺼려질 수 밖에 없는 것이다. 버스광고 시장은 입찰

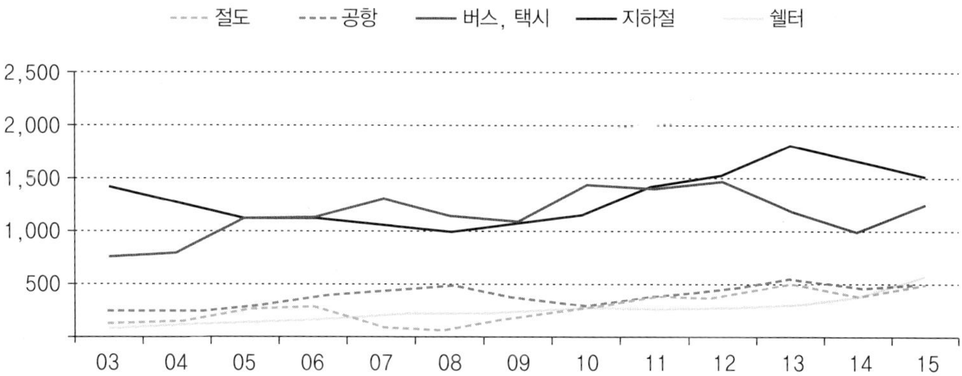

그림 3.3 교통매체 성장 추이

주기인 2년에서 3년에 한번 정도 그래프의 변화가 보이고 있다. 버스광고의 경우는 지하철과 달리 물량의 변화가 크지 않기 때문에 광고료와 영업율에 따라 시장 규모가 정해진다. 따라서 2010년 인기 상승으로 시장 규모는 증가했지만 2012년 말 고가의 낙찰을 받은 사업자가 1년 6개월만에 사업권을 반납하는 과정에서 시장규모는 하락하였고 그 이후 다시 적정금액에 사업권을 수주한 사업자로 인해 현재까지 시장은 성장 곡선을 그리고 있다. 하지만 2017년말에 있을 경쟁 입찰에서 다시 한번 낙찰가 문제가 일어날 가능성이 있어 우려가 예상된다. 그리고 공항광고와 철도광고의 추이를 보면 초기에는 서로 반 그래프 형태로 나타나고 있다가 최근에는 같이 동반 성장하고 있는 모습을 보이고 있다. 공항광고는 예전부터 공항을 선호하는 광고주가 장기, 고정적으로 운영하는 경우가 많기 때문에 시장 규모의 변화가 크게 나타나지 않고 경기에 따라 소폭 상승 또는 소폭 하락하는 추세가 유지되었다. 그리고 2007년부터 2008년까지는 고가로 운영되었던 KTX광고가 계약 종료로 재입찰이 되었고 그 입찰이 계속 유찰되면서 장기간 서울역을 포함한 여러 주요역사에 광고사업자가 없었던 시점이었다. 하지만 철도광고 시장은 2009년부터 사업자가 나타나 영업을 개시하고 신규매체 개발이 일어나고 있으며 경부선과 호남선이 고속철도가 완성되고 역사 환경이 개선되면서 조금씩 성장하고 있다.

버스쉘터 광고 시장은 가로변 버스쉘터가 1995년에 개발되어 거의 일정한 시장이 유지되다가 2005년 중앙차로쉘터의 등장으로 시장 규모가 증가하기 시작했다. 그리고 서울시 계획에 의해 중앙차로쉘터의 수량은 계속 증가하였고 그에 따른 시장규모 역시 조금씩 성장하고 있다. 버스쉘터는 안정적인 광고 유지가 가능하고 글로벌 스탠다드에 적합한 매체로 인정받아 최근 인기가 높아지고 있으며 2012년과 2013년에 걸쳐 설치된 가로변 쉘터로 인해 시장이 점점 더 성장하고 있다.

집객공간 매체 시장은 경기장, 극장, 쇼핑몰로 크게 구분하여 시장 규모를 파악하였다. 여기에는 경기장, 극장, 할인점, 복합몰, 백화점, 전자상가 등의 광고물은 포함되었으나 아파트, 은행, 병원 등 소규모 시장은 포함되지 않다가 2014년부터 리테일과 라이프라는 영역이 추가되면서 시장규모 파악의 영역이 확대되었다. 2000년대 초 코엑스몰 개장과 대형 할인점 오픈, 복합멀티플렉스 영화관 등이 등장하면서 집객공간 광고매체 시장은 별도로 구분되기 시작하였으며 소비자 접점에서의 광고물들이 이 공간에서 다양하게 개발되어 운영되고 있다.

먼저 경기장 광고는 야구, 축구, 농구, 배구 등 프로리그로 운영되고 있는 경기장에 설치하는 광고를 말한다. 경기장 광고의 경우 종목별 인기도에 따라 광고주 참여도가 매년 다른 편이나 스포츠 선호 인구의 증가로 조금씩 성장하고 있다. 최근에는 야구장 광고의 인기가 급 상승하여 전체 시장 규모를 끌어올리고 있다.

극장광고 시장은 멀티플렉스 영화관의 등장으로 지속적으로 성장하고 있고 흥행 영화의 유무에 따라 조금씩 차이는 있지만 영화관 자체 수량이 늘어나고 객석 점유율이 높아지는 추세에 있으며 디지털 영상 송출 시스템을 통해 합리적인 광고 집행이 가능해졌고 다양한 광고매체가 개발되어 광고주 선호도가 높은 편이다. 또한 극장 스크린 광고 외에도 영화관 내 다양한 프로모션과 디지털사이니지 광고들이 개발되고 있는 추세이며 광고주가 극장 네이밍에 참여하는 등 토탈 마케팅의 장으로 활용도가 높아지고 있다.

쇼핑몰 광고시장은 2009년 경기침체로 다소 하락한 상황이 있었으나 여전히 상승 추세에 있는 시장이다. 장소적 한계로 인해 광고 물량이 많지 않아 옥외광고 전체 시장에서 차지하는 비중은 크지 않으나 새로운 대형 복합쇼핑몰이 계속해서 지어지고 있고 젊은층이 선호하는 신규매체의 개발이 이 시장에서 활발히 일어나고 있다. 또한 최근 디지털사이니지가 일반 소매점, 백화점 등으로 확대되고 있어 쇼핑몰 시장의 성장이 예상된다.

2015년 디지털 사이니지 시장을 구체적으로 살펴보면, 0.5% 성장한 것으로 나타나 성장은 미비한 것으로 나타났다. 유형별로 본다면, 키오스크의 경우 2014년 3.7%, 2015년 0% 성장한 것으로 나타났다. 전광판의 경우, 2014년 -23.5%, 2015년에는 8.3% 성장하였다.

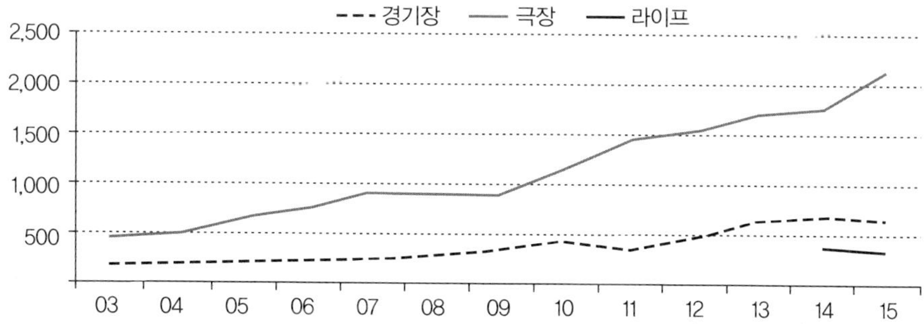

그림 3.4 집객공간 매체 성장 추이

표 3.2 디지털사이니지 광고비 시장규모

매체	유형	유형2	2013년 매출액	2014년	2013년 대비 2014년 증감율	2015년 상반기	2015년 하반기	2015년 합계
옥외	지하철역사	키오스크	1,000	1,232	23.2	616	616	1,232
옥외	철도역사	키오스크	1,146	979	-14.6	490	490	979
옥외	쇼핑몰	키오스크	0	15	-	10	5	15
	소계		2,146	2,226	3.7	1,116	1,111	2,226
옥외	빌보드	전광판	23,035	23,435	1.7	11,648	11,571	23,219
옥외	스포츠경기장	전광판	3,085	560	-81.8	243	286	529
옥외	생활네트워크	전광판	6,172	708	-88.5	1,525	1,487	3,013
	소계		32,292	24,704	-23.5	13,416	13,344	26,760
옥외	지하철역사	스크린도어동영상	617	1,400	126.9	1,350	100	1,450
옥외	지하철역사	역사내동영상	28,325	26,944	-4.9	12,498	13,248	25,746
옥외	지하철차량	차량 내 동영상	21,662	27,390	26.4	15,345	12,866	28,211
옥외	버스/택시	차량 내 동영상	0	8,346	-	4,636	4,076	8,712
옥외	버스/택시	차량 외부광고 (디지털)	-	3,750	-	2,000	1,750	3,750
옥외	쉘터	쉘터동영상	1,136	1,125	-1.0	600	525	1,125
옥외	공항	청사 내 동영상	13,901	13,607	-2.1	5,669	5,669	11,338
옥외	철도역사	스크린 도어 동영상	0	0	-	0	0	0
옥외	철도역사	역사 내 동영상	0	26	-	16	15	31
옥외	철도차량	열차 내 동영상	12,800	13,962	9.1	6,989	6,989	13,978

표 3.2 (계속)

매체	유형	유형2	2013년 매출액	2014년	2013년 대비 2014년 증감율	2015년 상반기	2015년 하반기	2015년 합계
옥외	고속도로 휴게소	휴게소 동영상	0	86	–	43	43	86
옥외	스포츠경기장	동영상	0	19,505	–	10,348	10,920	21,268
옥외	극장	극장 내 동영상	7,600	9,252	21.7	5,350	3,750	9,100
옥외	쇼핑몰	매장 내 동영상	7,487	2,463	−67.1	1,462	1,262	2,724
옥외	서비스업소	매장 내 동영상	10,976	4,594	−58.1	2,414	2,364	4,778
옥외	생활네트워크	건물 내 동영상	2,290	457	−80.1	235	235	471
옥외	생활네트워크	엘리베이터	24,603	32,452	31.9	14,616	14,616	29,232
옥외	Street	미디어폴	6,172	708	−88.5	1,525	1,487	3,013
소계			137,569	166,067	20.7	85,097	79,916	165,013
합계			172,007	192,997	12.2	99,629	94,370	193,999

출처: 방송통신광고비조사(2015)

그 밖에 스크린동영상광고, 차량내 동영상, 쉘터 동영상, 미디어 폴 등은 2014년 20.7% 성장, 2015년에는 −0.5%성장한 것으로 나타났다.

2. 옥외광고 시장 규모

국내 옥외광고 시장

야립 매체가 사라지기 전 2006년도는 우리나라 역대 옥외광고 시장 규모가 전체 광고시장 규모 대비 가장 컸었던 해로서 약 7,737억 원 규모였다. 이는 총광고비 7조 6,300억 원의 약 10%에 해당되는 규모였다. 2015년도의 옥외광고비 시장 규모는 약 1조 원 수준으로서 전체 광고시장의 9.4% 수준이다. 이 구성비는 전년대비 0.1% 증가한 수치이나 옥외광고 시장이 가장 컸었던 2006년 수준 보다는 적은 규모로서 전체 광고시장의 증가율에 비해 옥외광고 시장 점유율이 크게 높아지지 않았음을 보여준다.

하지만 2010년부터 옥외광고 시장이 성장하고 있다. 그 이유로는 철도광고 시장의 회복과 버스광고 시장의 성장, 집객공간인 경기장, 극장, 쇼핑몰 광고의 성장을 들 수 있으며 점차 대형광고 중심의 옥외 시장에서 타깃 중심의 교통광고 시장과 집객공간 시장으로 중심축이 변화하고 있음을 알 수 있다. 2014년 기준 옥외광고의 매체별 구성비를 보면 교통광고가 43%로, 집객공간이 40%를 차지한데 반해 옥외는 17%에 불과하다. 이는 전년과 비교할 때 교통광고 시장이 여전히 큰 비중을 유지하고 집객공간 시장의 비중도 점점 높아지고 있음을 알 수 있다.

2015년도 매체별 점유율을 보면 옥상광고, 전광판광고가 6.2%, 6.6%로 매우 낮아져 있으며, 반면 버스광고는 12.4%, 지하철광고는 15.1%로 높게 나타나고 있다. 그리고 극장광고는 21.1%로 전체 광고매체 종류 중 가장 높은 비중을 차지고 하고 있다. 국내 옥외광고 시장은 여전히 변화하고 있고 새롭고 효과성 높은 매체가 시장 확대를 주도한다. 물론 옥외광고가 경기의 영향을 크게 받는 분야이지만 매체 환경이 변화하면서 오프라인에서의 광고 효과를 기대하는 광고주가 늘고 있고 신규 매체가 끊임없이 개발되고 있기 때문에 옥외광고 시장 규모는 지속적으로 확대되고 성장할 것으로 기대한다.

2015년에 조사된 국내 광고비는 11조 1924.11억 원으로 지난해보다 4% 성장한 것으로 나타났다. 이는 eMarketer의 자료인 3.3% 보다는 다소 높은 것이다.

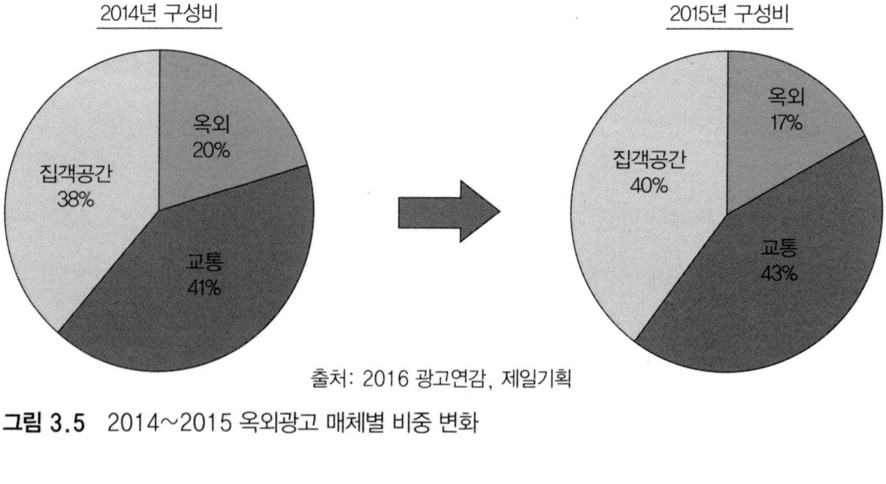

출처: 2016 광고연감, 제일기획

그림 3.5 2014~2015 옥외광고 매체별 비중 변화

표 3.3 2013~2015 옥외광고 매체별 시장 규모

구분	매체	광고비			성장률(%)		구성비(%)	
		2013	2014	2015	2014	2015	2014	2015
빌보드	야립	44,900	44900	42600	0.0%	-5.1%	4.8%	4.2%
	옥상광고	73,000	73,000	62,500	0.0%	-14.4%	7.8%	6.2%
	전광판	72,950	70,545	66,090	-3.3%	-6.3%	7.5%	6.6%
	소계	190,850	188,445	171,190	-1.3%	-9.2%	20.1%	17.0%
교통	철도	50,310	38,810	49,660	-22.9%	28.0%	4.1%	4.9%
	공항	56,347	45,808	50,100	-18.7%	9.4%	4.9%	5.0%
	버스	119,964	100,942	124,773	-15.9%	23.6%	10.8%	12.4%
	지하철	180,910	165,160	152,170	-8.7%	-7.9%	17.6%	15.1%
	쉘터, 기타	31,308	37,795	57,228	20.7%	51.4%	4.0%	5.7%
	소계	438,839	388,515	433,931	-11.5%	11.7%	41.5%	43.2%
집객 공간	경기장	64,700	68,100	63,700	5.3%	-6.5%	7.3%	6.3%
	극장	170,773	176,400	212,000	3.3%	20.2%	18.8%	21.1%
	쇼핑몰		4,180	15,920	-94.5%	280.9%	0.4%	1.6%
	리테일	75,870	48,600	50,200	#DIV/0!	3.3%	5.2%	5.0%
	라이프		38,640	34,140	#DIV/0!	-11.6%	4.1%	3.4%
	소계	311,343	335,920	375,960	7.9%	11.9%	35.9%	37.4%
제작, 기타		23,490	23,350	24,030	-0.6%	2.9%	2.5%	2.4%
총 계		964,522	936,230	1,005,111	-2.9%	7.4%		

출처: 2016 광고연감, 제일기획

수출부진과 메르스가 한국경제에 전체적으로 영향을 주었으나 광고산업에는 크게 영향을 미치지는 않은 것 같다.

2015년 광고매체별로 광고비를 본다면, 기존 4대 매체의 성장은 크지 않거나 마이너스 성장한 것으로 나타났다. 지상파TV는 1.8% 성장한 것으로 나타났고 신문은 −1.6%, 잡지는 −3.5% 하였고 반면에 라디오는 6.4% 성장한 것으로 나타났다. 특별히 종편은 24.6%으로 나타나 성장이 두드러진다. IPTV광고

표 3.4 국내 광고비 시장 규모

매체	방송통신광고비						
	2013년	2014년	2013년 대비 2014년 증감	2015년 상	2015년 하(추정)	2015합계 (추정)	2014년 대비2015 증감
1.지상파 TV	2,135,900	1,964,733	-8.0	951,433	1,047,878	1,999,310	1.8
2.라디오	282,500	254,059	-10.1	126,050	144,298	270,347	6.4
3.지상파 DMB	13,000	11,527	-11.3	5,218	6,475	11,693	1.4
4.케이블 PP	1,613,400	1,743,238	8.0	936,016	980,547	1,916,563	9.9
4-1.케이블 PP(종편)	274,424	313,289	14.2	190,107	200,107	390,214	24.6
4-2.케이블 PP(종편 외)	1,338,976	1,429,949	6.8	745,909	780,440	1,526,349	6.7
5.케이블 SO	125,200	127,476	1.8	67,090	69,511	136,601	7.2
6.IPTV	39,900	63,000	57.9	34,473	38,527	73,000	15.9
7.위성방송	17,400	21,158	21.6	11,500	11,500	23,000	8.7
8.인터넷	2,283,200	2,141,046	-6.2	1,076,829	1,136,558	2,213,388	3.4
9.모바일	475,700	909,903	91.3	517,660	556,691	1,074,351	18.1
10.신문	1,622,700	1,561,168	-3.8	767,297	769,443	1,536,740	-1.6
11.잡지	545,100	490,488	-10.0	238,105	235,336	473,441	-3.5
12.옥외	871,500	857,752	-1.6	424,747	406,911	832,782	-2.9
소계	10,025,500	10,145,548	1.2	5,156,417	5,403,674	10,561,216	4.1
13.DM	165,300	81,913	-50.4	44,445	43,278	87,723	7.1
14.생활 정보	471,400	443,310	-6.0	224,465	221,457	445,922	0.6
15.취업 정보	133,710	53,944	-59.7	27,381	30,306	57,686	6.9

표 3.4 (계속)

매체	방송통신광고비						
	2013년	2014년	2013년 대비 2014년 증감	2015년 상	2015년 하(추정)	2015합계 (추정)	2014년 대비2015 증감
16. 방송제작사	–	40,215	–	19,867	20,026	39,893	−0.8
총계	10,795,910	10,764,931	−0.3	5,472,575	5,718,740	11,192,440	4.0

출처: 방송통신광고비조사(2015)

15.9%, 모바일광고 18.1% 성장한 것으로 나타났다. 이 중에서 옥외광고는 −2.9%성장한 것으로 나타났다. 2010년 이후 옥외광고시장은 저성장의 길을 걷고 있다.

해외 옥외광고 시장

해외 옥외광고 시장은 전 세계적으로 2010년 기준 총 광고비의 5.9% 수준을 차지하고 있으며 국내와 같은 기준으로 극장광고를 포함시키면 6.4% 수준이다. 그리고 다른 미디어와 비교할 때 인터넷과 더불어 유일하게 증가하고 있음을 알 수 있는데 그 성장 배경에는 소비자 옥외 체류시간의 증가, 매체 접촉 행태의 다변화와 소비자의 다미디어 소비 경향, 디지털사이니지의 팽창으로 인한 미디어 카

표 3.5 06~10 전 세계 매체별 광고비 규모 추정치 (ZenithOptimedia, 2007)

	2006	2007	2008	2009	2010
Newspapers	29.0%	27.8%	26.8%	26.1%	25.4%
Magazine	12.5%	12.2%	11.9%	11.7%	11.4%
Television	37.8%	37.7%	37.9%	37.7%	37.5%
Radio	8.3%	8.2%	7.9%	7.9%	7.7%
Cinema	0.4%	0.4%	0.5%	0.5%	0.5%
Outdoor	5.5%	5.6%	5.7%	5.8%	5.9%
Internet	6.4%	8.1%	9.4%	10.4%	11.5%

테고리의 확대, IMC 관점에서 소비자 접점 확대를 위한 BTL 활동의 증가, IT기술에 힘입은 옥외광고 집행 전략과 효과 분석의 과학화로 분석된다(유승철, 2011).

Statista (2016) 자료에 의하면 해외 옥외광고 시장은 전 세계적으로 2009년 248억 달러(29조 340억 원정도)에서 2019년 403억 달러(47조 1861억 원정도)로 증가할 예정이다.

세계 광고시장을 이끌고 있는 미국의 옥외광고 시장은 약 61억달러(약 7조원) 수준으로 우리나라의 10배 가까이 되는 규모이다. 그리고 매체별 구성비를 보면 전통적인 빌보드 시장이 약 64%로 가장 큰 비중을 차지하고 있으며 그 다음으로 Alternative 광고 시장, 교통광고 시장이 각각 17%와 12%를 차지하고 있다. 두번째로 큰 시장인 Alternative 광고 시장은 국내 시장과 비교하면 집객공간 시장이라고 말 할 수 있는데 주로 쇼핑몰, 경기장, 극장, 골프장, 주유소, 스키장 및 기타 장소 기반 디지털 네트워크 매체 등이 포함된다.

미국의 경우는 지역이 넓고 자동차를 이용한 도로 이용률이 높아 전통적으로 빌보드 광고가 아직까지 가장 주도적인 매체로 자리잡고 있다. 하지만 최근 빌보드 광고 시장은 정체되고 있는 반면 고객 접점에서 효과성을 발휘하고 새로운 뉴미디어 영역을 포함하는 Alternative 광고 시장은 점차 성장하고 있는 추세이다. 하지만 국내 집객공간 광고비 비중이 25.4%인 점을 감안할 때 우리나라가 미국보다 더 새로운 매체 개발 및 적용이 더 활발하게 일어나고 있음을 알 수 있다.

그리고 Street Furniture 광고 시장은 비중이 7% 수준으로 국내 3.7% 보다

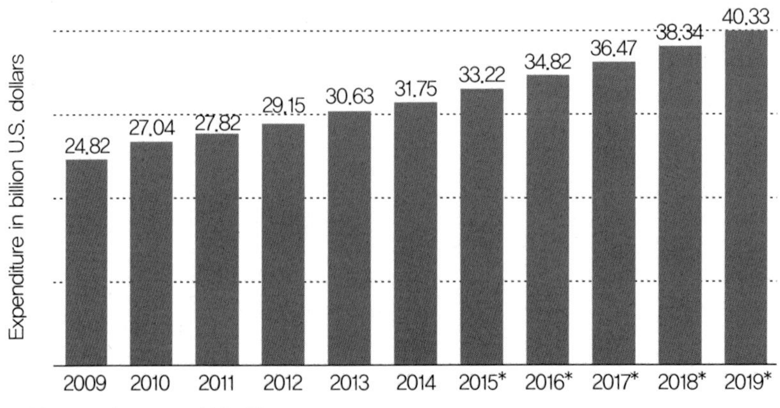

그림 3.6 Statista (2016)

표 3.6 US Major Media Ad Spending, by Media, 2009~2015 bitilions

	2009	2010	2011	2012	2013	2014	2015
TV	$53.8	$59.0	$60.5	$64.5	$65.0	$67.0	$68.0
Internet	$22.7	$25.8	$28.5	$32.6	$36.0	$40.5	$44.5
Newspapers*	$24.8	$22.8	$21.4	$20.7	$20.2	$20.0	$19.8
Radio**	$14.3	$15.3	$15.7	$16.4	$16.7	$17.1	$17.2
Direstories*	$10.3	$9.3	$8.2	$7.3	$6.5	$5.7	$5.0
Magazines*	$15.5	$14.7	$13.9	$13.2	$12.6	$12.1	$11.6
Outdoor	$5.9	$6.1	$6.4	$6.8	$7.1	$7.4	$7.6
Total	$147.2	$153.0	$154.6	$161.5	$164.2	$169.8	$173.6

*Note: *print only* *excludes off-air radio & digital
Source: eMarketer. March 2011

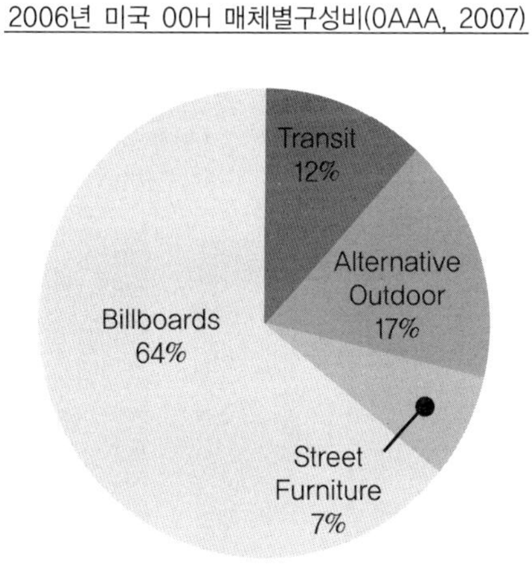

그림 3.7 2006 미국 옥외광고비 매체 유형별 규모

높은데 이것은 우리나라의 Street Furniture가 버스쉘터에 국한되고 서울을 제외한 다른 도시에서의 광고 판매가 저조한 반면 미국은 쉘터를 포함한 다양한 시설물들이 운영되고 있으며 다량의 쉘터를 이용한 네트워크 광고 운영이 활발히 진행되고 있기 때문이다.

미국의 옥외광고 성장추이를 보면 점진적인 성장 추이 속에 2007년도에 73

Facts & Figures
In 2010, advertisers spent $6.1 billion on outdoor advertising.

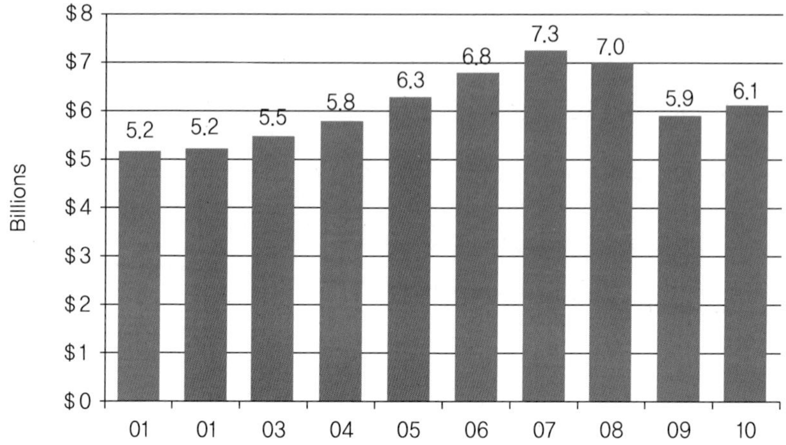

그림 3.8 연도별 미국 옥외광고비 추이

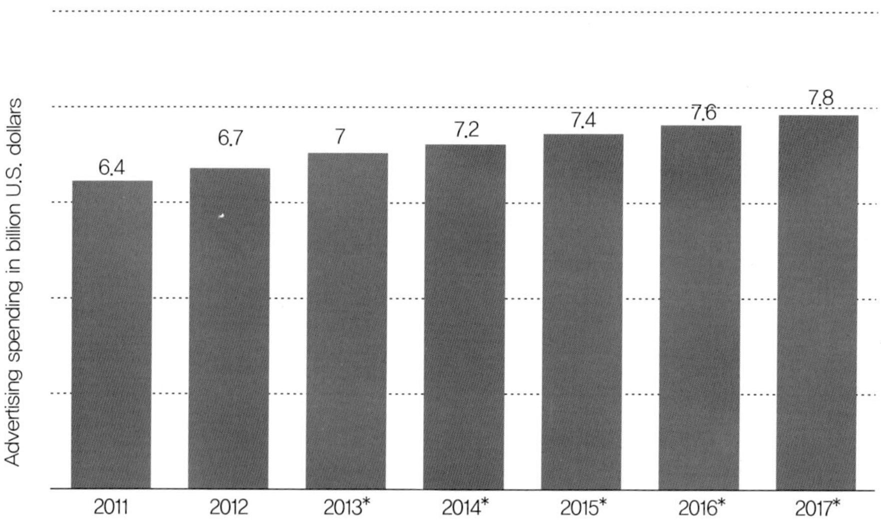

그림 3.9 Statista (2016) 미국옥외광고시장 추이

억불 규모로 가장 높았고 2년 연속 하락세를 보이다 2010년도에는 전년 대비 플러스 성장을 다시 시작했다. 그 이유는 2008년 시작된 서브프라임 모기지 사태

등 미국 경제 불황의 여파로 예상되며 그러한 장기 불황의 상황 속에서도 2010년 더 이상 하락하지 않고 다시 성장하고 있는 것을 볼 때 옥외광고의 효과와 역할이 미국 광고시장에서 인정받고 있음을 알 수 있다.

또한 미국의 옥외광고비 규모는 점점 더 성장할 것으로 예상되는데 디지털사이니지 광고 시장의 확대와 Alternative 광고 영역의 확대 등이 그 이유가 될 것으로 생각된다. 최근 발표자료에 따르면 디지털 빌보드를 포함한 북미권 디지털사이니지 광고 시장의 2006년도 시장규모가 11억 달러에서 2011년 26억 달러로 증가했다고 한다. 이것은 5년 만에 약 18.5% 성장한 규모로서 향후 미국 옥외광고 시장의 디지털화가 빠르게 진행될 것이며 그 규모도 예상 보다 더 커질 것으로 생각된다.

Statista (2016)자료에 의하면 미국 옥외광고 시장은 2014년 72억달러(8조 4천억원 정도)이며 2017년까지 78억달러(9조 1천2백억원정도) 까지 성장할 것으로 예측된다.

3. 옥외광고 개발 및 유통구조

옥외광고 매체의 개발

옥외광고 매체의 개발이란 옥외매체를 설치하기 위한 제반 조건을 허가 받고 매체를 제작하여 설치한 후 영업을 하여 이윤을 창출 할 수 있는 권리를 획득하는 것이다. 타 분야의 광고 매체와 달리 옥외매체는 매체의 운영 장소에 따라 허가와 설치에 대한 규정이 다양하고 복잡하다.

먼저 법률이 정하는 옥외광고의 정의에서 얘기하는 옥외광고 즉 '공중에게 항상 또는 일정 기간 계속 노출되어 공중이 자유로이 통행하는 장소에서 볼 수 있는 것'의 경우에는 '옥외광고물등관리법'과 '옥외광고물등관리법시행령' 그리고 각 시군구의 '조례'에서 정하는 규칙에 따라 허가 또는 신고를 받아야 하고, 설치 장소의 사용 권한을 건물주, 토지주 등으로부터 획득해야 한다.

그리고 지하철, 철도역, 공항과 같은 교통시설물 내부나 경기장, 쇼핑몰, 리조트 등 특정 시설물내부에 옥외광고를 설치할 경우에는 지자체의 허가가 필요 없고, 법률에서 정하는 매체별 설치기준에 따르지 않아도 되나 해당 관리처 또는 시설 소유권자의 운영 기준에 맞춰 허가를 득하여야 한다.

옥외 매체의 허가 주체와 설치장소에 따라 매체를 구분해 보면 다음과 같다.

옥외매체를 개발할 경우 앞에서 얘기한 것과 같이 개인 또는 회사가 해당 기관 또는 시설 소유권자의 허가를 받아 설치하면 되나 장소 또는 매체 권리자가 정한 특정 절차를 통해 허가 받을 권리를 그보다 먼저 인정 받아야 하며 일반적으로 옥외매체 개발, 설치, 운영에 대한 권리를 인정받는 절차에는 '경쟁 입찰'과 '수의 계약'이 있다.

'경쟁 입찰'의 절차를 통해 사업자를 선정하는 방식은 유동인구가 많아 이윤 창출이 가능한 장소 또는 이미 사업이 진행되어 이윤 창출이 검증된 장소로서 사업 희망자간 경쟁이 있고 공정한 사업자 선정이 필요할 경우에 시행된다. 주로 국가나 공공기관이 광고사업자를 선정할 경우가 여기에 해당한다. 또한 민간업체일 경우도 사업 희망자가 많아 치열한 경쟁이 예상되는 경우 광고사업의 사용료 수익을 극대화 하기 위해 경쟁 입찰을 시행하는 경우도 있다.

경쟁 입찰의 종류에는 '일반(공개)입찰', '제한입찰', '지명입찰'이 있다. 일반 공개입찰은 어떠한 업체라도 모두 참가할 수 있는 형태를 말하며 제한입찰은 사업능력, 기존 실적, 자격, 지역제한 등의 조건에 부합한 업체만 참여할 수 있는 입찰이다. 그리고 지명입찰은 계약의 목적을 달성하기 위하여 입찰 주체가 그러한 능력이 있는 업체를 사전에 지명하여 경쟁시키는 방식이다.

경쟁 입찰에 대해서도 낙찰자를 결정하기 위해 평가하는 기준에 따라 그 종류가 다시 나뉠 수 있다. 예를 들면 '최고가입찰', '제안 입찰' 등인데 최고가입찰은 장소 사용에 대한 대가로 월 또는 연간 가장 많은 금액을 납입하겠다는 사업자에게 사업권을 주는 방식이고 '제안입찰'은 매체 개발, 영업, 관리계획 등 기획력과 실행력을 입찰 참가업체의 제안서를 받아 평가하여 사업자를 결정하는 방

표 3.7 허가 주체에 따른 옥외매체 구분

옥외광고 법률에 의거 지자체의 허가 필요	해당 관리처 또는 소유권자의 허가 필요
• 건물 옥상광고탑, 전광판, 애드벌룬, 30 m^2 이상 현수막	• 지하철(서울메트로, 도시철도공사 등) 지하철 차내광고, 역구내 광고, 시설물 광고
• 도로, 토지, 임야 지주간판, 공공시설이용광고판, 선전탑, 아치광고	• 공항(인천공항공사, 한국공항공사) 공항 대합실 라이트박스, 동영상 광고 등
• 교통시설물 지하철, 공항, 철도역 관련 장소 외부 노출 광고판	• 코엑스몰(㈜코엑스) 코엑스 내부의 각종 광고물
• 교통시설물 지하철, 공항, 철도역 관련 장소 외부 노출 광고판	• 잠실야구장(잠실야구장운영본부) 경기장 내 펜스광고, 시설물광고

식이다. 주요 옥외광고 사업권의 결정방식은 최고가 일반공개입찰이 일반적이며 최근 최고가 경쟁 입찰로 사업권이 결정된 사례는 기금광고 야립광고 사업, 신분당선광고사업, 서울 버스외부광고사업, 인천공항광고사업 등이 있다.

수의계약에 의한 광고사업자 선정 방식은 개인 소유의 건물이나 대지 등에 옥상광고나 전광판 설치, 기타 광고 시설물을 설치하는 경우와 경쟁이 적은 장소에서 투자를 제안하는 경우 또는 특수관계의 사업자에게 임의로 광고 매체 운영권을 주는 경우에 주로 사용된다.

이러한 방식은 국가나 공공기관이 관여하지 않는 장소에서 일반적으로 사용되는 방식으로서 단발성 옥외광고 매체 개발 또는 새로운 형태의 옥외광고 매체 개발 시 대부분을 이 방식을 적용하며 기존 매체 중 영업 활성화가 필요한 매체인 경우에도 마찬가지이다. 최근 수의계약의 대표적인 사례로는 2000~2011년 잠실야구장 광고사업, 김포공항 롯데몰 광고사업, CGV 내 극장광고사업 등이 있다.

옥외광고 사업자 선정 방식에 따른 진행 프로세스를 살펴보면 다음과 같다.

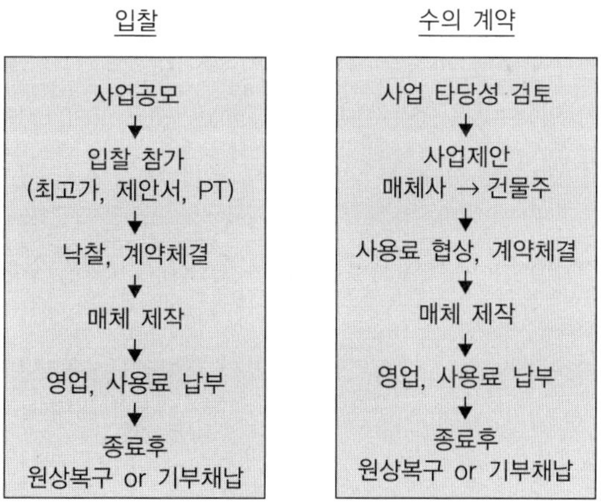

그림 3.10 옥외광고 사업자 선정방식 프로세스

옥외광고 유통구조

옥외광고 유통구조의 주체는 광고주, 대행사, 매체사, 제작사로 크게 나눌 수 있다. 그 중 우리나라 옥외광고 유통구조의 핵심에 위치한 회사는 매체사이다. 물론

최종소비자는 광고주이나 매체사가 매체를 개발하여 판매하는 과정에서 다양하고 복잡한 유통구조가 발생한다. 매체사는 매체 투자에 따른 소유권과 영업권을 가지고 실질적으로 매체를 관리 운영하는 옥외광고 전문회사를 말한다.

옥외광고 유통구조의 기본 프로세스는 매체사가 사업권을 확보하고 제작사에 발주하여 매체를 설치한 후 대행사나 광고주에 판매하는 형태이나 매체를 설치한 후 판매가 활성화 되지 않을 경우 매체사 입장에서는 다양한 방식의 유통채널을 가동시키는데 매체의 종류에 따라 그 방식이 조금 차이가 있다.

옥상광고, 전광판광고, 야립광고와 같이 규모가 크고 기당 광고료가 고가인 개별 매체의 경우에는 유통 채널이 단순한 편이다. 이러한 매체는 고객이 한정되기 때문에 여러 영업사원이 동시에 판매한다고 해서 판매 활성화가 이루어지지 않는 특성이 있다. 따라서 매체를 개발한 매체사는 구매 가능성이 있는 광고주에게 직접 제안하거나 대기업의 하우스에이전시에 제안 하고 특정 기업에 친분이나 관계가 있는 영업대행사를 통해 영업을 추진하기도 한다.

반면 물량이 많고 단기 계약이 일반적이어서 지속적인 판매가 필요한 소형 교통매체의 경우에는 여러 사업자, 많은 영업사원에 의해 폭 넓게 시장 판매가 이루어 지고 있다. 따라서 유통구조가 다소 복잡하고 다양하며 회사별로 영업 리베이트제를 실시하는 곳이 많은 편이다. 영업 리베이트제란 영업사원이 월급 대신 영업 수당을 받는 형태를 말하는 것으로서 영업사원 입장에서는 영업실적에 따라 매우 큰 보수를 받을 수도 있기 때문에 보다 적극적인 영업활동을 펼칠 수 있다.

지하철, 버스광고와 같은 교통매체의 경우 구매 가능성이 있는 광고주의 수가 많고 업종이 다양하기 때문에 사업권을 확보한 원사업자는 많은 물량을 자신의 영업사원으로 모두 소화하기가 어려워 다른 사업자에게 재 대행을 주기도 한다. 물론 사업권에 따라 재 대행이 불가능한 사업도 있지만 영업활성화를 위해 일반적으로 업계가 인정해주는 편이다. 그리고 이러한 재 대행사업권자 역시 자신의 리베이트제 영업사원을 통해 시장에 판매를 하며 각 영업사원들은 자신이 아는 다른 회사 영업사원들을 통해 리베이트 수수료를 나누는 방식으로 영업 대상을 넓혀 나간다.

이렇게 재 대행의 유행과 리베이트 영업 제도로 인해 광고주는 어떤 사업자가 원사업자인지 확인하기 어려울 정도로 유통 시장이 복잡해짐에 따라 옥외광고에서도 미디어렙사가 등장하였다. 이러한 옥외미디어렙사는 2004년 서울버스

체계 개편 이후 사업자가 많아지고 우수 노선의 매체확보가 쉽지 않은 시점에서 탄생했다. 미디어렙이란 미디어 판매 전문회사를 말하는 것으로 미디어 구매의 전문성을 가지고 구매와 집행 그리고 다양한 미디어믹스 제안과 집행에 따른 사전 사후 효과 보고 등의 역할을 수행하는 회사를 말한다. 미디어렙은 매체사나 광고주로부터 대행 건 별로 수수료를 받으나 현재 옥외광고시장에서는 매체사로부터 수수료를 받고 광고주가 그것을 인정해주는 형태가 대부분이다.

아직까지는 옥외광고 시장의 유통구조에서 전문 미디어렙에 의한 구매 대행은 많이 일어나고 있지 않지만 TV나 인터넷 광고 시장과 같이 미디어렙사의 전문성과 광고주의 신뢰가 높아진다면 보다 긍정적인 유통구조를 만들어 갈 수 있을 것이다.

개별적인 대형 옥외매체와 다량의 소형 교통매체의 유통 프로세스를 정리하면 다음과 같다

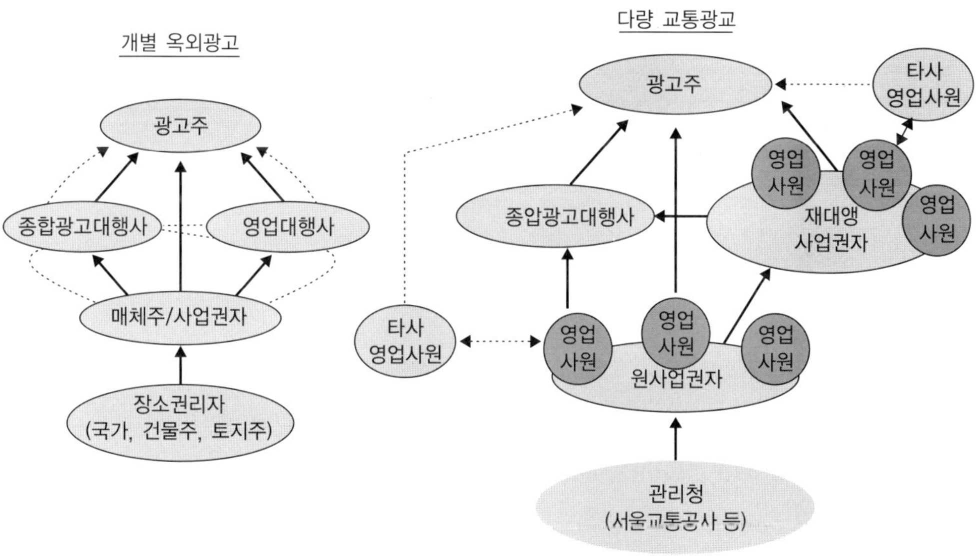

그림 3.11 대형 옥외 매체와 소형 교통 매체 유통 프로세스

CHAPTER

INTRODUCTION TO **NEW OUT OF HOME ADVERTISING**

04 광고주의 옥외광고 기획, 실행, 관리

광고주가 왜 옥외광고를 해야 할까? 그리고 어떻게 하면 효과적인 옥외광고를 할 수 있을까? 라는 질문에 대한 대답이 바로 이 장에서 얘기할 옥외광고 기획, 실행, 관리에 대한 내용일 것이다. 옥외광고는 다른 분야의 광고와 마찬가지로 광고주가 소비자에게 메시지를 전달하기 위해 집행하는 목적성은 같지만 소비자 접점과 매체적 특성이 다르고 실행에 있어 고려해야 할 추가적인 여러 프로세스가 있으며 장기 운영에 따른 관리적 문제들 또한 해결해야 한다. 따라서 이 장에서는 일반적인 광고 분야에서 다루는 내용 보다는 옥외광고 분야에서 가장 많이 고려되고 실무적으로 자주 사용되는 광고전략과 집행 과정에 대한 내용을 중심으로 설명하고자 한다.

1. 옥외광고 기획

옥외광고 기획의 기본 프로세스는 일반적인 광고기획과 다르지 않다. 환경분석과 목표설정단계, 그리고 전략수립 및 미디어 플래닝과 Creative 단계, 마지막으로 세부 운영계획 수립 단계로서 총 6단계의 과정을 거치게 된다.

먼저 환경 분석 단계는 자사, 경쟁사, 미디어 환경을 분석하는 단계이다. 이 단계에서는 자사가 이미 가지고 있거나 운영하고 있는 미디어의 역할과 효과를 평가하는 '옥외광고 Review'와 경쟁사가 집행하는 옥외광고 경향을 조사하여 그 장단점을 분석하는 '경쟁사 현황' 그리고 최근 미디어 변화의 흐름과 최신 미디어 동향 등을 소개하는 '미디어 트렌드' 등이 포함되며 이러한 환경 분석을 통해 문제점과 기회요인을 찾는다.

목표설정단계는 왜 옥외 광고를 해야 하고 그것을 통해 어떠한 결과를 얻고자 하는지에 대한 목표를 설정하는 단계이다. 일반적으로 목표 설정은 '브랜드 인지도 제고' '기업 위상 강화'와 같은 추상적인 용어로 제시되는데 '브랜드 비보조 인지도 10%에서 20%까지 제고'와 같이 보다 구체적인 표현일수록 좋다. 또한 목표 설정단계에서는 여성 대상 브랜드 선호도 제고'와 같이 타깃 부분이 설정되어 제시되기도 한다.

전략수립 단계는 설정된 목표를 효과적으로 달성하기 위해 어떠한 전략을 수립해야 하는지에 대한 단계이다. 이 단계에서는 광고 컨셉, 커뮤니케이션 방향, 광고주 예산, 캠페인 기간, 타깃의 성향 등 여러 조건들이 고려되어야 한다. 사전에 광고 컨셉트, 타깃 등이 결정되지 않았다면 이 단계에서 정리되어야 하며, 이러한 조건들을 충족시키는 전략이 도출되어야 한다. 또한 이러한 전략에는 반드시 왜 성공할 수 있는지에 대한 성공 가능 근거들 또한 제시되어야 한다.

미디어플래닝 단계는 이러한 전략을 효과적으로 수행하기 위해 어떤 미디어를 얼마나 집행할 때 어떤 효과가 예측되는지에 대한 계획을 수립하는 단계로서 예측된 효과성에 따라 미디어의 종류와 수량이 결정된다. 일반적으로 일일 유효노출 인구(DEC: Daily Effective Circulation)를 산출하여 효과성을 비교하고 광고료를 적용한 CPM (Cost Per Mille)을 산출하여 비용 대비 효과를 파악한다. 또한 '미디어믹스'방법을 활용하여 가장 효율적인 집행 방식을 찾는 경우도 있다. 예를 들면 1억 원의 예산으로 지하철2호선 차내광고 500매와 압구정역, 강남역, 삼성역 라이트박스 각각 1개씩의 비용을 3개월간 집행한 것과 지하철 1,2,3,4호선 차내광고 각 300매씩과 강남역 라이트박스 1개를 2개월간 집행 했을 경우가 동일한 예산일 경우 어떤 조합이 더 비용 효율성이 높은지를 파악하여 결정하는 방법이 '미디어믹스'방법이다.

Creative 표현 전략 수립 단계는 운영될 장소와 미디어의 특성을 고려하여 적합한 광고 표현을 결정하는 단계이다. 예전에는 옥외미디어의 규격에 맞게 지면광고를 Variation하여 운영하는 경우가 많았으나 최근에는 목표 타깃에게 호감도 높고 빠른 동선에서도 쉽게 시선 유도를 할 수 있도록 옥외광고 만을 위한 Creative가 개발되어 적용되고 있다.

마지막으로는 세부 운영 계획 수립 단계이다. 이 단계는 실행계획 단계로서 결정된 미디어에 대한 Buying, 제작, 설치, 유지 운영에 대한 구체적인 계획을 수립하는 단계로서 각종 문제에 대한 예측과 이에 대한 사전 대비 계획들이 포함된다. 만약 처음 시도되는 광고 매체일 경우 시행착오를 최소화하기 위한 샘플테스트, 시뮬레이션 등의 과정이 이 단계에서 계획된다.

옥외광고 기획은 단계별로 내용의 차이는 있을 수 있으나 거의 이와 같은 프로세스를 가지고 기획된다. 최근에는 목표설정단계가 환경분석 단계보다 앞에 오기도 하고 미디어 플래닝 단계 이전에 Creative 표현 전략이 먼저 수립되며 그에 따라 미디어 플래닝이 계획되기도 한다. 또한 기발한 Creative가 만들어 질 경우에는 기존의 전략이 바뀌기도 한다.

광고주 상황에 따라 다른 여러 미디어 중 하나로 옥외광고가 집행되는 경우 즉, 옥외광고의 역할이 다른 미디어와의 시너지 효과를 위한 IMC 전략의 한 부분으로 기획되는 경우라도 옥외광고 영역 안에서 동일한 프로세스를 갖는 것이 일반적이다. 하지만 늘 시간에 쫓기는 실무에서는 이러한 단계별 프로세스를 암묵적으로 인지한 채 예산에 맞춘 세부운영 계획을 광고주에게 바로 보고하는 경우도 있다.

옥외광고의 전략

옥외광고가 타 미디어와 다른 점은 많이 있겠으나 기획 단계에서 가장 중요하게 고려해야 할 점은 운영전략 부분이다. 그 이유는 옥외광고만이 가지고 있는 장소적 특징과 장소에 따른 타깃 성향, 그리고 매체 각각이 가지고 있는 특성들을 고려하여 전략이 수립되어야 하기 때문이다.

실무적으로 자주 사용하는 옥외광고 전략으로는 Land Mark 전략과 Network 확대 전략 그리고 단기 집중 전략, 장기 노출 전략, 이슈화 전략 등이 있다.

Land Mark 전략은 거점 전략이라고도 불리는데 도시나 도로 기능상 중요한 특정 위치에 상징성 높은 광고물을 설치하여 소비자들이 Land Mark로 활용하게 하는 것으로서 옥상광고와 야립광고 중심으로 옥외광고가 운영되었던 시기에 광

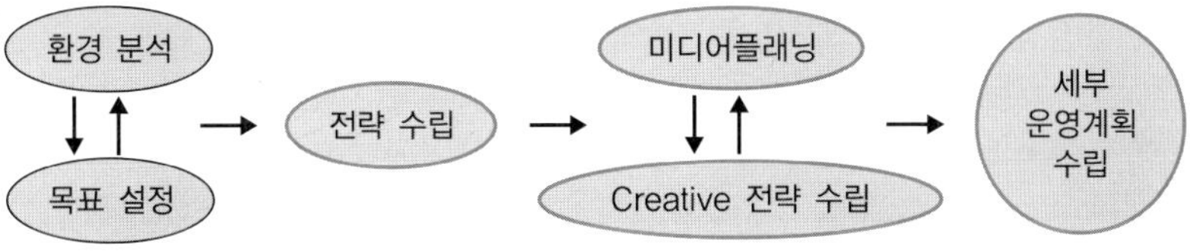

그림 4.1 옥외광고 기획 프로세스

고주들이 선호하였던 전략이다. 최근에도 광화문, 강남역, 한남대교 남단 등 서울 도심의 주요 지점에서 대기업 광고주 중심으로 운영되고 있으며 2000년대 초 인천공항과 김포공항 입구에 설치되었던 삼성전자 조형물도 같은 Land Mark 전략의 일환이었다.

Network 확대 전략은 메시지 전달을 넓은 지역으로 확대하여 더 많은 사람들에게 보여지게 하기 위한 전략이다. 현대 도시인들의 라이프 사이클을 보면 출퇴근 동선, 등하교 동선 등 일정 지역을 자주 왕래하는 특징을 갖는다. 따라서 특정 타깃이 자주 왕래하는 지점을 확대 선택하여 많은 수의 매체를 설치하여 동일한 메시지를 전달할 때 더 많은 사람들에게 반복 노출시킬 수 있다는 장점이 있다. 최근 이러한 전략은 버스쉘터, 버스외부광고, 지하철광고 등의 전통적인 매체와 네트워크 기반으로 운영되는 디지털사이니지 매체에서 찾아볼 수 있다.

단기 집중 전략은 특정 타깃을 위해 단기간 많은 물량을 집중하여 운영하는 전략으로서 단기 캠페인이 일반화되어 가고 있는 현재 상황에서 가장 많이 사용하는 전략이다. 이 전략은 총 소요 비용을 고려하여 단기간 운영하되 한가지 종류의 매체를 집중하여 운영하는 방식과 특정 장소에 여러 매체를 집중하여 운영하는 방식으로 나뉜다. 예를 들면 서울지역 버스외부광고 1,000대를 한달간 운영하는 방식은 한 종류의 매체에 집중하는 방식이고, 코엑스몰에 있는 모든 매체를 한 달간 집행하는 방식은 한 장소에 집중하는 방식이다. 이러한 단기 집중 전략은 장기간 반복 노출은 어려우나 노출 임팩트가 있고 소비자 관심을 유발할 수 있다는 장점이 있다. 따라서 짧은 시간에 많은 비용을 감당할 수 있는 규모가 큰 글로벌 광고주나 대기업 광고주가 자사의 신제품이나 메인 캠페인 전개 시 주로 활용한다.

장기 노출 전략은 단기 집중 전략과 반대되는 의미의 전략이다. 이 전략은 Land Mark 전략과 운영 시점 면에서는 유사하나 상징적 이미지를 전달하는 것이 아닌 메시지 전달과 마케팅적 광고활동 측면에서 운영된다는 차이가 있다. 장기 노출 전략은 장기적 반복적으로 상품 정보를 노출시킬 때 소비자는 자신도 모르는 사이에 그 상품에 선호도를 갖게 된다는 이론에 근거한 전략으로 주로 용산 전자상가나 테크노마트, 일산 라페스테 등 구매가 일어나는 쇼핑몰 지역에서 주로 사용된다. 최근에는 연고지역에서 자사를 알리는 이정표 역할, 임직원 자긍심 고취 등의 목적으로 옥외광고가 사용되기도 하는데 이러한 것 역시 장기 운영을 통해 긍정적인 목표를 달성하기 위한 장기 노출 전략의 일환으로 볼 수 있다.

마지막으로 이슈화 전략이다. 이 전략은 입소문 전략, Publicity 전략이라고도 하는데 특이하고 재미있는 또는 지금까지 볼 수 없었던 뭔가를 만들어 이슈를 창출하는 전략이다. 이 전략은 소비자 미디어 접촉 행태와 라이프스타일의 변화, 디지털 환경과 미디어 발전의 영향으로 나타났다. 블로그와 스마트폰과 같은 개인 디지털 기기의 활용도가 높아지면서 개개인들이 개별적인 입소문을 통해 광고를 인지하는 경우가 더 많이 늘어나고 이러한 입소문이 브랜드 선호도 제고에도 효과적이기 때문에 기업의 입장에서는 자사의 제품광고와 관련된 이슈가 자발적으로 창출되기를 바라는 경향이 늘고 있다. 이슈화 전략의 옥외광고는 뭔가 새로운 것이어야 하기 때문에 옥외광고 법규에도 없는 불법적인 매체를 집행하는 경우와 짧은 시간 이벤트성으로 집행하는 경우가 많은 편이다. 최근 대형 빌딩 래핑광고나 강남역 M스테이지 초대형 자동차 전시 이벤트 등이 대표적인 사례이다.

효과 예측과 미디어플래닝

옥외광고는 매체의 종류가 많고 특성이 서로 다르며 설치위치가 매우 다양하기 때문에 매체별 효과 예측 모델의 개발이 쉽지 않다. 하지만 최근에는 광고주로부터 매체 검토단계에서 항상 이러한 효과 예측이 요구되기 때문에 실무적으로 효과 예측과 이것을 근거하여 미디어 플래닝 하는 방식을 몇가지 소개하면 다음과 같다.

먼저 매체평가테이블의 활용법이다. 이 방법은 동일 종류의 매체를 설치위치와 노출도 등을 조사하여 100점 만점을 기준으로 평가하는 방식이다. 해당 매체를 평가하는데 필요한 평가항목을 결정하고 각각의 평가항목에 중요도를 감안하여 가중치를 정하고 4점 척도로 평가를 한 후 가중치와 평가점수를 곱하여 그 합을 해당 매체의 점수로 인정하는 방법이다. 이 때 평가하는 사람마다 평가 기준이 달라 같은 매체를 평가함에 있어서 차이가 발생할 수 있으므로 평가항목별 세부 평가 기준을 만들어 어떤 사람이 평가하더라도 동일한 값이 나올 수 있도록 하는 것이 중요하다.

이 방식은 동일 매체 종류에 한정될 수 밖에 없는 한계를 가지고 있으나 동일 종류의 매체 중 어떤 매체가 얼마 만큼 더 효과적인지를 판단 하는데 유용하다. 광고주가 매년 재계약 대상과 계약 만료 철수 대상을 결정할 때 이러한 방식을 주로 사용한다.

그리고 매체평가테이블은 옥상광고, 전광판광고, 지주이용광고(야립광고) 등의 설치위치나 규격 및 사양 특징이 명확한 대형 매체에 유용한 편이며 버스광고, 지하철 차내광고 등 개별적 특징이 없는 다량, 소형매체에 적용하기는 다소 어렵다. 하지만 전략적으로 어떤 매체를 평가함에 있어 주관적인 편견을 막을 수 있고 어느 정도의 객관성을 확보할 수 있는 방식으로서 의미가 있다.

둘째, DEC (DEC: Daily Effective Circulation)를 산출하여 광고효과를 예측하는 방법이다. DEC는 옥외광고 분야에서 중요하게 다루는 개념으로서 해당 매체가 하루에 얼마나 많은 인구에게 유효하게 노출되었는지를 나타내는 지표이다. 물론 여기에는 반복 노출 인구수와 반복노출 회수에 대한 의미는 없지만 옥외매체가 얼마나 효과적인지를 판단하는 중요한 기준이 된다.

표 4.1 고속도로 지주이용광고물 매체평가테이블

평가항목		가중치	평가기준				평가	환산점수 (가중치 x평가)
			4	3	2	1		
지역	지역구분	15	서울 근교	수도권	광역시 근접	기타		0.00
	위치 상징성	10	우수	양호	보통	미흡		0.00
	교통량	10	10만이상	5만	3만	3만미만		0.00
	주변광고물밀도	5	없음	1개	2개	3개 이상		0.00
	교통정체도	5	상습정체	출퇴근정체	정체 가능	소통원활		0.00
	도로폭	5	8차선이상	6차선	4차선	4차선미만		0.00
	소계	50						0.00
매체	가시거리1	10	1KM이상	600M이상	300M이상	300M이하		0.00
	가시거리2	10	1KM이상	600M이상	300M이상	300M이하		0.00
	도로이격거리	10	10M이하	20M이하	30M이하	30M초과		0.00
	노출각도, 방향1	5	우수	양호	보통	미흡		0.00
	노출각도, 방향2	5	우수	양호	보통	미흡		0.00
	가시 장애물	10	없음	장애정도 하	장애정도 중	장애정도 상		0.00
	소계	50						0.00
	합계							0.0

DEC는 매체별로 산출하는 방식이 다르나 해당 매체의 가시권을 지나가는 사람의 수 (교통량 포함)와 그 사람들이 볼 수 있는 가능성, 즉 매체 종류별 주목도 또는 노출 확률을 곱하여 산출하는 것이 일반적이다. 하지만 매체 종류별 주목도는 매체별 설치위치나 노출 상황에 따라 각각 다르기 때문에 효과증감지수를 곱하여 각 매체별 차등을 주기도 한다. 보다 정확한 DEC를 구하기 위해서는 카메라를 설치하여 실제 바라본 사람들의 시선을 세거나 아이 트래킹(Eye Tracking) 방식의 연구를 통해 가능하나 현실적으로 실행하기가 쉽지 않다.

DEC가 몇 명의 사람들에게 노출될 수 있는지를 알 수 있는 지표라면 CPM (Cost Per Mille)은 비용 대비 효과성을 판단하기 위한 지표이다. CPM은 4대 매체 미디어플래닝에서 사용하고 있는 산출방식과 동일하며 이 결과값을 가지고 방송이나 신문과 같은 매체와 옥외매체를 비교하기도 한다.

CPM 산출식: (월광고료÷(DEC × 30일)) × 1,000

옥외광고 미디어플래닝은 앞서 얘기한 매체평가테이블, DEC, CPM과 같은 지표를 가지고 일반적으로 실행된다. 광고주의 성공적인 옥외광고 캠페인을 위해 효과적이고 비용적으로도 효율성을 높일 수 있는 최적의 미디어플랜 수립을 하여야 한다. 따라서 기준이 애매하고 데이터의 신뢰성이 떨어지는 경우에는 최대한 구체적인 정보를 보다 많이 적용하여야 하고 보다 많은 시행착오를 통해 객관성에 근접해 가야 한다. 그리고 필요시 조사기관을 통해 설문지 또는 관찰조사를 통해 실제 광고효과가 어떤지 여부를 파악할 수 도 있다.

옥외광고의 기획에 대한 내용은 현재 이론적으로 정리되어 있는 것이 많지 않으며 타 매체에 비해 복잡한 매체 환경과 다양한 종류의 매체가 복합적으로 운영되는 분야임에 따라 효과에 대한 검증과 예측도 쉽지 않은 것이 현실이다.

하지만 옥외광고는 소비자의 외부활동이 증가하고 광고에 대한 회피 현상이 점점 커지는 현대 사회에서 외부 활동 중에 느끼는 감정이나 상황 속에서 자연스럽게 광고 접촉이 가능한, 즉 미디어 수용 태도의 질적 차이를 만들 수 있는 광고이며 이동 동선상에서 강제 반복 노출되어 소비자 자신도 모르는 사이 광고주 메시지를 받아 들이게 되는 효과적인 간접 광고이다. 또한 소비자의 적극적인 참여와 양방향 커뮤니케이션을 통해 소비자에게 경험과 감동을 줄 수 있는 최고의 직접 광고이기도 하다. 이러한 것들은 분명히 다른 미디어와의 차별점이자 옥외광고만의 특성이며 그 특성을 알고 효과를 극대화 할 수 있는 옥외광고를 기획하여야 한다.

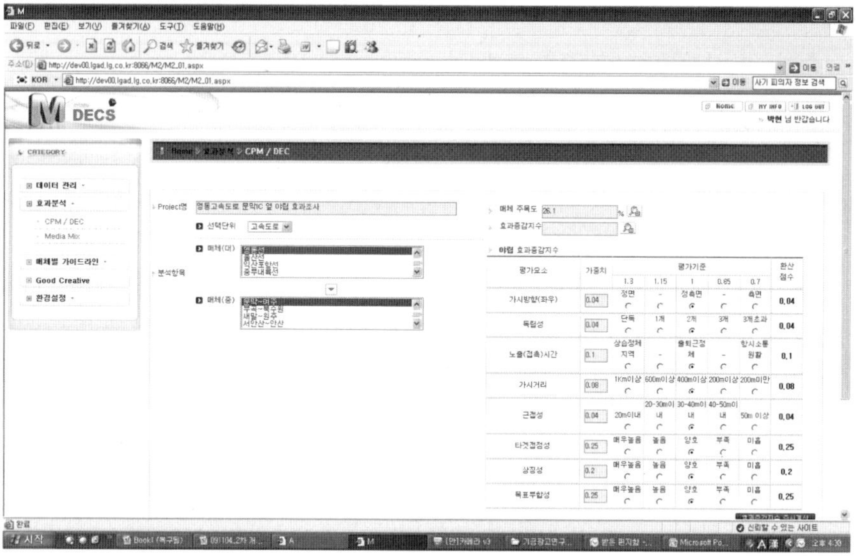

그림 4.2 HS애드 MDEC시스템 입력화면

영동고속도로 문막IC 옆 야립 효과조사

- 유동량: 62,014
- 매체 주목도: 26.1% DEC: 16,705 CPM: 53,876
- 효과 증감지수: 1.033

- 검토의견:

■ 매체 특성별분포도

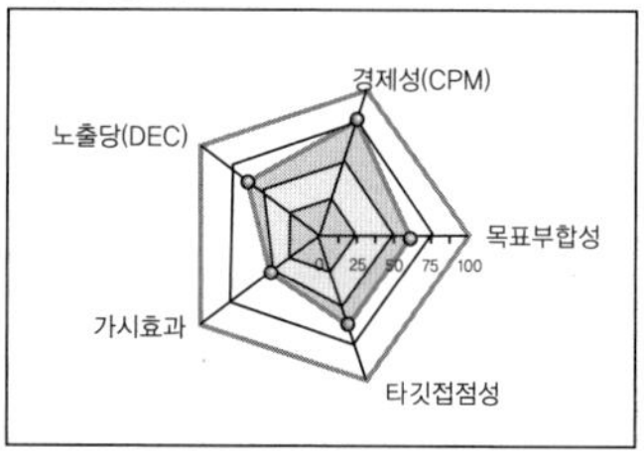

■ 효과 증감지수 평가내역

평가요소	가중치	평가기존 1.3	1.15	1.0	0.85	0.7	환산점수
독립성	0.04	단독	1개	2개	3개	3개초과	0.046
노출(접촉)시간	0.1	상습정체지역	–	출퇴근정체	–	항시소통원활	0.085
가시거리	0.08	1 Km이상	600 m이상	400 m이상	200 m이상	200 m미만	0.104
근접성	0.04	20 m이내	20~30 m이내	30~40 m이내	40~50 m이내	50 m이상	0.046
타깃접점성	0.25	매우높음	높음	양호	부족	미흡	0.25
상징성	0.2	매우높음	높음	양호	부족	미흡	0.2
목표부합성	0.25	매우높음	높음	양호	부족	미흡	0.25
가시방향(좌우)	0.04	정면	–	정측면	–	측면	0.052

효과 증감지수: 1.033

그림 4.3 HS애드 MDEC시스템 결과 리포트

2. 옥외광고 실행

옥외광고의 기획 이후의 단계는 실행 단계이다. 광고주와 광고주의 업무를 대행하는 종합광고대행사의 입장에서 옥외광고의 실행이란 실제 광고물이 설치되고 운영되도록 하는 액션(Action)의 단계로서 여러 가지 의사결정과 절차가 필요하다. 옥외광고 실행은 크게 매체검토 및 제안, 매체 구매 및 계약, 디자인 제작, 광고물 제작 및 설치, 검수 및 완료보고라는 5단계의 과정을 거친다.

먼저 매체 검토 단계는 해당 광고주에게 적합한 매체인지 여부를 판단하기 위해 여러 가지 세부 사항들을 검토를 하는 단계이다. 따라서 기획 단계에서 매체 검토가 이루어져 미디어플래닝과 세부 운영계획이 수립되었다면 별도의 매체 검토 단계는 필요가 없다. 하지만 단발성 매체 집행이나 신규 매체의 참여가 급히 필요한 경우에는 별도의 기획 단계를 거치지 않기 때문에 매체 효과에 대한 검토를 이 단계에서 실행 한다. 그 후 검토 매체가 해당 광고주에게 전략적으로 적합하다고 판단될 경우 광고주에게 제안이 이루어지게 되며 광고주는 내부 검토를 거쳐 참여 여부에 대한 의사결정을 한다. 그리고 광고대행사의 역할 없이 광고주가 직접 매체를 매체사로부터 제안 받아 검토를 할 경우에는 이러한 일련의 검토 과정을 광고주가 직접하고 스스로 의사결정을 내린다.

둘째, 매체 구매 및 계약의 단계이다. 참여 결정된 매체는 해당 매체사와 광고료, 참여수량, 위치, 운영기간 등 여러 운영 조건에 대한 협의를 거쳐 구매 계약을 하게 된다. 일반적으로 방송, 인쇄, 인터넷의 경우는 미디어 집행을 위해 건건이 계약을 하지 않으나 옥외미디어는 발생 가능성이 있는 문제나 변수가 많고 장기간 운영되는 특성 때문에 매 건마다 광고주와 대행사, 대행사와 매체사 또는 광고주와 매체사간의 양자 계약이나 광고주, 대행사, 매체사간의 삼자계약서를 작성하는 것이 일반적이다. 하지만 최근 교통광고나 극장광고와 같은 문제 발생 여지가 적고 단기 운영하는 매체 등은 구두 계약 또는 약식 문서 등을 통해 진행하기도 한다.

셋째, 디자인 제작의 단계이다. 옥외광고 디자인은 매체의 특성과 설치장소, 규격, 사양에 따라 효과적으로 제작되어야 하기 때문에 일반 신문이나 잡지광고와 달리 현장감을 중요시 하여야 한다. 그 이유는 먼 거리에서 보일 수 밖에 없는 매체 상황을 고려하지 않고 글자나 이미지가 작게 들어가거나 빠른 동선 상에서 노출되는 매체 상황을 고려하지 않고 많은 양의 메시지를 넣을 경우에는 그만큼 효과성이 떨어지기 때문이다. 또한 외부에 노출되어 있는 조명광고일 경우에 주간과 야간의 효과를 감안하여 색상을 적용해야 하고 구조물 형태의 광고물일 경우에는 안전성과 관리상의 문제까지도 디자인 단계에서 고려되어야 한다. 따라서 디자인 제작 단계에서는 이러한 여러 문제들을 예측하여야 하며 판단이 잘 되지 않을 경우에는 샘플 제작 또는 시뮬레이션을 통해 테스트를 하고 디자인을 확정 한다.

넷째, 제작, 설치 단계이다. 디자인이 확정되면 실제 광고물을 제작 또는 출력하여 해당 매체에 설치하여야 한다. 이것이 제작, 설치의 단계로서 전문 제작업체가 주로 업무를 진행하게 된다. 제작의 종류에는 FLEX나 필름 또는 비조명 시트, 현수막 등에 실사 출력하는 방식과 지하철 차내 광고나 포스터와 같이 종이 인쇄를 하는 방식, 전시대나 조형물과 같이 입체물을 제작하는 방식 등이 있다. 이 단계는 확정된 디자인이 원고 그대로 제작되어야 하기 때문에 제작업체의 전문성이 특히 요구되며 광고주나 대행사 담당자는 문제가 발생되지 않도록 각 공정별 문제 예상 부분들을 세세히 지적해 주어야 한다. 일반적인 출력 광고물은 색상과 느낌을 맞추기 위해 광고주 또는 대행사가 교정지를 사전에 매체사 또는 제작사에게 제공하고 구조물, 입체 조형물 등은 확정된 설계도, 시방서 등을 제공한다.

마지막으로는 검수, 완료보고의 단계이다. 광고물 검수란 광고물 설치 완료 후 의도된 대로 잘 되었는지 검사를 하는 단계로서 광고물이 설치된 현장에서 교정지, 설계도, 시방서 등을 가지고 꼼꼼히 살펴 보는 일을 말한다. 검수는 매체사가 설치 완료된 광고물에 대한 완료보고서를 제출하면 광고주나 대행사에서 실시하는 것이 일반적이며 검수 후 문제 없이 잘 설치 되었다고 판단되면 합격 판정을 내리고 그 시점부터 광고료가 기산된다. 설치 완료 검수가 합격일 경우 대행사는 검수 결과가 포함된 설치 완료보고서를 광고주에 제출한다.

매체 검토보고서 작성

매체 검토보고서란 어떤 매체를 검토하여 광고주에게 얼마나 효과적인지를 파악 및 판단하여 보고하는 문서를 말한다. 타 분야의 광고매체와 달리 옥외매체는 종류가 많고 다양하며 장소적 특수성을 가지고 있기 때문에 이러한 매체 검토보고서를 자주 필요로 한다.

매체 검토보고서를 작성할 때에는 매체의 효과성을 파악하기 위하여 그것을

그림 4.4 옥외광고 실행 프로세스

판단하는 기준과 평가가 얼마나 객관적이고 정확한지 여부가 중요하며 가급적 주관적 판단을 지양한다. 하지만 객관적인 자료가 부족하거나 증명이 어려울 경우에는 유사 매체나 유사 상황 제시를 통해 주관적인 판단을 하기도 한다.

매체 검토보고서는 간결하고 보기 쉽게 작성되어야 한다. 모든 보고서가 마찬가지겠지만 보고 받는 자를 위해 작성되는 문서이므로 작성자 입장에서만 이해되는 문구나 용어를 써서는 안되며 필요하지 않은 내용이 들어가서도 안 된다. 그리고 매체 검토보고서는 매체의 종류에 따라 다양한 작성 방법이 있을 수 있으나 일반적으로 매체개요를 작성하고 설치장소, 매체효과, 경제성, 전략성 등을 평가한 후 종합 검토의견을 작성한다. 검토보고서 작성방법의 예를 하나 들면 다음과 같다.

매체개요는 매체의 종류, 규격, 수량, 사양, 운영방법, 광고료, 매체사, 계약기간 등 매체와 관련된 정보를 요약하여 작성 한다. 설치장소에 대한 검토는 지역적 특성, 타깃 성향, 교통량, 유동인구수, 광고혼잡도 등의 항목이 중심이 되며 각 항목별로 구체적인 데이터를 제시하여 이 장소가 광고 운영에 유의미한 장소인지 여부를 검토하여 요약한다. 매체효과에 대한 검토는 광고노출도, 가시거리, 노출장애요인, 임팩트, 접촉가능성, 선호도 등의 항목이 중심이 되며 이것 역시 실측 데이터 또는 추정 데이터를 가지고 매체의 효과성을 검토한다. 경제성은 유사 매체 대비 비용 분석 또는 노출효과 대비 비용 분석을 통해 검토 매체가 얼마나 비싼지 또는 저렴한지를 평가한다. 마지막으로 전략성은 광고주가 전략적으로 꼭 필요한 매체인지 아닌지, 효과는 있으나 광고주 이미지와 맞는지 여부 등을 파악하여 정리한다. 그리고 이러한 검토 결과를 토대로 최종 종합 검토의견을 작성한다.

계약서 작성

옥외광고 계약서는 옥외광고를 대행하거나 매체사로부터 한시적으로 구매하여 사용하는 과정에서 발생되는 문제에 대해 사전에 어떻게 할 것인지 계약 당사자 간에 약속을 하는 문서이다. 다른 광고 매체와 달리 옥외매체는 여러 문제가 발

<u>옥상광고 검토 보고</u>**

(금액단위: 천원)

1 매체 개요

세부위치	규격(m)	사양	광고내용	월광고료	계약기간	매체사
서울 금천구 **동 **사거리 **빌딩(9F)	14*9.5 (2면)	내부조명 FLEX(2면)	**	**만원	10.10.16~ 11.10.15	*** (대표:***)

2 검토 결과

구분		정량적 평가	정성적 평가
노출도	가시거리	안양방면 0.1 km	언덕위에서 최초 노출되며, 직선 가시거리 매우 긴편
		서울방면 0.2 km	중앙차로쉘터 이후 가시거리 짧아짐, 곡각지점 돌면서부터 노출됨
	노출각	안양방면~+5	고지대에서 아래로 내려오면서 노출되므로 가시각 자연스러움
		서울방면 10+~	가시거리 짧고 우측면 상단에서 노출됨
	높이	9층	주변 건물변화 없음
	주변광고물	3개	신한은행, 새롬병원, 현대지식산업센터 옥상광고
경제성	주변 비교	92%	유사 효과매체인 **옥상FLEX의 m당 광고료와 비교할때 저렴
광고효과	m당 광고료	56,390원	일반적인 옥상광고 대비 저렴 (유사 지역은 6만원대)
	교통량	119,352대	교통량 상습정체지역으로서 8만대 이상의 많은 교통량을 가지고 있으며, 주변 대형할인점 이용 유동인구 많은편
	유동인구	20,000명	
	주목률	39%	옥상flex 주목률은 네온, 전광판 대비 낮은편이지만 대형 이미지광고 중 가장 높음
	효과지수	1.087	일반적인 옥상광고 평가지수인 1점 수준인 매체

▶ 시흥대로 **빌딩은 시흥대로 상에서 가시효과 뛰어나고 유동인구 많은 **에 위치하며 가시효과 우수함 유사 매체 대비 광고료는 적정 수준이고 **브랜드에 효과적이라고 판단됨에 따라 참여함이 바람직함

그림 4.5 매체 검토서 양식1

생할 수 있으며 문제 발생시 때때로 협의가 되지 않을 수도 있기 때문에 이러한 계약서가 필요하다. 그리고 매체를 소유하고 있는 매체사가 다르고 매체마다 특성과 문제가 다르기 때문에 매체 하나 하나를 집행할 때 마다 계약서를 쓰는 것이 일반적이다. 그리고 계약 방식에 따라 광고주와 대행사간에 맺고 다시 대행사

가 매체사와 맺는 '양자계약서'와 광고주, 대행사, 매체사가 동시에 맺는 '삼자계약서'가 있다.

옥외광고 분야에서 체결하는 계약서의 종류에는 옥외 매체 구매, 운영을 위한 '옥외광고계약서' 옥외광고 제작 발주를 위한 '하도급계약서', 자사 옥상광고탑 광고 등의 관리를 위한 '관리대행 계약서' 등이 있는데 여기서는 매체 구매, 운영 시 시 가장 많이 사용하는 '옥외광고계약서'에 대한 작성방법을 알아보겠다.

계약서 작성 시 가장 먼저 고려할 것은 작성 원칙이다. 계약서의 당사자는 개인이 아닌 회사이기 때문에 회사를 대표해서 작성한다고 생각해야 한다. 따라서 가급적 명확한 용어를 사용하고 문제가 발생할 수 있는 조항은 구체적으로 작성하며 '적당히', '상식적으로' 등의 애매한 용어의 사용은 지양하여야 한다. 또한 모든 내용이 들어가면서도 간결하여야 하고 일반적인 사람들도 알수 있는 용어를 사용하여야 한다.

계약서의 주요 내용으로는 계약의 목적, 갑과 을의 일반적인 권리와 의무, 광

** **매체 검토 보고**

보고일자

1 매체 개요

설치위치	규격/사양	운영 콘텐츠	일 노출회수	구좌당 월광고료	매체사

2 검토 의견

구분	장점	단점
매체	• • •	• • •
설치장소	• • •	• • •
경제성	• • •	

▶ 검토 결과 요약

그림 4.6 매체 검토 보고서 양식2

고시설물 및 월광고비, 운영기간, 을(대행사 또는 매체사)의 업무범위, 광고물 제작 또는 설치에 대한 처리방법, 매체 운영시 발생되는 문제에 대한 처리 방법, 광고시설물 및 광고물의 유지, 관리와 관련한 을의 의무사항, 광고비 지급방법, 광고 디자인 교체시 처리방법, 광고시설물 이전 설치시 처리방법, 계약의 해지에 대한 사항, 소송 발생시 관할법원 지정 등이 있다.

그리고 계약서가 실무적으로 가장 많이 거론되는 상황은 갑의 입장에서는 광고물이 유지, 관리가 잘 되지 않았을 때 또는 광고물의 이전 설치가 불가피할 때, 디자인 교체가 지연되거나 설치 하자가 발생할 때, 광고물로 인해 제3자 피해가 발생했을 때 등이며 을의 입장에서는 광고료 지급이 되지 않았을 때, 계약기간 중 중도해지를 갑이 요구할 때 등이다. 이러한 상황이 발행하게 되면 계약 당사자간에 서로 상당한 문제가 되며 광고비 삭감이나 계약 중도 해지, 법정 소송까지 고려해야 하기 때문에 다른 어느 조항보다도 구체적이고 명확하게 기재되어야 한다.

*계약서 샘플은 별첨 참조

검수보고서(완료보고서) 작성

검수보고서는 옥외광고물이 설치, 완료되고 매체사로부터 완료보고서가 접수되면 광고주나 대행사에서 직접 현장을 방문하여 계획대로 잘 설치되었는지를 확인한 후 작성하는 보고서이다. 그리고 이 보고서는 검수 합격 또는 불합격을 판단하는 기준이 되며 합격이 되었을 때 실제 광고 집행이 인정되면서 그 다음날로부터 광고료 기산이 시작되므로 매우 중요한 보고서라 할 수 있다.

설치 완료 검수는 매체별로 점검해야 할 부분이 다르므로 점검의 방식에 차이가 있다. 라이트박스 광고나 버스쉘터 광고 등은 실제 설치되어야 할 위치를 방문하여 발주 시 전달한 교정지를 통해 색상, 느낌이 같은지를 확인하면 되지만 옥상광고탑이나 특수 조형물, 키오스크 등의 표시된 광고물의 색상도 중요하지만 광고물의 소재, 견고함, 안전성, 관리용이성 등을 모두 체크해야 하므로 별도의 체크리스트를 가지고 검수를 하게된다.

그럼 대표적으로 옥상광고물의 검수 방법을 설명하자면 먼저 규격, 디자인, 구조물안전, 면판과구조물의 재질 및 두께, 사양, 타이머의 점등시간과 소등시간, 전기배선 상태 등을 체크하여야 한다. 그리고 네온일 경우에는 네온 튜브의 배열 상태, 콘트롤러와 트랜스 수량, 네온관의 길이, 표출되는 컬러, 점멸프로그램 이

옥상 광고물 검수 CHECK LIST

1 검수 광고물

위치	규격 (m)	사양	광고내용	매체사

2 검수 결과:

3 검수 내역:

구분		CHECK POINT	결과	조치 내역
일반 사항	규격 DESIGN 입처구분 구조물 안전 면관	- 계약 규격 통일 여부 - 시발서 및 설계 도면 확인 - 상단 FLEX BOX 등출 및 각도 확인 - 기초 공사 확인, 볼트 조임, 앵글 확인 - 재활용 자재 사용여부 확인 - 철판 두께 - 시트 부착 여부		
	TIME 전기	- 점등, 소등 시간 확인 - 배선 상태 확인 및 누전 안전 여부 - 전기 용량		
NEON 면	NEON TUBE	- 배열 상태 확인 - 트랜스 1대당 NEON TUBE 수량 - NEON 길이 - 표출 COLOR 확인		
	점검 프로그램	- 점검 TIME 확인 - 시발서와 통일 점검 여부 - 콘트롤러 수량, 트랜스 수량		
	트랜스 콘트롤터 문자탄질	- 제작사 - 제작사 - 문자 커버 상태 - 입고와 동일 설치 확인 - 주간 상태 확인 - NEON TUBE 매립 방법 - 주간 LG GRAY COLOR 확인 - 야간 부과물 확인		
FLEX 면	시트	- 문자 및 조명 부과물 상태 - 내부 조명 설치 방법 - 시트, CAL 제작사		
	조명	- 시트와 조명 간격 - A/S 방법		

그림 4.7 옥상광고 검수 체크리스트

상여부, 문자 채널사인의 이상유무, 설치방법, 주야간 색상 비교 등 네온 운영에 필요한 모든 부분을 점검해야 한다. 플렉스 사양의 광고물일 경우에는 플렉스 브랜드, 형광등 브랜드, 시트 또는 실사 출력된 면판의 투과율(밝기), 형광등 배열 상태, 사다리 위치, 화면의 시밍상태, 바람막이 안전 로프의 간격, A/S 방법 등을 체크해야 한다.

이렇게 광고물 설치와 관련된 많은 세부 사항들을 점검하고 기록하여 설치완료보고서에 첨부하여야 하며 이러한 내부 구조물의 이상 유무를 체크하는 것 외에도 주변환경, 광고 가시상 문제가 없는지, 주야간에 각각 어떻게 보이는지 역시 확인하여 광고물 검수완료 보고서를 작성하게 된다. 그리고 이러한 설치 시점의

** **야립 광고 게첨 완료 보고**

** **야립 광고 게첨 완료 현황**

1 검수 광고물

설치위치	규격(m)	사양	월광고료	매체사	설치완료일

* 계약기간: 2010.7.24~2013.7.23
* 게첨 결과: 양호
* 완료사진

주간	야간

※ 유첨: 거리별 현장 사진, 위치도, 현장 검수 체크리스트

그림 4.8 설치 완료보고서 양식

기록들은 시간이 지난 후 문제 발생 여부의 기준이 되며 문제 발생시 광고주 또는 대행사는 매체사에 최초 게첨 상태와 동일하게 조치를 취해 줄 것을 요구하며 매체사는 이에 응하여야 한다.

광고 설치 완료보고서는 현장을 확인하고 보고하는 것이 바람직하나 수량이 많은 교통매체나 여러 광고주가 참여하는 전광판, 디지털사이니지 매체 등은 현장 검수 없이 완료보고서를 작성하여 보고하는 경우도 있다. 예를 들면 버스외부광고는 버스별 차량 번호판과 광고물을 같이 볼 수 있게 일일이 사진을 찍어 보고 하며, 지하철 차내광고는 샘플 사진과 광고가 설치된 차량번호 현황을 첨부하고 전광판광고는 일일 송출표와 표출 사진을 첨부하여 설치 완료보고를 한다. 이

문서번호: ****10-OOH 010호 2011.11.20
수 신: ****대표이사
참 조: ****담당

제 목: ****광고 게첨 완료 보고의 건

1. 귀사의 무궁한 발전을 기원합니다.
2. 당사는 귀사와 계약에 의거하여 아래와 같이 광고를 게첨 완료하여 보고 드리오니 업무에 참고하시기 바랍니다.

•아 래•

ㅁ운영 내역

매체명	설치위치	규격(m)	운영구좌	월광고료

*계약기간: 2011.11.21~2012.11.19(1 년간)

※ 첨부: 검수결과보고서, 게첨 완료 사진, 출품표

주식회사 ....
대표이사 ....

그림 4.9 설치 완료 공문 양식

와 같이 수량이 많고 일반적인 매체인 경우에는 샘플 검수를 통해 그 보고서의 이상 유무를 확인하고 광고주 최종 보고를 하는 것이 일반적이다.

3. 옥외광고 관리

옥외광고는 매체별로 차이는 있지만 타 매체에 비해 장기, 고정 운영하는 광고물로서 외부 환경에 노출되어 있기 때문에 철저한 관리가 필요하다. 옥상광고나 야립광고와 같이 대형광고물은 최하 1년 이상 운영되며 조명이 소등되거나 파손되었을 경우에는 광고주의 이미지가 크게 저하되기 때문에 보다 더 많은 관심과 점검이 필요하다. 최근에는 광고주로부터 옥외광고의 광고 선호도 저하 이유로 관리의 문제가 지적되기도 했고 관리상의 어려움과 문제 발생 가능성이 집행 매체 선택의 기준이 되기도 한다. 그만큼 옥외광고에 있어 광고물의 관리는 매우 중요하며 관리가 제대로 되지 않는 광고물은 광고 집행을 안 한 것만 못하기 때문에 매체사와 대행사의 관리 업무는 늘 관심을 가져야 하며 문제 발생 이전에 사전 조치할 수 있는 프로세스를 정립하거나 문제 발생시 즉각적인 대응을 할 수 있는 상시 대기 시스템의 구축이 필요하다. 옥외광고 관리의 1차 책임은 매체를 설치하여 운영하는 매체사에게 있으나 그것을 대행하는 대행사나 최종 소비자인 광고주에게도 책임이 있기 때문에 삼자가 공동으로 실시간 관리해 나가지 않으면 안된다.

그럼 매체사, 대행사, 광고주의 옥외광고의 관리와 관련한 역할을 살펴보면 매체사는 일일점검 또는 주간단위 점검을 통해 항시 최고의 상태로 유지되고 있는지를 점검해야 한다. 두번째로는 그러한 점검 결과를 대행사는 지속적으로 관리해야 하고 필요시 현장 점검 역할 또한 수행해야 한다. 광고주는 매체사와 대행사가 관리에 최선을 다하고 있는지 체크하여 문제 예방을 할 수 있는 시스템을 구축하도록 하여야 하며 문제 발생시 책임 소재를 물어 재발 방지를 위한 조치를 취해야 한다. 실제 옥외광고 관리의 문제로 인해 광고료 삭감 및 중도 계약 해지되는 사례가 종종 있으며 이러한 문제는 단순히 해당 매체사에만 해당 되는게 아니라 옥외광고 산업 전체에 광고주 불신을 조장하는 이유가 되기 때문에 광고물 관리에 최선을 다하는 것이 업계의 기본 풍토로 자리 잡아야 한다.

오래 전부터 옥외광고 관리와 관련한 매체사, 대행사, 광고주 간의 점검 및 확인 방식은 관리보고서의 제출이다. 매체사는 매월 1회 또는 2회 관리보고를 대행사나 광고주에게 제출하고 문제없이 관리가 잘 되고 있음을 확인 받은 후 광고료를 청구한다. 광고주는 이러한 관리보고 제출 결과를 확인한 후 정상적인 집행이 되었다고 인정되면 광고비를 지급하며 문제가 있을 경우 광고료 삭감 및 광고료 지급 보류를 결정할 수 있다.

최근에는 종합광고대행사 중심으로 이러한 관리보고 업무가 온라인 시스템으로 개발되어 매체사는 지정된 날짜에 현장 점검 결과를 각 대행사의 온라인 시스템에 등록하고 대행사는 이상 없는지를 확인한 후 승인하면 광고주는 해당 시스템에 접속하여 자사가 운영하는 광고물의 상태를 매월 확인한다.

관리보고의 내용으로는 매체의 관리 이력, 즉 형광등을 교체했거나 타이머를 조정했거나 화면 청소를 했거나 하는 해당 기간 동안의 관리 점검 내용을 기록하고 주변 환경의 변화가 있는지, 야간 조명 상태는 어떤지 등에 대해 사진 자료와 점등시간, 소등시간, 점검자와 점검시각 등이 포함된다.

이러한 매월 관리보고는 철저한 관리가 요구되는 매체에 대해서는 효과적이지 않은 경우가 많다. 따라서 필요에 따라 매일 매일 매체를 확인, 점검하고 보고하는 일일보고를 하는 경우가 있는데 최근 광고주의 요구로 이러한 추세는 늘어가고 있고 일일 점검의 비용 절감과 신뢰성을 위해 실시간 카메라를 설치하여 온

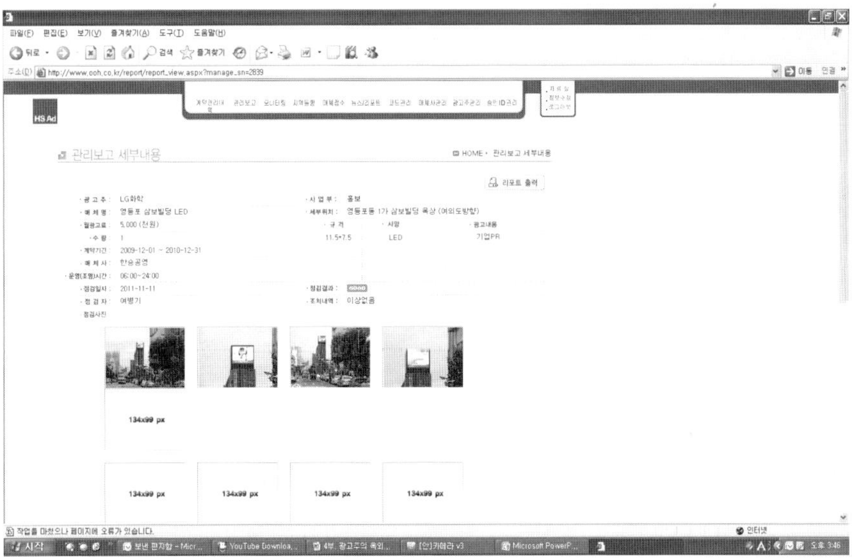

그림 4.10 관리보고 시스템 사례

라인 또는 스마트폰으로 항시 확인할 수 있는 방법도 적용되고 있다.

옥외광고 관리의 방법으로는 매체사에 의한 정기적인 관리보고 외에도 비정기적으로 실시하는 여름철 태풍 대비 관리점검과 광고주와 대행사에 의한 불시 모니터링, 광고주, 대행사 임직원이 참여하는 문제 발생 신고센터 운영 등이 있다.

CHAPTER INTRODUCTION TO **NEW OUT OF HOME ADVERTISING**

05 매체사의 옥외광고 기획, 실행, 관리

옥외광고 산업에 있어서 가장 핵심이 되는 주체는 매체사일 것이다. 옥외광고 시장에 있어 매체사는 옥외매체를 개발하고 설치 한 후 영업을 통해 수익을 창출하는 회사를 말한다. 국내 매체사의 수는 옥외 매체의 수만큼 다양하고 많은 편이어서 대략 몇 개의 회사가 활동하고 있는지 추정하기 어렵다. 대규모 교통매체 사업자부터 지방의 조그마한 옥외광고 사업자까지 사업의 규모와 매체의 종류에 따라 매우 많은 회사가 활동하고 있고 최근에는 투자회사와 언론사까지 합세해 신규 사업 영역으로 옥외광고 매체사업에 진출하고 있다.

시장에 새로운 매체를 내어 놓는 주체라는 의미에서 매체사는 옥외광고 시장의 성패를 좌우하는 중요한 역할을 한다. 지금까지의 옥외광고 역사를 볼 때 매체사가 가장 왕성하게 활동한 시기가 옥외광고가 가장 발전한 시기였고 매체사의 무분별한 매체개발이나 입찰 경쟁이 있었던 시기는 가장 암울한 시기였다.

따라서 매체사의 옥외광고 기획과 실행, 관리의 업무는 우리나라 옥외광고 산업의 발전에 있어서 매우 중요하고 큰 의미가 있다. 하지만 현실적으로 업의 규모가 영세하고 작은 조직에서 오랫동안 폐쇄적으로 업무가 진행된 관계로 정보공유, 업무 프로세스의 개선 및 업무의 질적 발전이 크게 이루어지지 못하였다. 또한 업무에 대해 체계적으로 정리된 서적이나 가이드북이 많지 않아 우수한 젊은 인재가 이 분야에 관심을 가지더라도 도움을 얻기가 쉽지 않았다.

이 장에서는 참고할 수 있는 자료가 많이 부족하여 최근 몇 년간 진행되어 온 매체 개발 사례와 성공, 실패 사례들을 통해 미약하나마 매체사가 옥외매체 개발 기획 시 고려해야 할 사항들과 실행 프로세스 및 관리 방법에 대해 간단히 설명해 보고자 한다.

1. 옥외매체 개발 기획

옥외광고 개발 기획은 어떤 매체를 개발할 것인가? 라는 물음과 해답을 찾는 업무이다. 모든 업무가 그렇듯이 기획 단계가 가장 중요하며 기획이 잘못될 경우 실패라는 쓴 결과를 얻게 되는 반면 정확하고 예리한 기획은 큰 성공을 가져다 준다. 그러면 성공할 수 있는 매체 개발 기획은 무엇일까? 결국 그 해답은 시장에 있을 것이다. 시장을 정확하게 이해하고 앞으로의 트렌드를 미리 집어낼 수 있고 정정한 금액 투자와 체계적인 관리를 통해 장기간 운영할 수 있는 매체를 개발한다면 분명 성공한 매체 개발이 될 수 있을 것이다. 그러면 옥외매체 개발 기획 시 고려해야 할 점들을 하나씩 알아보도록 하자.

환경분석

환경분석은 시장성의 파악과도 같은 말로 통할 수 있다. 환경 분석의 단계는 매체 환경 및 시장 상황, 광고주, 소비자, 경쟁사 분석을 하는 단계로서 시장상황에서 어떠한 기회요인과 위협요인이 있는지, 광고주와 소비자는 어떠한 것을 필요로 하고 있는지 그리고 경쟁사는 누구이며 당사의 경쟁력은 어떠한지 등에 대해 객관적으로 분석하여 판단할 수 있도록 한다. 하지만 정보가 많지 않고 큰 그림을 보기 어려운 매체사의 입장에서는 현실적으로 이 단계를 정확히 분석해 내기가 쉽지 않으며 대부분 경험 많은 회사 임원들의 주관적 판단이나 지인들의 정보를 통해 시장성을 분석하는 경우가 많다.

따라서 이러한 문제를 해결하기 위해서는 평소에 정보 습득과 데이터베이스 축적을 철저히 해 두어야 한다. 입찰정보나 신매체 개발 정보 그리고 다른 매체에 대한 판매정보, 소비자 트렌드 및 광고주 동향, 국내, 해외 성공 사례와 실패 사례 등 많은 정보들이 잘 정리되어 가공된다면 보다 정확하게 시장 상황을 예측할 수 있고 경쟁사 보다 앞서 기회를 잡을 수 있을 것이다.

효과성 판단

효과성에 대한 판단이다. 추진하고자 하는 매체가 효과적인 매체인지 아닌지를 판단하는 것은 개발 가치를 검토하는 단계로서 실행으로 가기 전 가장 중요한 업무이다. 실패한 대부분의 매체에서 보여지는 공통점이 있다면 효과성에 대한 판단이 제대로 되지 않고 매체 개발이 이루어 졌음을 알 수 있다.

그럼 효과성은 어떻게 판단해야 할까? 이것 역시 그리 쉬운 일이 아니다. 고려해야 하는 상황들이 매우 많고 나름의 판단 기준을 정해 어느 정도까지가 효과적인지를 결정해야 하기 때문이다. 매체를 개발 할 때 모든 조건을 100% 만족시키는 매체를 찾는 것은 현실적으로 어렵다. 어떤 면에서 부족한 점이 있더라도 시장에서 경쟁력이 있으면 성공할 수 있기에 매체 개발 기획자의 판단 기준과 가치 평가 결과에 따라 성공할 수도 실패할 수도 있는 것이다.

효과성을 판단하는 기준을 보면 다음과 같다. 먼저 그 매체를 이용하는 소비자 입장에서 매체의 포지션을 정해야 한다. 즉 Mass 타깃을 위한 매체인지 Core 타깃을 위한 매체인지를 먼저 파악하고 거기에 따른 효과성, 즉 몇 명에게 노출될 수 있고 어떻게 노출될 수 있는지를 따져 보아야 한다. 이때 광고주나 대행사의 의견을 구하는 것도 방법이나 객관적인 데이터를 통해 정량적으로 검증해 보거나 유사매체와 비교해 보는 것이 효과적이다.

다음으로는 어떤 소비자, 어떤 브랜드에게 효과적인지를 파악하여야 한다. 매체가 설치되는 공간적 특성을 고려하여 참여 가능한 브랜드가 무엇인지와 해당 공간이 소비자와 브랜드간의 관련성을 맺을 수 있는지 여부를 살펴 보아야 한다. 이것을 파악하기 위해서는 브랜드에 대한 고민을 가장 많이 하고 있는 광고주나 대행사와 깊이 있는 대화 나누어 보는 것이 좋다. '젊은층이 많이 모이는 쇼핑몰에 통신 업종 광고를 하는 것이 좋다'하는 식의 발상은 매우 위험하다. 이러한 발상은 너무나 당연할 수 있지만 단순히 타깃만 보고 거기에 어울리는 광고주를 대입하는 논리는 복잡한 미디어 환경 속에서 효과성을 고려하여 매체를 집행하는 광고주의 입장에서는 쉽게 수긍할 수 없는 일이기 때문이다.

장소와의 관련성 외에도 그 매체를 통해 소비자가 실제로 광고를 기억하고 광고주의 브랜드에 가치를 부여할 수 있는지 여부를 판단하는 것이 필요하다. 이러한 판단을 위한 방법으로는 일반적으로 설문조사를 통해 소비자 매체 선호도나 광고 인지도를 묻기도 하지만 성공사례를 조사해 보는 것이 효과적이다. 만약 국내 사례가 없다면 유사 매체 사례 또는 해외 사례 등을 조사해 볼 수 있다.

수익성 분석

세번째는 수익성 분석이다. 수익성 분석은 매체를 개발하여 운영하는데 있어 얼마의 투자금액으로 어느 정도의 수익이 발생할 수 있는지를 사업 개시 전에 예측하는 작업이다. 수익성 분석은 입찰을 통해 사업에 참여하기 위해 예상 입찰액을 결정하거나 사업을 시작함에 있어 얼마나 투자를 해야 하는지 판단하기 위한 경우에 필요한 작업이다. 이 분석이 잘못될 경우 매체사는 사업기간 내내 어려운 경영이 불가피하며 회사 도산의 위기까지 다다를 수 있기 때문에 가능한 도전적인 수치 보다는 안정적이고 정확한 수치를 기반으로 예측되어야 한다.

그럼 수익성 분석의 주요 항목들이 무엇이고 어떻게 예측하여야 하는지 알아보도록 하자. 먼저 판매금액 예측이다. 옥외광고 사업을 처음으로 시작하는 사업자일수록 예상 판매금액을 오판하여 결정하는 경우가 많다. 그 이유로는 주로 지인들의 얘기를 듣고 시장 상황을 부풀려 판단하거나 본인이 하게 되면 다른 사람, 다른 조직보다 더 잘 할 수 있다는 의지가 반영되는 경우가 많기 때문이다. 따라서 예상 판매금액을 결정할 경우에는 유사 사례 분석과 시장상황에 대해 보다 더 냉철한 객관성이 유지되어야 한다. 또한 투자 금액이 클수록 안정적인 예상 판매 금액을 설정하는 것이 좋다. 검증이 안된 신규 사업일수록 시장 개척이라는 어려운 숙제를 풀어내야 하는 물리적인 시간이 필요하다. 아무리 좋은 매체라 하더라도 그 매체를 영업하여 광고주의 머리 속에 각인시켜 광고주에게 필요성을 만들어 내려면 최소한 1년 이상의 시간이 소요되며 어느 정도의 성공사례와 검증이 있어야 하기 때문이다.

다음으로는 비용 예측이다. 고정적으로 들어가는 사용료, 임대료, 초기투자비 외에도 유지관리비, 영업비, 대행사 수수료와 같이 매월 변동되는 판매관리비 등 여러 비용 항목들을 정확하게 예측하여야 한다. 비용 예측은 판매금액 보다는 쉽고 정확한 예측이 가능하다. 사업을 오래 영위하다 보면 어느 정도의 비용이 소요될 것인지 가름하기 쉽고 필요시 관련 업체들로부터 견적을 받아 조사할 수도 있기 때문이다. 하지만 조직을 만들어 처음으로 사업을 시작하는 사업자인 경우에는 이러한 비용 예측도 쉽지만은 않으며 기존 사업자 보다 더 많은 비용이 소요된다. 따라서 유사 사업을 하는 사업자의 경험과 조언을 통해 시행착오를 감안한 정확한 비용 책정을 하여야 할 것이다.

수익성 분석의 방법은 생각보다 복잡하지 않다. 앞서 얘기한 예상 매출에 비용을 빼면 남는 것이 수익이며 이 수익이 매월, 매년 어떻게 만들어지는지를 현금흐름과 회계적인 계산에 의해 분석하는 것이 수익성 분석이다. 그리고 이러한 분석을 통해 BEP (Break-even Point) 즉 손익분기점이 어느 시점에 달성될 것인지, 손익분기점의 금액은 얼마인지 등을 파악하고 사업기간 중에 얼마의 총 손익이 예상되는지를 살펴봄으로서 사업의 투자 여부를 결정한다.

표 5.1 수익성 분석 Table 사례

항목	매체	단가	수량	기간		1년	2년	3년	4년	5년	6년	합계
예상 매출				6	판매율							
					판매금액							
지출	소 계											
	초기투자비											
	전기료(년)											
	유지보수비용(투자비 기준)											
	화면제작비											
	영업리베이트(15%)											
	대행사수수료(10%)											
	일반관리비(사업규모기준)											
	임대료(20억 원*20%, 3년후 20% 인상)											
	금융비용(년)											
손익	영업이익											
	법인세, 주민세											
당기순이익												

관리시스템의 구축

신규 매체의 개발 또는 매체 사업의 투자를 결정할 때 고려해야 할 또 한가지는 관리의 용이성과 관리시스템의 구축이다. 매체사는 매체를 개발하고 운영함으로서 수익을 창출하는 회사이다. 따라서 개발 뿐만아니라 유지 운영의 책임 역시 크고 중요하다. 옥상광고탑과 같이 규모가 크고 수량이 적으며 문제 발생이 많지 않은 매체의 경우는 관리부담이 적은 편이고 국립공원 입간판과 같이 수량이 많고 넓은 지역에 분포하며 매일 직접 확인하기 쉽지 않은 매체는 관리 상의 어려움이 많이 따른다.

일반적으로 광고주가 매체 운영을 결정함에 있어 관리가 잘 되지 않을 것 같은 매체는 가장 먼저 배제하게 마련이다. 아무리 좋은 매체라도 최상의 상태로 광고가 표출되지 않을 수 있다면 광고집행을 하지 않는 것이 보다 유리하기 때문이다. 그만큼 관리의 중요성은 매우 중요하며 매체사는 매체 개발을 하기에 앞서 광고주의 신뢰를 받을 수 있는 관리방안을 마련해야 한다.

최근에 개발되는 디지털사이니지와 같은 매체는 운영실에서 실시간 온라인으로 전 매체를 관리 할 수 있다. 또한 무선 카메라의 등장으로 실시간 모니터링도 가능해져 이러한 문제는 많이 해소되기도 했으나 아직까지 매체 관리에 대한 매체사의 경각심은 다소 부족한 편이다. TV와 온라인 등 일반 매체의 경우에는 매체 관리의 문제가 거의 발생하지 않는 반면 옥외광고는 외부 공간에서 운영되기 때문에 늘 손상과 오염에 노출되어 있다. 따라서 비용 절감 등의 이유로 주간 단위 또는 월간 단위 관리 보다는 일일 점검을 통해 최상의 광고 상태를 유지하기 위한 관리시스템을 갖춰야 한다.

매체 개발 기획시 최상의 관리가 가능한지 여부를 파악하고 신뢰성 있는 관리방안을 만들 수 있어야 장기적으로 성공할 수 있는 사업 전개가 가능하다. 현재까지 버스쉘터 광고가 오랫동안 인기를 지속할 수 있었던 이유도 매일 전문 인력이 순회하며 살펴보는 관리시스템이 있었기 때문에 가능한 일이었다. 반면 서울 업체가 운영하는 지방의 철도역 광고물이나 택시 내부 광고와 같이 수량이 많고 즉각적인 문제해결이 어려우며 훼손 가능성에 노출되기 쉬운 매체는 그만큼 사업을 운영하기가 쉽지 않다.

광고 솔루션의 개발

매체사가 매체를 개발함에 있어 가장 먼저 생각해야 할 것은 광고주의 광고를 성공시킬 수 있는 광고 솔루션이어야 한다. 하지만 대부분의 매체사가 그러한 점을 간과하는 것 같다. 사람이 많이 모이는 장소에서 노출도만 따져서 매체를 개발한다면 경쟁력 있는 매체가 되기 어려울 것이다. 물론 매체의 노출도도 중요한 솔루션이 될 수 있지만 단순히 노출만 잘 된다고 해서 광고주의 광고가 효과적인 것이 될 수 없기 때문이다.

옥외광고가 발전하고 늘 새로운 매체로서 자리메김 하기 위해서는 이러한 솔루션의 개발이 선행되어야 한다. 기술의 발전으로 매체의 형태와 사양이 변화하고 있으나 실제 만들어지는 매체는 대부분 예전과 같이 수동적으로 소비자에게 보여지는 솔루션만을 가지고 있다. 따라서 이제 매체사도 광고에 대한 이해와 크리에이티브에 대한 고민을 해 나가야 한다. 각각의 광고주가 추구하고자 하는 광고 목표를 이해하고 그것을 달성할 수 있는 내용을 담을 그릇을 만드는 고민을 할 때 새로운 솔루션으로서의 옥외매체가 개발될 것이다.

최근 '미디어 크리에이티브'라는 말이 많이 회자되고 있고 광고주들은 '뭔가 새로운' 매체를 늘 요구하고 있다. 결국 시장은 크리에이티브한 미디어를 원하고 있으며 그것은 광고의 내용과 일치하거나 관련이 있어야 한다. 또한 소비자의 마음을 읽고 소비자 트렌드를 분석하여 효과를 가질 수 있는 솔루션으로서의 매체 개발이 이루어져야 한다. 매체사의 입장에서 수익성을 높이고 비용을 줄이기 위해서는 여러 광고주에게 공통적으로 적용할 수 있는 매체개발이 효과적일 수 있으나 비용이 들더라도 하나의 광고주에게 특화된 매체를 개발하여 성공사례를 창출함으로서 그 솔루션을 다른 광고주도 찾을 수 있도록 하는 것이 보다 발전적인 매체개발의 방향성이 될 수 있다. 매체사가 광고주도 놀랄만한 광고 크리에이티브를 담아 매체를 제안할 수 있다면 보다 영업이 쉽게 되며 보다 더 많은 성공사례들이 창출될 수 있을 것이다. 또한 그러한 매체사의 노력이 모아지고 트렌드화 된다면 옥외광고업계가 보다 더 빨리 더 크게 발전할 수 있을 것이다.

2. 매체사의 실행, 관리

매체사의 주요 업무는 매체를 개발하여 판매하고 관리하는 일이다. 어찌 보면 매우 간단하고 쉬운 일처럼 보이나 매체 개발 프로세스와 영업방식 그리고 관리방법 등이 다양하고 복잡하기 때문에 특화된 업무 실행 역량이 필요하며 각 업무별 전문적인 노하우가 많은 편이다. 따라서 다음으로는 매체사의 일반적인 업무 프로세스와 주요 업무별 고려 사항들을 중심으로 간략히 매체사의 실무인 실행과 관리 업무에 대해 알아보도록 하겠다.

매체사의 업무 실행 프로세스

메체시의 일빈적인 업무 프로세스는 정보수집, 기획, 사업권 확보(인허가 업무 포함), 제작 및 설치, 영업, 관리 및 정산 업무로 구성되어 있다. 모든 회사가 마찬가지겠지만 정보수집을 통한 사업기회 확보가 가장 먼저 선행되며 그것을 통한 업무 수행과정과 조직이 최적화되어 있을수록 경쟁력 있는 회사가 될 수 있다. 따라서 매체사의 조직 구성을 보면 기획팀, 관리팀, 영업팀, 영업지원팀(영업관리팀) 등의 조직이 특화되어 실무를 담당하고 있는데 기획팀은 정보수집과 매체 개발 기획을 담당하고 관리팀은 사업권 확보를 위한 입찰참가 준비, 인허가 업무, 제작 설치 업무를 주로 맡는다. 그리고 영업팀은 광고주별 영업라인을 구축하여 지속적으로 매체 판매 및 광고주 관리 업무를 수행하며 영업지원팀(영업관리팀)은 계약서관리, 계산서 발행 및 수금 업무들을 담당한다.

옥외매체는 개발 형태에 따라 크게 입찰광고물과 개발광고물로 나눌 수 있다. 입찰광고물은 대개 대규모 사업비가 투자되거나 공공기관에서 발주하는 사업으로서 광고 판매가 검증되고 안정적인 사업일 경우가 많고 개발광고물은 개별 건물주, 토지주와의 협상에 의해 만들어지는 소규모 사업이거나 아이디어성 광고 매체로서 시장 개척이 필요한 사업인 경우가 대부분이다.

이러한 옥외매체의 개발 형태에 따라 매체사의 조직 구성이 달라질 수 있다. 여러 다양한 종류의 매체를 운영하고 있는 대형 매체사의 경우에는 이 두가지 모두를 고려해야 하기 때문에 앞에서 얘기한 여러 조직들을 구축하여 전문적으로 운영하고 있으나 단일 매체 또는 몇 개의 매체만을 운영하고 있는 소규모 매체사의 경우에는 사장을 포함한 몇 명의 직원들이 이러한 업무를 공동으로 수행하는 경우가 많다.

업무 프로세스별 주요 업무를 간략히 소개하면 다음과 같다. 매체 개발을 위한 정보수집 업무는 옥외광고 시장 동향, 입찰 동향, 소비자 트렌드, 법규의 변화, 인허가시의 예상 문제점 등 매체 개발을 위해 필요한 모든 정보들을 수집하여 가공하는 업무이다. 매체 기획업무는 입찰에 참가하거나 새로운 매체를 개발하기 위해 사업을 구상하고 실현될 수 있도록 전략을 수립하는 업무이다. 앞에서도 얘기했듯이 매체 개발 기획 업무는 사업의 성패를 좌우할 수 있는 중요한 업무로서 도전적인 실행이 성공할 수 있도록 최대한 객관적인 판단 하에 수행 되어져야 한다. 매체 기획이 이루어진 후 사업권을 확보하기 위한 업무가 진행 된다. 이 업무는 일반적으로 입찰에 참가하거나 설치 위치를 확보한 후 지자체 또는 개인, 단체 등에게 인허가를 받는 업무이다. 이러한 인허가 업무가 끝나게 되면 인허가

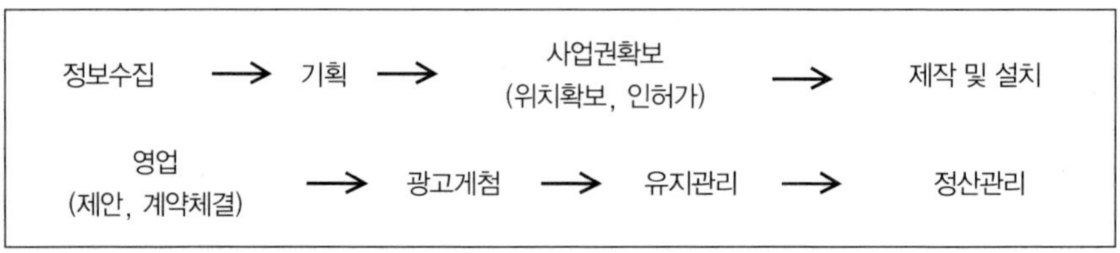

그림 5.1 매체사 업무 실행 프로세스

시 합의되었던 매체를 제작하여 설치하고 제안서를 만들어 광고주 영업을 시작한다. 광고주와의 계약이 성사되면 계약서를 작성하고 광고 내용을 전달받아 광고주 요구시점에 해당 광고를 설치 한다. 이것을 광고 게첨이라고 부른다. 광고 게첨완료보고서를 작성하여 광고주 보고를 하게 되면 그 시점부터 광고료가 기산되며 매체가 안정적으로 유지될 수 있도록 정기적인 현장 관리업무가 시작된다. 마지막으로 매월 지정된 날짜에 광고주에게 광고료를 청구하고 광고주로부터 광고료를 수금 하는 업무를 정산 관리 업무라고 한다.

이상과 같이 각 프로세스별 업무 내용을 간략히 설명하였는데 다음으로는 매체사의 실무 중 전문성이 높고 다양한 실무 노하우가 필요한 업무에 대해 조금 자세하게 알아보도록 하겠다. 정보수집과 매체 개발 기획 업무는 앞서 얘기하였기 때문에 이 부분에서는 생략하기로 한다.

사업권 확보와 인허가 업무

옥외매체 사업권은 크게 입찰광고물 사업권과 개발광고물 사업권으로 나뉜다. 먼저 입찰광고물과 관련한 사업권 확보 프로세스와 세부 내용들을 살펴보면 입찰광고물은 공개적으로 진행되기 때문에 사업권 확보 경쟁이 불가피하다. 입찰의 방식에는 여러 가지가 있는데 대표적으로 최고가 입찰과 제안서 입찰을 들 수 있다. 최고가 입찰 방식은 참여 희망업체 수가 많고 시장 검증이 된 매체에 적용되는 경우가 많고 사업자 선정의 투명성을 확보해야만 하는 공공기관에서 주로 사용한다. 예를 들면 지하철광고, 버스외부광고, 공항광고, 야립광고 등이 해당되며 최고가를 써 낸 업체가 사업권을 가지게 된다. 계약기간은 2~3년 또는 5년 정도가 일반적이다.

제안서 입찰 방식은 대규모 투자가 수반되거나 시장 개척이 필요하여 관리, 운영의 노하우가 많은 업체의 선정이 필요할 경우에 주로 적용된다. 제안서 입찰은 입찰의 형태가 금액으로 결정되는 것이 아닌 사업자의 재무능력, 운영능력, 디자인능력, 영업능력 등을 심사하여 결정하는 방식으로 전문성이 돋보이게 하는 제안서 작성이 중요하다. 최근의 사례로는 버스쉘터광고, 지하철스크린도어 광고, 지하철정보안내시스템 광고 등이 있으며 대규모 투자가 필요함에 따라 사업기간은 10년 이상이 일반적이다.

다음으로는 개발광고물에 대한 사업권 확보 방식이다. 개발광고물로는 도심의 옥상광고탑, 매장내 동영상 LCD, 아파트엘리베이터 LCD 등 개인 또는 기업을 상대로 위치를 확보하는 매체가 주로 해당된다. 이러한 매체의 사업권을 확보하기 위해서는 해당 위치의 소유주 또는 관리주체의 승인을 얻기만 하면 되며 승인 이후 사용 계약(또는 임대계약)을 체결하여 운영기간과 월 납부액 등을 결정한다. 대체로 경쟁이 적거나 매체사와 소유주가 특수 관계인 경우에 개발광고물 사업이 만들어진다. 즉 롯데시네마나 사직야구장의 옥외 매체를 롯데 계열사에서 운영하고 올리브영이나 빕스의 동영상 매체를 CJ파워캐스트에서 운영하는 경우 등이 여기에 해당된다.

입찰을 통하거나 개별적인 협상을 통해 사업권을 확보한 매체사는 한시적인 사업기간 동안 이윤을 추구해야 함에 따라 사업권 확보와 동시에 빠르게 광고 게첨이 가능하도록 관리처와의 계약 체결, 토지주와의 임대계약 체결 및 지자체 인허가 업무를 진행한다. 버스광고, 공항광고 등의 교통광고와 쇼핑몰 내 광고와 같이 매체가 고정되어 있거나 지자체의 별도 인허가가 필요하지 않는 경우는 상관없지만 야립광고나 옥상광고와 같이 별도의 임대계약이 필요한 경우에는 위치확보와 인허가 업무가 매우 중요하다.

야립과 옥상광고물 등을 설치하기 위해서는 우선 위치 확보가 필요하다. 현장 검토를 통해 노출효과가 우수한 위치를 선정하는데 고속도로변 야립 위치를 정할 때에는 애드벌룬을 설치하여 가시성을 검토하기도 한다. 현장 검토가 끝나면 해당 위치의 소유주를 찾아 임대계약을 체결해야 한다. 해당 토지의 소유주가 개인일 경우에는 절차가 간단한 편이나 소유주가 국가기관이나 도로공사와 같이 공공기관일 경우에는 해당 관청의 내부 규정과 관련법을 꼼꼼히 살펴 설치 가능성 여부를 파악한 후 별도의 승인 절차를 거쳐 임대계약을 체결 한다.

이러한 설치위치와 관련한 임대계약이 완료되면 지자체의 인허가를 받는다. 인허가 업무 역시 주로 매체사 관리부서의 인허가 담당이 수행한다. 지자체 공무원을 상대하는 일이므로 관련 서류작성이나 법규 등에 해박한 전문가가 필요하기 때문이다. 따라서 이러한 인허가 담당자는 지자체별 설치 조례나 규정 등의 관련 정보와 인허가 담당자들의 성향까지 사전에 파악하여 대처해야 한다. 그렇지 않을 경우 많은 시간이 소요되거나 때에 따라 설치 불가 판정을 받을 수도 있기 때문이다.

제작 및 설치

사업권 확보 및 인허가 업무가 완료되면 광고물의 제작과 설치 업무가 진행된다.

표 5.2 입찰 체크리스트 20

No	내 용	YES	NO	비 고
1	매체 파악(형태, 설치 위치, 수량 등)	□	□	
2	입찰 주관사 및 주관부서 확인	□	□	
3	입찰형태 파악(입찰, 제안공모, 수의 ...)	□	□	
4	입찰일정(현설/등록/입찰일) 확인	□	□	
5	기존 낙찰사/낙찰가 확인	□	□	
6	사업(계약)기간 확인	□	□	
7	계약조건 확인(입찰보증금, 계약보증금, 지급이행보증금 등)	□	□	증권 발행 여부
8	초기 제작 및 시설투자비 확인	□	□	시설부 협조 사항
9	유지관리비 상의 특기사항 유무	□	□	
10	인허가상의 특기사항 유무(특허 및 실용신안 등 ...)	□	□	대항력 유무 확인
11	구비서류 확인(사업자등록증사본, 법인등기부등본 ...)	□	□	
12	현재 영업상태 확인(판매단가, 영업율 ...)	□	□	
13	유사 매체 낙찰가 및 영업상태 확인(판매단가, 영업율 ...)	□	□	
14	매체에 대한 주변업체 관심도	□	□	
15	현설참여업체	□	□	
16	증권발행업체	□	□	관리부 협조
17	예정가 파악	□	□	
18	등록업체	□	□	
19	입찰참가업체	□	□	
20	낙찰업체 및 낙찰가 확인	□	□	정리 必

이 업무는 매체사의 제작 담당이 수행하며 별도의 제작 담당자가 없는 경우에는 외부 제작사의 도움을 통해 문제 발생 여부와 제작 방법, 제작 사양, 제작비 등을 체크한다. 제작 및 설치 업무는 광고물을 게재하기 위해 매체를 제작하여 해당 장소에 설치하는 '광고 시설물 제작'과 광고 영업이 되어 광고주로부터 원고를 받

아 실제 게첨이 될 광고화면, 광고 콘텐츠를 제작하는 '광고면 제작'으로 구분된다.

제작, 설치가 필요한 광고시설물의 종류에는 옥상광고, 야립광고와 같이 대형 구조물이 수반되는 광고물과 지하철 라이트박스, 커피숍 LCD와 같이 광고물의 케이스만을 제작하는 광고물 그리고 TV전시대, 인터넷 키오스크 등과 같은 중소형 구조물 형태의 광고물 등으로 구분된다. 이 모든 광고물의 제작은 사전에 디자인 제작이라는 단계를 거치고 광고물 승인기관으로부터 디자인 결정을 받아야 한다. 디자인이 결정되면 해당 디자인에 따른 설계도와 시방서를 작성해야 하여 이것 역시 해당 기관에 승인을 받는다. 옥상광고물과 같이 대형 광고물의 경우에는 건축사에 의한 구조계산 및 구조설계가 반영된 설계도서와 시방서가 필요하다. 그리고 사업권 입찰의 종류에 따라 디자인, 설계도, 시방서 등이 사전에 미리 결정되어 제시되는 경우도 있다.

결정된 디자인과 제작방법, 사양, 규격, 설치방법 등이 구체적으로 명시된 설계도와 시방서에 따라 매체사는 제작, 설치를 시행 한다. 이때 보통 전문 제작사에게 업무를 발주하는 경우가 많은데 여러 제작업체로부터 견적을 받아 가장 저렴하고 실력 있는 제작업체를 선정하여 제작 및 설치업무를 진행한다. 전문제작사로는 철골 구조물 제작사, LED 광고물 제작사, 키오스크 및 입체형 광고물 등을 가공, 조립하는 제작사 등이 있다.

이러한 광고시설물 제작, 설치가 완료된 이후에 광고주 영업을 하여 광고화면을 제작하고 광고를 게첨하게 된다. 지하철 차내광고나 버스외부광고와 같이 별도의 광고 광고시설물이 필요 없는 경우에는 사업권 확보와 동시에 영업을 하여 광고주로부터 원고를 받아 광고화면을 제작, 게첨한다. 광고주가 제작비를 부담하는 경우에는 광고 화면을 직접 제작하여 매체사에 전달하는 경우도 있지만 매체사에게 제작 일체를 일임하고 비용을 지급하는 경우도 많이 있다. 광고 계약기간이 장기일 경우에는 매체사가 비용을 부담하여 광고주의 광고화면을 제작하기도 한다. 옥외광고 시장에서는 광고화면의 제작 수요가 많기 때문에 많은 대형 실사 출력 제작사들이 활동하고 있으며 지하철, 버스광고와 같이 다량의 수요가 발생하는 사업을 운영하는 매체사는 자신의 계열사로 제작사를 두기도 한다.

광고주의 광고화면 제작시 매체사의 영업 담당 또는 제작 담당자는 광고주로부터 원고를 받아 제작 이전에 색상 등을 확인할 수 있는 교정지를 제출하여 확인을 받아야 한다. 잡지와 같은 지면에서 느껴지는 색상과 대형 출력물로 인쇄되는 옥외광고물의 색상은 출력 방식이나 설치되는 환경이 달라 느낌의 차이가 크기 때문이다.

제안서 작성과 영업

매체 사업권을 확보한 후 매체사는 광고 영업을 시작한다. 광고 영업은 매체사의 수익과 직결되므로 매체사의 입장에서는 가장 중요한 업무이며 영업에 특화된 전문 영업사원이 수행한다. 규모가 작은 매체사의 경우에는 매체사 대표와 임원이 직접 영업을 하는 경우도 많다. 이러한 영업을 하기 위해서는 가장 먼저 매체 제안서를 작성하여야 한다. 매체 제안서는 광고주에게 자신의 매체를 효과적으로 판매하기 위하여 작성하는 문서로서 설치 위치, 사양, 규격, 운영방법, 광고료, 계약조건 등 매체를 설명할 수 있는 세부 내용들이 담겨져 있어야 하며 특히 자신의 매체가 왜 좋은지에 대한 특장점이 강조되어야 한다.

매체제안서는 광고주와 매체사 영업사원이 만나는 가교 역할을 한다. 매체제안서 제출을 위해 미팅이 만들어지고 매체제안서를 가지고 영업사원과 광고주가 이것 저것 얘기를 나누기도 한다. 따라서 잘 만들어진 매체 제안서는 처음 만나는 광고주에게 깊은 인상을 심어줄 수 있다. 그럼 잘 만들어진 매체제안서는 어떤 것일까? 앞에서도 얘기했지만 왜 좋은 매체인지를 구체적이고 객관적으로 설명할 수 있는 내용이 들어 있어야 한다.

옥상광고와 같은 매체는 주변 유동인구와 교통량 데이터 등을 통해 예측 가능한 광고효과를 제시해야 하고 주변 광고료 대비 얼마나 저렴한지를 증명할 수 있어야 한다. 필요시 장소 임대료와 초기투자비 등을 공개하여 광고주로부터 광고비의 투명성과 신뢰성을 얻는 것도 좋은 방법이다. 공항이나 쇼핑몰 등에 새롭게 설치되는 입체형 광고물의 경우에는 광고주에게 맞는 예시 디자인을 여러가지 제시하는 것도 좋다. 그림을 통해 매체의 개념을 정확하게 이해시키고 광고주가 매체에 대해 즉각적인 호감을 가질 수 있도록 하는 것이 중요하다. 또한 광고주의 소비자에게 해당 매체가 어떤 효과를 줄 수 있는지에 대해 근거를 제시하는 것도 좋은 방법이다. 즉 타 광고주의 성공사례를 분석한 데이터나 신뢰성 있는 소비자 리서치 자료 등을 제시한다면 보다 더 설득력이 있을 것이다.

영업을 함에 있어 매체 제안서는 기본적인 도구로서의 역할만을 한다. 따라서 영업의 성패는 매체제안서 하나만으로 불가능하며 영업사원의 적극적인 노력이 수반되어야 한다. 물론 효과가 우수하고 선호도가 높으며 희소성이 있는 매체의 경우에는 다른 얘기겠지만 교통광고와 같이 일반적인 매체의 경우에는 영업 사원의 노력을 통해 광고주의 구매 반응을 이끌어 내어야 한다. 광고주의 입장에서는 매우 다양한 매체 속에서 몇가지를 선택할 수 밖에 없기 때문에 광고주에게 자신의 매체에 대해 효과를 입증시키고 설득하는 작업이 필요하다. 또한 영업 사원의 제안을 신뢰할 수 있도록 장기적이고 꾸준한 개인적인 접촉 역시 필요하다.

영업 활성화를 위해 매체사는 다양한 영업 전략을 구사한다. 예를 들면 한시적인 가격 인하 판매, 장기계약 광고료 할인, 서비스 물량 및 기간 추가 제공 등의 방법을 사용하거나 영업 라인을 확대하기 위해 다른 매체사와 공조하여 판매하기도 하며 일부 물량을 도급식으로 저가에 타 매체사에 이관하는 경우도 있다. 또한 판매 리베이트 형태의 보수 지급을 통해 영업사원의 판매 동기를 고취시키고 치열한 개인간 경쟁을 일으키기도 한다.

하지만 매체제안서가 아무리 잘 쓰여지고 영업사원이 적극적으로 영업을 하며 매우 좋은 영업 전략을 구사한다고 해도 매체가 잘 팔리지 않을 수 있다. 그 이유는 영업이 효과적인 매체를 광고주가 구매하도록 설득하는 것이지 효과 없는 매체를 무조건 팔아오는 것은 아니기 때문이다. 매체의 효과성이 없다면 영업의 노력은 헛될 것이며 광고주의 신뢰 역시 얻지 못할 것이다. 따라서 매체사는 효과적인 영업 활동을 위하여 매체의 효과성을 높일 수 있는 아이디어를 지속적으로 매체에 담아 내야 할 것이다.

광고물의 관리

광고물의 유지, 관리는 매체사가 광고주에게 광고물 설치 완료 보고 이후 광고 계약기간 동안 최상의 광고상태가 유지되도록 하는 활동을 말한다. 매체사는 광고주의 광고물이 최고의 효과를 보일 수 있도록 광고물에 대한 일차적인 관리의 의무가 있으며 이것이 지켜지지 않을 경우 광고료 삭감과 광고 계약 해지라는 상황으로까지 이어질 수 있다. 그만큼 광고물의 관리 업무는 매체사에게 중요하며 광고주 역시 옥외광고 업무에 있어 이 부분을 늘 강조하고 있다.

매체사의 광고물 유지 관리 업무는 매체의 설치장소와 종류에 따라 다르다. 옥상광고와 같이 문제 발생 확율이 적은 경우와 버스쉘터와 같이 파손과 오손의 우려가 큰 경우 그리고 공항광고, 쇼핑몰광고와 같이 관리사가 늘 지켜보고 있다가 문제가 생기면 즉각적인 연락을 받을 수 있는 경우 등 다양한 상황 속에서 광고물들이 운영되고 있으며 그에 따른 각각의 관리방법들이 가동되고 있다. 그리고 관리의 방법으로는 매체사의 관리직원이 매일 순회하면서 점검하는 방식, 현장에 상주하는 외부 인원을 고용하여 모니터링 하는 방식, 매체사가 외부의 관리사와 별도의 관리계약을 체결하여 해당 관리사가 정기적으로 순회 점검하는 방식 등이 있다.

매체사는 이러한 점검들을 통해 최고의 노출 효과를 보일 수 있도록 매체 관리를 진행하고 계약서에 준해 매월 광고주들에게 한 달 간의 관리 이력이 포함된 관리보고서를 제출하며 광고주는 그것을 근거로 월광고비를 지급한다.

하지만 옥외광고는 다른 매체와 달리 관리부분에 보다 더 많은 노력이 필요하다. 언제 어떤 문제가 발생할지 모르는 변수가 많기 때문이다. 따라서 매체사는 광고주의 광고물이 안정적, 효과적으로 노출될 수 있도록 강화된 관리시스템을 구축하여야 하며 이를 통해 광고주에게 매체 운영에 대한 안심과 신뢰감을 주어야 한다. 조명이 설치되거나 기계적인 작동이 필요한 옥외광고물은 문제를 대비한 사전 점검과 모니터링을 보다 더 철저히 해야 한다. 예전과 같이 관리비용 발생 등의 이유로 최소한의 관리 방법을 가동하거나 문제가 발생한 이후에 대처하는 식으로 관리하는 경우가 지속된다면 광고주는 옥외광고 집행을 지양하는 명분을 갖게 되며 향후 옥외광고 발전에도 큰 걸림돌이 될 것이다.

그럼 강화된 관리시스템은 어떻게 만들어야 할까? 지금까지 옥외광고 업계 전반에 흐르는 관행은 월 1회 관리보고가 관리 의무의 전부로 여겨졌다. 그러한 관행은 곧 1개월에 한번만 확인하면 되는 것으로 생각하게 만들었고 그러한 분위기 속에서 많은 관리 사고들이 발생했다. 따라서 이제는 관행적 관리에서 실질적 관리로 시스템 자체가 변화되어야 한다. 기술의 발달로 실시간 카메라 설치와 스마트폰을 이용한 실시간 모니터링이 가능해졌다. 사전 점검을 통해 문제 발생을 최소화 시키고 매일 매일 원격지 관리를 통한 모니터링을 한다면 광고주들로부터 관리에 대한 컴플레인을 받는 일이 크게 줄어들 것이다. 또한 그러한 행위 자체가 광고주에게 큰 신뢰를 심어줄 수도 있을 것이다.

CHAPTER INTRODUCTION TO **NEW OUT OF HOME ADVERTISING**

06 옥외광고 효과측정의 정의와 측정방법

국내 옥외광고 시장은 양적인 면에서 많은 성장을 이루었지만, 아직까지도 옥외광고는 광고주들에게 광고효율에 대한 불확실성과 매체 집행에 있어서 탄력성이 결여된 매체로 인식되어 이에 대한 투자 및 연구가 미비한 실정이다(서범석, 2001). 아울러 아직도 커뮤니케이션은 전통적인 4대 매체에 의해 주도되어야 하며, 옥외광고를 비롯한 다른 광고형태는 보조적인 수단에 지나지 않는다는 사고가 완전히 변화되지 못한 시점에서, 옥외광고효과가 등한시 되어 왔다. 또한, 옥외광고 집행에서 아는 사람 봐주기 식의 관행이 적지 않게 존재하는 등 옥외광고에 대한 이해와 전문성 부족 그리고 거래의 불투명성이 문제가 되었다. 그리고 옥외광고물들이 일정한 형식과 기준으로 체계적인 발전을 이루지 못하였고, 각종 행사의 기금 마련을 위해 임시로 허가되는 등 매우 다양한 종류와 형태를 갖는다는 점 때문에 옥외광고물들에 대한 효과를 측정하고, 분석하는 일이 어려워졌었다(박현수, 2006).

이러한 상황뿐만 아니라 옥외광고는 타 매체광고와 함께 집행되는 경우가 많기 때문에 옥외광고만의 효과를 분리하여 측정하기 어려우며, 옥외광고 효과에 영향을 미치는 광고물의 종류, 크기, 도로유형, 가시거리 등의 요인이 너무 많기 때문에 옥외광고 효과를 측정하기가 쉽지 않았다. 그리고 주변 상황에 따라 각 광고물의 노출 상황이 다르기 때문에 광고효과의 일반화가 어려우며 타 옥외광고물과의 비교가 쉽지 않은 점도 있다. 또한 옥외광고는 대부분 길을 걷거나 차를 타고 가는 상황에서 접촉을 하기 때문에 응답자를 대상으로 조사하기가 쉽지 않다는 어려운 점이 있기 때문에 옥외광고효과 측정이 많이 다루어지지 않았다

(최민욱, 2006).

따라서 옥외광고효과를 한마디로 정의하기가 어렵다. 주변환경요소와 더불어 매체자체의 효과를 결합되어 하나의 옥외광고효과를 증명해야 하기 때문에 옥외광고효과측정의 정의는 본원적 요소와 매체적요소를 분리하여 내릴 수 밖에 없을 것이다. 이 장에서는 옥외광고효과를 알기 위해 필요한 기본적 요인들을 살펴보려 한다.

1. 옥외광고 효과모델을 위한 주요 변인들

옥외광고효과모델은 유동인구의 파악과 VAI (Visibility Adjustment Index)지수를 필요로 한다. 유동인구의 파악은 기존의 데이터를 2차 자료로 활용할 수 있다. 예를 들어, 서울시 경찰청에 나오는 교통조사를 통해 간접적으로 데이터를 얻을 수 있다. 한편, VAI지수는 광고물 형태, 노출면 수, 광고물 사이즈, 광고물 위치, 가시각, 가시거리 등을 포함한다. 최근에는 유동인구를 실시간으로 파악하고자 하는 시도가 있다. 예를 들어, 어플리케이션을 활용하여 소비자의 이동경로나 몇 사람이 광고물에 노출되었는지를 실시간으로 파악할 수 있다.

유동인구의 정의

서울시 유동인구 조사백서(2010)의 내용을 인용하여 유동인구란 특정지점(site)를 기준으로 일정시간(t) 동안에 유입, 유출한 총 인구수로 건물유출입 인구와 가로 보행자 수의 합으로 볼 수 있다. 유동 인구는 아래 [표 1]과 같이 정의한다.

$$\text{유동인구} = \sum_{0}^{t} [(\text{유입인구}) + (\text{유출인구}) + (\text{이동인구})]$$

$$= \sum_{0}^{t} [(\text{건물 유출입 인구}) + (\text{가로 보행 인구})]$$

VAI 지수

광고물형태는 광고물이 가로형태인지 세로 형태인지를 가리킨다. 노출면 수는 어느정도의 면이 노출되는지를 말한다. 광고물의 사이즈는 아무래도 큰 광고물일수록 가중치가 올라갈 것이다. 그밖에 가시거리는 멀리서도 볼 수 있으면 가중치가 올라갈 것이며 가시각도도 사거리에서 가시각도가 크면 더 잘 보게 될 것이다. 그 밖에도 옥외광고물 VAI에 영향을 줄 수 있는 변인들은 많다. 다만 가장 필요한 변인을 선택해서 최적화된 모델을 만들 수 밖에 없다.

2. 옥외광고 효과모델 사례(옥상광고와 야립광고 중심)

이 장에서는 많은 종류의 옥외광고 중 옥상광고와 야립광고를 중심으로 옥외광고효과의 요인과 효과모델을 보려한다.

옥외광고효과의 정의는 옥외광고매체가 있는 지역의 인구학적 요인과 가시적 요인(가시각도,가시거리, 노출시간), 차량정체 등이 합해진 개념이다.

옥외광고 효과 측정을 위한 주요 요인

옥외광고 매체효과 정량화와 옥외광고효과에 대한 일반화된 기준으로서의 옥외광고 효과 모델이 필요하다. 옥외광고의 비과학성, 비효율성, 비투명성을 제거하고 객관적이고 구체적인 옥외광고의 효과측정을 위해 모델이 도출될 필요가 있다. 특정 옥외광고물에 대한 노출효과를 측정하기 위해서는 유동 인구 및 차량 통행의 정도와 상황에 대한 정보뿐만 아니라, 특정 옥외광고물별 가중치의 조정이 정확한 노출효과를 추정하기 위해 필요하다. 이러한 노출의 가중치 조정에는 많은 요인들이 고려되어야 하는데 ①가시거리, ②야간 조명도, ③도로 형태, ④도로 폭, ⑤차선 수, ⑥주변 건물 및 수목 조성상태, ⑦노출시간, ⑧노출 방향, ⑨광고물의 크기, ⑩설치 높이, ⑪주변 광고물 밀집도 등이 고려될 수 있다. 그 중에서도 다음의 요인이 옥외광고효과측정을 위해 필요한 것으로 나타났다.

가장 기본적으로 제공되어야 할 옥외광고 효과측정의 기초자료는 차량유동인구, 도보유동인구, 가시각도, 가시거리, 노출시간, 차량정체도(평균주행속도) 등의 6가지 핵심개념이 있다. 첫 번째가 차량유동인구와 도보유동인구를 조사하기 위한 DEC (Daily Effective Circulation)이다.

DEC

차량유동인구의 경우 야립광고와 옥상광고의 경우 고려가 필요하지만, 차량 유동인구의 정확한 측정을 위해서 기존의 서울시, 고속도로 공사, 경찰청등의 교통조사자료가 아닌, 광고목적 중심의 측정이 필요하다. 즉, 실제 광고지점에서의 차량유동인구의 측정이 필요하다. 도보유동인구의 경우 도심의 옥상광고에서는 측

표 6.1 옥외광고 효과측정을 위한 주요 요인

	DEC		가시성			차량정체도 (평균주행속도)
	차량 유동인구	도보 유동인구	가시각도	가시거리	노출시간	
야립광고	○	×	○	×	○	○
옥상광고	○	○	○	○	×	○

정을 필요로 하지만 야립광고의 경우에는 주로 자동차 전용도로에서 집행되므로 도보와 관련된 측정은 필요하지 않다. 도보유동인구의 정확한 측정을 위해서 기본적인 보행인구의 측정과 더불어 지하철 출구 및 버스정류장에서 계속적으로 유입되는 추가적인 유입인구에 대해서도 측정이 필요하다. 차량유동인구와 마찬가지로 유동인구의 측정 또한 기존에 사용하던 유동인구 자료의 활용이 아닌 정확한 광고 지점에서 측정이 이루어져야 한다. 이를 위해 일본의 DEC 측정 기준을 적용하여 볼 수 있을 것으로 생각된다. DEC는 광고물에 노출될 가능성이 있는 통행량을 말한다. 구체적으로 평일과 휴일로 나누어 시간대별, 차종별로 측정한 후 계산법에 의해 1주일간의 평균 DEC를 계산하고 있다. 이 때, 교통수단의 특성을 고려하여 옥외광고에 노출될 수 있는 사람의 수를 승용차류의 경우 1.3명을, 버스의 경우 15명의 가중치를 주어 적용할 수 있다.[1]

DEC 데이터베이스의 구성

먼저 옥외광고 매체에서 집행되는 메시지가 어느 정도 수용자에게 전달되는가에 대한 정보가 지속적으로 조사되고 데이터베이스로 구성되어야 한다. 이는 결국 외국의 사례에서 소개한 DEC 데이터를 만드는 과정이며, 이러한 데이터는 모든 옥외광고 효과 측정의 가장 기본적인 토대로 활용될 수 있다 (박현수, 2006).

먼저, 일본에서 만들어낸 DEC 작성법은 다음과 같다. 이러한 조사와 관련해서는 1) 어떤 광고물을 대상으로 작성하는가? 2) 어떻게 작성하는가? 3) 작성한 것을 어떻게 하면 되는가? 로 나누어 명확하게 제시되어야 한다. 예를 들어, 도로교통 센서스 및 카운트 조사에 의한 DEC 작성에서 준비할 일과 계산 절차 등이 정확하게 정의되어야 하며, 조사 실시 방법과 관련해서는 ① 측정 시간 ② 조사

[1] 이는 나라마다 기준이 다를 수 있다.

대상 (3) 조사 장소 등이 분명하게 제시되어야 한다.

표 6.2 일본 교통량 조사 과정

"도로 교통 센서스" 데이터만으로 실제 교통량을 정확하게 파악하기 어려운 경우에는 다음과 같은 순서로 "카운트 조사"를 함께 실시해 주십시오. "카운트 조사"란 카운터라고 부르는 것(야생 새의 무리에서 새의 수를 셀 때 사용하는 것)을 사용해서 실제 통행량을 측정하는 것이며, 이를 통해 DEC를 계산하는 방법입니다.

준비할 일

① 카운터: 백화점에서도 팔고 있는 것 같습니다만 찾을 수 없는 경우에는 아래 메이커에 문의해 주십시오(주소: 생략).
② 조사원: 자신도 할 수 있습니다만 바쁘면 아르바이트를 찾든가 조사회사에 데이터 작성까지 의뢰하십시오.
③ 기입 포맷: ("도로 교통 센서스" 데이터의 경우와 같은 수순입니다.)

조사 실시 방법

① 측정 시간:
측정 시간은 오전 7시~오후 7시 (평일: 화-목요일)의 하루, (휴일: 일요일) 하루로서 합계 2일간. 다만 12시간 내내 조사하는 것이 아니고 다음 4개(시간대 구분)에서 각각 임의로 15 분을 조사합니다. 예를 들면(오전 시간대) 교통량을 측정하는 경우 諺시에서 13시까지" 3시간 가운데 어느 15분간(예를 들면 10:00시부터 10:15시까지의 15분간)을 측정하는 따위입니다.
아침 시간대: 7시~10시
오전 시간대: 10시~13시
오후 시간대: 13시~16시
저녁 시간대: 16시~19시
주: 평일[화요일-목요일], 휴일 [일요일]
"도로 교통 센서스"의 조사 실시 요강에 준함.
② 조사 대상(교통량으로 카운트하는 것)
"보행자", "자전거", "자동차류" (각 이동 수단별). 센서스 조사에서는 "보행자

표 6.2 (계속)

류", "자전거류", "동력 부착 2륜차류", "자동차류"라고 부릅니 다만 "센서스에 작성된 자료", "카운터로 작성한 자료"를 서로 구분하기 위해 "류"라는 말을 제외합니다.

"자동차류", "자동2륜"은 상행, 하행 가운데서 해당 광고가 보이는 방향의 것만을 조사합니다.

"보행자", "자전거"는 진행 방향을 가미하지 않습니다. 업혔거나 유모차에 탄 유아는 제외합니다(스스로 걷고 있는 사람만을 계산합니다.).

③ 조사 장소: 어느 도로, 어느 지점에서 조사하는가에 대한 판단을 망설일 경우가 있을 것입니다. 기준으로서는 그 옥외광고물이 잘 보이고(정면으로 보이는 등 양호한 시계), 또한 그 광고물이 주요 대상으로 하고 있는 보행자 또는 자동차의 교통량이 많은 장소를 적어도 1개소, 조사원의 판단으로 결정하십시오. 경우에 따라서는 장소를 복수로 결정하십시오.

④ DEC 계산 방법: 별첨 "카운트 조사에 의한 계산표" (지정된 페이지)를 활용하십시오. 위의 계측 대상별로 특정한 결과를 아래와 같이 평일(월요일－금요일 5일간), 휴일(토요일과 일요일 2일간) 별로 계산해서 평일, 휴일별로 각각 DEC를 산출.

* 아침 시간대 계측 결과 ×4 ×3 + 오전 시간대 계측 결과 ×4 ×3 +
오후 시간대 계측 결과 ×4 ×3 + 저녁 시간대 계측 결과 ×4 ×3 = DEC

* 아침 시간대 계측 결과 ×4 ×3이란 오전 7시부터 3시간 가운데 임의로 고른 15분간을 측정하므로(15분의 측정치) ×4배(1시간)의 3시간이라는 뜻입니다.

* 다음으로 위에서 계산한 평일, 휴일별 DEC를 사용해서 1주간의 평균 DEC를 산출합니다. (평일 DEC ×5 + 휴일 DEC × 2) ÷7 = 1주간 평균 DEC

자료원: 淸水 公日 교수(2003) 한국옥외광고학회 특별 세미나 발표문

가시성

가시성의 경우 광고물의 크기, 위치, 범위 및 수용자의 인지영역의 요소와 관련하여 측정이 필요하다. 이 중 광고물의 크기와 위치, 범위의 요소는 가시각도와 가

시거리를 측정함으로써 이에 포함될 수 있는 개념이다. 따라서 가시성의 측정을 위해서는 가시각도 및 가시거리, 노출시간을 고려하여 옥외광고에 노출될 수 있는 영역을 산출해 내야 한다. 이러한 가시성에 대하여 기본적으로 측정된 DEC에 가중치를 부여함으로써 수용자들이 실제로 광고물에 노출될 가능성을 고려할 수 있게된다. 먼저 가시각도란 광고물이 식별 가능한 영역을 말하는 것으로 광고물의 위치에 따라 노출될 수 있는 영역(각도)이 넓거나 좁을 수 있기 때문에 이를 반영하여 노출될 가능성에 대한 가중치를 주기 위한 것이다. 가시거리의 경우는 광고물이 최초로 보이기 시작한 지점으로부터의 거리를 말하는 것으로 가시각도가 횡적인 개념이라면, 가시거리는 종적인 개념이라고 할 수 있다. 노출시간은 광고물에 노출될 가능성이 있는 시간을 말하는 것으로, 주변환경에 방해받지 않고 지속적으로 노출될 수 있는 시간을 의미한다.

가시각도의 경우 실제 광고물에 노출될 수 있는 시야의 차이가 존재하므로 야립광고와 옥상광고 모두 측정을 필요로 한다. 가시거리는 옥상광고의 경우 광고물의 크기와 위치, 주변환경의 복잡도를 고려한 통일된 개념으로 생각되어 중요한 요소가 된다. 광고물을 정확히 인지할 수 있는 거리별로 수용자가 노출될 가능성 또한 달라질 수 있으므로 이에 가중치를 부여하는 방식으로 모델에 포함될 수 있다. 야립광고의 경우 광고물 대부분이 거의 직선도로에 위치하고 있고, 크기나 높이가 일정하기 때문에 가시거리 자체의 차이는 거의 존재하지 않기 때문에 야립광고에서 가시거리는 제외되었다. 야립광고는 주변환경에 방해받지 않고 광고물에 지속적으로 노출될 수 있다는 장점을 가지고 있다. 가시거리가 거의 비슷하다고 하더라도 도로마다의 허용속도에 따라 같은 거리라도 옥외광고에 노출될 수 있는 시간이 달라지기 때문에 이를 계산식을 통해 환산하여 가중치를 부여할 수 있다.

차량정체도(평균주행속도)

야립광고와 옥상광고를 포함한 옥외광고의 경우 빠르게 주행하고 있는 차량은 광고물을 거의 인지하지 못하고 지나칠 수 있다. 따라서 차량정체도 즉, 차량의 평균주행속도가 낮아질수록 실제로 광고물을 인지할 가능성은 높아진다. 예를 들어, 차량정체도는 광고지점의 허용속도와 평균속도의 비를 통하여 쉽게 도출해낼 수 있고, 이를 가중치로 부여함. 예를 들어 허용속도가 70 km/h인 지점에서의 평균속도가 35 km/h 라면 70/35 = 2 즉, 200%의 가중치를 부여할 수 있다.

3. 옥외광고 효과측정 모델

야립광고 효과측정 모델

Y(옥외광고총노출량) = [DEC(차량유동인구)] × 가시각도 × 노출시간
× 차량정체도(평균주행속도)

DEC = 차량유동인구 (버스 주 평균 DEC × 15명) +
(자동차 주 평균 DEC × 1.3명)

이 본 모델은 야립광고물의 효과분석을 위해 야립광고의 효과에 영향을 미치는 본원적 요인으로 DEC를 규정하였다. 야립광고의 DEC는 야립광고물의 설치지역을 중심으로 해당지역을 통과하는 교통량만을 측정하는 것이다. DEC는 야립광고물에 노출될 가능성이 있는 1일 통행량을 기준으로 측정시간을 아침, 오전, 오후, 저녁, 시간대별로 측정하며, 교통수단의 특성을 고려하여 버스에는 15의 가중치를 자동차의 경우 1.3의 가중치를 적용할 수 있다. 야립광고의 실제적 노출을 고려한 항목으로 가시각도와 노출시간, 차량정체도(평균주행속도)가 포함될 수 있다.

또한 DEC 측정 지수를 통해 야립광고의 매체효율성을 측정할 수 있는 지표로서 다음과 같이 CPM을 도출할 수 있음.

CPM = 광고비 / (옥외광고총노출량(Y) × 광고기간) ×1000
* DEC를 일주일 평균으로 측정하고 있으므로
광고기간은 일주일을 한 단위로 함.

옥상광고 효과측정 모델

Y(옥외광고총노출량) = [DEC (차량유동인구 + 도보유동인구)]
× 가시각도 × 가시거리 × 차량정체도(평균주행속도)

DEC = 차량유동인구
[(버스 주 평균 DEC × 15명) + (자동차 주평균 DEC × 1.3명)]
+ 도보유동인구

이 모델은 옥상광고물의 효과분석을 위해 옥상광고의 효과에 영향을 미치는 본원적 요인으로 DEC를 규정하였다. 마찬가지로 옥상광고의 DEC는 옥상광고물의 설치지역을 중심으로 해당지역을 통과하는 교통량(차량유동인구)과 도보유동인구를 측정하고 있다. DEC는 옥상광고물에 노출될 가능성이 있는 1일 차량 통행량을 기준으로 측정시간을 아침, 오전, 오후, 저녁, 시간대별로 측정하며, 교통수단의 특성을 고려하여 버스에는 15의 가중치를 자동차의 경우 1.3의 가중치를 적용한다. 도보유동인구의 경우, 옥상광고에 노출될 가능성이 있는 지하철 출구과 버스승하차장을 고려하여 측정지점이 각각의 유입인구를 포함시킬 수 있도록 유의하여, 하차이후 보행자 이동선이 옥외광고를 향하고 있는 곳을 중심으로 측정지점을 선정하여 측정한다. 옥상광고의 실제적 노출을 고려한 항목으로 가시각도, 가시거리, 차량정체도(평균주행속도) 등이 포함된다. 또한 CPM을 도출하는 방법은 야립광고와 같다.

CPM = 광고비 / (옥외광고총노출량(Y) × 광고기간) × 1000
* DEC를 일주일 평균으로 측정하고 있으므로
광고기간은 일주일을 한 단위로 함.

4. 강남역 사거리 옥상광고 효과측정의 예시

옥상광고 효과측정을 위한 구체적 방법을 제시하기 위하여 옥상광고 집행의 대표적인 지점인 강남역 사거리의 사례를 통해 살펴보고자 한다. 강남역 사거리의 경우 1일 유동인구 90만 명 이상의 최고의 상업적 요충지이고, 1일 교통량은 186,970대에 이르고 있음. 또한 주변 위성도시 간 버스노선이 연결되는 지점으로 수도권 대학교로의 통학버스 기 · 종착지이기도 한다. 24시간 상습정체지역이므로 옥상광고 집행에서 최적의 입지라고 볼 수 있는 곳이다.

그림 6.1 강남역 사거리 옥상광고의 예시

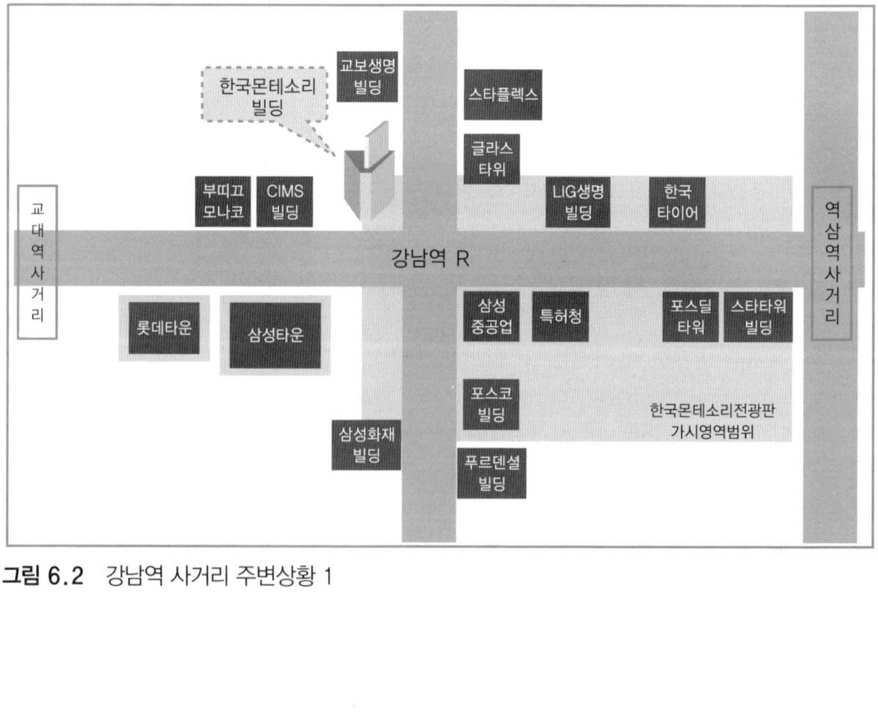

그림 6.2 강남역 사거리 주변상황 1

그림 6.3 강남역 사거리 주변상황 2

DEC의 차량유동인구 측정

앞에서 설명한 바와 같이 DEC 차량유동인구 측정의 기본 방향은 기존의 교통량 중심의 측정이 아닌 옥외광고 설치 지점과 교통량의 흐름을 일치시킨 지점에서의 측정이 이루어져야 한다. 왜냐하면 옥외광고물 설치지역과 교통량의 측정이 일치되어야만 옥외광고효과측정에 필요한 정확한 교통유동량을 도출할 수 있기 때문이다. 예를 들어 다음 〈그림 6.4〉와 같이 광고물 A의 차량유동인구를 측정하기 위해서는 노출예상지역을 통과하는 차량의 수를 카운트해야 한다.

다음 〈그림 6.5〉는 A(옥상광고물)의 노출가능 구역과 차량유동인구 측정의 위치를 나타낸다.

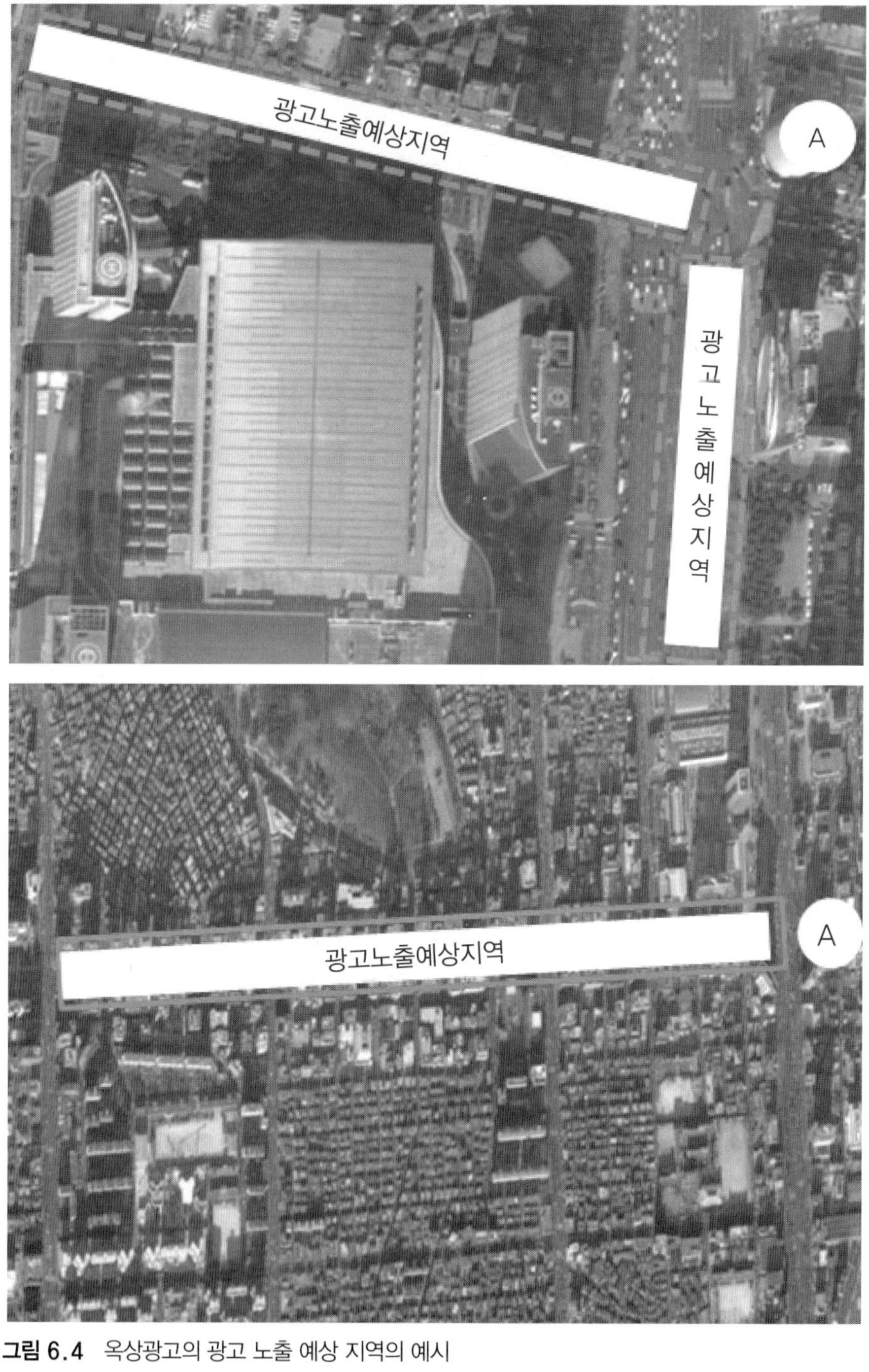

그림 6.4 옥상광고의 광고 노출 예상 지역의 예시

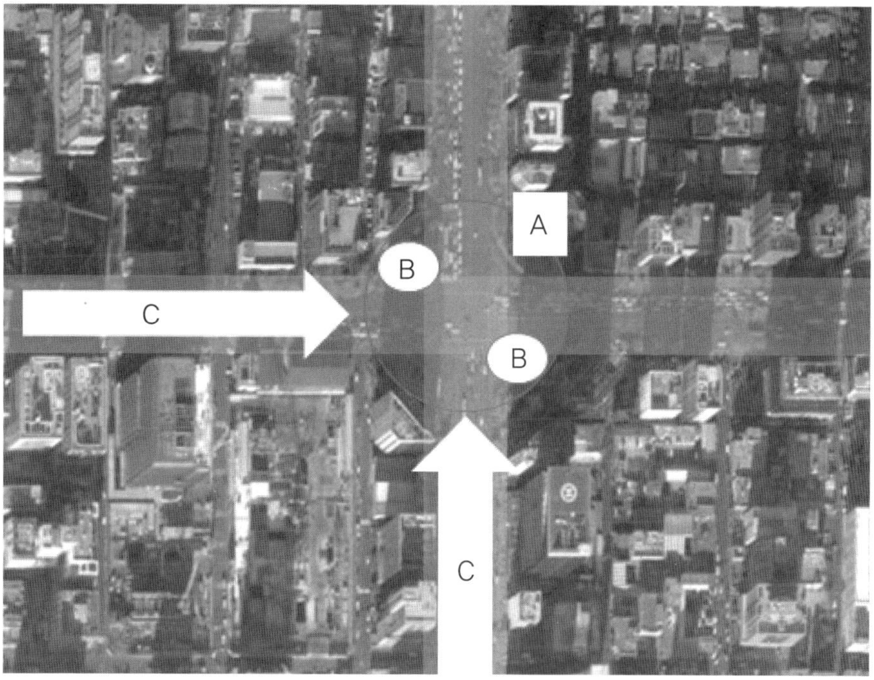

A: 옥상광고물 B: 측정지점 C: 광고노출구간

그림 6.5 옥상광고물의 효과측정 지점 1

표 6.3 일본 DEC 조사 측정표

시간대	15분간의 카운트 실시	교통량		합계
		승용차류	버스	
아침시간대 7-10시	시 분 ~ 시 분			
오전시간대 10-13시	시 분 ~ 시 분			
오후시간대 13-16시	시 분 ~ 시 분			
저녁시간대 16-19시	시 분 ~ 시 분			
합계(대)				
환산(명)		1.3배	15배	

A광고물의 노출에 대한 교통량 측정은 C구간에서 각각 광고물 방향으로 진행하는 두 방향의 지점 즉, B의 두 측정지점에서 측정이 이루어져야 한다. 구체적인 측정 방법은 앞에서 본 일본의 DEC 측정 방법 중 일부를 활용할 수 있을 것이다. 따라서 여기에서는 일본의 DEC 차량유동인구에 대한 측정 방법을 기준으로 측정하였다.

일본 DEC 측정의 예

- 광고물의 소재지와 '도로 교통 센서스'의 관측지점이 달라 사용이 어려울 경우 카운트 조사를 실시함.
- 관측 지점에서 매 시간의 교통량을 자동차류(8개 종류), 동력형 2륜차류, 자전거류, 보행사류로 구분해서 측정함.
- 오전 7시~오후 7시(평일 : 화~목요일)의 하루와 휴일(일요일) 하루로서 합 2일간으로 조사함. 다만 12시간 내내 조사하는 것이 아니고, 시간대를 구분(아침 시간대 : 7시~10시, 오전 시간대 : 10시~13시, 오후 시간대 : 13시~16시, 저녁 시간대 : 16시~19시)하여 각각 임의로 15분을 조사함.
- 자동차 대수는 보행자와 같이 1인으로 계산하는데, 이는 미국의 경우 자동차 평균 승차 인원이 1.38인으로 정해져 있어서 이를 반영하여 계산하게 되지만 일본에서는 이러한 통계 데이터가 없어서 가장 엄격한 1인으로 환산하도록 하고 있음.

우리나라의 경우 도로를 운행하고 있는 교통수단 대부분이 승용차와 버스이기 때문에 일본의 경우처럼 동력형 2륜차류나 자전거류까지 포함시킬 필요는 없다. 따라서 승용차류와 버스만을 구분하여 측정하여야 한다. 측정 시간은 평일과 휴일 총 2일간 4개의 시간대 별로 각각 15분씩 측정한다(〈표 6.3〉 참조).

측정된 교통량을 중심으로 자동차의 경우는 1.3배, 버스의 경우는 15배를 하여 인구수로 환산한다. DEC 계산방법은 위의 계측 대상별로 측정한 결과를 평일, 휴일 별로 계산해서 각각의 DEC를 산출한다.

(아침 시간대 계측 결과 × 4 × 3) + (오전 시간대 계측 결과 × 4 × 3) + (오후 시간대 계측 결과 × 4 × 3) + (저녁 시간대 계측 결과 × 4 × 3) = DEC

* 아침 시간대 계측 결과 × 4 × 3이란 오전 7시부터 3시간 가운데 임의로 고른 15분간을 측정하므로 (15분의 측정치) × 4배(1시간) × 3시간이라는 의미임.

(평일 DEC × 5) + (휴일 DEC × 2) ÷ 7 = 1주간 평균 DEC

차량유동인구의 측정과 동시에 효과측정 모델에서 제시되고 있는 차량정체도의 가중치를 반영하기 위하여 이 지점의 평균속도를 측정해야 한다. 이는 앞서 설명했듯이 허용속도와의 비율을 통해 가중치를 부여할 수 있다. 예를 들어 허용속도가 70 km/h인 지점에서의 평균속도가 35 km/h라면 70/35 = 2 즉, 200%의 가중치를 부여할 수 있다.

DEC의 도보유동인구 측정

도보유동인구 측정 역시 차량유동인구 측정과 비슷한 방식을 사용할 수 있다. 즉, 일본의 DEC 측정 방법을 활용할 수 있다. 도보유동인구는 해당 광고물을 향하고 있는 사람의 수를 카운트 한다. 여기에서 주의해야 할 것은 다음과 같다. 첫째, 차량의 진행 방향과 같은 방향을 고려해야 한다. 둘째, 도보유동인구의 경우 차량의 진행 방향과 반대쪽으로도 진행 가능하다는 점에서 옥상광고에 노출될 가능성이 있는 방향도 고려해야 한다. 셋째, 지하철 출구와 버스 승하차장의 위치를 고려해야 하여 측정지점을 설정해야 한다. 예를 들어 강남역 사거리의 사례처럼 각 방향으로 지하철 출구와 버스 승하차장이 설치되어 있는 경우 각각의 출구에서 유입되는 인구도 해당 광고물에 노출될 가능성을 가지게 된다. 또한 주요 상업지역의 경우에 지하철 유입인구의 수가 상당한 양을 차지하므로 따라서 측정지점이 유입인구를 포함할 수 있도록 해야 한다. 다음 〈그림 6.6〉은 A(옥상광고물)의 노출가능 구역과 도보유동인구 측정의 위치를 나타낸다.

A광고물의 노출에 대한 도보유동인구 측정은 광고물 A가 노출될 수 있는 모든 방향에서 광고물을 향하고 있는 사람의 수를 모두 측정할 수 있도록 해야 한다. DEC 계산 방법은 차량유동인구의 계산법과 같은 방식으로 하여 후에 차량유동인구와 도보유동인구를 합하여, 1주간 평균 DEC를 계산할 수 있다.

가시성 측정

차량유동인구와 도보유동인구를 바탕으로 한 DEC 측정의 측면 외에도 옥외광고 효과측정에 있어서 고려해야할 요인으로 가시성(가시각도, 가시거리)이 있다. 일

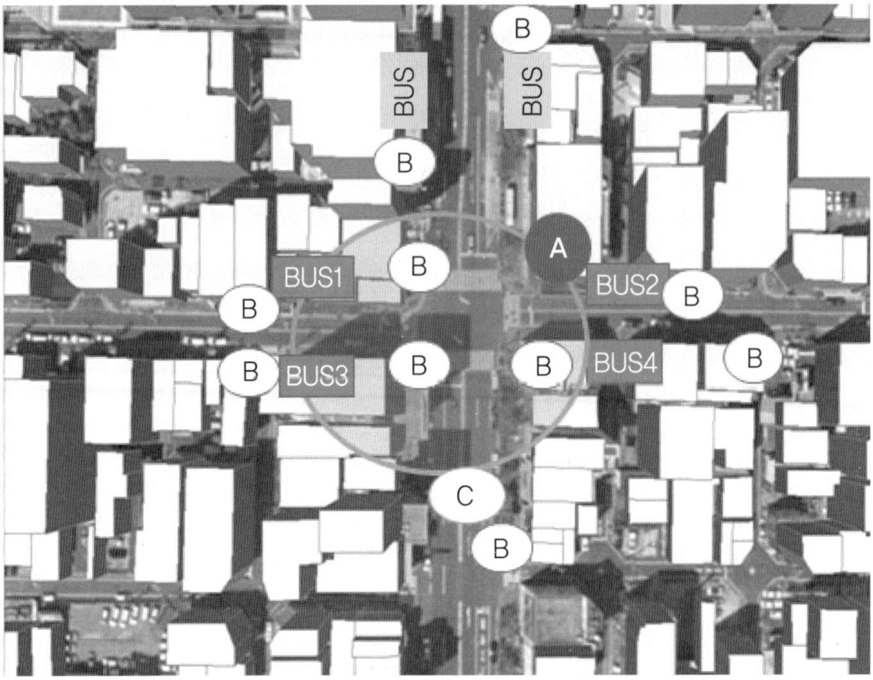

A: 옥상광고물 B: 도보유동인구 측정 구간 C: 예상노출범위

그림 6.6 옥상광고물의 효과측정 지점 2

반적인 옥외광고에 DEC측정에 있어서 유동인구와 광고물간의 시각에 대한 고려를 통해 측정구간을 구분하여 가중치를 부여해야 한다. 가시성의 측정 시 고려사항은 다음 〈표 6.4〉와 같다.

사람의 시각현상은 위치, 형태, 빛의 변화에 영향을 받아 시공간을 구성하며, 특히 사인과 눈의 관계, 사인 높이와 각도가 매우 중요한 고려사항이다. 이를 위해 시선중심의 수직적 높이를 기준으로 노출의 가능성을 고려해야하고, 또한 시지각에 있어 시선중심에서 2도에서 10도 사이의 시야에서 선명한 상을 얻을 수

표 6.4 옥외광고의 가시성 측정 시 고려사항

옥외광고물의 가시성 측정 시 고려사항
• 최소가시거리 및 최장가시거리
• 옥외광고물의 유효 가시각도

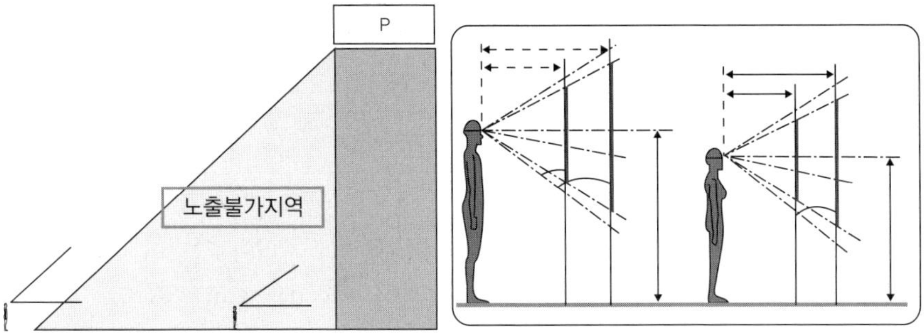

그림 6.7 직립자세의 수직 시지각 공간과 옥외광고 노출가능구간

있으며 이것은 광중심와(Parafoveal)영역이라 하여 아주 선명하지 않지만 사물을 어느 정도 구별 할 수 있는 선명도가 유지될 수 있는 곳이다. 약 10도에서 60도까지는 근 주변시(Near Peripheral)라 하여 사물구별이 어렵지만 움직임의 파악은 가능하다. 일반적인 옥외광고에 DEC 측정에 있어서 앞서 시각에 대한 고려를

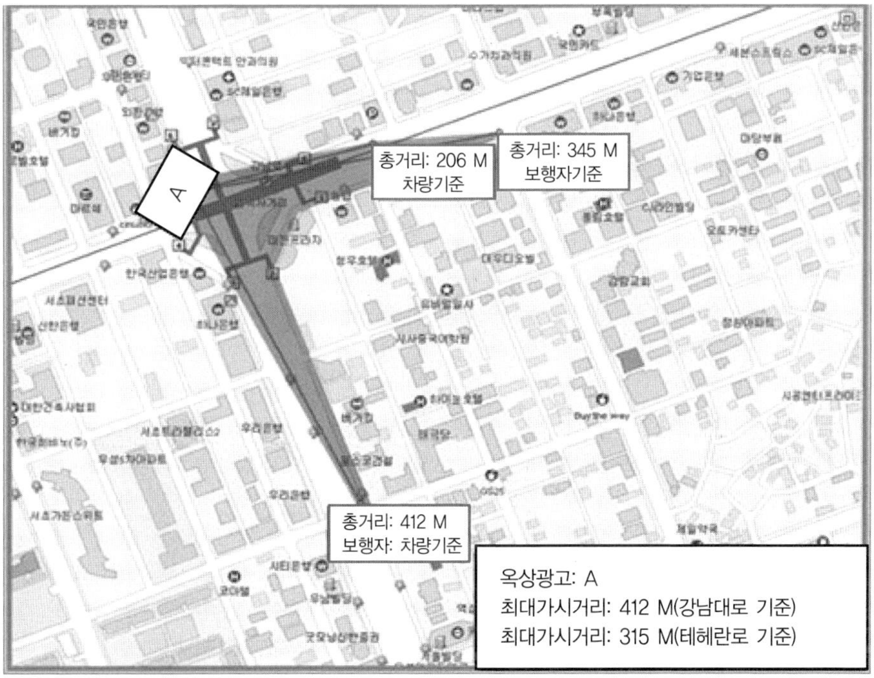

그림 6.8 옥상광고의 최대 가시거리

통해서 측정구간을 명확히 구분해서 가중을 부여하여야 한다. 다음 〈그림 6.9〉에서의 경우, 옥외광고물이 설치된 건물에 보행자가 근접하였을 경우 노출불가능 구간이 나타나며, 이는 건물의 폭과 높이가 높아질수록 해당 노출 불가능 구간은 넓어지게 됨을 의미한다.

가시성에 대한 고려를 통해 광고물이 노출될 가능성이 있는 최대거리와 최대각도 중 실제로 광고물이 인지될 만큼의 거리와 각도인 유효거리와 유효각도의 비중이 어느 정도인지를 비율화하여 가중치를 부여하게 된다.

가시거리

〈그림 6.8〉은 옥상광고의 최대 가시거리를 나타낸다.

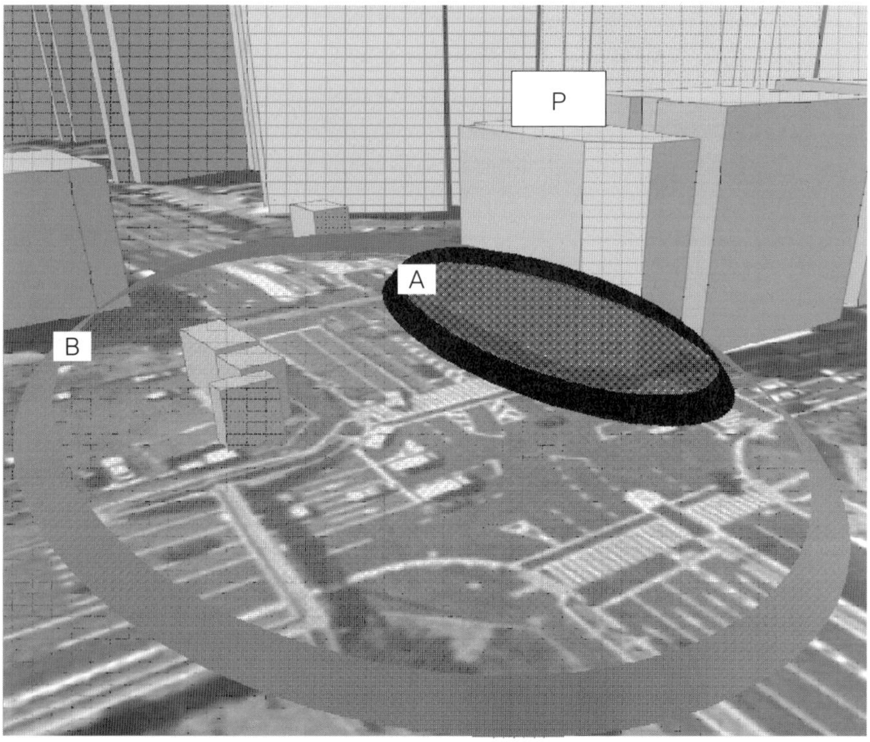

A: 노출 불가지역 B: 노출 가능지역

그림 6.9 옥외광고물 설치 지역에서의 노출 불가지역과 가능지역

〈그림 6.8〉은 A 옥상광고의 최대 가시거리를 측정한 예시이다. A 광고물의 최대 가시거리는 강남대로 방향으로 412 M, 테헤란로 방향으로 345 M로 나타날 수 있다. 그러나 실제로 광고물을 완전히 인지할 수 있는 만큼의 유효 가시거리는 최대 가시거리보다 줄어들 것이다. 또한 건물 바로 밑 부분에서는 광고물에 노출되지 않는다(〈그림 6.9〉 참조). 따라서 가시거리에 대한 측정은 차량과 도보 이용자가 해당광고물의 내용을 식별할 수 있는 가독성을 기준으로 수용자가 해당 옥외광고물의 내용을 가독할 수 있는 지점까지를 가시거리로 규정해야 한다. 이를 고려하여 다음 〈그림 6.10〉과 〈그림 6.11〉은 유효 가시거리를 나타낸 것이다.

A 광고물의 유효 가시거리는 강남대로 방향으로 300 M, 테헤란로 방향으로 200M로 나타난다. 최대 가시거리는 412 m, 345 m였다. 따라서 각각 300/412 = 약 73%, 200/345 = 58%의 가중치를 부여할 수 있다.

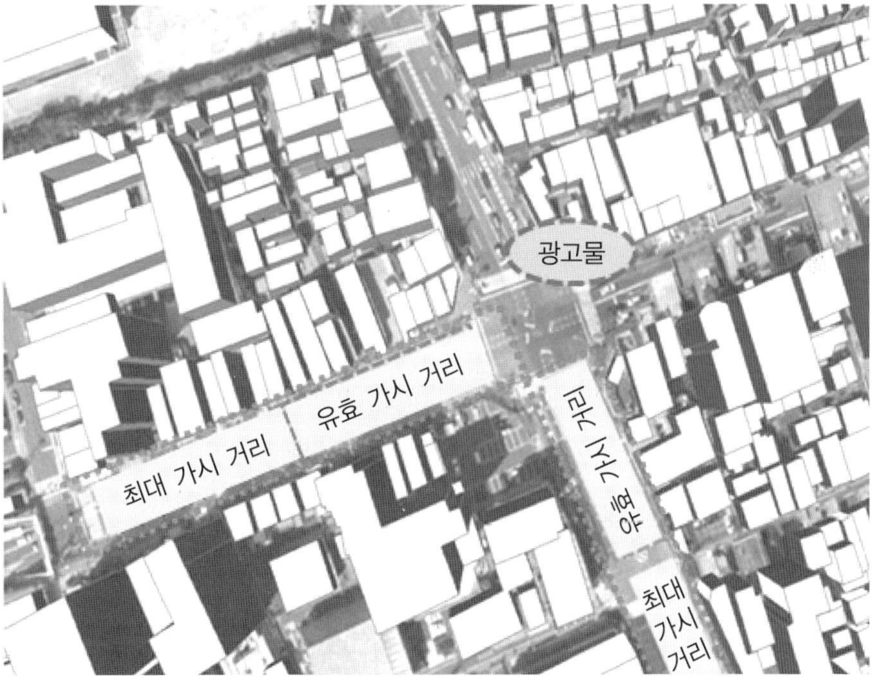

그림 6.10 옥상광고의 유효 가시거리

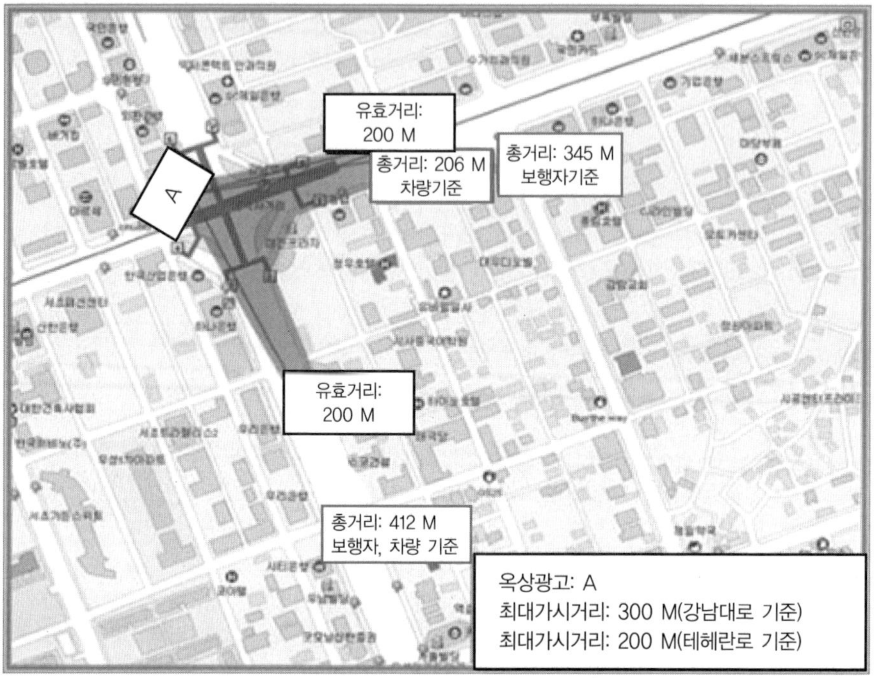

그림 6.11 옥상광고의 유효 가시거리

가시각도

〈그림 6.12〉는 옥상광고의 최대 가시각도를 나타낸다. 예를 들어 광고물 A의 최대 가시각도는 90도라고 가정할 수 있다. 이러한 범위 내에서 실제적인 측량을 기준으로 가독성에 대한 유효 가시각도를 살펴보면 다음 〈그림 6.13〉과 같이 나타낼 수 있다.

따라서 가시각도에 대한 측정은 차량과 도보이용자가 해당광고물의 내용을 식별할 수 있는 가독성을 기준으로 수용자가 해당 옥외광고물의 내용을 가독할 수 있는 범위까지를 가시각도로 규정할 수 있다. 예를 들어 유효 가시각도가 60도라고 가정하면, 최대 가시각도와의 비율을 고려하여 60/90 = 약 67% 의 가중치를 부여할 수 있다. 이를 통해 데이터 시트는 다음과 같이 간략하고 통일된 형태로 제공될 수 있다.

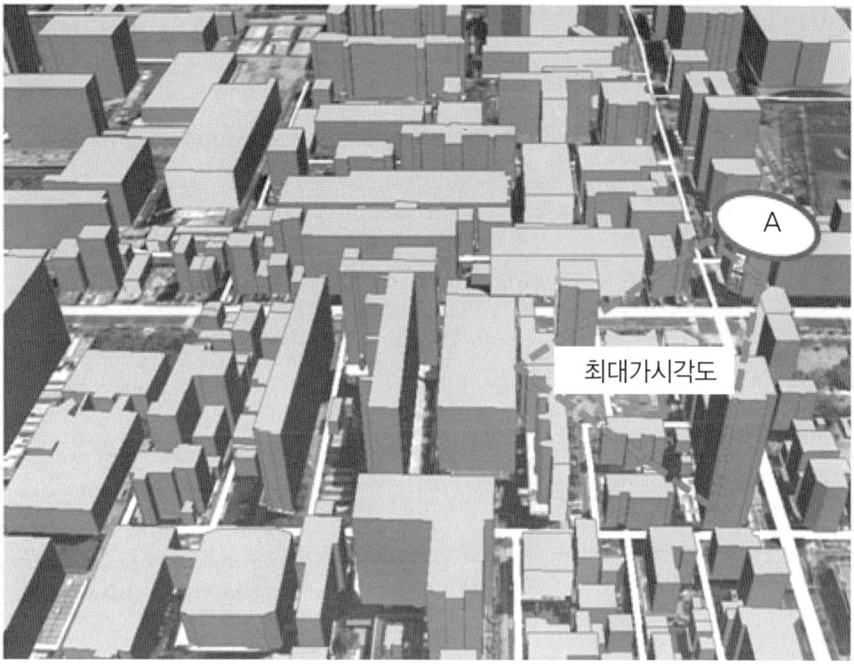

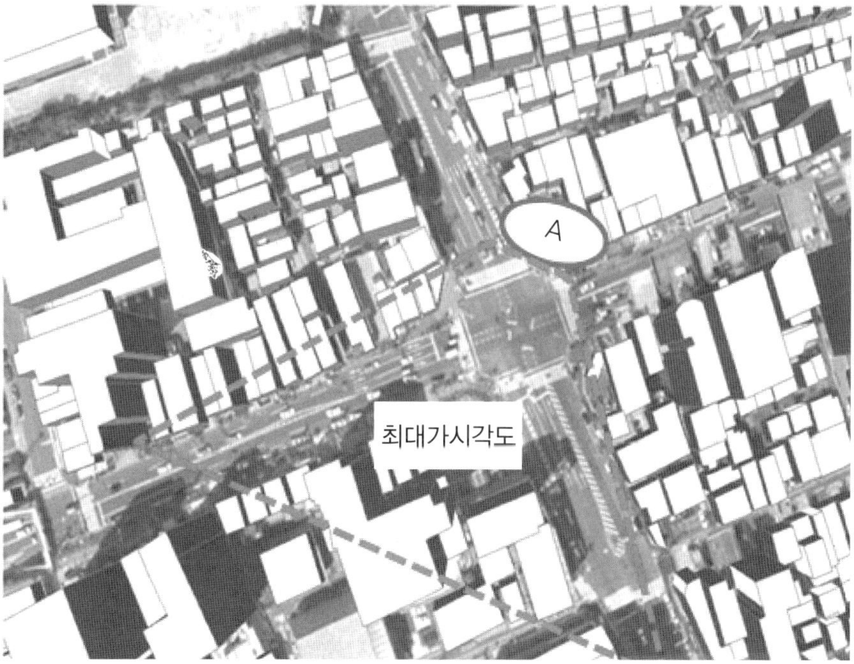

그림 6.12 옥상광고의 최대 가시각도

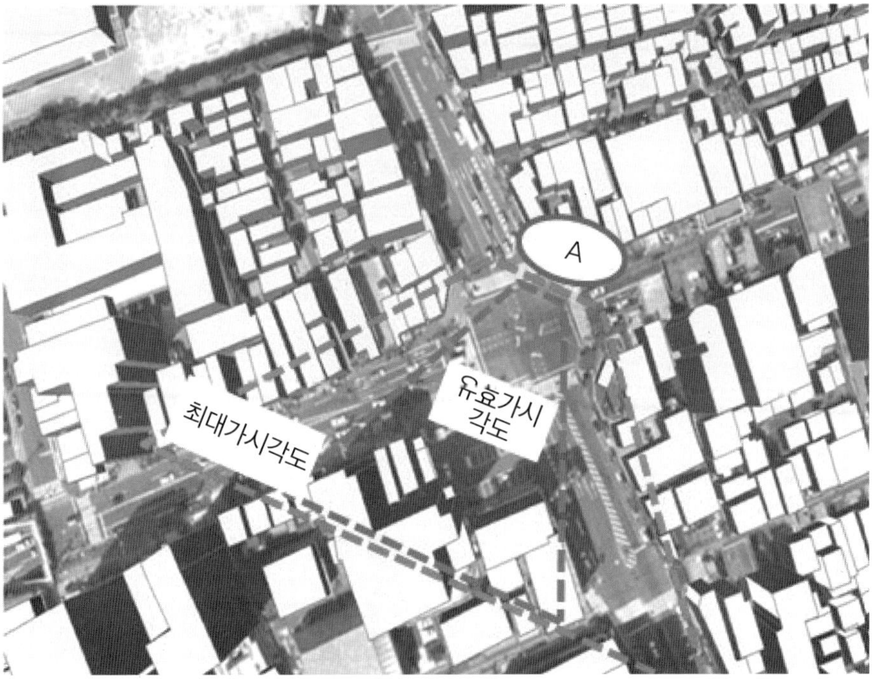

그림 6.13 옥상광고의 유효 가시각도

효과측정 데이터 시트 예시

이와 같은 형태의 리포트를 만들 수 있다. 아직은 우리나라 상황은 표준화된 옥외광고효과모델이 없는 상황이다. 다만 여러 분야에서 이 모델을 만들기 위한 다양한 시도가 되고 있다. 앞으로는 이 효과모델을 만들어 시장에서 먼저 시작하는 기관이나 회사의 모델이 선제모델이 될 가능성이 크다. 이에 빨리 표준화된 모델이 나왔으면 한다. 〈표 6.5〉가 효과데이터 사례이다.

표 6.5

광고물 명칭	강남역 사거리 몬테소리빌딩 옥상광고
건물 명칭	역삼동 몬테소리빌딩(8F)

광고물 소유자, 주소	작성 년 월
- 소유자명 : 홍길동 - 소유자 주소 : 서울특별시 강남구 역삼동 821-1	2007년 12 월 10일

광고물 주변정보

광고물 정보

- 위치정보: 강남역 사거리
단일역사로 서울 최대의 승하차객 보유역사인 강남역에 위치, 1일 통행량 최대 지역,
양재역, 역삼역에서 강남역 양방향 노출
- 광고물 크기 : 16.5M (W) × 9M (H) × 단면

측정방법 : 아침, 오전, 오후, 저녁 시간대에서 각각 15분씩 조사
조사대상 : 보행자, 지하철/버스 하차인원
측정지점 : 강남구 역삼동 강남역 주변 지역

분류	주 평균	평일	휴일
자동차	45,045	45,632	43,578
버스	2,717	2,824	2,451
보행자	2,288	2,195	2,523
DEC	77,179	78,138	74,786

옥외광고물 평가 정보

평균주행속도(가중치)	가시거리(가중치)	가시각도(가중치)
35 km/h (200%)	300 m (73%)	60도 (67%)

Y(총노출량) = 77,179 × 2 × 0.73 × 0.67 = 75,496(명)

CHAPTER INTRODUCTION TO **NEW OUT OF HOME ADVERTISING**

07 국내 옥외광고 효과 측정 사례

국내 옥외광고는 디지털 매체로 진화하면서 성장하고 있으며, 그 종류도 전광판, 빌보드, 네온사인, 탑 광고물과 버스, 택시, 지하철 등의 교통광고 그리고 애드벌룬과 기타 스포츠 경기장 광고 등 매우 다양하다. 국내 옥외광고 상황을 설명하는 대표적인 특징은 기존의 옥외광고물들이 일정한 형식과 기준으로 체계적인 발전을 이루지 못하였고, 매우 다양한 종류와 형태를 갖는다는 것이다(박현수, 2005). 따라서 이러한 옥외광고물들에 대한 효과를 측정하고, 분석하는 일은 매우 어렵웠고 아직까지 옥외광고물들의 효과를 측정하고 분석하려는 시도 또한 매우 제한적이다. 그렇지만 이러한 실정임에도 불구하고 국내에서 실시된 옥외광고 효과 측정을 소개하면 다음과 같다.

1. 옥외광고 효과측정을 위한 실증연구(김재홍, 1995)[1]

이 연구는 1994년 9월 금강기획 마케팅국의 김재홍에 의해 실시된 것으로 대형 옥외광고물을 대상으로 보다 체계적이고 실증적인 접근 방법을 통해 효과측정 방안을 연구하고자 했다. 옥외광고물 중에서 옥상광고물, 뉴스 속보 전광판, 야립 광고물 등 대형 옥외광고물 총 9곳을 연구대상으로 설정하였으며, 이들 광고물의 광고효과를 측정하기 위해 3단계의 실증조사를 하였다. 단계별 주요 내용은 다음과 같다(〈그림 7.1〉 참조).

[1] 김재홍 (1995). 옥외광고 효과측정을 위한 실증연구. 광고연구 26. 1995년 봄호.

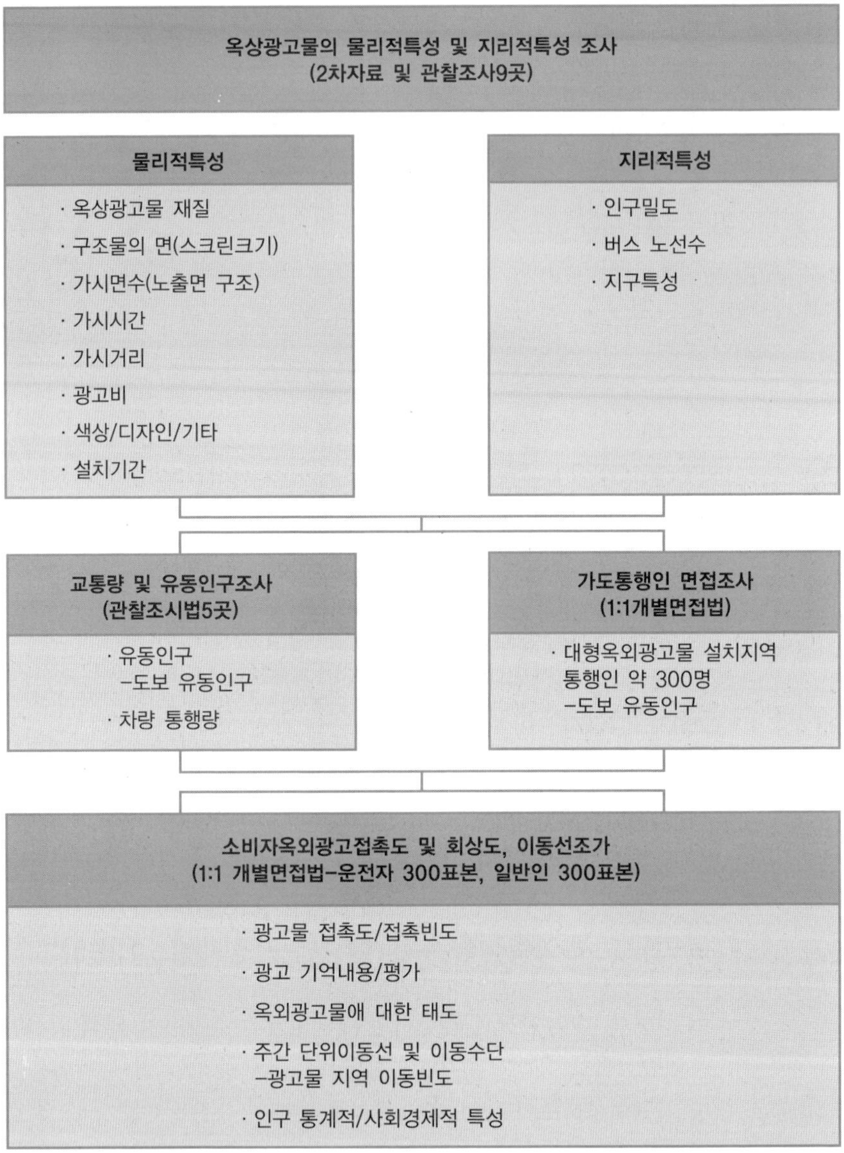

그림 7.1 실증연구의 방법 및 내용

- 1단계: 옥외광고물의 물리적 특성과 설치지역의 지리적 특성을 파악하기 위해 2차 자료와 관찰조사를 활용함.

- 2단계: 교통량과 유동인구를 파악하기 위해 5곳을 대상으로 관찰조사를 실시, 가도 통행인을 대상으로 1:1 개별 면접법으로 광고 접촉도와 회상도를 파악.
- 3단계: 운전자와 일반인을 대상으로 1:1 개별 면접법으로 광고의 접촉도/ 회상도, 이동선 등을 파악.

또한 옥외광고 효과측정을 위한 방법은 다음 〈표 7.1〉과 같다. 구체적인 항목으로는 교통량 조사, 유동인구 조사, 특정 옥외광고물에 대한 접촉도/호감도 일반인 설문조사, 도보통행인 설문조사, 옥외광고물 특성에 관한 조사로 이루어졌다.

표 7.1 옥외광고 효과측정을 위한 방법의 세부사항

항목	방법
교통량 조사	① 출근시간(06:00~09:00)과 퇴근시간(17:00~20:00)대는 시간대 별로 15분간 2회 조사를 실시하였고, 그 외의 시간((09:00~17:00, 20:00~23:00)에는 시간당 15분간 1회를 체크. ② 샘플 시간대에 조사된 자료를 바탕으로 서울시경 자료의 시간별 지수를 적용하여 가중치를 산출하였고, 이를 전체로 환산하여 시간대별로 추정하는 방법 채택.
유동인구 조사	서울시내 주요 간선도로에 코드를 부여하고 사람들의 3일간의 행동선을 질문하여(실제로는 도로 위에 응답자의 이동선을 시간대별, 교통편별, 위치별로 기록케 함), 이를 입력하고 각 지역별 상대빈도분석을 통해 유동인구수를 체크.
특정 옥외광고물에 대한 접촉도/호감도 일반인 설문조사	① 조사대상 광고물을 주간과 야간에 사진 촬영하여 보기카드를 제시함. ② 조사대상자는 20~54세의 경제활동인구로서 자가운전자 300명 및 일반 출퇴근자 300명 등 총 600명 ③ 설문조사 내용은 옥외광고물 설치가도 인지여부, 최근 1주일간 동지역 통과빈도, 해당지역 옥외광고물 접촉여부, 최근 1주일간 옥외광고물 접촉 빈도, 옥외광고물 기억도/노출도/영향평가
도보통행인 설문조사	① 옥외광고물이 설치되어 있는 지역을 통과하는 도보통행인을 대상으로 1:1 개별면접 방법으로 설문조사 ② 설문조사 내용은 주간단위 통과 빈도, 주간단위 접촉 빈도, 당일 접촉여부, 광고물의 기억도/노출도/ 영향도 평가 ③ 도보통행인 몇 %에게 실제 노출되는가를 파악하는 것이 가장 중요한 요소임
옥외광고물 특성에 관한 조사	① 물리적 특성: 광고물의 재질, 크기, 노출면수, 광고비, 주 · 야간 가시거리, 설치높이 등을 실측을 통해 조사 ② 지리적 특성: 상가/사무실/주택가의 지역 특성, 상주 인구밀도, 주변교통 연건(차선수, 버스 노선수)등에 대한 자료는 2차 자료 활용

표 7.2 주요지표의 산출근거

주요 지표	산출근거
1일 총 접촉횟수	모집단수(서울시 경제활동인구; 약 500만 명) × 접촉도 × 주간접촉빈도(평균값)
1일 GRPs	- 옥외광고 GRPs는 옥외광고물의 하루 총 접촉횟수를 전체 모집단수로 나누어 산출함. - 서울의 옥외광고물의 경우 1일 500만회(모집단수) 노출될 경우 100 GRPs가 달성됨. - 미국의 경우 일일 몇 GRPs를 달성하는가에 따라 광고물의 단가를 산정하고 있음
1회당 노출비용	(월간 광고비) ÷ (월 총접촉횟수: 중복 포함)

〈표 7.2〉는 광고효과지수를 산출하기 위한 주요지표의 산출근거를 나타내고 있다.

위의 내용을 바탕으로 결과적으로 옥외광고물의 특성을 구체적 항목 별(광고물 특성, 규격, 표출방식, 차선, 가시거리, 광고비, 노출기간, 교통량, 유동인구, 잠재노출도, 지역 특성)로 분류해 광고물 별로 나타내었다. 통과 빈도와 접촉 빈도는 주 평균 0, 1, 2, 3회 이상으로 구분하여 비율(%)로 나타내고, 접촉 빈도를 통과 빈도로 나누어 노출지수를 산출하였다. 광고 기억도와 노출도는 설문조사를 통해 긍정도를 조사하여 비율(%)을 나타내었다. 마지막으로 광고 효과 지수는 전체 접촉도와 주간접촉빈도를 통해 1일 총 접촉 횟수와 1일 GRPs, 1회당 노출비용을 산출한 결과이다.

이 연구의 한계점은 효과측정에 있어 가장 중요한 자료인 교통량과 유동인구 조사는 2차 자료와 실측에 의한 획득이 가능하나, 이것이 잠재 유동인구(총 노출 가능자수)를 추정하기에는 무리가 있다는 것이며, 소비자 이동선에 대한 조사를 병행하는 것이 필요하다. 이 연구에서 교통량 조사 자료의 경우, 관련기관의 자료를 취함하고 데이터베이스화 하는 것이 필요하고 이러한 객관적 지표를 업계의 공통자료로 활용하는 방안이 필요할 것이라고 제언하였다. 3개 옥외광고물의 효과분석 결과는 다음 〈표 7.3〉과 같다.

표 7.3 3개 옥외광고물 효과분석 결과 (NA = 사용자료 없음)

		A광고물	B광고물	C광고물
옥외광고물 특성	광고물 특성	옥상광고물	야립광고물	뉴스속보판
	규격	15 m × m × 면 14.3 m × m × 면	18 m × m × 면	–
	표출방식	점멸네온	MMT	LED전광판
	차선	왕복 8차선	왕복 8차선	NA
	가시거리	120 m, 100 m	150 m, 50 m	120 m, 80 m
	광고비	3000만원	2000만원	NA
	노출기간	24개월	26개월	10개월
	교통량	105,000대	160,000대	150,000대
	유동인구	96,000명	NA	160,000명
	잠재노출도	A–급	Ao급	A–급
	지역특성	상업/사무실	개활지	사무실지역
통과도/접촉도	통과빈도(주 평균)	0.7267회	0.9463회	0.2800회
	0회	70.3%	65.1%	65.3%
	1회	14.0%	15.3%	15.7%
	2회	5.0%	10.3%	12.0%
	3회 이상	10.7%	9.3%	7.0%
	접촉빈도(주 평균)	0.3567회	0.6300회	0.2800회
	0회	79.3%	69.4%	82.45%
	1회	13.0%	14.3%	11.3%
	2회	3.7%	9.3%	4.3%
	3회 이상	4.0%	7.0%	2.0%
	노출지수 (접촉빈도/통과빈도)	0.49	0.66	0.36
광고 기억도/노출도	광고노출도(긍정)	63%	82%	48%
	광고기억도(긍정)	48%	76%	40%
	기업/ 제품이미지(긍정)	65%	78%	61%

표 7.3 (계속)

		A광고물	B광고물	C광고물
광고효과지수	전체 접촉도	38.3%	53%	33%
	주간접촉빈도	0.9404회	1.1887회	0.8485회
	1) 1일 총 접촉횟수	254,000회	450,000회	약 200,000회
	2) 1일 GRPs	5.0	9.0	4.0
	3) 1회당 노출비용	39원	2.2원	NA

2. OHM의 광고효과에 관한 연구(서범석, 1996)[2]

이 연구는 1996년 서범석에 의해 실시된 것으로 전광판 광고의 효과를 기존 TV, 신문과의 CPM[3] 비교를 통해 광고투입비 대비 효율성을 비교분석한 것이다. 전광판 광고의 효과분석을 위해 조선일보 시티비전(광화문 코리아 호텔 측면 전광판)을 연구대상으로 선정하여, 옥외광고 효과 분석단위로 제시되는 CPM의 구성요소는 무엇인지, TV, 신문광고의 CPM 분석 결과 광고효과는 어떻게 나타나는지, 전광판 광고의 인지율(비보조/보조), 메시지 침투율은 어느 정도인지 살펴보고자했다. 이 연구에서 이용한 CPM 분석방법은 일본의 (주)NKB의 J-Vision의 분석방법과 아사히 신문의 유락초 마리온 전광판에서 이용한 방법을 적용하였고, 유동인구 측정방법은 조선일보에서 제시한 방법을 적용하였다(〈표 7.4〉 참조).

옥외광고의 광고시청률은 주변 건물 직장인 100명을 대상으로 광고인지율을 조사 하였고, 도보유동인구와 차량유동인구는 가시거리를 고려하여 통행량을 분석하였다. 조선일보 시티비전 전광판 광고의 1구좌 당 1회 광고의 CPM은 다음 〈표 7.5〉와 같이 산출되었다.

결과적으로 전광판, 신문, TV 광고의 CPM을 분석한 결과 전광판 광고가 560원, 신문광고가 7,250원, TV 광고가 2,049원으로 분석되어, 전광판 광고가 CPM 측면에서 가장 효과적인 것으로 나타났다. 이 연구는 전광판 광고의 광고효과 분석을 위한 기준을 제시하여 옥외광고의 과학적 관리에 도움을 주고자 실

[2] 서범석 (1996). OHM의 광고 효과에 관한 연구: 전광판 광고를 중심으로. 광고학연구 7(3).

[3] Cost Per Mill(Thousand): 천명 당 도달 광고비용, 인구통계적 변수를 기준으로 오디언스가 접촉한 TV, 라디오, 신문, 잡지 등 모든 매체에 대해서 계산이 가능함.

표 7.4 CPM 분석 방법

항 목	분석 방법
옥외광고 CPM	광고비 × 1000/(도보유동인구 + 차량유동인구) × 광고시청률
월간유동인구	초당유동인구 × 가시거리 × 광고초수 × 주목율 × 월간광고횟수
초당유동인구	일일유동인구/일일운영시간 × 3600
일일유동인구	차량운행량 × 1.5 + 도보유동인구(직접측정 및 서울시 교통량, 유동인구 측정량 참고)
주목율	– 설치된 지역의 옥외광고판 현황, 설치된 전광판의 크기, 종류, 가시거리 등에 좌우함. – 가시거리 200 m 이상, 총천연색 동화상 전광판의 크기 12 × 9 m 주위의 옥외광고판이 없을 경우 1.0으로 함.

시된 기초 연구로써의 가치가 있었다.

3. 옥외광고 효과측정 모델에 대한 연구(서범석, 2001)[4]

이 연구는 대형옥외광고(옥상간판광고, 네온광고, 전광판광고, 야립광고)에 대한 광고효과측정모델의 개발을 목적으로 이루어졌다. 옥외광고 효과측정 모델의 필요성은 옥외매체의 다양한 특성상 서로 비교를 하기 위해서는 동일한 효과측정 항목이 필요하며, 특히 4대 매체와의 비교를 위해 CPM, GRP의 개념 설정이 필요했다. 또 GRP를 구하기 위해 필요한 타깃 마켓 도달률(Target Market Reach)을 구하기 위해서는 옥외광고 매체 효과측정 항목을 비율(%)화 해야 했다. 따라서 연구는 옥외광고 효과분석에 대한 국내 · 외 문헌 연구와 전문가 인터뷰(정성조사)를 통해 옥외광고의 측정항목을 개발하고 2차적으로 정량조사를 통해 계량화하는 방법을 사용하였다. 옥외광고 효과측정모델은 영국의 OSCAR 모델을 기본으로 하여 측정항목을 개발하였다. 옥외광고 효과측정 모델의 항목 개발에서 먼저 그룹 토론을 통해 추출된 고려 사항을 보면 다음 〈표 7.6〉과 같다.

이를 항목 간 영향성을 고려한 항목으로 재분류하면 옥외광고의 소구대상에 영향을 미치는 항목으로는 타깃 포함 비율이 그리고 유효가시성에 영향을 미치

[4] 서범석 (2001). 옥외광고 효과측정 모델에 대한 연구 : 대형옥외광고 효과측정 항목 개발을 중심으로. 광고학연구. 12(2).

표 7.5 조선일보 시티비전 전광판 광고의 CPM 분석 결과

항 목	계산 방식 및 결과
CPM	특정제품 1회 광고비(1일 광고비 ÷ 72) × 1000/ [(도보유동인구 × 0.13) + (차량유동인구 × 0.12)] × 0.734 × 0.4 = (3,000,000,000원 ÷ 12 ÷ 30 ÷ 72) × 1000/ [(182,538 × 0.13) + (388,617 × 0.12)] × 0.734 × 0.4 = 560원
광고시청율	73.4%
상업광고의 비중	40%
1회 싸이클 시간	15분(18시간 × 회/1일 72회)
도보유동인구의 광고접촉 가능비율	13% = 도보유동인구의 평균 광고주목시간을 120초(가시거리, 대기시간 등을 포함)로 계산하면 1회 싸이클이 900초(15분)이므로 한 제품 광고접촉 가능 비율은 13%가 됨.
차량유동인구의 광고접촉 가능비율	10% = 차량유동인구의 평균 광고주목시간은 110초(신호대기시간 80초, 가시거리, 정체시간 등 포함)로 계산하면 1회 싸이클이 900초(15분)이므로 한 제품 광고접촉 가능 비율은 10%가 됨.

는 항목으로는 유동인구, 차량정체도, 정면도, 광고물의 크기, 설치 높이, 구좌수, 간섭도, 조명 등이 포함됨. 또한 매체의 특수성으로 인한 항목 간 영향성을 가지지 않는 항목으로는 매체의 희소성, 영향력, 이미지 전달성으로 분류되었다. 도출된 항목에 대한 구체적 정의는 다음 〈표 7.7〉과 같다.

표 7.6 옥외광고 효과측정 모델 항목 개발

매체간 공통적 고려사항	– 타깃 포함 비율 – 유동인구(차량유동인구+도보유동인구) – 차량정체도(허용속도/평균속도) – 주 · 야 – 도로상황에 따른 정면도 – 광고물의 크기 – 설치높이 – 구좌수 – 간섭도(광고환경)
매체간 특수적 고려사항	– 매체의 희소성 – 영향력 – 이미지 전달성

표 7.7 도출된 항목에 대한 구체적 정의

항목	정의
유동인구	유동인구는 기준을 설정하여 실측을 통해 비율화 한다.
타깃포함비율	한지역의 유동인구 중 자신의 타깃이 어느 정도 포함돼 있는가 하는 점을 고려하여 여기에는 지역성(지역경제력, 상권 등)이 포함되어 있다.
차량정체도	허용속도 / 평균속도로 기준을 설정하여 실측을 통해 비율화 한다.
정면도	도로의 상황(직선도로, 곡점, 교차로)과 관련하여 설치된 각 광고물의 효과를 비율화 한다.
간섭도	경쟁사의 광고물이 동일지역에 설치된 점을 고려하여 경쟁사의 광고물 유무와 개수에 따른 효과를 비율화 한다.
크기	야립간판의 크기가 통상 2 0 m × 0 m인 점을 고려하여 야립간판을 기준으로하여 법적 최대 크기 30미터제곱 내에서의 크기 변화에 따른 효과를 비율화 한다.
높이	도로의 넓이와 광고물 설치 건물의 높이를 고려하여 2차선 평지 도로에서의 5층 높이를 기준으로 하여 도로의 넓이와 건물 높이의 변화에 따른 시야일치도를 비율로 나타낸다.
주야	조명의 유무에 따른 효과의 변화를 비율로 나타낸다.
구좌수	LED의 특수성을 고려하여 타 옥외매체와의 비교를 위해 자기 구좌수/총구좌수로 비율화 한다.
매체의 희소성	야립간판의 희소적 가치를 통해 개발된 것으로 각 옥외매체의 희소성을 평가한다.
Impact	네온사인의 매체적 특성(조명을 이용한 콘티)을 통해 개발된 것으로 각 옥외매체의 주목성을 평가한다.
Image 전달성	옥상간판의 특수성을 통해 개발된 것으로, 각 옥외매체의 Image 전달성을 평가한다.

이를 기준으로 옥외광고 효과측정 대항목으로 본원적 요인과 촉진 요인으로 구분하였다. 본원적 요인은 옥외매체와 4대 매체의 비교를 위한 타깃 마켓 도달률(Target Market Reach)의 산출에 부합되는 요인이었다. 결국 옥외 매체의 효과측정은 소구 대상 인구와 유효 가시성의 관계 규명을 통해 가능하였다. 촉진 요인은 옥외 매체 자체의 특수성을 통하여 옥외 매체 간의 비교를 위한 요인이었다.

결론적으로 옥외광고 효과측정 모델은 기존매체(4대 매체)와의 비교 시 모델

A) 옥외광고효과측정모델(기존매체 비교 시)

Y = KX
= Target Market Reach = 소구대상 × 유효가시성
= 본원적 요인
K = f(a,b,c,d,e,f,g,h) a: 타깃포함비율, b: 차량정체도, c: 주 · 야 선명도 d: 정면도
e: 옥외광고의 크기, f: 설치높이, g:구좌수, h: 간섭도
X = 유동인구(도로유동인구 + 차량유동인구)
KX: k,x(DEC) = TGRPs, TCPM = cost(1)/kx, 365 × 1,000

B) 옥외광고효과측정모델(대형옥외광고와의 상호 비교 시)

Y1 = mY + nYZ
Y = 본원적 요인(kX)
Z = 촉진요인 = f(o,p,q)
m = 54%, n = 46%
0: 희소성, p: 영향력(Impact), q: 전달성

과 대형옥외광고와의 비교시 모델로 구분하여 다음과 같이 제시하였다(A, B).

이 연구에서 제시한 옥외광고 효과측정모델은 옥외광고의 평가기준을 위한 기초연구라는 점에서 의의가 있으나, 실제적으로 모델을 활용하기 위해서는 각

표 7.8 옥외광고 효과측정 요인에 대한 산출 방법

요 인	산출 방법
본원적 요인	Target Market Reach = 본원적 요인 × 소구대상 × 유효가시성 = 타깃포함비율 × 유동인구 × 차량정체도 × 주야 × 정면도 × 크기 × 높이 × 구좌수 × 간섭도
촉진 요인	촉진요인 = 매체의 희소성: Impact: Image 전달성에서 각 항목의 중요도 상수를 %로 도출한 후, 매체 선정 시 각 항목에 대한 선택성을 부여하여 선택한 항목의 중요도 상수와 본원적 요인에 대비한 가중치를 연산하여 구한다.

항목에 대해 정량화할 수 있는 별도의 조사가 필요하여 실무적으로 적용시키기에는 어려움이 있다는 한계점이 있다.

4. 옥상광고 효과에 관한 연구(심성욱, 2007)[5]

이 연구는 옥상광고의 증가에도 불구하고 이와 관련한 효과 연구가 활발하지 못하여 옥외광고 관련 업계의 관심부재와 기타 여러 상황이 옥상광고효과 연구에 긍정적이지 못한 상황에서 신사역 사거리 S핸드폰 네온광고를 중심으로 하여 옥상광고효과를 알아보고자 했다. DEC (Daily Effective Circulation)에 의한 옥상광고의 실제 노출인구 및 옥상광고 인지와 광고태도, 브랜드 태도, 구매의도의 관계를 살펴보았다. DEC는 특정 옥외광고에 노출될 가능성이 있는 1일 통행량으로, 측정시간은 아침, 오전, 오후, 저녁 시간대 별 각각 15분씩이며 평일과 휴일 하루씩 할당하며, 조사대상은 보행자, 자동차류, 자동2륜, 버스 이용자 등이다.

$$\text{DEC} = (\text{도로유동인구} + \text{차량유동인구}) \times (\text{광고인지율})$$
$$\text{버스DEC(명)} = \text{주평균 DEC} \times 15\text{명}$$
$$\text{자동차류DEC(명)} = \text{주평균 DEC} \times 1.3\text{명}$$

옥외광고에 대한 노출인구, 즉 DEC의 요약표와 계산된 결과는 다음 〈표 7.9〉와 같음. 즉 S핸드폰 옥외광고물에 노출된 가능성이 있는 1일 통행량은 약 92,739명으로 계산되었다.

이 연구는 DEC 조사를 통해 실질적인 노출인구를 파악했다는 점에서 의의를 가진다.

5. 스키장 광고효과에 관한 연구(심성욱, 신일기, 주대홍, 2007)[6]

이 연구는 2007년 심성욱, 신일기, 주대홍에 의해 실시된 것으로 옥외광고의 노출 가능성 및 지수화를 통한 옥외광고 효과와 가치에 대한 접근을 목적으로 한

[5] 심성욱 (2007). 옥상광고효과에 관한 연구: 신사역사거리 S핸드폰 네온광고를 중심으로. 옥외광고학회 2007년 춘계광고학술심포지엄.

[6] 심성욱, 신일기, 주대홍 (2007). 스키장광고효과에 관한 연구: 노출(DEC), 태도, CPM. 옥외광고학회 2007년 추계광고학술심포지엄.

표 7.9 DEC 요약표

분류	평일DEC	휴일DEC	주평균DEC	주평균DEC(명)
보행자	4,920	10,452	6,501	6,501
버스	3,600	2,724	3,350	50,250
자동2륜	5,760	300	4,200	4,200
자동차류	53,844	47,112	51,921	67,497
합계	68,124	60,588	65,971	128,448

DEC = (도로유동인구 + 차량유동인구) × (광고인지율)
= 128,448 × 0.722
= 92739.456

스키장 광고효과에 관한 것이다. 스키장 광고효과의 분석을 위하여 용평과 대명 리조트의 스키장 이용객들을 대상으로 옥외광고에 대한 노출과 옥외광고 평가에 대한 조사를 집행하고, 노출(DEC), 태도, CPM을 분석하여 옥외광고효과에 대한 보다 정확한 효과의 도출을 시도하였다. 첫째, 매체효과 차원에서는 스키장의 이용인구 및 이용시간 등을 파악하고자 했다. 둘째, 옥외광고의 노출, 인식, 태도 차원에서 노출된 옥외광고물에 대한 평가 및 태도를 알아보았고 이를 통해 옥외광고물의 매체가치와 광고효과간의 관계 및 위계효과를 알아보고자 하였다. 옥

옥외광고 매체효과 모델(옥외매체 가치 판단 데이터 중심)

$$\text{CPM} = \frac{\text{광고비}}{\text{DEC} \times \text{광고계출시간} \times \text{광고인지율 TIMES 매체특성지수}} \times 1000$$

DEC: 도로 유동인구 + 차량 유동인구
고정 장소에서의 잠재노출지수: 도로 유동인구 + 차량 유동인구 + 체류시간
광고 계출시간: 광고 집행 기간 및 주 · 야 집행시간
광고 인지율: 광고 회상(보조 상기)
매체 특성지수: 가시성, 옥외광고물 희소성(시각 효과)

외광고 매체 효과측정은 다음의 옥외광고 매체 효과 모델을 통하여 산출하였다. 연구모형은 기존의 DEC측정 모델에 매체 특성지수라는 변인을 추가하였다.

이 연구에서는 스키장이라는 특수한 환경의 측정하였으므로, 스키장 옥외광고물의 가시성 희소성에 대한 광고물의 간섭은 없는 것으로 나타났다. 따라서 광고물의 매체 특성지수 (가시성: 1 × 희소성: 1)는 1로 산정하였다. 또한 스키장의 특성상 탁 트인 공간을 중심으로 주변에 옥외광고물이 설치되어 장애 발생이 없으면 어디에서나 옥외광고물을 볼 수 있으므로 가시성 지수를 1로 규정하였다. 옥외광고 이미지 전달에 있어서도 광고물 간의 중첩이나 간섭이 일어나지 않으므로 희소성 및 이미지 전달력도 1로 규정하였다. 그리고 옥외광고물의 접촉행태 측정을 위해 스키장 이용시간동안 옥외광고 노출 여부 및 횟수, 옥외광고물 노출 시의 상황, 옥외광고물에 대한 평가 측면으로 조사하여 다음과 같은 결과를 얻었다. 먼저, 스키장 옥외광고의 DEC 산출 결과는 다음과 같다(〈표 7.10〉 참조).

CPM의 산출에서 집행 광고비는 광고주와 매체사 간의 계약에 의해 이루어짐을 감안하여 양 스키장 모두 월 1,000만 원으로 가정하여 CPM을 산출하였다. 스키장 옥외에 1구좌 노출시키는데 월 1,000만 원의 비용이 든다고 가정할 때,

1일 CPM

$$= \frac{\text{광고비}}{\text{DEC} \times \text{광고계출시간} \times \text{광고인지율} \times \text{매체특성지수}} \times 1000$$

$$= \frac{\text{1,000만 원}}{12{,}532 \times 30\text{일} \times 0.2758 \times 1} \times 1000 = 96{,}430\text{원(용평리조트)}$$

$$= \frac{\text{1,000만 원}}{22{,}457 \times 30\text{일} \times 0.2929 \times 1} \times 1000 = 50{,}678\text{원(대명비발디파크)}$$

표 7.10 DEC 산출 결과

구분	이용자수(명)				평균인지율	주시회수	DEC
	06~07	2월 전체	조사기간	1일 평균			
용평	634,580	168,290	24,188	8,063	27.58%	5.64	12.531.98
대명	984,420	261,069	37,523	12,508	29.29%	6.13	22,456.76
용평스키장의 옥외광고에 노출될 가능성이 있는 1일 이용자수는 약 12,532명 이며, 대명비발디파크는 22,457명으로 추산							

용평스키장은 1,000명의 소비자에게 광고를 인지시키는데 약 96,430원이 들고, 대명 비발디파크는 50,678원이 소요되었다.

6. CGV의 '스티커스 월' 연구(신일기, 심성욱, 2011)

본 연구에서는 실제 인터랙티브 옥외광고를 이용하는 사람들을 대상으로 인터랙티브옥외광고가 어떠한 형태로 수용되고, 공유되는지에 대해서 연구하였다. 이를 위해 인터랙티브 옥외광고물중의 하나인 CGV의 'Stikus wall'를 선정하여 실제 CGV에 방문하여 인터랙티브 옥외광고를 이용하고 하거나 이용을 마친 사람들을 대상으로 Mall Intercept Survey를 실시하였다. 본 연구의 조사는 'Stikus wall' 설치된 CGV를 중심으로 이루어졌으며, 송파 CGV, 용산 CGV, 코엑스 가족단위존, 코엑스 게임영화존에서 2011년 6월 4일부터 6월 12일까지 8일에 걸쳐 면대면 설문 형식으로 진행되었다.

그림 7.2 상암 CGV의 'Stikus wall'

이러한 분석 결과를 종합해 보면 다음과 같이 정리할 수 있다. 인터랙티브 옥외광고의 지각된 광고속성의 정보성, 짜증, 오락성은 침입성과 몰입에 영향을 주는 것으로 나타났다. 특히 짜증과 오락성은 모두에 유의미한 영향을 주는 것으로 나타났다. 그리고 상호작용성요인인 개인화, 반응성, 통제성, 효용성은 반응성을 제외한 모든 요인이 영향을 주는 것으로 나타났다. 특히 통제성은 모두 유의미한 영향을 주는 것으로 나타났다. 침입성과 몰입은 모두 광고태도에 유의마한 영향을 주는 것으로 나타났고, 특히 몰입은 광고태도와 공유의도에 영향을 주는 것으로 나타났다.

7. 편의점 디스플레이에 대한 연구(심성욱, 변혜민, 2012)

이 연구에서는 편의점 디스플레이에 대한 태도가 광고에 대한 태도와 콘텐츠에 대한 태도에 영향을 미치는지 알아보고 이를 통해 구매의도와 방문의도에도 영향을 미치는지 알아보았다. 편의점 디스플레이는 다른 매장의 디스플레이와 달리 제품정보 뿐만 아니라 영화정보, 뮤직비디오, 뉴스 등의 오락성이 높은 콘텐츠를 제공하여, 단순 제품정보를 제공하는 것과 차별화된 컨셉트를 보여주고 있다. 이러한 콘텐츠는 시간에 따른 노출도 가능하게 되며, 주목률을 높일 수 있고 무엇보다도 구매효과를 극대화할 수 있다는 점에서 편의점 디스플레이매체가 주목받고 있다고 볼 수 있다. 편의점 디지털 사이니지에서 다양한 콘텐츠가 제공된다는 점은 디지털 사이니지의 중요한 특성이다. 이러한 콘텐츠를 통해 다양한 사람들에게 시선이 주목된다는 장점을 가지고 있다. 결과적으로 편의점 디스플레이에서 제공되는 콘텐츠태도는 매체태도에 유의한 영향을 미치는 것으로 나타났다. 또한 콘덴츠태도는 광고태도, 구매의도와 방문의도에도 영향을 미치는 것으로 나타났다. 매체창의성은 부분적으로 유의미하게 나타났으며, 광고태도가 구매의도 및 방문의도에 미치는 영향에 관해서는 모두 유의미한 영향을 미치는 것으로 나타났다.

8. 이희준, 조창환, 김승은, 백남정, 최영현, 고수영(2016)연구

국내 최초로 디지털 OOH 광고매체에 대한 매체 영향력 측정 모델 개발에 대한 연구를 통해 디지털 옥외매체의 고유 특성을 반영하는 변수를 도출하고 각 변수에 가중치를 부여하여 가설적 효과측정 모델을 개발하였다. 이 연구는 학계 및

표 7.11 측정변수 및 가중치

구분	변수명 (가중치)
설치공간	행정구역(3), 지역상권(8), 혼잡도(8)
네트워크	네트워크 내 자체조밀도(2), 네트워크 자체 유효 서큘레이션(9)
광고시설물	화면크기(7), 노출방향(8)
수용자	유동량(12), 주목인구수(11), 평균주목시간(8), 매체노출빈도(5)
광고콘텐츠	타깃선별성(7), 노출콘텐츠유형(7), 상호작용성(2)
수용자매체광고영향력	수용자 측면의 DS 영향력(3)

업계의 전문가 3인을 대상으로 한 심층인터뷰, 옥외매체 전문가 6인 대상의 FGI (Focus Group Interview), 업계 및 학계 전문가 60인 대상의 설문 조사를 통해 최종 모델을 수립하였다. 그리고 연구결과 도출된 구체적인 변수와 가중치는 다음과 같다.

$$\sum(\text{평가 항목 등급 가중치} \times \text{평가항목 변수 가중치}) = \text{DS매체력}$$

그림 7.3 매체 영향력 산출방식

또한 이렇게 정의된 변수와 가중치를 평가항목 등급에 따라 평가한 후 평가항목등급 가중치와 변수가중치를 곱한 결과값이 합산되어 매체 영향력이 산출되는 방식으로 효과측정의 가설적 모델링을 결정하였다. 평가항목 등급 가중치는 1등급부터 4등급으로 나누고 각각 10, 8, 6, 4점을 부여하였으며 매체 영향력 산출 방식은 다음과 같다.

이 연구는 기존 옥외광고 매체의 한계를 벗어나 상호작용성이나 수용자의 영향력과 같은 변인이 포함됨으로써 범용적 디지털 옥외광고의 특성이 반영될 수 있도록 하였고 공통적으로 사용할 수 있는 효과측정 표준 모델로서 제안되었으며 현업 실무자들의 의견을 청취하여 네트워크내 유효서큘레이션과 같이 구체적이고 실무적인 변수가 반영된 연구라는데 의의가 있다(이희준, 조창환, 김승은, 백남정, 최영현, 고수영, 2016).

9. 광고대행사 및 관련 회사들의 옥외광고 효과측정 사례

메이저 종합 광고대행사들을 중심으로 옥외광고 매체의 효율성과 관련해 정량적 수치화를 바탕으로 한 효과측정 시스템 구축이 시도되고 있다.[7]

(1) 제일기획

제일기획은 과학적인 매체기획력을 높이기 위해 전광판, 네온사인, 빌보드, 야립 등 4가지 형태의 광고물을 평가하는 Optimax Outdoor 모델을 오픈하였다. 이 모델은 주요 지역의 유효노출 인구수를 기초로 광고물의 형태에 따른 광고 주목도를 추출해 예측광고 CPM을 확인할 수 있으며, 또한 광고물 자체의 특수성을 고려해 평가할 수 있도록 설계되었다. 평가모델에서 효과측정의 기준이 되는 것들은 유효노출 인구, 차량, 유동인구, 가시거리 등 그간 매체를 평가했던 기준들을 좀 더 합리화, 구체화하였다. SP미디어사업팀은 "옥외광고 특성에 맞춰 매체 조건 및 환경 등을 기준으로 효용성을 뽑아내는 시스템으로 보면 될 것 같다"고 설명하였다.

(2) HS애드

HS애드는 2002년 구축한 미디어 컨설팅 시스템인 m.POPS를 주축으로 다양한 매체정보를 웹상에 구현해 실제 매체운영에 활용하고 있다. SP미디어가이드 테이블을 통해 기본적인 매체평가표를 도출하고, 평가 자료로 삼고 있다. 지역성과 노출도, 품위, 화제성 등이 평가의 항목들이다. 이와 함께, HS애드 노출지수(주목율)를 바탕으로 DEC (1일유효노출량, Daily Effective Circulation) 및 CPM (Cost Per Mill) 결과를 도출하고 있다. 노출지수는 가시거리, 차량정체도, 노출시간, 독점성, 품위 등이 반영되어 나온다. 다음은 LG애드의 DEC 적용 사례이다.

- LG애드의 옥외광고 효과조사방법은 매체별 '일일유효노출수' 즉 DEC (Daily Effective Circulation)를 산출해내는 것
- 유효노출을 얻어내기 위해선 주목율 파악이 선행
- LG애드가 조사발표하고 있는 CPR의 매체접촉행동지표를 활용

[7] SP투데이, 2005년 3월 7일자. 옥외광고 효과측정 시스템 개발 본격화.

- 정확한 DEC의 산출은 CPM이나 GRPs 등 각종 효과지표 산출의 기초자료
- DEC는 TV의 시청률, 신문의 열독율에 대응한 척도
- CPR에서 조사하는 매체별 주목율은 네온, 옥상, 교통 등 3가지 아이템 이다. HS애드의 '매체별 노출지수'를 산출하여 활용하였다. 매체별 노출지수는 100점 척도의 노출의 질을 평가하여 정량적 노출지수를 산출 하였다. 노출지수 50의 의미는 유동인구 및 유동차량 탑승객 총원 중 50%가 해당 매체를 본다는 것으로 매체별 규격, 사양, 가시거리, 설치높이 등 하드웨어(Hardware)적 특성에 따른 노출의 질에 대한 평가가 이루어졌다.

DEC = 노출가능인구(유동차량 × 1.3명 + 유동인구) × 주목율
CPM = 월광고료 ÷ 30일 ÷ DEC × 1,000
*주목율:
CPR 보고서의 매체별 주목율 중 '빼놓지 않고 본다'+'관심있는 것만 본다' × 1/2
ex) 빼놓지 않고 본다 5%, 관심있는 것만 본다 35% =〉 주목율 22.5%

ex) 신촌 빌보드의 경우
LG애드 DEC = (105,000/24 × 18 × 1.3 + 70,000/24 × 18) × 0.73 = 142,866
CPM = 30,000,000/30일/142,866 × 1,000 = 6,999원

(3) TBWA 코리아

TBWA 코리아는 옥외광고를 평가하는 시스템으로 2002년 OOH Media-DB 시스템을 개발해 활용하고 있다. 가시거리 및 노출도 등을 기초로 매체 등급을 매기고, 광고주가 적절하게 매체 집행을 하고 있는지 결과치를 도출해내는 시스템이다. TBWA코리아는 특히 정량적 효과치 도출보다는 매체 모니터링 부문을 통한 효과성 검증에 주력해왔다.

(4) 인앤아웃

인앤아웃컴퍼니(2015)는 2015년 2월 5일부터 7일까지 3일간 코엑스몰에서 운영

표 7.12 LG애드 옥외매체 노출율 지수(사례: 옥상, 전광판 등 대형옥외광고)

평가항목	가중치	평가기준				평가	환산점수
		4	3	2	1		(가중치*평가)
가시거리 (총면합)	15	2 KM이상	1.5 KM	1 KM	1 KM이하	2	7.50
차량정체도	8	10 KM/H이하	30 KM/H	50 KM/H	60 KM/H	4	8.00
노출시간 (총면합)	5	2분이상	1분	30초	30초미만	3	3.75
노출면수	8	4	3	2	1	2	4.00
설치높이	2	7층이하	9층이하	11층이하	12층이상	4	2.00
노출의 질	15	정면노출			측면노출	4	15.00
주변광고물밀도	10	1개이하	2~4개	5~9개	10개이상	2	5.00
動화상	10	채택	Full점멸	단순점멸	비채택	1	2.50
독점성	5	독점	30%이상	10%	10%이하	4	5.00
규모감	5	400 m이상	300 m^2	200 m^2	200 m^2미만	4	5.00
조명체택	10	3면	2면	1면	비점등	4	10.00
품위(prest)	3	고급			저급	3	2.25
운영시간	4	24시간	18시간	12시간	12시간미만	3	3.00
소계	100						73.00

*상기 평가지수는 LG전자 신촌 빌보드의 노출지수임

하는 웨이파인더(Way Finder) 기능의 디지털 OOH광고 매체인 '채널코엑스'의 광고효과 조사를 카메라 설치와 설문조사를 통해 실시하였다. 그 결과 특정 광고 노출 가능인구수와 광고인지도, 유동인구 성향 등이 조사되었는데 구체적으로 살펴보면 '채널코엑스'의 42면 광고물에 노출 가능한 일평균 유동인구수는 평일 578,928명, 주말 876,564명으로 월간 누적인구수가 1,975만명에 달하고 전체 구좌의 약 60%의 비중으로 운영되고 있는 광고에 대한 비보조인지도는 35%, 보조인지도는 69% 수준으로 나타났으며 특히 보조인지도와 실제 광고노출량, 노출기간 간의 상관관계가 나타남을 확인하였다. 연구방법은 코엑스몰 전역에 설치된 총 23기(42면)의 광고물에 카메라를 모두 설치한 것이 아니고 유동인구수를 대, 중, 소로 나누어 대표성을 띄는 장소 세 곳에만 카메라를 설치한 후 주말과 평일 하루 18기간 동안 주변 영상을 녹화하여 그 내용을 분석하였다. 또한 해당 기간에 코엑스몰 이용객 121명을 대상으로 설문조사를 실시하여 광고내용에 대한 인지도(회상,재인)를 측정하고 응답자 프로파일을 수집하였다(인앤아웃컴퍼니, 2015). 이 연구는 주변 상황을 촬영한 영상을 분석하는 방법론에 있어서 객관성과 절차상의 문제점 등이 지적될 수 있지만 실제 하루 전체 상황이 담긴 영상 분석을 통해 광고에 노출 가능한 유동인구수와 연령대를 계수하여 제시했다는 점과 구좌로 운영되는 디지털 옥외광고 매체가 가지는 인지도 상의 문제점을 광고주에게 설득력 있는 데이터로 제시하였다는 점에서 실무적인 의의가 큰 연구라 할 수 있다.

(5) CJ파워캐스트

CJ파워캐스트(2016)은 자사가 운영하는 강남역 광고매체에 대한 광고주 영업의 일환으로 2016년 7월1일부터 7월 31일까지 한 달간 강남역 지하상가의 유동인구 조사를 실시하였다. 그리고 이 조사는 일회성 조사가 아닌 상시, 실시간 유동인구를 파악할 수 있는 시스템을 통해 이루어졌고, 유동인구의 성향 파악까지 포함되었다. 구체적으로 그 결과를 살펴보면 강남역 지하상가의 일평균 유동인구는 395,029명으로 남성이 42%, 여성이 58%를 차지하며 특히 핵심 소비 주체인 19-34세 여성 비중이 31.7%로 매우 높았다. 또한 일평균 시간당 유동인구는 평일 최대 3만명, 주말 2만명으로 평일과 주말 모두 저녁 6시에 유동인구 최고치를 나타내었고 평일이 주말보다 사간대별 편차가 크게 나타났으며 일평균 시간당 최대 1.6만여명 유입, 1.3만여명 유출인구를 보였다. 이러한 연구 결과 중 유동인구의 수 데이터는 강남역 8개의 출입구 주변에 유동인구를 상시 측정할 수 있는 3D 카메라를 설치하여 오차율 10% 이내로 수집되었고, 유동인구 성향 데이터는 해당 조사 기간에 강남역지하상가 곳곳에 설치된 비콘을 통해 수집된 휴대폰 인식 정보를 SK텔레콤 고객 정보와 매칭시켜 유동인구의 특성을 분석한 결과 데이터였다(CJ파워캐스트, 2016). 이 조사는 기존 옥외광고 효과측정에서 가장 중요한 요인이자 정량적 기초 데이터인 실시간 유동인구의 수를 디지털기술과 기기를 활용하여 객관적으로 측정해내었다는 점과 국내 최초로 통신사 데이터를 통해 유동인구의 성향까지 파악했다는 점에서 매우 큰 의의가 있다.

종합해보면 대행사를 중심으로 다양한 정량화 노력이 있었으나, 대표성을 확보하여 지속적으로 적용되는 모델은 전무한 실정이다. 현재 업계에서 시도되고 있는 시스템도 아직은 매체결정에 있어 의사결정의 확실한 툴로서 자리 잡은 것은 아니라는 게 업계의 공통된 견해인 것 같다. 제 3의 기관에 의해 객관적이고 합리적으로 효과를 수치화할 수 있는 시스템 구축이 필요하다.

10. 아이트랙커를 이용한 연구

(1) 아이트래커를 활용한 야립광고 수용자 효과측정 연구(박정선, 정연주, 2014)

최근에 들어 아이트랙커를 이용한 연구들이 많이 나타나고 있다. 박정선, 정연주(2014)는 야립광고를 대상으로 아이트랙커 연구를 진행하였다. 이 연구는 아이트래커를 통해 기록되는 야립광고 주목횟수나 주목시간 등 수용자들의 시각적 반응이 수용자들의 제품 광고태도에 미치는 영향을 조사 하였다. 또한 아이트래커를 통해 측정 가능한 변인들과 기 존 광고효과 측정에서 중요한 선행변인으로 간주되었던 브랜드 친밀도나 야립광고라는 광고매체에 대한 태도 등의 변인들 간의 상호 작용 효과를 살펴보고자 하였다. 연구를 위해, 정체도가 높고 가시성이 좋은 A 고속도로와 정체도가 낮고 가시성이 낮은 B 고속도로를 선정 하여 각각 15명과 16명의 조사대상자를 배치하여 실험이 이루어졌다.

연구결과, 야립광고를 설치한 공간의 정체도와 가시성은 시각적 반응과 특정 제품의 야립광고에 대한 태도에 유의미한 영향을 주는 것으로 나타났다. 즉 야립광고가 설치된 지역의 정체도가 높고 가시성이 좋을수록 야립광고에 노출되는 시간이 커지며, 특정제품의 야립광고에 대한 태도가 긍정적인 경향을 보였다. 광고형태는 수용자의 시각적 반응, 특정 제품의 야립광고에 대한 태도, 브랜드 태도 모두에 유의미한 영향을 주고 있는 것으로 나타났다. 즉 광고형태가 일반형인 경우보다 복합형일 때 광고에 대한 노출시간이 더 긴 것으로 나타났으며, 특정제품의 야립광고에 대한 태도도 긍정적이었고, 브랜드 태도도 더 긍정적인 것으로 나타 났다. 광고시안의 특성 중 색계열의 효과에 있어서, A 고속도로에서는 붉은색, B 고속도로에서는 푸른색 계열이 노출시간에 더 많은 영향을 주는 것으로 나타났으며, 텍스트/이미지 여부와 관련해서는, 텍스트만으 로 구성된 광고시안이 이미지가 추가될 때보다 노출시간이 길어지는 경향을 보였다. 또한 글자 수 및 글자 크기가 주는 영향과 관련해서는 글자 수나 글자 크기는 어떠한 형태의 시각적 반응, 광고태도에도 유의적인 영향을 주지 않는 반면, 브랜드 태도에 대해 긍정적인 영향을 주는 것으로 나타났다. 야립광고 자체에 대한 태도는 주목횟수와 총 주목시간에 직접적인 영향을 주었으며, 이러한 주목횟수와 총 주목시간은 특정 제품의 야립광고에 대한 태도에 긍정적인 영향을 주고, 또 브랜드 태도에 대한 긍정적인 효 과로까지 이어졌다. 제품친밀도는 노출시간에만 유의적인 차이를 주었고, 주목횟수나 총 주목시간에는 유의적인 영향을 주지 못하는 것으로 나타났다.

(2) 아이트래커 실험을 통한 디지털 옥외광고 효과 측정 연구(김신엽, 2016)

김신엽(2016)은 국내의 주요 디지털 OOH 미디어 총 18기에 대한 광고 효과 조사 연구를 실시하였다. 이 연구는 옥상형과 벽면형으로 구분된 옥외광고물를 대상으로 아이트래커를 착용한 176명의 피험자가 실제 거리를 걸으며 대상 광고물의 광고내용에 대한 인지도를 측정하였다. 연구결과 광고인지의 경우 전체 게첨수는 평균 17.4개/1기로서 보조 상기는 5.3개(30%), 비보조 상기는 1.7개(10%)로 나타났다. 한편 해당 디지털 OOH 미디어의 특성에 따른 인지 영향력에 미치는 변수로 광고물의 크기와 높이, 각도, 이격 거리와 유효거리, 최대거리, 광고물 혼잡도, 거리 혼잡도를 선택하여 분석 하였는데 여러 변수 중에 광고물의 높이와 거리 혼잡도가 광고물 인지에 주요 영향력 변수임을 확인하였다(김신엽, 2016). 이 연구는 디지털 OOH 미디어를 대상으로 실제 옥외 환경에서 실시한 국내 최초의 아이트래킹 실험연구로서 광고 주목 행태와 인지도 측정, 디지털 OOH 미디어의 유형별 차이를 검증하였다는 점에서 의의가 있다. 또한 광고 인지에 영향을 주는 변수를 제안하고 검증했다는 면에서 향후 옥외광고 매체 효과 측정 모델 개발에 영향을 줄 수 있는 연구로 평가 받고 있다.

CHAPTER INTRODUCTION TO **NEW OUT OF HOME ADVERTISING**

08 해외 옥외광고 효과 측정의 현황

1. 미국

옥외광고 효과측정 현황

특정 지역의 유동인구와 교통량은 실제 측정하는 것이 정확하지만 학문적인 연구의 경우를 제외하고 실무적으로는 어려운 일이다. 외국의 경우 옥외광고 관련 기관에서 이러한 유동인구와 교통량을 객관적으로 측정하여 제공함으로써 옥외광고의 인지효과와 관련된 기초 자료를 얻을 수 있다. 미국의 경우 2016년 Geopath 기관이 (과거: Geopath (Traffic Audit Bureau for Media Measurement) 산업계에서 널리 인정받는 객관적인 방법을 이용해 노출도 산출업무를 독립적으로 수행하고 있다. Geopath는 옥외광고 노출도(Circulation)에 대한 객관적인 인증작업을 함으로써 인쇄매체의 ABC와 같은 역할을 한다고 할 수 있다. Geopath는 AAAA (the American Association of Advertisers)와 ANA (the Association of National Advertisers), OAAA (the Outdoor Advertising Association of America)의 세 단체가 1933년에 설립하였다. 광고주, 광고회사와 옥외광고회사(Plant Operator)의 회비로 운영되며, 그 외에 감사 수수료, 교육이나 컨퍼런스 수입이 있다. 비영리 단체로 객관적이고 공정한 위치에서 회원들에게 서비스하는 일이 고유 업무이다.

Geopath는 노출도의 측정 표준을 세워서 개별 지역 비교와 GRP, CPM 분석을 통해 타매체와의 비교를 위한 단일한 기준을 제시하고 있다. Geopath 지수는 해리스 오디언스 측정 시스템(Harris Audience Measurement System)을 이용한 도달률(reach) 및 빈도(frequency) 자료 산출을 위한 기준으로도 쓰인다. 미국의 경우 옥외광고의 일반적인 효과에 대한 평가는 GRPs를 사용하는데 이것은 다른 말로 쇼윙(showing)이라고 표현하기도 한다. 이러한 데이터가 준비되기 위해서는 도보와 차량 유동인구 가운데 옥외광고물에 대한 노출을 기대할 수 있는 DEC (Daily Effective Circulation)가 안정적으로 제공되어야 하며, 미국의 경우 이러한 DEC는 모든 지역에서 수집되어 활용되고 있다. 이 자료를 바탕으로 다음 〈표 8.1〉과 같이 광고효과를 측정하였다. 옥외광고 효과의 기본 측정 단위는 DEC (Daily Effective Circulation)로, 특정 빌보드에 대한 노출 가능성이 있는 18세 이상의 성인으로 정의되는 오디언스의 일일 기준 수를 의미한다. 〈그림 8.1〉과 〈그림 8.2〉는 Geopath 데이터베이스의 예시를 나타내고 있다.

표 8.1 Geopath의 DEC 측정 및 광고효과측정 방법

DEC
매일 교통수단 안에서 광고에 노출될 수 있는 잠재성을 가진 18세 이상의 사람 수. 차량 1대당 평균 1.38명을 성인 탑승인원으로 보고, 광고에 노출될 수 있는 시간은 비조명 광고는 12시간, 조명광고는 18시간을 기준으로 하고 있다. 통상 DEC를 산출할 때 비조명 광고는 0.45의 전환율을, 조명광고는 0.65의 전환율을 적용한다. 24시간: (100 x 1.38)/2 = .69 18시간: (100 x 95% x 1.38)/2 =.656 12시간: (100 x 66.6% x 1.38)/2 =.46 예시) 25,417(Count) x .656 (18시간) = 16,673.552(DEC) 1.38 = 성인 18세 이상 차량 탑승인원 가중치 95% = 하루 교통 통과 총량에서 18시간의 비율 66.6% = 하루 교통 통과 총량에서 12시간의 비율
1일 GRPs
(광고물 패널(구획)의 수 ×한 패널 당 평균 DEC)/ 전체 시장 인구) ×100
빈도
타깃 오디언스 가중치 ×1일 GRPs ×광고기간(일)/ 100 + 광고 유형별 가중치(2,4,6회) * 타깃 오디언스 가중치 : 18세 =1.00
도달률
타깃 오디언스 가중치 ×1일 GRPs ×광고기간(일)/ 빈도
CPM
광고비/(DEC×광고기간)

옥외광고물에 노출되는 사람들의 수가 바로 유효 노출도(Effective Circulation)이고, 일일 유효 노출도(Daily Effective Circulation; DEC), 주간 효과지표(Weekly Effective Circulation), 월간 효과지표(Monthly Effective Circulation) 등으로 생각하여 볼 수가 있다.이러한 수치들이 다른 광고물과 비교하여 옥외광고의 비용을 결정하는데 지침이 될 수 있다. Geopath의 시장 평균 수치는 광고회사가 제안한 패키지(purchased showing package)의 GRP 수치를 검증하는 데에 자주 이용되며, Geopath는 바이어들이 직접 구입한 지역의 개별 DEC를 가지고 그 패키지를 검증한다. DEC는 GRP에 대한 좀 더 정확한 측정치를 제공하고 있다. DEC는 최소한 간선도로 한 곳 이상에서 노출되는 빌보드가 대상이며, 둘 이상이 될 경우, 높은 교통량의 도로는 1급지(Primary), 낮은 교통량의 도로는 2급지(Secondary)라고 부른다. 이런 것들을 혼합해서 한 지역의 전체 DEC를 산출해 내고 있다.

TAB

The Traffic Audit Bureau for Media Measurement, Inc.

Calculating Daily Effective Circulation (DEC)

For Example only (TAB Database entry):

Panel Unit #	Panel Desc.	CROSSARTERY	County NAME	Media Type	illumination	Size
1234	Main St	1st St	Any County, USA	Bulletins	18	14×48

which is assigned to:

CS Station ID	CS Primary St	CS Cross Street 1	CS Cross Street 2	Count	DEC
MST-1	Main St	1st St	Union Ave	*75417*	*16.67*

How above DEC was calculated:
25417 × .656 (18 hr illumination factor) = 16,673.552/1000 = 16.67

출처: http://www.geopath.org

그림 8.1 Geopath 데이터베이스의 예시

다음 〈그림 8.2〉는 Geopath의 DEC 측정 테이블의 예시이다.

또한 일반적으로 옥외광고회사에서는 해당 회사가 보유한 옥외매체의 위치 정보와 가격, DEC 정보를 제공하여 주고, 판매를 하는 형태로 운영하고 있다(〈그림 8.3〉 참조).

Geopath기관이 사용하는 VAI (Visibility Adjustment Index)의 경우, 포맷과 사이즈, 거리와 관련된 사이즈, 사이즈와 관련된 거리, 도로면, 평행관계 등이 고려된다.

세계적인 옥외매체사인클리어채널(Clear Channel)의 경우, DEC 자료를 바탕으로 하여 GRP별로 각각의 CPM, CPP, 도달률, 빈도를 평가한 자료를 제공해 주고 있다(〈그림 8.5〉 참조).

Geopath는 정부기관에 의해 산출된 교통량을 기초로 옥외광고 서큘레이션(Circulation)[1]을 측정하는데 Geopath의 데이터는 미국 전체 옥외광고 시장의 80%, 상위 100개사 시장의 98%를 다루고 있다. 이 밖에 Geopath는 옥외 통행시간, 소득수준, 자가용 보유 유무 등과 같은 서큘레이션의 특성을 옥외광고 시장에 맞게 표준화하여 정보를 제공하고 있다. Geopath의 옥외광고 검증은 우선적으로 옥외광고회사가 해당 지역에 대한 교통량 관련 자료를 수집하는데, 그 자료는 공식자료와(official source) 일반 수집계(hand count) 자료이다. 공식자료는 시, 주 혹은 카운티 정부가 설치한 24시간 집계 기계를 통해 얻는 자료이고, 수집계의 경우는 해당 회사의 조사원들이 Geopath의 세부 조사 절차에 따라 직접 조사한 자료이다. DEC 측정 업무 외에도 Geopath는 공식적으로 POS (Plant Operator Statement)라는 인증서를 제공한다. POS는 옥외광고회사에 대한 공식적인 증명이며, Geopath 감사원이 이미 조사한 회사의 상태(설비, 운영 등)에 대한 요약본임. POS에는 회사의 능력, 시장 평균 DEC 수치뿐 아니라 정부의 MSA (Metropolitan Statistical Area)나 닐슨사의 DMA (Designated Market Area)같은 시장정보를 활용하는 내용을 포함하고 있다. POS는 조사한 데이터가 업계의 표준지수에 어떻게 적용되는 지를 잘 보여주고 바이어가 보기 쉽게 구성되어 있다. 또한 회원들에게 매년 시장조사 요약보고서(Summary of Audited Market)를 발간 제공하고 있는데 이 보고서는 미국내 전체 500여개 지역에 대한 관련 옥외광

[1] 옥외광고에서의 서큘레이션이란 특정 매체에 접촉할 기회를 가진 보행자 수, 자동차 수를 말한다. 총 서큘레이션이란 특정 매체 근처를 지나간 사람의 총수이며, 유효 서큘레이션이란 그 매체를 실제로 본 사람의 수를 말한다. 일일 단위로 계산된다.

TAB

Plant Operator Statement
30-Sheet osters

Audited Circulation

Audited Marker: State:

MAS Market: Audit:

DMA Market:

Company:
Address:
Cltysize/zip:
Telephone:
Fax:
Note: ALL population and ciculation data shown in this statement represents Aduits18 +

Plant Capacity(Audited Market)

Panels	NO. of Panels	Percent of Panels
Illuminated		%
Unllluminated		%

Audited Market repressents the market as defined the operating company
MAS and DMA market statistics are shown on page 2.

Average Daily Effective Ciculation Per Panel(DEC)**

Illuminated

Unilluminated

**Illuminated: 18 hours 6:00 to Midnight. Unilluminated 12 hours 6:00 am to 6:00 pm

Unillluminated Notes

The Traffic Audit Bureau for Media Measurement:
420 Lexington Avenus, Suite 2520
New York, NY 10170-0100
Tel : 212-972-8075 Fax : 212-972-8928

그림 8.2 Geopath의 DEC 측정 테이블 예시

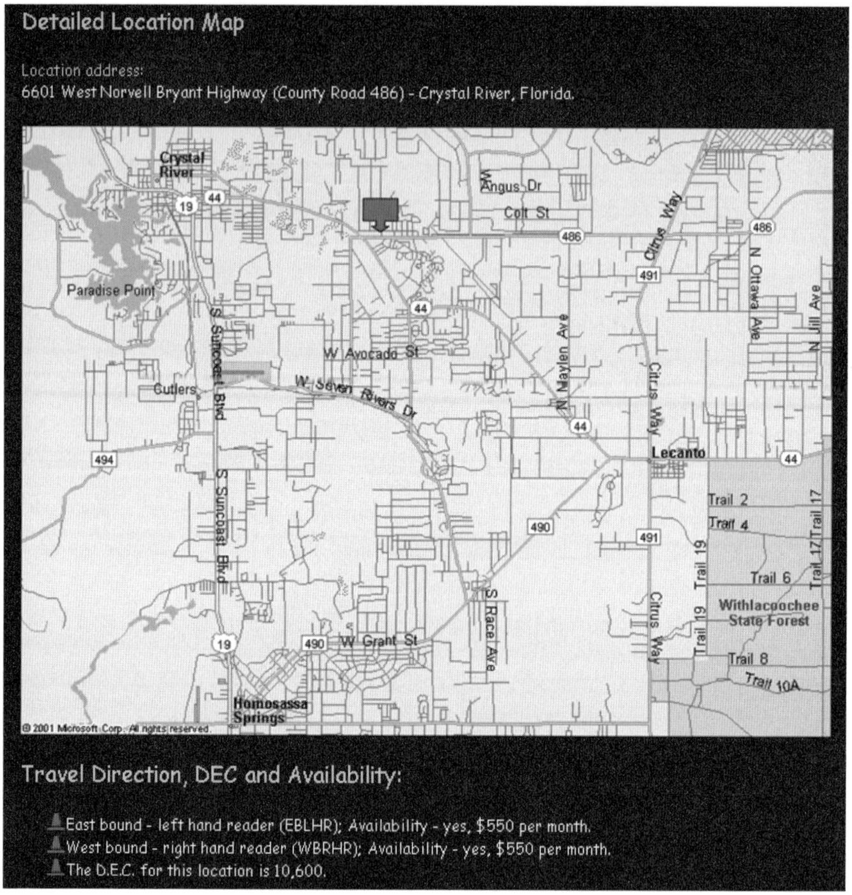

출처: http://www.renaissanceoutdoor.com

그림 8.3 옥외광고회사에서의 DEC 이용의 예시

고물 노출도를 포함하고 있다.

2009년 이후부터는 기존 DEC 지표의 문제점을 개선하고자 새로운 옥외광고 효과 측정 도구로서 '아이즈온'이 탄생하였다. 아이즈온은 EOI (EYES ON Impressions)라고 불리는 측정치를 활용하는데 이는 특정 광고에 하루 평균 노출되는 인구를 의미한다. 이러한 노출인구 통계는 주 단위로 지속적으로 업데이트되며 인구통계적 자료(성별, 연령 등) 뿐 아니라 OOH미디어 외의 다른 미디어 노출 정보까지 포괄하고 있어 복수미디어 활용 캠페인(multi-media campaign)에 적합하도록 설계되었다.

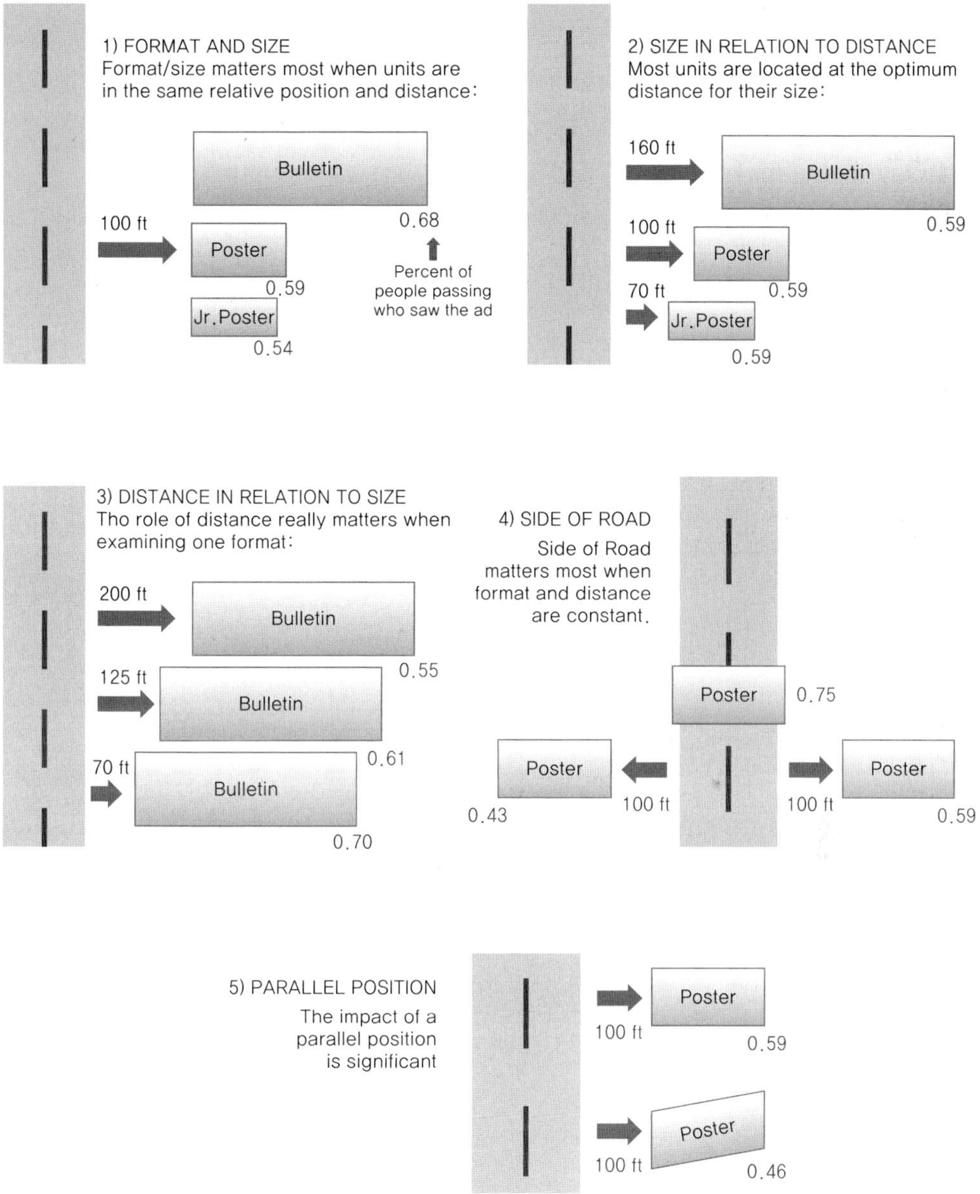

출처: Geopath

그림 8.4 Geopath의 주요변인들

Division: Los Angeles Media　　Type: 30-Sheet Poster
Market: Los Angeles Ethnic　　Group: General Market

18+ Pop. (000)	GRP	Total Faces	Four WEEK Avg.DEC (000)	Four Week Circulation (000)	Unit Avg. GRP	Dally GRP	Four Week Rate per Face	Total Four Week Rate	CPM	CPP	Reach	Frequency
13,097.6	100	529	24.0	356,378.4	0.18	97.1	$ 590	$312,110	$0.88	$114.71	93.2%	29.2 ×
12.442.7	95	503	24.0	338,850.4	0.18	92.3	$ 590	$296,770	$0.88	$114.71	92.8%	27.9 ×
11,787.8	90	476	24.0	320,633.6	0.18	87.4	$ 590	$280,840	$0.88	$114.72	92.4%	26.5 ×
11,133.0	85	450	24.0	303,105.6	0.18	87.4	$ 590	$265,500	$0.88	$114.73	92.0%	25.1 ×
10,478.1	80	423	24.0	284,888.8	0.18	77.6	$ 590	$249,570	$0.88	$114.74	91.6%	23.8×
9,823.2	75	397	24.0	267,362.8	0.18	72.9	$ 590	$234,230	$0.88	$114.75	91.1%	22.4 ×
9,168.3	70	371	24.0	249,832.8	0.18	68.1	$ 610	$226,310	$0.91	$118.64	90.5%	22.1 ×
8,513.4	65	344	24.0	231,616.0	0.18	63.1	$ 610	$209,840	$0.91	$118.66	89.8%	219.7 ×
7,858.6	60	318	24.0	214,088.0	0.18	58.3	$ 610	$193,980	$0.91	$118.67	89.1%	18.3 ×
7,203.7	55	291	24.0	195,871.2	0.18	53.4	$ 610	$177,510	$0.91	$118.70	88.2%	17.0 ×
6,548.8	50	265	24.0	178,342.2	0.18	48.6	$ 610	$161,650	$0.91	$118.72	87.2%	15.6 ×
5,893.9	45	238	24.0	160,507.2	0.18	43.7	$ 690	$164,220	$1.02	$134.01	86.0%	14.3 ×
5,239.0	40	211	24.0	142,290.4	0.18	38.7	$ 690	$145,590	$1.02	$134.01	84.5%	12.9 ×
4,584.2	35	185	24.0	124,762.4	0.18	34.0	$ 690	$127,650	$1.02	$134.01	82.6%	11.5 ×
3,929.3	30	158	24.0	106,545.6	0.18	29.0	$ 690	$109.020	$1.02	$134.02	80.3%	10.1 ×

그림 8.5 클리어채널의 옥외광고 평가표

18+ Pop. (000)	GRP	Total Faces	Four WEEK Avg.DEC (000)	Four Week Circulation (000)	Unit Avg. GRP	Dally GRP	Four Week Rate per Face	Total Four Week Rate	CPM	CPP	Reach	Frequency
3,274.4	26	132	24.0	89.017.6	0.18	24.2	$ 690	$91,080	$1.02	$134.01	77.3%	8.8 ×
2,619.5	20	106	24.0	71,489.6	0.18	19.4	$ 800	$84,800	$1.19	$155.36	73.2%	7.5 ×
1,964.5	15	79	24.0	53,272.8	0.18	14.5	$ 800	$63,200	$1.19	$155.38	67.0%	6.1 ×
1,309.8	10	53	24.0	35,744.8	0.18	9.7	$ 800	$42,400	$1.19	$155,36	57.7%	4.7 ×
654.9 5	5	26	24.0	17,528.0	0.18	4.7	$ 800	$20,800	$1.19	$155.43	40.1%	3.3 ×

그림 8.5 클리어채널의 옥외광고 평가표(계속)

아이즈온의 조사 프로세스는 4단계로 이루어져 있는데 1단계는 교통량에 대한 수집이다. 교통량 조사 정보는 2500개의 지역 및 국가의 교통부에서부터 수집이 되고 있는데 이러한 교통량 조사를 통해 각 OOH광고물을 통과하는 사람의 정확한 수와 노출 가능성을 알 수 있다. 2단계는 가시성 조사이다. 가시성 조사 방법은 다양한 환경 속에 있는 여러 OOH광고물에 대한 영상 시뮬레이션을 만들고 아이트래킹 조사기법을 사용하여 차량 및 보행자의 노출을 계산한다(〈그림 8.4〉 참조). 3단계는 유동 인구에 대한 설문과 데이터의 수집이다. 조사 기관인 Mediamark Research (MRI)는 50,000 여명의 유동 인구에 대한 설문 조사를 통해 유동 인구 특징, 유동 행태, 유동 목적에 대한 다양하고 자세한 정보를 수집하며 추가적인 자료는 미국 통계청 자료를 통해 보충 한다. 마지막 4단계는 수집된 정보를 통합하고 분석하여 Geopath의 '아이즈온'의 DaGeopathase를 구축한다. 이 데이터베이스는 성별, 연령, 민족/인종, 소득 등과 같인 인구통계학적인 정보와 가시성 조사 결과를 포함하고 미국의 200 개 이상의 상권에서 운영되는 각각의 OOH광고물에 대한 정보를 제공해준다.

아이즈온은 매주 단위로 광고 노출량이 집계되고 광고물 별로 노출량이 집계되기에 복수 OOH미디어를 이용한 캠페인이면 단순하게 노출량을 더하는 것으로 캠페인을 통해 몇 번의 광고 노출이 가능할지를 비교적 정확하게 가늠할 수 있다. DEC는 동일 도로 상의 OOH미디어가 교통량에 따라 동일한 노출 확률을 지닌다고 가정하지만 아이즈온에서는 각 광고물에 특성에 맞게 노출 확률을 계산하기에 DEC와 비교할 때 보다 효과적이라고 할 수 있다.

2012년 5월에 'Geopath Eyes on'측정 방법에 대한 이해도와 접근성을 높이기 위해서 Eyes on을 Geopath Out of home Ratings으로 이름을 바꾸고 측정 방법도 보다 구체화 하였다. 'Geopath Out of home Ratings'측정 방법은 기존 'Geopath Eyes on'측정 방법과 많이 비슷하지만 가장 큰 차이점을 들자면 4대 매체 플래닝에 주로 활용되는 타깃팅 지표들(예: 미국 DMA)을 활용할 수 있도록 설계되었다는 점이다. 따라서 이 측정방법은 OOH미디어가 통합캠페인에 적극적으로 활용되는데 도움을 줄 수 있고 DEC에 비해 정확한 노출량 계산이 가능하며 Reach, Frequency, GRP, CPM, CPP 등 미디어플래닝에 흔히 활용되는 광고효과의 효과, 효율 지표들과 통합에 유용하다.

미국의 옥외광고의 AMS (Audience Measurement System)[2]의 동향은 다음

[2] 2005년 2월. 일본 옥외광고효과조사포럼. "미국의 옥외광고사의 동향"

과 같다. 2003년 OAAA(미국 옥외광고 협회)의 총회에서 '아비트론(Arbitron)'과 '닐슨 미디어 리서치'가 경쟁적으로 개발하고 있는 오디언스 측정 시스템이 소개되었다. 두 회사는 함께 GPS(위성지구측위)기술을 이용하여 소형의 위치정보 말단을 상시 휴대하여 GPS에 의해 얻는 위치 데이터를 기록하는 방식을 사용하였다. 아비트론은 아틀란타 시내의 각 옥외광고의 7일간 GI (Gross Impression) 및 접촉자의 인구통계학적 특성(성별, 연령, 사회/경제적 지표) 데이터를 입수하였지만 GPS의 회답자 비율이 4% 이하로 너무 적었고, 유용한 이용방법이 나타나 있지 않아 결국 옥외광고 측정 시스템의 개발을 중단하였다. 반면, 닐슨 미디어 리서치는 남아프리카공화국에서 380개의 옥외광고물을 대상으로 조사하였다. 그 결과, 정확한 도로 데이터와 옥외광고 위치 데이터(광고용도 포함), 그리고 20초 간격으로 기록한 GPS 휴대 대상자의 데이터 100만 개를 수집하여 OTS (Opportunity To See) 데이터를 작성하였다. OTS 데이터는 옥외광고, 날짜, 시각, 평균 속도의 자료를 제공하고 있다(〈그림 8.6〉 참조).

또한 닐슨 미디어 리서치는 GDP Associates 사(社)와 공동으로 'Npod (Nielsen Personal Outdoor Device)'라는 무게 약 150 g, 크기는 가로 4 cm, 세

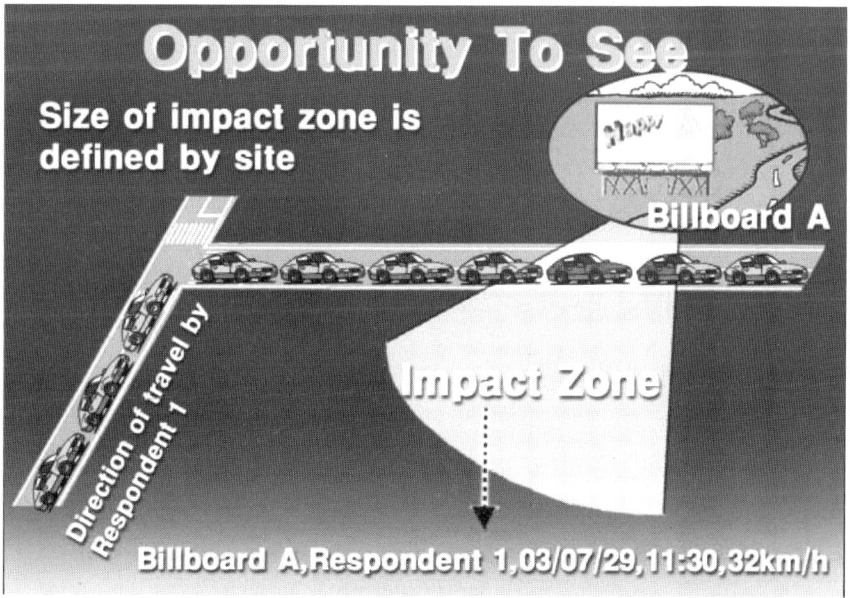

그림 8.6 닐슨 미디어 리서치의 OTS 데이터

로 10 cm, 두께 2 cm의 휴대전화 사이즈의 소형휴대위치정보 단말을 개발하였다. 'Npod'은 10일간 충전하지 않고 휴대 가능하다. 2004년 시카고에서 12,000개의 옥외광고물을 대상으로 750명의 대상자가 10일간 'Npod' 검증실험을 실시하였다. 'Npod'는 측정 대상자가 옥외광고와 접촉가능 지역에 들어갔을 때 'Intercept'(통과)가 기록되고, 동시에 대상자가 향하고 있는 방향과 그 시점에서의 '평균속도'도 기록되는 방식이다. 측정대상자가 실제로 옥외광고에 접촉한 가능성을 측정하기 위해서 영국의 POSTAR 사가 개발한 'VAI' (Visibility Adjustment Index)를 이용한다. 'VAI'란 측정대상자의 보행 또는 승차 스피드, 옥외광고가 길에 면하고 있는 각도, 옥외광고의 보도의 가장자리로부터의 거리, 옥외광고가 최초로 보인 장소로부터의 거리, 옥외광고의 주변 환경의 복잡도, 옥외광고가 위치하고 있는 도로로부터의 높이, 옥외광고의 크기, 옥외광고가 조명으로 비춰지고 있는지 또는 무언가로 차단되고 있는지의 여부에 대한 조사를 뜻한다. GPS 조사 시스템의 이점은 매체를 보유하고 있는 매체사에게는 측정가능하여 매체평가를 통해 매체 구입(buying)의 개선 효과를 주고, 광고대행사에게는 효율적인 플래닝, 인구통계적 특성을 파악함으로써 타깃팅이 가능하다는 점과 이를 통해 정확한 도달률, 빈도, GRP의 측정이 가능하다는 이점이 있다. 이와 같이 미국의 경우에는 Geopath의 DEC 데이터를 기반으로 하여, 최근에는 GPS와 같은 새로운 측정 시스템의 도입으로 양적 데이터뿐만 아니라 인구통계적 특성의 파악과 같은 질적 데이터까지 함께 조사함으로써, 더욱 정확한 효과측정을 시도하고 있다.

2. 영국

옥외광고 효과측정 현황

COPLAND 모델[3]

영국 옥외광고 대행사의 선두 업체인 Mills and Rockleys사는 옥외 매체계획이 좀 더 과학적으로 이루어져야 한다는 필요성을 느껴서 연구프로젝트를 수행한 결과, 옥외광고에서 가장 먼저 고려해야 하는 것은 효율성이었으며, 옥외광고 캠페인의 규모와 기간이 광고에 대한 회상과 밀접한 관계가 있음을 밝혀내었다.

[3] 서범석 (2001). 옥외광고 효과측정 모델에 관한 연구. 광고학연구. 12(2).

표 8.2

COPLAND 모델
Y = AS + B Y = 캠페인이 진행 중인 도시안의 S(개) 지역의 평균빈도 A = 각 도시의 인구크기로 유추할 수 있는 기울기 값 (큰 도시일수록 A값이 작아짐) S = 특정 광고캠페인이 진행 중인 지역개수 B = 인구와 오디언스 간의 평균 빈도차

Copland는 옥외광고 오디언스에 대한 깊은 관심을 가지고 1952년에 소비자 이동습관을 조사하였는데, 오디언스의 크기는 지역에 따라 상당히 다양하며, 게시된 옥외광고의 가시성이 다양하다는 것을 발견하였다. Copland는 도시별로 50여개의 지역을 무작위로 선정한 후 최소한 그 지역을 한 번 이상 지난 사람, 즉 모든 응답자에 대한 1명 당 통행량을 산출하였다. 연구 결과를 그래프로 표시하여 보면, 기울기는 해당 시의 크기에 좌우하며, 소도시 일수록 기울기가 큰데, 이는 소도시일수록 개인당 한 지역을 통과할 기회가 큰 도시에 비해 크다는 사실을 반영한다. 결과적으로 각 도시의 인구 크기로부터 기울기를 유출해 낼 수 있었고 이 기울기 값을 'A'로 정하였다. 이 오디언스 그래프와 수직축(y축)이 만나는 지점도 각 도시마다 조금씩 다른데 대략 평균적으로 4였다. Copland는 이를 상수로 취급해서 'B'라고 이름붙이고 'S'를 한 도시에서 특정 광고캠페인이 진행 중인 지역개수라고 한다면 AS는 그 지역 거주 성인 1명 당 통행량으로 대표되는 특정 도시캠페인 성과 측정에 있어서 하나의 가중치로 쓰이며 B는 인구와 오디언스 간의 평균 빈도차를 가리킨다. 결론적으로 AS + B는 캠페인이 진행 중인 도시안의 S(개) 지역의 평균빈도를 나타내고, 이 수치를 십진법에 따라 표시한 값이 ASI가 된다. 이 값을 몇몇 캠페인의 실례에 적용해 보면 Copland 모델은 광고캠페인을 위한 것이지 개별 지역을 위한 것은 아닌 것이다. 그러나 만일 B값이 정말 상수라면 캠페인을 한 지역에 대한 오디언스에 대한 노출값에 적용되어서 실질적인 빈도 산출 공식은 A + B가 됨($y = ax + b$, $x = 1$이 되므로 $y = a + b$). 그런데 큰 도시일수록 A값은 작아지게 되고 결국 A는 무시할 수 있는 만큼 작아진다. 예를 들어 런던의 경우 A값은 0.0332가 됨. 결국 오디언스가 통행하는 한 특정 지역에 대한 빈도는 B값으로 표시될 수 있다.

A값은 편리하게 쓰이는 요소들을 함축하고 있다. 해당 도시의 지역수를 A로

곱하면 일주일당 성인 평균 오디언스에 대한 전체 통행량을 구할 수 있고, 성인 인구수와 곱하면 해당 도시의 성인의 평균통행량을 구할 수 있다.

OSCAR 모델[4]

영국 옥외광고협회(OAA), 매체사와 광고주, 광고대행사가 참여한 "옥외광고 오디언스 리서치를 위한 공동산업위원회(JICPAR; Joint Industry Committee for Poster Audience Research)"가 주축이 되어 OSCAR모델을 1985년 10월에 개발하였다. JICPAR은 1967년 4대 매체 중심으로 효과측정를 하다가 1980년 중반부터 OSCAR를 설립하여 포스터 수용자의 측정을 시작하였다. 개별 옥외광고에 관한 정보를 포함하여 모든 영국 옥외광고 설치지역의 완전한 분류와 서열화 작업이 이루어져 개별 옥외광고(패널)의 가시성 측정이 진행되었다. 그리고 전국의 옥외광고 지점에 대한 표본조사를 바탕으로 개별 위치의 교통 유동인구(Vehicular)와 도보유동인구(Pedestrian)의 추정하였다.

OSCAR의 연구는 교통유동인구와 도보유동인구를 추정하는 통계적 모델과 함께 OAA의 회원사의 옥외광고가 있는 지점의 쇼핑센터나 주차장과 같은 장소를 포함해서 세분화된 도로변의 인구조사를 포함하고 있다. 아울러 이 데이터베이스는 개별 옥외광고 장소에 대한 특성 정보를 포함하고 있다. OSCAR모델은 개별 옥외광고의 특성에 근거해서 주당 통행자 수를 계산하고, 이렇게 계산된 '총 오디언스(Gross Audience)'는 몇 가지 항목으로 나뉘어 점수화되어 개별 옥외광고의 가시성 기준에 근거해서 조정된다.

NOP Market Research사는 개별 옥외광고에 관한 포괄적 정보를 제공하는 부분을 담당했으며, 이러한 정보들은 개별 옥외광고에 대해 자료를 제공할 수 있다. 이 정보에 내장된 옥외광고 항목들로는 광고물 위치, 규격별 옥외광고의 수량, 계약자명, 광고물 개요, 도시와 도로, 인구와 인접도시와의 거리, 설치지역의 특성, 도로형태, 교차로 타입, 교통흐름, 차선수, 버스노선, 교통신호등, 소매점의 형태, 유흥점, 사무실, 학교, 특수시설물, 2분 동안의 교통량 측정 등이 포함되어 있다.

AGB (Audits of Great Britain)는 영국 전체를 대표하는 437개 옥외광고 설치지점의 샘플에서 계산한 오디언스를 조사하였는데, AGB 통계는 교통유동인구와 도보유동인구를 분석하고, 동시에 지역의 다양한 특징을 분석하였다. 이를 정

---

[4] 서범석 (2001). 옥외광고 효과측정 모델에 관한 연구. 광고학연구. 12(2).

표 8.3 AGB모델에 있어서 주요 옥외광고 측정항목

교통유동인구	도보유동인구
• 도시형태 • 인접 대도시와의 거리 • 도시 중앙으로부터의 거리 • 지역코드 • 특기사항 • 교차로 형태 • 도로 형태 • 차선수 • 버스노선 • 교통 신호등 • 교통량 측정치	• 인구 • 도시형태 • 인접 쇼핑센터 유무 • 지역코드 • 특기사항 • 도보유동인구 유입지점의 수 • 도보유동인구 측정치

표 8.4 OSCAR 모델에서의 측정항목(가시성 요소)

교통유동인구	도보유동인구
• 최대 가시거리 • 도로의 각도 • 다른 광고물과의 경쟁관계 • 가시권으로부터 방향전환 지점 • 가시장애의 정도(각도) • 광고물의 높이 • 광고물의 조명여부	• 광고물 가시 비율(현장조사) • 다른 광고물과의 경쟁관계 • 광고물의 조명여부

리하면 다음 표 8.4와 같다.

옥외광고의 가시성 문제에서 완전히 보이지 않는 옥외광고는 없지만, 시야와 일치하지 않는 것이 많기 때문에 아무리 많은 사람들이 옥외광고를 거쳐 가도 볼 수 없다면 소용이 없다. 따라서 가시성 요소를 고려한 OSCAR 모델의 측정항목은 다음 〈표 8.4〉와 같다.

OSCAR 모델의 가시성 요소에서 각 항목의 점수는 도보와 교통 유동인구에 대해서 합의된 공식에 의해서 조합된다. 이러한 각각의 항목들은 순수 오디언스(Net audience figures) 또는 OTS(Opportunities To See)를 파악하기 위해서 총통과지수(Gross passages figures)에 적용되어 계산된다. 대체로 모든 옥외광고물에서 총 오디언스 중에서 순수 오디언스 비율은 대략 70% 정도의 감소를 보였다. 가시성 시스템이 원래부터 광고물의 규격에 따라서 설계되었기 때문에, 광고물의 규격에 따라 점수가 영향을 받지 않는다. 이 데이터베이스는 수시로 보완되며, 매년 10% 정도 재조사된다.

OSCAR Digest는 OAA에서 6개월 마다 자료를 출간하여, 영국의 각 ISBA 지역과 옥외광고가 있는 모든 지방 정부지역에 자료를 제공한다. 108,700여 개의 옥외광고 데이터를 기록하고, 103,100여 명을 대상으로 오디언스 조사를 실시하였다. 자료의 주요 내용은 각 옥외광고의 규격별 수량과 오디언스 평가 - 각각의 옥외광고 규격별 교통유동인구, 도보유동인구, 또는 통합된 오디언스의 가장 높은, 가장 낮은, 그리고 평균 빈도가 높은 수치 등-이다. OSCAR는 OAA의 회원사들이 소유한 옥외광고에 관한 엄청난 양의 데이터를 매체 기획 담당자와 구매 미디어렙, 그리고 그들의 광고주에게 제공하였다. OSCAR는 1989년부터 1995년까지 옥외광고의 노출과 빈도를 제공하였고, 1995년 POSTAR(Poster Audience Research)에 의해 교체되었다.

POSTAR (Poster Audience Research)

POSTAR는 옥외광고 수용자에 대한 조사를 실시하는 기관으로서 JICPAR (Joint Industry Committee for Poster Audience Research)와 OSCAR를 대체하여 1996년 설립되었다. 이 연구는 영국옥외광고협회(OAA, Outdoor Advertising Association)와 영국광고인협회(IPA) 옥외광고분과의 지원 아래 POSTAR사가 수행하고 있다. POSTAR는 Poster Audience Research 임을 뜻한다. 일반적으로 광고 수용자 조사는 광고 메시지를 볼 기회(OTS)를 기준으로 측정되나, POSTAR의 조사는 광고판을 실제로 보거나, 혹은 유의해서 볼 가능성과 관련한 데이터를 조사하였다. 먼저 자동차통행량, 운전자와 보행자의 통행량을 측정하고, 광고판의 특성을 조사한다. 또한 광고 지점을 지나는 개별 수용자의 이동 패턴을 조사한다. 마케터들은 단지 하나의 광고판의 특성에 대해서만 알기를 원하는 것이 아니라 캠페인 기간 동안의 통합적인 효과를 알고 싶어 하므로, 타깃 마켓에서 얼마나 노출되었는가 하는 커버리지나 도달률에 관한 정보와 또 얼마나 자주 노출되었는지에 관한 평균 빈도에 대한 정보를 원하기 때문에 이동 패턴의 조사를 통해 이러한 정보를 제공해줄 수 있다. 이동 경로 조사는 지역적인 조사 외에 수용자의 인구통계학적 특성, 다른 매체의 노출, 쇼핑 습관, 교통수단의 이용 등에 관한 조사도 병행하므로 개별 수용자의 특성에 대해 잘 알 수 있다. 응답자들

표 8.5 POSTAR 모델의 가시성 요소

옥외광고 효과에 영향을 미치는 요인
○ 평균속도 ○ 크기 ○ 도로의 가시각 ○ 가시거리 ○ 혼잡도 ○ 조명도 ○ 장애물 ○ 도로로부터의 거리

은 CAPI (computer aided personal interview)를 이용하여, 설문지를 작성한 뒤, 그들의 자세한 최근 이동 경로를 컴퓨터 맵핑(mapping) 기술을 이용하여 기록하게 된다. 2007년에는 GPS를 이용한 데이터 수집을 시도하기도 하였다. 그러나 한 지점에서 지날 수 있는 모든 옥외광고가 동등하다고 할 수는 없으므로, 수용자 각각의 상황에 따른 가시성 요소를 고려하여 잠재적인 노출도를 추가적으로 조사하였다. 적외선 아이 트래킹 조사를 통해 운전자, 승객, 보행자의 입장에서 서로 다른 상황에 있는 특정 광고판을 어떻게 보는지를 조사하였다. 결국 POSTAR 조사는 개별 광고판에 대한 교통유동인구와 도보유동인구를 추정하고, 실제로 광고판을 보는지에 대한 가시성 요소를 추가하여 조사하는 것이라 볼 수 있다.

영국 옥외광고 산업에서 이용되는 표준연구 방식인 POSTAR는 약 127,500여 개의 노변 광고판을 보는 광고수용자들을 연구하는데, 약 25,000개의 지점에서 측정한 교통량 정보가 전산망을 통해 수집되어 영국의 모든 도로의 교통량을 알 수 있게 해준다. 이러한 데이터는 매년 업데이트되며 2006년 후반부터는 런던 지하철의 수용자 측정까지 확대하였고, 최근에는 GPS 시스템과 웹 기반 인터뷰 시스템과 같은 새롭고 대안적인 측정 기술을 사용하여 옥외광고 매체에 대한 더욱 포괄적인 측정과 이해가 가능해졌다. POSTAR의 데이터는 얼마나 많은 사람들이, 얼마나 자주 광고를 접하는지에 대한 정보를 제공하고, 이 정보는 기획, 구매, 판매 그리고 광고비를 결정하는데 사용된다. POSTAR는 포스터 수용자 트래픽, 도달 범위, 빈도 등을 평가한다. 즉, 각각의 광고판은 어디에 위치했는지, 패널은 어디에 세워졌는지, 각 패널 당 얼마만큼의 사람이 지나갔는지, 그리고 수용자들은 이를 어떻게 보는지를 조사한다. 한편, POSTAR는 도보 인구나 이동 인구를 측정하는 연구 외에 광고판을 지나치는 사람들의 수는 물론, 누가 광고판을

표 8.6 가시성을 고려한 옥외광고 효과 측정 사례[5]

예1) Leith의 Great Junction street	
	- 도로의 정면 - 50 m 거리 이상의 가시성 - 방해물 없음 - 아주 약간 도로에서 벗어남 = 〉 통행량: 25만, 접점: 15만 5천 = 〉 효율성 62%
예2) London의 Chiswick Park Station	
	- 도로와 평행 - 42 m의 가시성 - 적절한 도로와 거리 = 〉 통행권: 20만, 접점: 3만 = 〉 효율성 15%

보는가를 결정하는 광고판 당 VAI (Visibility Adjusted Impacts)를 측정한다. VAI는 서로 다른 상황에 있는 특정한 광고판을 사람들이 실제로 어떻게 보는지를 평가하기 위해 실행되며, 이 정보를 전체 수용자 수에 적용시킴으로써 광고판 유형별(6Sheet, 48Sheet, 96Sheet) VAI를 계산한다. 이외에 POSTAR사는 광고판을 지나치는 사람들의 인구통계학적 특성에 대한 연구(Travel Survey Data 연구)와 광고판당 총 수용자 수 측정 등에 관한 연구 및 조명과 일광이 옥외광고판의 광고 효과에 미치는 연구들을 수행하고 있다.

POSTAR가 1996년부터 2013년까지 영국 내 옥외광고의 노출과 빈도를 제공하였지만 2013년부터는 ROUTE Outdoor Media Analysis 의해 전격적으로 교체 되었다. 여기서 POSTAR와 ROUTE모델 간에는 약 6가지의 큰 차이점이

[5] 출처: JCDecaux "Methodologies for Outdoor Evaluation"

있는데 구체적으로 살펴보면 다음과 같다. 첫째, POSTAR 모델이 옥외광고 매체의 50%만 커버하는 반면, ROUTE는 90% 이상을 커버함으로써 실질적으로 신뢰도와 활용도면에서 더 큰 영향력을 가지게 되었다. 둘째, POSTAR 모델이 도로의(road) 유동인구만 조사하는 모델인 반면, ROUTE는 리테일 환경, 버스, 공항, 지하철, 철도 등의 생활 전반의 지역까지 옥외광고 효과를 측정할 수 있도록 범위를 넓혔고 셋째, ROUTE모델은 예전에 측정이 어려운 짧은 거리도 측정이 가능하고, 유동인구를 측정하기 위해 GPS을 사용하기 시작했다. 넷째, ROUTE는 인구 기반(audience-based) 측정 시스템으로서 각 옥외광고 캠페인에 맞게 타깃 플래닝을 할 수 있고 옥외 광고의 GRP와 도달률, CPT (cost per thousand) 등과 같은 결과를 제공함으로써 다른 미디어 효과와 비교가 가능하다. 다섯째, ROUTE는 디지털 미디어(digital media), 스크롤 미디어(scrolling media) 및 시간대 캠페인(daypart campaigns) 등의 새로운 미디어까지 수용할 수 있고 마지막 여섯째, POSTAR보다 더 자세한 유동인구 특성과 라이프스타일에 대한 데이터를 제공하고 있다.

3. 호주

2012년 2월에 호주 옥외 미디어 협회 (Outdoor Media Association, OMA)는 호주의 옥외미디어를 위해 산업적으로 널리 사용할 수 있는 첫 수용자 측정 시스템인 MOVE(Measurement of Outdoor Visibility and Exposure)을 개발하였다. MOVE 시스템을 개발한 OMA의 주요 회원사는 APN Outdoor, EYE, Adshel, oOh!media, JCDecaux, Bishop Outdoor Advertising, QMS, Metrospace Outdoor Advertising 등으로서 호주를 대표하는 전문 옥외광고 대행사들로 구성되어 있다.

MOVE는 67,000여개의 도로변, 철도역, 공항, 버스정류장, 버스/트램, 쇼핑센터 등에 운영되는 옥외광고를 대상으로 하며 적용 가능한 도시는 호주시드니, 멜버른, 브리즈번, 애들레이드, 퍼스이다. MOVE는 개인, 가구별 일일 통행 경로를 예측하는 시스템인 Zenith Travel Modeling System과 호주 통계청의 인구조사 데이터, 가구통행실태조사, 도로/대중교통 네트워크 정보 등을 기반으로 하고 한 도시를 6,500개 이상의 통행구역(Travel Zone)으로 나누어 조사를 하고 있다.

MOVE에 의해 산출되는 주요 지표는 OTS(Opportunity to See), VI(Visibillity

Index), LTS(Likelihood To See)이다. 먼저 OTS는 제니스 시스템을 통해 오디언스가 광고물을 '볼 기회', 즉 잠재적 오디언스의 범위를 설정하는 지표이다. 이 지표는 각 통행구역(Travel Zone)별로 발생한 통행량, 빈도,목적, 시간대, 도착지, 방식, 경로 등을 분석하여 도출한다. 다음으로 VI는 아이트래킹 기반으로 광고물의 가시성(Visibillity)를 평가하는 지표로서 200밀리세컨드(0.2초)의 시청시간을 최소 접촉 단위로 설정하고 광고물의 크기, 위치, 오디언스와의 거리, 시간대, 노출각도 등의 다양한 요인을 고려하여 Visibility Index를 계산한다.

LTS(Likelihood to See)는 옥외광고물을 확실히 본 사람 수만 예측하는 지표로서 광고물을 볼 기회가 있었을 오디언스의 수(OTS)에 가시성 지표(VI)를 반영한 정량적 측정 방식으로 산출되는데 (OTS × VI = LTS) 광고물의 영향력, 오디언스의 접촉, 인터랙션의 퀄리티와 같은 정성 평가는 반영되지 않는다. LTS는 90년대에 영국의 POSTAR 시스템의 개발자인 Simon Cooper가 개발하였고 MOVE에 적합한 LTS를 개발하기 위해서 가상현실(simulation)과 현장(field) 및 시선추적(eye-tracking) 등의 다양한 조사 방법을 사용하고 있다.

호주의 대표적인 오디언스 및 미디어 조사 분석 시스템으로는 emma를 들 수 있다. 이 시스템은 호주의 인쇄, 출판 산업 대상 이종 매체 측정 시스템으로서 호주의 주요 소규모 뉴스 퍼블리셔들을 대표해 뉴스 브랜드 가치 제고 및 언론자유 보장을 위한 활동을 수행하는 단체인 The Newspaper Works (TNW)에서 호주 내 신문, 잡지 산업의 이종 매체 오디언스 측정을 위해 설립한 자회사인 The Readership Works(TRW)가 글로벌 리서치회사 Ipsos에 의뢰하여 개발하였다. 이 시스템은 매년 54,000명의 패널을 대상으로 인터넷조사(CAWI) 90%, 가구방문 면접조사 (CAPI) 10%의 비중으로 조사를 시행하며 전국 지역 신문, 잡지의 온, 오프라인과 모바일, 타블렛을 통한 구독 및 인게이지먼트(Engagement)를 측정한다. 그밖에 매체 사용 행태(TV/라디오/영화관/옥외/인턴넷)와 매체별 인게이지먼트(Engagement)에 대한 조사를 수행한다. 그리고 이 시스템을 통해 제공되는 데이터로는 주요 인구통계 데이터와 사회경제 및 지리인구통계적 데이터로서 성향, 종교, 라이프스타일, 활동, 매체별 소비자 세분화(segmentation)와 자동차, 재무, FMCG, 식음료, 제약, 소매, 통신, 여행 업종에 대한 브랜드 카테고리 및 43개의 상품 하위 카테고리별 구매 데이터 등이 포함 되어 있다.

호주의 OOH미디어에 대한 효과측정은 MOVE의 옥외효과측정 데이터와 더불어 emma의 오디언스 라이프스타일이나 미디어 태도 등의 데이터가 통합되어 보다 구체적이고 고도화된 플래닝을 할 수 있도록 발전해 가고 있다. 또한 지리인구통계적(Geo-demographic) 오디언스 프로파일링 툴인 geoemma와의 통합을 통해 지역 기반 마케팅에 대한 포괄적인 인사이트도 확보 가능해질 것으로 예측되고 있다.

4. 일본

일본은 우리나라와 마찬가지로 OOH미디어에 대한 효과지표로서 미국, 영국 등에서 사용하는 DEC 지표를 2001년부터 채용하여 사용하였다. 그러나 2008년 리먼 사태 등을 겪으면서 OOH미디어에 대한 효과 근거의 필요성을 심각하게 인식하게 되었고 일본 내 약 60개사의 옥외광고 기업을 대표하여 옥외광고조사 포럼 주도로 일본의 옥외 특성을 반영한 새로운 인지효과 지표를 개발하고자 '옥외광고 지표조사 프로젝트' 활동이 시작되었다(시미즈, 무라카미, 2012).

먼저 이 프로젝트는 일본의 옥외광고 환경의 특수성을 고려하여 독자적으로 광고 시인지 수를 추정하기 위한 우선 과제로서 번화가에 있는 보행자 전용 매체에 대한 효과측정 지표를 개발하기로 하였다. 구체적으로 그 활동을 살펴보면 보행자 대상의 번화가 포스터 보드의 지표 개발을 목적으로, 두 가지 조사를 실시했다. 긴자, 시부야, 신쥬쿠, 하라쥬쿠, 오모테산도, 록뽄기의 6개 가로에 있는 96개 매체를 선정해, 2011년 9월 21일부터 28일 사이에 해당 지역을 방문한 사람들을 대상으로 시인율을 측정하는 인터넷 리서치를 10월에 실시하였으며, 또한 조사대상매체 각각의 크기, 높이, 각도, 조명유무 등의 가시상황, 장애물의 정도, 연결도로 수, 연결부착 매수 등 여러 항목을 조사원이 육안으로 확인하는 매체속성조사를 실시했다.

그리고 두가지 연구의 조사 결과 빌딩벽면 보다 옥상에 설치된 매체가 시인율이 높고 교차점에 설치된 매체가 도로에 평행하게 설치된 매체 보다 시인률이 높다는 결과들을 실제 점수로 확인하였다. 또한, 통계적 방법론을 사용해, 실측 시인률과 각종 매체속성 간의 관계를 살펴 어떤 매체속성이 얼마만큼 시인율에 영향을 주고 있는지를 분석했다. 그리고 이 분석의 결과를 '2011년 보행자용 옥외광고 추정 시인율 산정표'로 요약하여 2012년 3월말에 업계에 공표하였다. 이 시인율 산정표는 실제 실측치가 없는 매체도 간판의 면적, 설치위치 및 설치각도, 설치높이, 클러터, 조명의 유무와 정도라고 하는 5개 매체 속성을 입력하면 추정 시인률을 산출할 수 있으며 이렇게 산출된 추정 시인률과 매체 부근의 통행량을 곱하면 추정 시인지수를 산출할 수 있다.

또한 2012년 5월 18일에는 이 시인율 산정표를 기초로 하여 '옥외광고지표 추정시스템'을 구축하여 발표하였다. 이 시스템은 앞서 얘기한 데이터 뿐만 아니라, 수도권, 간사이, 나고야, 북부규슈, 삿포로 등 각 지구의 합계 200개 거리 이상의 통행자 수 데이터를 탑재하고 있어, 추정 시인률 및 추정 시인자 수를 간단하게 집계할 수 있다. 이와 같이, 2011년도에 작성된 보행자용 옥외광고 지표는 시스템 형태로 정리되어 보급을 목표하여, 현재 프로젝트에 참가한 각 사에 의해 널리 이용되고 있으며 운전자 대상 로드사이드 보드의 지표화로 확대 추진되었다. 2012년 8월에는 예비조사로서 글래스형 아이트래커를 이용한 아이트랙킹 조사를 실시하여 기초정보로서 운전자의 시야범위 등을 확인했다. 또한 수도고속도로나 간선도로(일반도로)를 따라 약 120개 보드를 조사대상으로 선정해, 2012년 8월에 매체속성조사를 실시하였으며, 9월에는 인터넷 리서치를 통해 시인율에 대한 실측 조사를 실시했다.

5. 해외 옥외 광고 플래닝 모델 사례

미국

미국은 앞서 본바와 같이 Geopath 기관이 'Out of home Ratings'의 POS(Plan Operation Statement)을 제공한다. 이 인증서에서는 다음과 같은 정보를 포함한다.

그림 8.7 미국 MATRIXMEDIA사 옥외광고 플랜 화면

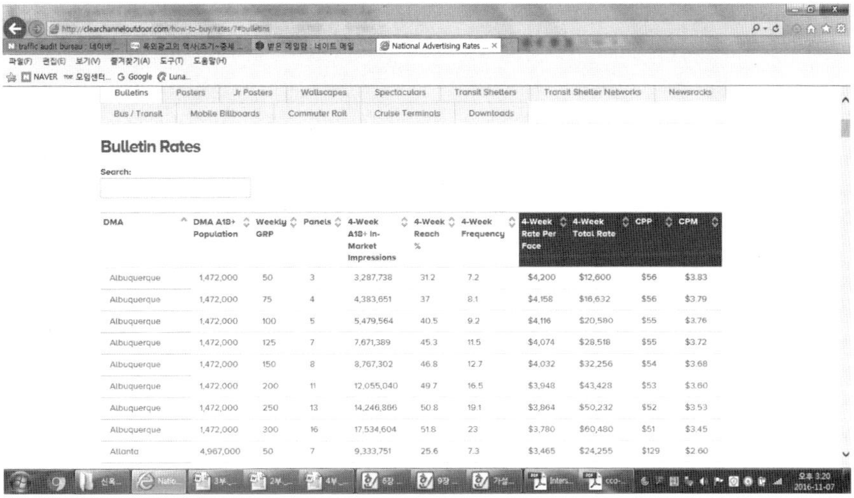

Bulletin Rates

DMA	DMA A18+ Population	Weekly GRP	Panels	4-Week A18+ In-Market Impressions	4-Week Reach %	4-Week Frequency	4-Week Rate Per Face	4-Week Total Rate	CPP	CPM
Albuquerque	1,472,000	50	3	3,287,738	31.2	7.2	$4,200	$12,600	$56	$3.83
Albuquerque	1,472,000	75	4	4,383,651	37	8.1	$4,158	$16,632	$56	$3.79
Albuquerque	1,472,000	100	5	5,479,564	40.5	9.2	$4,116	$20,580	$55	$3.76
Albuquerque	1,472,000	125	7	7,671,389	45.3	11.5	$4,074	$28,518	$55	$3.72
Albuquerque	1,472,000	150	8	8,767,302	46.8	12.7	$4,032	$32,256	$54	$3.68
Albuquerque	1,472,000	200	11	12,055,040	49.7	16.5	$3,948	$43,428	$53	$3.60
Albuquerque	1,472,000	250	13	14,246,866	50.8	19.1	$3,864	$50,232	$52	$3.53
Albuquerque	1,472,000	300	16	17,534,604	51.8	23	$3,780	$60,480	$51	$3.45
Atlanta	4,967,000	50	7	9,333,751	25.6	7.3	$3,465	$24,255	$129	$2.60

그림 8.8 미국 블루틴 보드 광고 지표예시

가. 여러 매체(TV, Print, Radio, Outdoor)에 대한 비교 수치를 제공한다. 예를 들어, 도달률(Reach), 노출빈도(Frequency), CPM(Cost per Mile), CPP(Cost per Point)등이 제공된다. 다음은 매트릭스미디어가 제공하는 플랜닝 소프트웨어의 초기화면이다.

나. 시장 정보 분석표미국의 주요 시장(MSA, DMA)별 옥외광고 타깃에 따라 주요 옥외광고물에 대한 자세한 정보(Cost, GRPs, TRPs, Impression, Reach, Frequency 등)를 아래와 같이 제공하고 있다(블루틴의 경우)(〈그림 8.8〉 참조).

영국

영국은 ROUTE 옥외미디어 분석을 제공한다. ROUTE Outdoor Media Analytics은 사용자들에게 타 매체 비교 분석 표는 제공하지 않지만, 특정한 타깃과 특정한 시장에 대한 다양한 옥외광고 미디어 플래닝 정보를 아래 〈그림 8.9〉와 같이 제공한다.

또한, ROUTE 옥외미디어 분석(Outdoor Media Analytics)의 주 회원인 옥외광고 미디어 에이전시 'Kinetic'은 매년 영국 디지털 옥외광고 핸드북 (UK Digital OOH Handbook)을 발간한다. 디지털 옥외 핸드북은 옥외광고 매체 유형과 위치에 따라 미디어 캠페인 비용을 제시하고 있다(〈그림 8.10〉 참조).

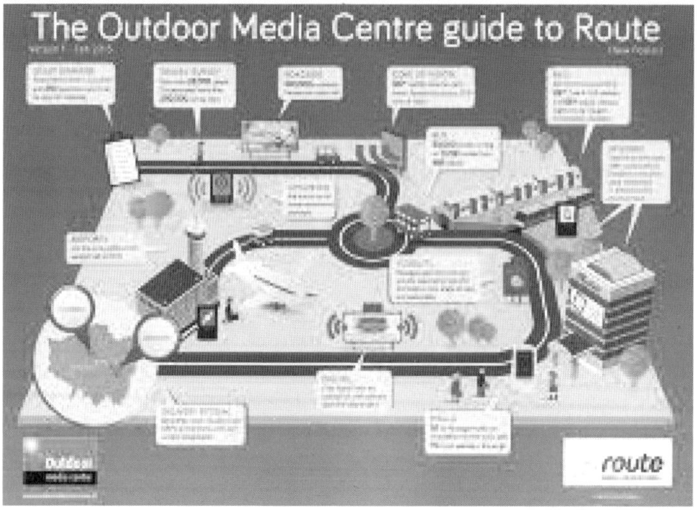

그림 8.9 영국 ROUTE 사례

그림 8.10 런던 해머스미스가 디지털 스크린

사례1: Double-sided premium digital screens on the A4 at Hammersmith and at Aspen Way, East London(런던 동쪽 해머스미스가와 아스펜 웨이에 양쪽면 프리미엄 디지털스크린 사례)

미디어 캠페인 비용: Audience Vehicular ABCs No. locations 2 Standard campaign cost West (2 weeks) £80,000 (Combined Inbound & Out-bound) 서쪽 스탠다드 캠페인 비용 (2주간): 80,000파운드 Standard campaign cost West (1 day) £21,000 (Combined Inbound & Out-bound) 스탠다드 스탠다드 캠페인 비용 (1일간): 21,000파운드 Standard campaign cost East (2 weeks) £70,000 (Combined Inbound & Out-bound) 동쪽 스탠다드 캠페인 비용 (2주간): 70,000파운드 Standard c ampaign cost East (1 day) £18,000 (Combined Inbound & Out-bound) 동쪽 스탠다드 캠페인 비용 (1일간): 18,000파운드

미국과 영국 사례에서 보듯이 옥외광고집행을 위한 플래닝 프로그램을 제시하고 있다. 좀 더 항목을 세분화한 솔루션을 만들어 광고 기획자가 옥외광고를 플래닝하는데 도움을 주고 있으며 이 솔루션은 옥외광고집행을 과학화 하는데 일조를 하고 있다.

CHAPTER

INTRODUCTION TO **NEW OUT OF HOME ADVERTISING**

09 디지털사이니지 개념, 특성

1. 디지털사이니지의 정의

디지털사이니지는 "디지털"과 "사이니지"가 결합된 즉, 디지털 기술로 만들어진 사이니지(Signage)이다. 보다 구체적으로 말하면 디지털사이니지는 디지털 기술로 정보를 가장 효과적으로 전달하기 위해 OOH (Out of Home)공간에 위치한 장치물이라 볼 수 있다. 따라서 디지털사이니지의 개념은 TV, 컴퓨터, 모바일 등 일반적인 디지털 디바이스와는 조금 다르다. 기술적 측면과 정보 내용적 측면에서는 유사하지만 조금 다른 특징을 가지고 있고 장소적 측면과 사용자 접촉 방식의 면에서는 전혀 다른 특징을 갖는다. 그럼 기술적 측면, 정보, 내용적 측면, 장소적 측면, 사용자 접촉 방식의 측면에서 보다 구체적으로 디지털사이니지의 개념을 살펴보겠다.

첫째, 기술적 측면에서 디지털사이니지는 디지털 디스플레이, 컴퓨터, 통신 네트워크 기술의 발전에 기반한다. 즉 디지털디바이스의 기술적 범주 내에 있으면서 기술의 발전에 의해 지속적으로 변화해 간다는 점에서 TV, 컴퓨터 등의 개인적인 디바이스와 그게 다르지 않다. 하지만 다른 점은 새롭게 개발된 디지털 기술을 상업 시장에서 가장 먼저 테스트하고 적용해 볼 수 있다는 특성을 갖는다는 점이다. 그 이유는 가격적인 면에서 일반 소비자가 구입하기에는 부담스럽고 신기술에 대한 소비자 선호도의 확신이 없는 상황에서 생산자 부담이 크기 때문에 광고 사업 목적의 디지털사이니지 시장이 테스트 시장으로 적합하기 때문이다. 즉 디지털사이니지는 최신의 디지털 신기술을 탑재하여 개인 디바이스에 앞서 대중에게 가장 먼저 선보이는 앞서가는 커뮤니케이션 도구라 할 수 있다.

둘째, 정보, 내용적 측면에서 디지털사이니지는 개인 디바이스인 TV와 유사하다고 볼 수 있다. TV에서 볼 수 있는 광고 동영상과 뉴스, 홍보 영상들이 그대로 디지털사이니지에 표출되어 운영되기 때문이다. 하지만 이러한 콘텐츠는 효과성의 문제로 점차 변해가고 있다. TV 콘텐츠는 음향 효과가 있고 가정에서 집중해 볼 수 있다는 특성이 반영된 콘텐츠인데 반해 디지털사이니지는 그렇지 못하기 때문에 효과성에서 떨어질 수밖에 없다. 따라서 최근에는 장소와 목적에 맞는 다양한 정보가 사이트별로 구분되어 표출되도록 하고 광고 콘텐츠 역시 주변에 포진한 소비자의 관심을 받고 기억될 수 있도록 내용적 측면에서 차별성을 강조하여 별도로 제작되어 지고 있다. 즉, 디지털사이니지는 특정 OOH 공간에서 목적성에 맞도록 정보와 내용을 제작하여 표출하는 맞춤 정보 제공 시스템이다. 최근 편의점 매체들은 영화 관련 정보, 뮤직비디오, 날씨, 검색 등 소비자 지향적인 콘텐츠로 소비자의 관심을 끌고자 한다. 그리고 음향장치를 활용하여 소비자의 주목성을 얻고자 한다.

셋째, 장소적 측면에서 디지털사이니지는 개인적인 디지털 디바이스와 달리 공용 공간에서 운영된다는 특징을 갖는다. 집 밖에 있는 생활공간인 도심, 교통시설물, 쇼핑몰, 경기장, 리테일숍 등 다양한 공간에서 운영되기 때문에 각각의 장소적 특성을 반영한 디지털사이니지가 만들어진다. 즉, 보행자의 동선을 방해하거나 교통사고를 유발해서는 안 되며 주변 경관과 어울려야 한고 무분별한 음향 표출로 시민의 불편을 초래해서도 안 된다. 또한 공용 공간에서 운영되는 미디어이기 때문에 공익에 도움이 되어야 한다. 대부분의 디지털미디어가 교통정보, 뉴스, 날씨, 지도 등을 제공하는 공익성에 기반을 두고 있고 설치의 주체도 개인 보다는 지자체와 지하철, 철도, 공항과 같은 교통기관이 많은 부분을 차지하는 것도 그 이유이다. 따라서 디지털사이니지는 공용 지역에 위치한 공공의 편리성을 목적으로 하는 공익미디어라 할 수 있다. 예를 들어, 디지털 매체가 지하철에 설치되어 공공적인 콘텐츠와 더불어 상업광고를 하기 있기 때문에 인기가 많다.

넷째, 사용자 접촉 방식의 측면에서 살펴보면 디지털사이니지는 휴대폰, IPTV와 같이 사용자가 필요에 의해 가입하거나 영화관, 공연장과 같은 목적성을 가지고 찾아가는 공간에 놓여 있지 않다. 이러한 디지털 디바이스와의 접촉은 사용자의 유료 접촉이 불가피하다. 반면 지나가다가 필요에 의해 접촉 되거나 저절로 눈에 띄는 장소에 놓여 있는 디지털사이니지는 사용자의 필요성과 목적성을 충족시켜주거나 무료로 손쉽게 접촉 된다는 특성을 가지고 있다. 또한 개인 디지털디바이스인 스마트폰, 태블릿PC 등과 연결되어 제3의 혜택을 얻을 수 있으며 다양한 인터렉션 기능을 체험함으로써 소비자 경험을 풍부하게 해줄 수 있다. 즉 이전의 사이니지가 바라만 보여지는 수동적인 성격이라면 디지털사이니지는 소비자의 적극적인 참여를 통해 경험을 제공하는 능동성을 갖는다. 따라서 디지털사이니지는 무료로 누구나 손쉽게 접촉할 수 있는 열려있는 미디어, 능동적인 미디어라 할 수 있다. 예를 들어, 강남역에 있는 미디어폴은 기본적인 정보제공과 더불어 소비자에게 사진찍기, 퀴즈, 퍼즐 등 소비자와 상호작용하는 프로그램을 제공함으로서 소비자와의 관계를 높이고 있다.

결국 디지털사이니지는 끊임없이 발전하는 디지털 신기술에 기반하며 그러한 신기술이 가장 먼저 적용되는 미디어, 특정 공간에 맞는 맞춤형 정보제공미디어, 공공의 편리성을 목적으로 하는 공익미디어, 누구나 손쉽게 접촉하고 사용할 수 있는 열려있는 능동 미디어라 할 수 있다.

그리고 디지털사이니지는 디지털 이전의 시대에 "사이니지"란 단어가 가졌던 개념 보다 그 기능적 측면에서 탁월해져 있기 때문에 보다 많은 역할을 할 수 있게 되었다. 예를 들면 점두 간판, 지주 간판, 포스터, 방향안내판, 위치안내도, 정보판, 홍보판, 광고판, POP 등의 이름으로 불리던 예전의 사이니지는 이제 디지털안내사인, 디지털디렉토리, 정보안내 LCD 등의 "지시, 안내 역할의 사이니지"와 뉴스속보판, 디지털 현수막, BIS, 지하철 행선게시기, 교통정보안내판, 공공기관 전자게시대 등의 "뉴스와 공익 역할의 사이니지", 쇼핑몰, 유통체인, 병원, 은행, 아파트 등 집객 공간의 이용객을 위한 "편의시설 역할의 사이니지", 미디어파사드, 미디어폴, 인터렉티브 버스쉘터 등의 "미디어 Art 역할의 사이니지" 그리고 디지털액자, 디지털수족관, 디지털조명, 인터렉션 테이블 등 "인테리어 역할의 사이니지" 등으로 그 역할이 커졌다. 또한 점두에 있는 일반적인 생활 간판도 LED나 LCD를 이용하여 상호 뿐만 아니라 판매상품, 특성, 가격, 점포운영시간까지 하나의 간판에 표현하고 있어 그 역할을 높이고 있다

그리고 이러한 디지털사이니지는 그 활용도가 높아지면서 산업적 측면에서도 여러 시장의 성장에 영향을 주었다. 즉, 디지털디바이스, 통신과 네트워크, 디지털 콘텐츠, 건축(건설), 인테리어, POP, 판촉물 그리고 무엇보다도 광고 미디어 산업에 영향을 주었다.

거의 대부분의 디지털사이니지는 중요한 목적성을 가지고 태어난다. 하지만

그 목적을 달성하기 위해서는 투자비가 들게 되고 그 투자비를 보전하는 비즈니스 모델은 현재 광고 유치가 거의 유일한 방법이다. 따라서 교통시설과 같은 공용공간과 상업적 시설물 속에 있는 대부분의 사이니지들은 편의를 제공한다는 제 1의 목적은 가지고 있지만 투자비 보전을 위해 광고 판매에 보다 더 치중하게 된다. 투자비에 대한 부담이 없는 사업주나 건물주, 그리고 국가기관은 광고 유치 없이 순수 공익과 이용자 편의를 위한 디지털사이니지를 만들 수 있겠지만 그렇지 못한 경우에는 광고미디어적 디지털사이니지가 불가피하다. 따라서 현재 가장 주목 받고 성장하고 있는 분야는 광고미디어적인 성격의 기업형 디지털사이니지 시장이라고 볼 수 있겠다.

2. 디지털사이니지의 역사

디지털 기술로 만들어진 최초의 사이니지는 1990년대 초반에 등장한 전광판이다. 최초 국내에 설치된 전광판은 2칼라 전광판으로서 증권가 주가안내판, 야구장스코어보드, 지하철홍보안내게시기 등의 소형 전광판에서 시작되었고 점차 동영상 표현이 가능한 옥외 뉴스속보판 기능의 대형 광고물 형태로 발전해 갔다. 이 당시에는 블루(blue) 소자 생산이 되지 않아 그린과 레드 소자로만 전광판이 구성되다 보니 총천연색 풀칼라 표현이 불가능하였다. 하지만 옥외광고 사양이 네온사인이나 화공 기법이 주류였던 시기에 컴퓨터로 언제 어느 때라도 쉽게 표현물을 바꿀 수 있는 전광판의 등장은 획기적인 일이 아닐 수 없었다.

1993년경 블루(blue) 소자가 생산되기 시작하였다. 드디어 빛의 3원색인 블루, 레드, 그린이 섞여 풀칼라 구현이 가능해지게 된 것이다. 이러한 변화는 광화문에 대형 풀칼라 전광판을 만들게 하였고 서울 전역이 전광판 전시장이라는 말을 만들어 낼 만큼 전광판 붐의 시대를 이어가게 했다. 사실 전광판 초기에는 사람들로부터 전광판이나 LED라는 전문적인 이름으로 널리 알려지지 않았고 집에서 보던 천연색 TV, 즉 대형 TV가 거리에 나온 것으로 인식되었다. 그렇기 때문에 광고주들 역시 별도의 동영상 광고 소재를 만들어 게시하지 않고 기존의 TV CF에 자막만 입혀 표출하였다. 그리고 이러한 전통은 현재까지 대부분의 광고주들이 이어가고 있다.

하지만 이러한 전광판 중심의 디지털사이니지는 한계가 있었다. 초기 LED는 워낙에 고가인데다가 LED 소자 하나하나가 모여 화면이 구성된다는 물리적 한계로 근거리, 또는 작은 규격으로 실내에서 운영되기가 어려웠다. 그래서 철도역, 터미널, 지하철, 공항 등 교통지역 중심으로 문자나 단순 그래픽 정도만 처리하는 소형 전광판이 불가피하였고 TV CF와 같은 동영상을 고급감 있게 전달하기는 불가능 하였다. 그러던 중 2000년대 초 PDP라는 벽걸이형 TV가 출시되었고 같은 사양의 디스플레이기기가 옥외광고물로 운영되기 시작하였다.

최초의 PDP를 이용한 광고물은 2003년 시작된 지하철1~4호선 승강장PDP였다. 이 당시에만 해도 PDP는 고급 TV였고 비용도 매우 고가였다. 또한 네트워크를 이용한 운영솔루션 적용도 초기 단계였고 동영상 광고 사이사이에 들어가는 뉴스나 정보와 같은 콘텐츠 제작도 쉽지 않았다. 하지만 더 큰 문제는 가정에서 보는 TV를 기준으로 생산된 디스플레이 기기이다 보니 공용 공간에서 운영되기가 쉽지 않았다. 즉 먼지나 진동에 약하고 장시간 연속 플레이 되다 보니 수명에도 문제가 있었으며 정지 화상이 긴 시간 동안 지속될 시 화면에 잔상이 생기기까지 하였다. 이러한 문제는 철도역PDP, 인천공항입국장PDP, 골프장PDP 등 초기 PDP 매체 시장에서 큰 문제로 지적되었으며 이러한 문제는 옥외광고용 디스플레이의 별도 제작이라는 새로운 필요성을 만들었다.

이러한 필요성은 2006년 LCD 디스플레이 기술이 발전하면서 옥외광고용 LCD라는 제품을 탄생하게 하였다. 디지털사이니지라는 이름이 본격적으로 회자되기 시작한 것도 바로 이 시점이다. 그리고 이때부터 기존의 문제점들이 해결된 옥외광고 전용 디스플레이가 출시되었고 단가도 낮춰졌으며 다양한 사이즈의 LCD 패널들이 생산되기 시작했다. 또한 여러 장소에서 온라인을 통해 손쉽게 운영, 관리 할 수 있는 솔루션들이 개발되어 본격적으로 사용되기 시작하였다.

이렇게 네트워크를 활용하여 PDP, LCD와 같은 매체를 운영한 사례는 할인마트와 대학교 같이 타깃이 명확한 지역부터 시작되었다. 그리고 이러한 추세는 아파트, 편의점, 병원, 극장, 은행, 커피숍, 레스토랑, 쇼핑몰 등 우리 생활 주변 곳곳으로 늘어나게 되었다. 최근에는 대부분의 교통지역에서 등장하는 정보제공 시스템이나 교통카드 충전기와 같은 편의시실들이 이러한 LCD 기기를 기반으로 만들어지고 있으며, GS25, 패미리마트 편의점, SPC그룹 체인점 등 대기업 유통망이나 브랜드 커피숍, 극장 등 유통 체인점별 디지털사이니지 네트워크가 활발하게 개발, 운영되고 있다. 또한 아파트, 미용실, 스포츠센터, 골프장, 병원 등 브랜드 체인은 아니지만 특정 타깃을 위한 장소별, 지역별 네트워크가 만들어지고 있다.

그리고 온라인 네트워크를 통해 관리가 가능해지면서 설치 장소의 범위가 넓어지고 패널 단가와 관리 단가가 지속적으로 낮아져 LCD를 통한 디지털사이니지 매체 확산 가능성이 많아졌다. 또한 SNS, 스마트폰 등 최근 통신, 미디어 시장의 트렌드를 반영하여 지능화되고 인터렉션화 되며 보다 풍부한 콘텐츠와 편의를 제공하는 디스플레이 미디어로 변화되어 가고 있다.

이러한 LCD 디스플레이 외에 프로젝션을 이용한 광고 미디어도 2000년대 이후 등장하기 시작하였다. 프로젝션은 기존 PDP, LCD의 단점인 규격의 한계를 극복할 수 있는 유일한 동영상 도구라는 점에서 옥외광고 적용 가능성은 있었으나 주변 공간의 밝기와 렌즈의 수명 등이 늘 문제였다. 일반적으로 옥외 매체로 사용되기 위해서는 최소 야간 6시간 동안 매일 지속적으로 사용해도 문제가 없어야 하고 서울 번화가와 같은 밝은 공간에서도 선명도를 유지해야 하나 프로젝터는 그렇지 못했다.

국내에서 대규모 옥외 사업으로 처음 등장한 프로젝터 미디어는 2004년 오이넷(우주사)에 의한 지하철 5~8호선 승강장 동영상 광고이다. 이것은 승강장의 밝기가 상대적으로 어둡다라는 공간적 특수성과 비용 대비 렌즈의 수명이 적절하다라는 점, 그리고 일반 PDD보다 훨씬 더 큰 사이즈를 만들 수 있다는 점이 장점으로 인정되어 당시 1~4호선 승강장 PDP와의 경쟁 구도 속에 등장하게 된 것이다. 하지만 결과는 그리 좋지 않았다. 큰 화면과 음향이 제공되는 매체였지만 선명도가 그리 오래 가지는 못하였고 시장의 반응도 생각보다 열광적이지 못하였다.

그리고 2007년에는 이용자의 동작을 인식하여 디스플레이가 반응하는 동작인식 기술이 적용된 미디어가 등장하였다. 미국의 리엑트릭스라는 회사의 기술을 한국에 들여와서 적용한 것인데 이것을 디스플레이를 통해 보여주기 위해 채택된 사양이 프로젝터였다. 이러한 동작인식을 구현하기 위해서는 일반 LCD도 가능했지만 더 크고 임팩트 있는 프로젝터가 더 효과적이었다. 하지만 프로젝터의 어둠에 대한 공간적 한계로 장소 선택의 어려움 속에 옥외광고 매체로 활용하기가 쉽지 않았다. 결국 성공 가능성이 가장 높다고 하는 코엑스몰에서도 결국 실패로 끝나고 말았다.

하지만 최근 프로젝터는 LCD와 같은 선명도 높은 고정미디어로 발전하기보다는 특수한 영상을 만들어내는 쪽으로 발전하였다. VIZOO사가 개발한 홀로스크린, 입체영상과 같이 특수한 경험을 제공하는 영상을 만드는데 프로젝터가 활용되었다. 또한 보다 강력한 빔프로젝터의 등장과 디지털 콘텐츠 제작의 발전으로 건물 맵핑이나 옥외 공간에서의 인터렉티브 영상 구현이 가능해지면서 어두운 공간에서만 효과적인 디스플레이라는 한계를 극복하고 크고 새로운 경험을 제공할 수 있는 도구로써 각광 받기 시작하였다

이렇듯 광고미디어로서의 디지털사이니지는 옥외라는 대중 공간에서 보다 효과적인 매체, 효율적인 운영을 모색하며 발전해왔다. 그래서 공간적 상황에 따라, 비용 효율성에 맞게 늘 최신의 디스플레이 사양과 기술이 채택되고 실험되고 있으며 성공과 실패를 거듭하고 있다. 하지만 이러한 노력이 결국 디지털사이니지 시장을 성장시켰고 앞으로 나아갈 길을 제시하게 한다. 즉 디지털사이니지 역사는 보다 더 깊이 있고 다양하게 소비자 경험에 맞는 인터페이스를 찾아가는 과정이 될 것이다.

3. 디지털사이니지의 특성

디지털사이니지의 장점과 단점

일반적인 사이니지와 비교할 때 디지털사이니지는 어떠한 특성과 효과를 가질까? 그리고 어떠한 문제가 있을까? 광고 미디어적인 디지털사이니지의 영역에 국한하여 그 특성과 효과, 그리고 문제점을 살펴보기 위해 먼저 매체를 개발하여 영업하는 사업의 주체인 매체사와 장소를 임대해 주는 건물주 또는 장소관리자,

표 9.1 디지털사이니지의 장점, 단점

구분	장점	단점
사회관계자 측면	• 다양한 정보의 표출, 관리가 용이 • 디지털 솔루션과 콘텐츠를 구현 • 자동 효과 측정이 가능 • 고급감과 세련미 연출	• 초기 비용 부담 높음 • 크기,사양 등 각 디스플레이의 한계 • 광고 영업 부진
이용자측면	• 동적 임펙트 • 인터랙션을 통한 재미와 경험 제공 • 생활의 편리함과 경제적 이로움 제공	• 순간적 정보파악의 어려움 • 정보가 많고 사용이 불편 • 스마트폰 대비 콘텐츠 경쟁력 없음
사회, 문화적 측면	• 자원의 낭비를 막고 환경을 보호 • 대국민 홍보물, 안전시설물 역할 • 도시정비와 디지털문화 조성에 기여	• 관리 부재시 시각적 혼란과 사회문제 야기

그리고 그러한 매체를 임대하여 광고를 게시하는 광고주의 입장 즉, 사업관계자적 측면에서 장점과 단점을 살펴보도록 하겠다. 그리고 디지털미디어를 바라보고 사용하는 이용자적 측면에서와 사회 문화적 측면에서의 장단점을 각각 살펴봄으로써 디지털사이니지의 특성과 효과 그리고 문제점을 종합적으로 정리해 보도록 하겠다.

사업관계자적 측면

디지털사이니지의 장점으로는 첫째, 다양한 정보를 즉시성 있고 손쉽게 표출, 관리할 수 있다는 점이다. 관리자가 원하는 영상을 유무선 네트워크로 연결된 컴퓨터로 즉각적으로 자유롭게 조정할 수 있으며 표출 영상의 제작, 수정 등도 손쉽게 할 수 있다. 또한 지능화된 관리, 통제 솔루션의 개발로 문제되는 영상과 표출사이트를 찾아내 즉각적인 조치가 가능하다. 즉 매체사, 관리사 입장에서는 저비용으로 관리하면서도 문제에 대한 사전 예방과 즉시성 있는 조치가 가능하여 매체 운영의 신뢰도를 높일 수 있다.

둘째, 동영상, 정지영상 외에도 다양한 디지털 솔루션과 콘텐츠를 구현할 수 있다는 점이다. 일반적인 사이니지는 포스터와 같이 하나의 스틸 화면만을 보여줄 수 있는 반면 디지털사이니지는 필요에 따라 정지영상, 동영상이 가능하고 카메라, 터치센서 등을 부착하여 인터렉션 기능의 구현이 가능하여 소비자의 참여를 이끌어 낼 수 있다. 또한 AR기법, RFID 활용, 모바일 연결 등 다양한 디지털 솔루션의 적용을 통해 소비자에게 보다 더 가까이 다양한 방법으로 다가갈 수 있다.

셋째, 효과측정이 가능해졌다는 점이다. 카메라 기술의 발전과 관련 솔루션 개발로 디지털사이니지에 접촉하는 이용자수(인구, 성별, 나이별)를 파악하거나 주변에 유동하는 사람 수 또는 바라보는 사람 수 등을 자동으로 카운트 할 수 있게 되었다. 예를 들면 주변 약도를 알려주는 디렉토리의 경우 예전에는 몇 명이 보았는지 알 수 없었지만 디지털사이니지는 자동적으로 몇 명이 어떤 곳을 얼마나 오래 보았는지에 대한 통계를 제공할 수 있다. 이러한 통계는 광고주에게 매체의 효과성을 구체적인 숫자로 제공할 수 있게 하고 옥외광고 집행의 정당성을 만들어 준다. 그동안 옥외광고는 정량적 데이터가 없는 대표적인 영역으로서 매체 효과에 대한 신뢰성이 매우 낮았었지만 이제 이러한 문제가 디지털사이니지의 등장으로 해결될 수 있는 것이다.

넷째, 장점으로는 공간에 고급감과 세련미를 줄 수 있다. 기존의 고정형 사이니지 보다 현대적인 느낌, 깔끔한 이미지를 줄 수 있기에 백화점, 호텔 등 고급감을 추구하는 장소에서부터 이러한 디지털사이니지의 적용이 시작되었고 기존의 광고판을 대체해 갈 수 있었다.

그럼 디지털사이니지의 사업관계자적 측면에서 단점들은 무엇일까? 먼저 시스템을 구축하는 초기 비용이 예전의 단순한 사이니지 보다 높다. 디스플레이 장치, 컴퓨터, 카메라, 네트워크, 운영 솔루션, 그리고 콘텐츠 제작비 등 시스템의 기능성에 따라 비용 항목들이 늘어난다. 또한 각 기기마다의 수명에 따라 교체주기가 있다. LED의 경우 5년에 한번, LCD의 경우 3년에 한번 정도는 교체가 필요하며 이것 역시 사전에 예상 비용으로 책정되어야 한다. 하지만 이러한 비용은 예전에 한 개의 광고주만 영업이 가능했던 것이 여러 광고주를 영업할 수 있게 디바이스적 한계가 극복되면서 영업의 성패에 따라 비용 절약이 가능한 구조로 바뀌었다. 즉 초기 비용은 많이 들지만 영업이 성공한다면 충분히 경쟁력이 있을 수 있게 되었다.

둘째, 각각의 디스플레이의 사양적 한계이다. LED는 고가이나 근거리에서 고화질 노출이 어렵고 LCD는 패널별 생산 라인을 다양화하지 못해 다양한 사이즈의 구현이 어렵고 대형화 할 경우 비용이 너무 높아진다. 따라서 대형화 할 경우 멀티큐브 형태가 불가피한데 그러한 형태는 배젤의 크기가 줄어드는 현 추세에서도 불구하고 다소 오래된 느낌을 받지 않을 수 없다. 또한 프로젝터는 화면크기에는 자유로운 편이나 주변 밝기에 영향을 받고 휘도가 낮아 선명도 유지가 어렵다.

셋째, 앞서 얘기한 여러 광고주를 영업할 수 있다는 디바이스적 장점인 디지털사이니지가 어떤 면에서는 단점으로 작용할 수 있다는 점이다. 다시 말하면 나만의 광고매체가 아닌 공유하는 광고매체이다 보니 광고주 선호도와 참여율이 떨어진다. 독자적인 표현이 어렵고 표출시간이 절대적으로 짧기 때문에 영업이 쉽지 않다는 점이다.

이용자적 측면

이용자 입장에서의 장점은 먼저 동적 임팩트가 있어 보다 더 관심을 가지게 된다는 점이다. 디지털사이니지는 정지화면이 주는 단순 이미지의 한계를 극복하고 보다 임팩트 있고 인상적으로 이미지를 전달 받을 수 있다. 예를 들면 어떤 영화의 포스터를 상상해 보자. 그냥 웃고만 서있는 주인공 사진의 포스터와 웃다가 울다가를 반복하고 있는 사진의 포스터를 본다고 했을 때 어떤 것이 더 많은 인상과 정보를 제공하겠는가? 지하철 통로에서 방향을 안내하는 화살표 사인에서도 그냥 화살표와 점등하는 화살표 둘 중 어느 것이 눈에 잘 띌까? 즉 상황에 따라 동적 이미지는 분명 사람들로 하여금 한번이라도 더 볼 수 있게 만드는 이유가 된다.

둘째, 인터렉션 등의 양방향 커뮤니케이션 장치는 재미와 경험을 얻게 해준다. 단순히 일방향으로 보여지는 것에서 소비자가 직접 참여함으로써 자신의 메일 또는 휴대폰으로 그 결과를 전달 받거나 전혀 다른 새로운 방식으로 미지의 세계를 가상 체험을 할 수 있다는 것은 소비자의 입장에서는 재미와 경험을 얻게 해준다. 이러한 양방향 툴로서는 사진찍기, 터치하기, 동작인식 기능에 반응하기 등이 있으며 소비자들은 이러한 기능을 통해 친구와 사진을 찍고, 게임을 하고 영화 속 주인공이 되어 보기도 한다.

셋째, 생활의 편리함과 경제적 이로움을 줄 수 있다는 것이다. 교통지역에 있는 디지털사이니지는 교통카드를 충전하고 전화를 무료로 사용하며 주변 약도를 검색하고 영화표를 예매할 수 있다. 또한 차량이 언제 오는지가 실시간으로 표시되고 날씨와 뉴스가 제공된다. 또한 양방향 기능에 의해 쉽게 할인 쿠폰을 다운받을 수 있고 경품 응모에 참여할 수 있다.

그럼 이용자 입장에서의 단점은 무엇일까? 먼저 디지털사이니지는 고정식 사이니지에 비해 순간적인 정보 파악이 쉽지 않다. 즉 크기의 한계로 멀리서 잘 안보이고 필요한 정보를 보기 위하여 대기시간이 불가피할 경우가 많다. 물론 버스 또는 지하철도착시간안내판과 같이 광고가 없는 절대적 편의시설물의 경우는 예외이나 광고가 절반 이상 표출되는 광고미디어적 디지털사이니지의 경우에는 광고도, 편의적인 정보도 쉽게 눈에 띄지 않는다. 왜냐하면 광고를 보기 위하여 이용객이 그 사이니지에 일부러 다가가거나 시간을 내어 기다리는 일은 없기 때문이다.

둘째, 한 화면에 너무 많은 정보가 있고 사용이 불편하다는 점이다. 물론 많은 정보를 한 화면에 보낸다는 것은 사업자 입장에서는 장점일 수 있으나 이용자 입장에서 번번이 검색하고 터치하여야 얻을 수 있는 정보라는 것은 여간 불편한 일이 아니다. 컴퓨터나 디지털기기에 익숙한 젊은 층은 그러한 한계를 쉽게 극복할 수 있겠으나 그렇지 않은 중장년 또는 노인층은 공중 지역에서 만나는 디지털사이니지가 익숙지 않을 수 도 있다.

셋째, 디지털사이니지가 제공하거나 이용자를 유인하는 콘텐츠가 스마트폰과 비교할 때 차별성이 없고 수준이 낮아 선호도가 크지 않다는 점이다. 날씨나

뉴스 그리고 위치안내, 교통안내 등의 정보는 이제 개인적으로 가지고 다니며 사용에 익숙한 스마트폰에서 편리하게 제공되고 있기에 별도의 사이니지에 찾아가 접속할 필요를 느끼지 못하게 되었다. 따라서 대부분의 디지털사이니지는 그 기능적 효용성을 예전에 비해 많이 잃었으며 보다 차별적이고 수준 높은 편의제공 콘텐츠를 보여줄 필요가 있다.

사회, 문화적 측면

디지털사이니지의 등장은 사회, 문화적 측면에서도 여러 장단점을 갖는다. 장점으로는 첫째, 자원의 낭비를 막고 자연을 보호한다. 디지털화 이전에 사인의 소재는 대부분 FLEX, 필름 등 화공물질들로서 그 폐기물들이 자연보호에 문제를 일으키고 잦은 교체 수요에 따른 지속적인 생산으로 자원의 낭비가 이루어지고 있었다. 하지만 표출 정보의 교체 시 비용과 에너지 소모, 그리고 자연의 훼손이 문제 되지 않는 디지털사이니지의 등장은 사회적으로도 큰 이점이 될 수 있다고 본다.

둘째, 국가, 지자체의 대국민 홍보물로서 효과적이며, 비상시 응급 표시, 안전루트 제공, 대피요령 제공 등 공공 안전시설물로의 활용 가능하다. 즉 공익 홍보 및 사회 안전 방지의 도구라는 장점이 있다. 현재 옥외의 대형 전광판의 경우 의무적인 공익내용 표출 비율이 15~20% 수준이다. 이러한 구좌를 이용하여 국가나 지자체는 비용 없이 대국민 홍보를 할 수 있다. 또한 지하철이나 공항 등 교통지역에서도 그 안에 설치되는 디지털사이니지를 통해 교통이용객 대상으로 국민 계몽적 홍보를 무료로 운영할 수 있다. 또한 지하철, 공항, 철도역 및 쇼핑몰 등 대형 집객 장소 등에서 화재나 재난 시 비상통로 안내 및 대처요령 등을 표시해 줌으로서 국민의 안전에 도움을 줄 수 있다.

셋째, 도시정비와 디지털 문화의 성장에 기여한다. 편의점, 핸드폰 매장과 같은 점포의 유리창에 붙어 있는 각종 포스터, 현수막들이 불법 광고물임에도 불구하고 단속이 어려워 거의 대부분의 점포에서 운영 되고 있는 것이 현실이다. 하지만 이러한 지저분한 표시물들이 하나의 디지털사이니지 속에 들어가게 되면 깔끔한 외관을 유지할 수 있다. 또한 지하철 입구나 쇼핑몰 통로등에서도 마찬가지이다. 이렇듯 우리주변을 어지럽히는 홍보물 광고물 들이 디지털화 된다면 우리의 도시 경관은 매우 정리되고 세련된 느낌을 줄 수 있을 것이다. 또한 사람들로 하여금 지속적으로 디지털 경험을 제공하여 디지털 문화에 익숙해지게 하고 앞으로의 디지털 환경을 발전시킬 수 있는 토대가 될 수 있을 것이다.

그러면 사회 문화적 측면에서 단점은 무엇일까? 그것은 앞서 말한 장점의 역기능이 발현될 때 심각한 단점으로 작용할 수 있다. 디지털사이니지 설치에 대한 법적 근거나 설치기준이 없을 경우 무분별한 설치와 운영에 따른 부작용을 경험할 수 있다. 즉 도시경관을 정리하기 위해 설치된 사이니지가 오히려 도시를 어지럽히고 혼란스럽게 만들 수 있다는 것이다. 그리고 하드웨어뿐만 표출 콘텐츠에 대한 관리도 필요할 것이다. 비도덕적 내용이나 사회적으로 문제를 일으킬 수 있는 내용에 대한 콘텐츠는 사전에 통제되어야 할 것이다. 사회적으로 긍정적 영향을 미칠 수 있도록 늘 국가와 지자체가 관리해 나가야 한다.

디지털사이니지의 인터랙티브한 특성

대표적인 인터랙티브 옥외광고인 디지털사이니지의 경우 OOH 매체 만큼 역동적이고 직접적으로 정보를 전달함에 있어서 동영상과 음악의 사용이 가능하며, 특정장소와 시간을 지정할 수 있고, 디스플레이 단말기 혹은 수용자 이용 접촉면에서 광고콘텐츠를 제어 할 수 있다는 점이다(나카무라 이치야, 2010; 심성욱, 2010).

디지털사이니지는 인터랙티브한 옥외광고의 특징을 가지고 있다. 예를 들어, 양방향 서비스로 상품에 대한 정보와 지식을 기존의 광고에 비해 더욱 세밀하고 폭넓게 전달할 수 있다는 점이다. 이렇게 광고를 실행 한 후에는 정확한 소비자의 반응을 수집할 수 있고 소비자의 반응 횟수를 증가시킬 뿐만 아니라 판매 실

표 9.2 디지털사이니지의 특성, 효과, 문제점

특징	효과	문제점
• 나의 기기에 다양한 정보를 표출	• 다기능, 환경 정비, 대국민 홍보, 안전물	• 정보량 증가, 정보파악 어려움
• 동시에 여러 사이트를 쉽게 관리	• 즉시성, 비용 절약, 자원 절약	• 초기 투자 비용 과다
• 디지털 솔루션과 콘텐츠를 구현	• 양방향 커뮤니케이션, 이용자 해택 제공	• 콘텐츠의 인기부족, 사용 불편
• 동적 임펙트	• 시선 유도 효과	• 난립시 미관 분제, 시각적 혼란 발생
• 자동 효과 측정	• 매체의 효과, 신뢰성 증면	• 효과부족으로 효과측정 사례 미발표

적과 관련된 정보를 빠르게 입수하여 분석할 수 있다는 장점을 가지고 있다. 또한 리턴채널을 통해 인터랙티브 광고 사용자들의 인구통계학적 마케팅 데이터를 수집하고 설문을 실시하여 직접적인 마케팅을 위한 유용한 자료들을 확보할 수 있다. 잠재적인 소비자들의 마케팅 상의 유용한 자료들을 확보할 수 있으며 향후에 이 자료를 모바일과 연계하여 위치기반의 광고를 전달함으로써 크로스미디어로 전략으로 효과를 증대시킬 수 있다.

인터랙티브한 디지털사이니지 옥외광고에서는 광고콘텐츠에 대한 통제력을 증가시킬 수 있으며, 검색이나 참여성이 높일 수 있게 된다. 이러한 요소들을 통해 인터랙티브 옥외광고는 기존의 옥외광고보다 상호작용성과 다계층 구조를 갖게 된다. 인터랙티브 옥외광고는 수용자의 즉각적인 반응을 유도하는 1단계에서 광고의 콘텐츠와 반응을 보인 수용자에게 충실한 정보를 제공하고 다음 단계에서는 구매를 유도할 수 있는 콘텐츠를 제공하여 실질적인 행위를 유도할 수 있다.

4. 인터랙티브 옥외광고(디지털사이니지)의 특성

인터랙티브 옥외광고의 특징

인터랙티브 광고는 기술의 발달과 소비자들의 능동적 성향의 가치로 인해 등장한 매체로 볼 수 있다. 〈그림 9.1〉과 같이 인터랙티브 옥외광고의 경우 다음의 디

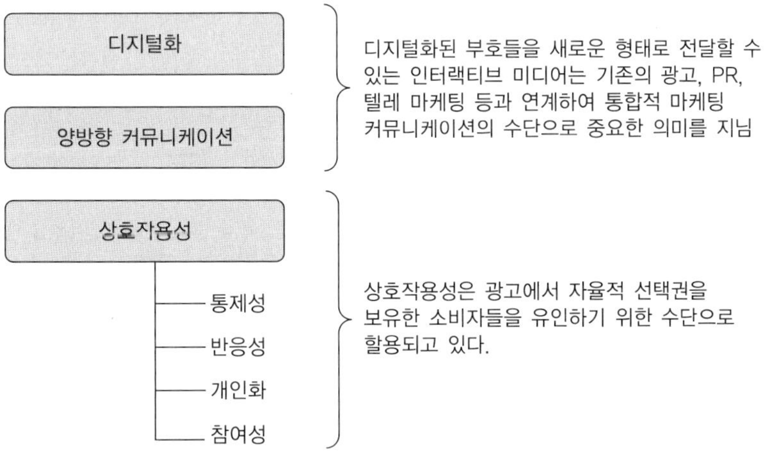

그림 9.1 디지털사이니지의 인터랙티브 특성

지털화, 양방향커뮤니케이션, 상호작용성이라는 요소들의 형성 정도에 따라 광고 형태의 다양화, 및 광고가치의 수준이 결정된다.

디지털화

인터랙티브 옥외광고는 디지털화를 통해 매체가치가 변화하는데 디지털화는 아날로그 정보를 컴퓨터의 입력으로 사용하기 위해 디지털 형태로 변환되는 것이다. 예를 들면 광학 스캐너는 이미지를 비트맵으로 변환함으로써 디지털화 한다. 음향이나 비디오 그리고 동영상 등도 디지털화 하는 것이 가능하다. 이를 통해 새로운 미디어를 통해 새로운 가치의 매체로 재생산 하는 것이 가능해졌다. 이는 수용자로 하여금 고정화된 이미지의 옥외광고가 아닌 다양한 형태의 기능과 가치를 구현하는 매체로 변화할 수 있다.

양방향커뮤니케이션

기술적 진보와 더불어 옥외광고도 온라인 광고와 마찬가지로 양방향커뮤니케이션(인터랙티브) 기능을 구현할 수 있게 됐다. 초기에는 단순히 흥미를 유발하기 위한 디지털 미디어 기능의 일부로 인식되던 인터랙티브 기능은 버스쉘터의 QR코드 광고를 통해 정보 전달의 창구로, 그리고 매장 외부 디스플레이와 결합하면서 양방향커뮤니케이션이 가능하며 상품 구매로 직접적으로 연결되는 고리로 작용하고 있다.

인터랙티브 기능이 옥외광고에서 가진 제일 큰 장점은 양방향 커뮤니케이션을 통한 흥미 유발이다. 소비자로 하여금 광고에 흥미를 유발하게 해 브랜드를 인지시키는 것이다. 다양한 아이디어의 적용이 가능하지만 근본적으로는 소비자를 인지할 수 있는 동작 인식 기능이 기본이 된다. 이러한 동작 인식 기능을 사용한 인터랙티브 미디어는 구매 접점에서 소비자가 브랜드에 더욱 친숙하게, 그리고 무의식적으로 다가갈 수 있도록 돕는 역할을 하고 있다.

상호작용성

흥미 유발에서 한 단계 더 나아가 좀 더 능동적인 소비자들이 직접적으로 광고에 참여하게 하게끔 만든 대표적인 기능으로 터치스크린 기능을 빼놓을 수 없다. 터치스크린 방식은 일반적으로 IR적외선 방식을 차용하는데, 유리앞면에 센서를 부착해 터치를 감지하는 방식이다. 그러나 이 기술의 경우 외부 터치에 민감해지는 단점이 있기 때문에 옥외광고와 같이 외부 자극이 많은 곳에서는 오작동이나

[지하철 내 '디지털 뷰']

[대형마트 디지털 사이니지]

[QR코드-해외 캘빈클라인]

[QR코드-하우젠]

그림 9.2 인터랙티브 디지털사이니지 사례

잘못된 터치가 발생할 가능성이 있다. 때문에 옥외 광고용 터치스크린은 손에서 발생하는 정전기만을 인식하는 정전기 유도 방식을 주로 사용하게 된다.

이러한 옥외광고의 기능의 디지털화의 확장을 통해 옥외광고는 통제성, 반응성, 참여성, 개인화의 방식의 가치를 부여 받게 된다.

1. 통제성

통제성의 경우 사용자가 보기 원하는 내용을 자유롭게 선택하고 통제할 수 있는 정도로 사용자가 이용하기 어려움이 없는 정도, 자유롭게 광고의 내용과 정보를 이용할 수 있는 정도, 이용의 용이함으로 말할 수 있다.

2. 반응성

반응성의 경우 사용자의 요구사항에 대해서 신속하고 적절하게 응답해주는 것으로 원하는 정보를 즉각적으로 얻을 수 있는지, 원하는 정보나 기능을 신속하게 제공해주는가를 말한다.

3. 개인화

개인화는 이용자의 요구에 맞는 제품, 정보, 그리고 서비스를 제공해 주는 정도로 나를 위한 정보를 제공해 주는가, 이용자를 위한 특별한 혜택을 제공해주는가를 말한다.

4. 참여성

참여성은 이용자들이 원하는 그 순간 자유롭게 참여가 가능한가에 대한 것으로 개방성의 개념과 혼용되기도 한다. 이는 이용자가 참여하기 쉬운 기능과 공간 등의 물리적인 상황에 대한 평가를 말한다.

상암 CGV의 'Stikus wall'

초대형 인터렉티브 옥외광고의 'Stikus wall'은 멀티터치 스크린을 접목시킨 500인치 초대형 사이즈의 세계 최초 UX (User Experience) 광고 플랫폼으로, 자체 개발한 500인치 멀티 터치스크린을 통해 사용자의 참여를 이끌어 낸다. 사용자는 초대형 멀티터치스크린을 통해 사진 촬영과 데코레이션은 물론 휴대폰 MMS 및 이메일 전송, 터치스크린 밖 공간으로의 사진 전달을 통해 다른 사람들과 콘텐츠를 공유할 수 있다. 이 밖에도 사용자가 직접 참여한 그림이나 게임이 실시간으로 터치스크린에 반영돼 참여자의 집중력을 증대시키는 것이 특징이다(〈그림 9.3, 그림 9.4〉 참조).

5. 디지털사이니지의 진화

디지털사이니지는 기술적 진화를 하고 있다. 먼저, 기술적 진화를 알아보면 다음과 같다.

기술적 진화

① 인터랙션 기술이다. 첫째, 비정형 디지털사이니지 기술로 대형 크기의 디스플레이를 통해 여러 영상 소스가 동시 재생 및 순차적 재생이 가능하도록 한 것이다. 둘째, 동작인식 시스템 기술이다. 디스플레이를 통해 동작인식을 하는 시스템

그림 9.3 상암 CGV의 'Stikus wall'

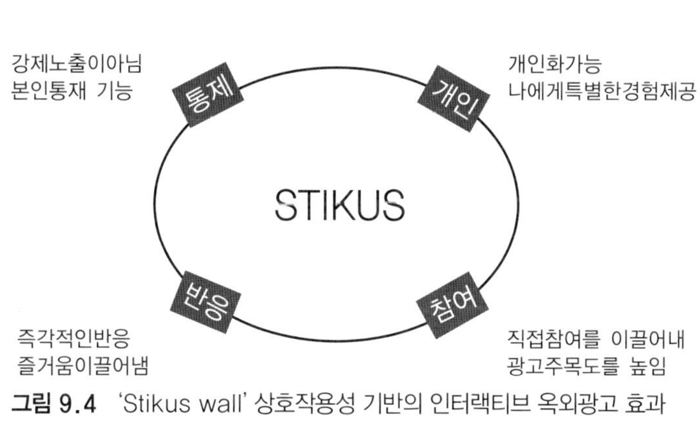

그림 9.4 'Stikus wall' 상호작용성 기반의 인터랙티브 옥외광고 효과

이다. 일반 카메라를 통해 무빙워크를 이용하는 고객의 움직임을 분석하여 인터렉티브한 영상을 제공하는 등 멀티 센서를 활용하여 동작을 인식하게 하는 것이다. 셋째, 얼굴 인식 기술이다. 디지털사이니지를 보는 고객의 성별과 연령대를 분석하여 실시간 맞춤 광고를 노출하는 것이다. 고객이 필요로 하는 서비스를 제공할 수 있다. 넷째, 객체 추적 기술이다. 영상감시 알고리즘 관련 공동연구를 통해 확률적 모델에 기반한 고정된 카메라에서 움직이는 사람을 검출해 내는 기술을 의미한다.

② 네트워크화된 공간 환경 기술이다. 디스플레이 기술이 다양화됨에 따라 멀티스크린 환경에서의 인터랙션을 통한 사용자에게 참여형 콘텐츠를 제공하는 것이다. 예를 들면, 다양한 오픈스크린에 대해 영역별, 상황별 그룹핑 기술을 통하여 사용자 상황에 맞는 콘텐츠를 제공하는 것이다. CJ CGV는 기존 중앙 1면 스크린을 통해 영화를 관람하던 환경에서 벗어나 상영관 좌우 벽면까지 3면을 스크린화하며 이야기의 공간을 확장시키고 감정의 몰입을 더해주는 상영 방식을 개발하고 도입하여 실체감을 더 느끼게 한다.

③ 상황인지 기술이다. 먼저, 웹기반 개방형 서비스 플랫폼 기술로 다양한 특성을 가지는 스크린에서 센서, 사용자 단말, 앱 스토어, 인터넷 미디어 등을 자유롭게 활용해 사업자나 개발자가 쉽고 빠르게 콘텐츠와 응용 서비스를 배포/소비/관리할 수 있는 스크린 서비스 플랫폼 기술을 의미한다. 둘째, 상황인지 기반 스크린 제어 기술: 안면, 동작인식 등 자동 패턴 인식기술 적용으로 새로운 사용자 경험을 제공하고, 고객 분석 및 행동 패턴을 상황 정보화하여 개인 맞춤형 서비스를 지원하는 기술로 사용자의 참여를 확대한다. 셋째, 단말 독립적 클라우드형 스크린 기술이다. 디지털사이니지 스크린 미들웨어 종류 및 하드웨어 성능에 비종속적 고품질의 스크린 서비스 요구됨에 따른 가격 경쟁력 확보 및 N-스크린 연동을 위한 클라우드 기반 스크린 가상화 기술을 의미한다. 예를 들며, 단독 매장에서 독립적으로 활용하는 디지털사이니지를 들 수 있다.

④ IoT 기술 지금은 광고를 보여주는 전통 디스플레이가 IoT와 결합해 사용자와 소통하고 데이터를 수집하는 기술 플랫폼으로 진화를 하고 있다. 공공장소나 상업공간 외에 냉장고 같은 전자기기에도 IoT가 접목되어 투명 디스플레이에 정보 콘텐츠를 제공할 수 있게 되었다. 삼성전자 광고에서 냉장고 내 설치된 디지털사이니지를 통해 떨어진 식재료를 자동으로 주문하는 장면이 나온다. 앞으로 디지털사이니지는 IoT기술을 통해 더욱 더 진화할 것으로 전망한다(스마트미디어 진흥협회, 2015).

출처: 노광현/황호영/김승천 2014

그림 9.5 디지털사이니지와 연동된 모바일 광고 사례

비즈니스적 진화

디지털사이니지가 현대 ICT 발달과 함께 서비스 측면에서 함께 진화하고 있다. 먼저, 디지털사이니지는 N스크린으로 발전하고 있다. N스크린은 건물과 장소 및 공간을 타 기기와 연동시키는 과정으로 특히 모바일 기반의 개인미디어와 연동되어 광고와 메시지를 노출하고 있다. 이러한 N스크린은 NFC와 QR코드와 연계되어 광고를 노출시켜 소비자들로 하여금 광고에 능동적으로 참여시키고 있다.

둘째, 공간 아트미디어로 진화하고 있다. 이 영역에서는 미디어파사드가 있는데, 주로 대형 건물이나 상징물의 외관을 디스플레이용으로 사용된다. 다양한 작가들이 예술 작품을 이와 같이 만들고 있다. 미디어파사드는 도시공간을 문화적 공간을 만들어 건물자체의 미적 가치를 높이고 있다. 앞으로 이와 같은 형태는 더욱 늘어날 것으로 보인다(〈그림 9.6〉 참조).

셋째, O2O (Online to Offline) 커머스 마케팅미디어로 진화하는 것이다. 예를 들어, 온라인에서 주문한 것으로 오프라인으로 제품을 찾을 수 도 있다. 결국 고객과의 접접이 다양화된다는 것을 의미하며 옴니채널 모델로 확대되고 있다. 가령, 오프라인을 기반으로 하여 정보를 수집하고 제공하고 고객 접점에서 고객의 필요와 욕구를 유도하면서 행동을 유발시키고 있다. 백화점이나 마트를 중심으로 활발히 진행되고 있다(스마트미디어 진흥협회, 2015).

출처: 네이버지식백과, 동아일보

그림 9.6 서울역, 백화점 미디어파사드 사례

CHAPTER INTRODUCTION TO **NEW OUT OF HOME ADVERTISING**

10 디지털사이니지의 현황과 종류

1. 현황

최근 옥외광고 시장에 새로운 바람이 불고 있다. 바로 '디지털사이니지(Digital Sineage)'이다. 기존 옥외광고(OOH: Out of Home)를 넘어서 점차 DOOH (Digital Out of Home)로 넘어가는 상황에서 디지털사이니지는 이러한 디지털화에 큰 역할을 하고 있다. 디지털사이니지는 네트워크를 통한 원격제어가 가능한 디지털 디스플레이를 공공장소나 상업공간에 설치하여 정보, 엔터테인먼트 프로모션, 광고 등의 다양한 콘텐츠를 제공하는 디지털 미디어이다(DMC미디어, 2011. 04).

특히 디지털사이니지는 구매접점에서 노출된다는 점과 크기나 소재 등의 제한이 없다는 점에서 옥외광고의 장점을 극대화할 수 있으며(문철수, 2010; 양윤직, 2010) 디지털 디스플레이를 활용하여 다양한 콘텐츠와 광고를 표출할 수 있다는 점에서 다양하게 활용할 수 있다. 과거에는 한정된 공간에서만 접할 수 있었지만, 최근에는 그 공간이 점점 커지게 되면서 디지털사이니지가 더 주목을 받고 있다(SP투데이, 2011. 09. 11).

이는 과거 커버리지 형태의 기능을 수행하는 것으로 인식되었던 옥외광고가 인터랙티브 기능을 만남으로서 과거 버스 쉘터, 매장 디스플레이 등의 광고가 상품 구매로 직접적으로 연결되는 고리로 활용될 수 있는 등 많은 변화를 맞이하고 있다(심성욱, 김운한, 신일기, 2011). 강남역 '미디어폴', 코엑스몰 '코몰라이브', 'CGV 스티커스'와 최근 설치되고 있는 지하철 아이피텔레포니시스템 '디지털뷰',

서울시 버스 정류장 'u-Shlter' 등이 이러한 디지털사이니지의 대표적 예들이다(심성욱, 2010). 이러한 디지털사이니지를 필두로 옥외광고는 전통적인 형태의 단순노출이라는 측면에서 벗어나 수용자와의 상호작용이라는 측면으로 변화하고 있으며, 다른 어떤 매체보다도 빠르게 변화 하고 있다. 이는 옥외광고가 외부에 고정되어 있기 때문에 소비자가 자연스럽게 노출 될 수 있고, 소비자의 상품을 구매하는 시점에서 광고를 노출 시킬 수 있기 때문에 그 효과는 더 직접적이고 크다고 볼 수 있다. 이러한 옥외 광고의 특성은 다른 광고매체 중에서도 옥외광고만이 가질 수 있는 가장 큰 장점이다(심성욱, 신일기, 2007).

현재 외부의 모든 공간에서 디지털사이니지를 접할 수 있을 만큼 디지털사이니지가 확산 될 수 있는 환경이 조성되고 있다. 유동인구가 많은 번화가나 지하철역이나 공항과 같은 공공장소에서 주로 이용되던 디지털사이니지는 점차 대형할인점이나 일반 매장에서도 적용되고 있다. 이러한 디지털사이니지는 각 장소의 특성에 맞는 광고나 정보를 제공하고 있다(KT경제연구소, 2010).

다양한 디지털사이니지를 접할 수 있는 공간 중에서도 일종의 틈새시장으로 눈길을 끄는 곳이 있다. 바로 편의점이다. 편의점의 '디스플레이'는 매장 안에 설치된 동영상 매체로 방문고객에게 실시간 뉴스속보나 문화콘텐츠, 뮤직비디오, 제품광고 등의 정보를 제공해주는 정보매체로 활용되고 있다(이노빅스, 2009. http://www.innob2b.com).

디지털사이니지

최근 매체가 다양해짐에 따라, 소비자의 욕구도 다양해지고 있다. 이러한 소비자 욕구를 충족시켜 주기 위해서 기존에 제공하던 광고매체 이외에도 디지털을 접목한 매체가 급증하고 있다. 이러한 흐름에서 최근 다양한 장소에서 활용되고 있는 것이 바로 디지털사이니지(Digital Signage)이다.

디지털사이니지에 대한 정의는 사용하는 곳에 따라 조금씩 다르게 사용하고 있지만, 그 정의는 크게 다르지 않다. 디지털사이니지는 다양한 디스플레이를 통해 정보와 광고 메시지를 전달하는 장치로 DID(Digital Information Display)라고도 불리는 디지털 영상장치이다(DMC미디어, 2011. 04). 또한, 디지털사이니지는 제품에 대한 정보 전달 외에도 예술작품으로써 활용이 가능하다는 점과, 광고 외의 콘텐츠 제공이 가능하다는 점에서 다른 매체에 비해 차별화 된다(나카무라 이치야 외, 2010).

디지털사이니지는 매체 특성상 4가지의 특징을 가진다. 첫째, 인터랙티브가 가능한 미디어이다. 디스플레이를 통해 정보 전달을 하며 이를 통해 커뮤니케이션을 실현시킨다. 둘째, 뉴미디어이다. 뉴미디어의 커뮤니케이션은 시공간의 한계를 극복한다는 특징을 가진다. 셋째, 멀티미디어이다. 음성, 화상, 문자, 자료 등의 여러 가지 표현기능을 통해 커뮤니케이션이 가능하다. 넷째, 하이퍼미디어이다. 하이퍼텍스트에서 확장된 개념으로 문자 외에도 소리, 그림 등에 접근이 가능하다는 점을 가진다(조성우, 2011). 이러한 특징을 통해 디지털사이니지는 소비자와 커뮤니케이션을 하고자 한다.

더욱이 디지털사이니지는 기존의 매체가 가지고 잊지 못한 특성을 차별적으로 제공할 수 있다는 점에서 주목을 받고 있다. 디지털사이니지가 성공하게 된 요인은 크게 3가지로 설명할 수 있다. 첫째, 설치 환경의 타당성이다. 디지털사이니지는 위치의 특성을 고려하여 가장 최적화된 위치에 설치가 가능하기 때문에 가장 효과적인 타깃팅 효과를 일으킬 수 있다. 둘째, 미디어의 물리적 설득력이다. 디지털사이니지는 소비자의 동선과 움직임을 고려하여 설계되어 있다는 점에서 더 효과적으로 작용될 수 있으며, 해상도나 밝기 등을 통해 효과를 더 극대화할 수 있다. 셋째, 콘텐츠의 매력이다. 단순히 제품의 광고만 전달하는 것이 아니라 소비자의 시선을 끌 수 있는 실용적이거나 오락적인 콘텐츠를 제공함으로써 매체에 대한 매력을 높일 수 있게 된다(유승철, 2009).

이러한 디지털사이니지의 특성으로 현재 북미 시장을 중심으로 하여 유럽과 일본까지 높은 성장세를 이어가고 있다(KT경제연구소, 2010). 세계 시장의 디지털사이니지 규모는 2010년 80억 달러에서 2012년 135달러로 매년 29%이상의 성장률을 보이고 있다. 더불어 국내시장에서도 디지털사이니지가 급성장하고 있다. 국내 시장의 디지털사이니지 규모는 2010년 1,000억 원정도로 매년 30%의 성장률을 보이고 있다(DMC미디어, 2011. 04).

국내의 대형 기업들도 이러한 디지털사이니지의 성장에 일조하고 있다. 디지털사이니지가 다양한 장소에서 활용되는 만큼, 각 기업의 중심지도 조금씩 다르다. 다음커뮤니케이션은 디지털사이니지 중에서도 가장 쉽게 그리고 많은 이들이 접촉하기 쉬운 지하철을 주로 하고 있다. 지하철 디지털뷰를 운영하기 시작하면서 주변지도, 실시간 정보, 관광정보, 인터넷 전화 등의 서비스를 제공하고 있다(DMC미디어, 2010. 12).

LG유플러스는 주거, 사무공간을 주로 서비스를 시행하고 있으며, KT는 대

표 10.1 국내외 디지털사이니지의 시장규모

주요시장 및 년도	2010년	2011년	2012년
북미	3조 4300억 원	3조 9500억 원	4조 5350억 원
일본	1조 원	1조 1300억 원	1조 2900억 원
유럽	6544억 원	8240억 원	1조 원
한국	1150억 원	1358억 원	1593억 원

출처: DMC미디어, 2011. 04

학교, 병원, 주거공간 등을 중심으로 서비스를 확장해가고 있다. 최근에는 버스정류장에도 디지털사이니지를 시행하고 있으며, 강남역의 랜드마크로 자리잡고 있는 미디어폴을 설치하여 운영하고 있기도 하다. KT는 국내 디지털사이니지의 1위 사업자이며 방대한 시스템을 운영하고 있다(매일경제, 2011. 08. 22). 이 외에도 CJ파워캐스트, GS넷비전 등에서도 디지털사이니지를 운영하고 있다.

IHS (2015) 조사기관에 의하면, 전세계 디지털사이니지 시장규모가 2015년 170억 달러(약 20조원)에 이르고 2016년까지 매년 성장세를 유지할 것으로 전망하고 있다. 국내도 성장률을 보일 것으로 전망되고 있다. 파란색부분은 디스플레이 분야이고 짙은 청색은 미디어수입을 나타내고 있다. 이 두분야가 디지털사이니지시장을 이끌고 있다.

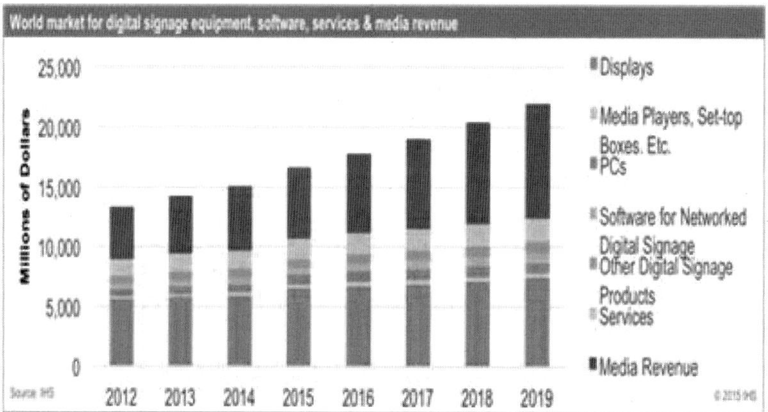

출처: IHS (2015)

그림 10.1 전세계 디지털사이니지 시장

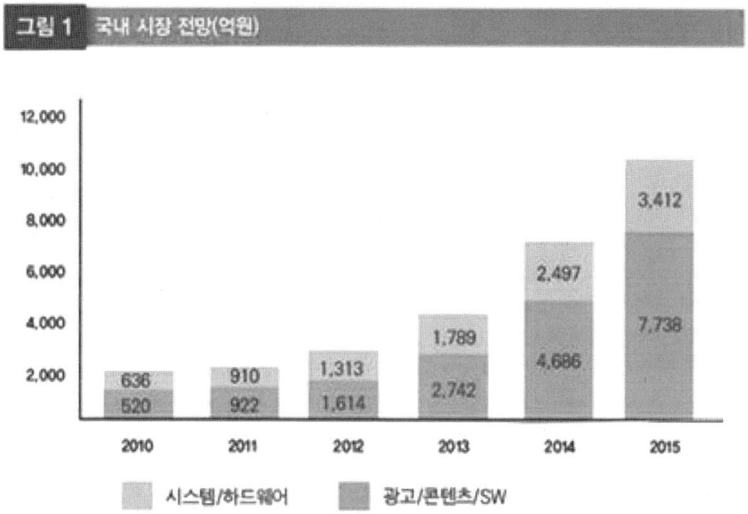

출처: 한국방송통신전파진흥원(KCA) (2014)

그림 10.2 국내시장 전망

2. 종류

광고미디어로서의 디지털사이니지의 종류는 설치장소와 기능 또는 역할에 의해 구분된다. 그리고 대부분의 디지털사이니지는 LED, LCD, 프로젝터 등의 디스플레이 기기의 종류에 따라 이름이 불리기도 하며 장소와 기능을 기기와 섞어서 이름 붙여지기도 한다. 예를 들면 지하철정보안내시스템 이라고 불리기도 하고 지하철LCD, 지하철정보안내LCD 라고 불기기도 한다. 전광판 역시 마찬가지이다. 철도역홍보판이라고 불리기도하고 철도역LED 또는 철도홍보용LED라고 불리기도 한다. 즉 "장소와 기능", "장소와 사양", "장소와 기능과 사양"이 결합된 형태의 이름들이 새로운 디지털사이니지가 생길 때 마다 늘어나고 있으며 그 종류는 〈그림 10.3〉과 같다.

LED, LCD, 프로젝터 등의 디스플레이 기기는 기술적인 발전에 따라 여러가지 세분화된 이름으로 불리기도 했으며 현재에도 계속하여 다른 이름들이 만들어지고 있다. 먼저 LED의 경우 블루(Blue) 소자의 유무에 따라 2칼라 LED, 풀칼라 LED로 불렸으며 주야간에 2칼라, 풀칼라 색상 전환이 가능한 세미(Semi)풀칼라 전광판과 주간에는 빌보드, 야간에는 LED로의 전환이 가능한 전광판도 있

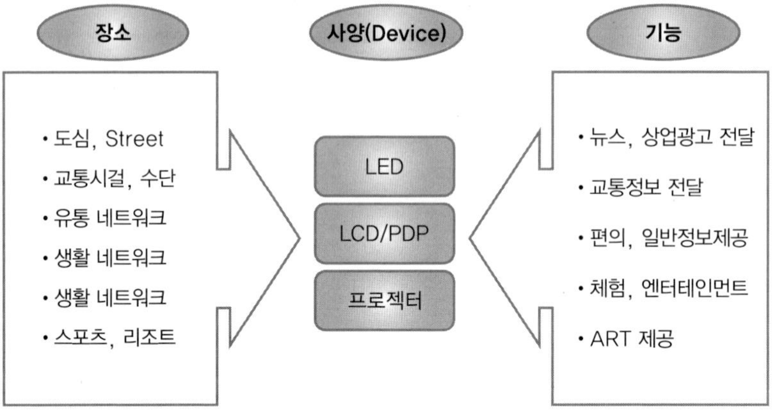

그림 10.3 디지털사이니지의 종류

었다. 또한 열차의 속도에 따라 화면이 만들어지는 지하철 TAS라는 터널전광판과 회전의 원리로 화면을 만드는 원통형 스핀TV도 개발된 적이 있었다.

LCD의 경우에는 현재 형태적 구분이 쉽지 않은 PDP가 옥외용 LCD 개발 이전에 많이 사용되었다. 지하철승강장PDP, 홈플러스PDP, 대학교PDP 매체와 같이 PDP를 이용한 광고물이 많았다. 그리고 옥외광고용 LCD가 개발되면서 현재에는 대부분의 동영상 디스플레이 매체는 LCD를 이용하여 개발되고 있다. 이러한 LCD는 현재 커머셜 디스플레이 경쟁이 심화되면서 다양한 사이즈의 패널이 생산되고 단가도 점점 낮아지고 있는 추세이며 강한 햇볕에도 가시가 가능한 실외용 LCD도 개발되고 있다 또한 최근에는 LCD 광고매체에 동작인식 카메라, 터치스크린 필름 등 인터렉티브 신기술을 적용한 사이니지도 많이 만들어 지고 있다.

프로젝터의 경우에는 LED, LCD와 같이 많이 매체화 되지는 않고 있지만 초대형 사이즈의 동영상을 쉽게 만들 수 있다는 것과 입체영상과 같은 임팩트 있는 영상 구현에 적합하다는 장점으로 최근 많은 관심을 끌고 있다. 지금까지 프로젝터를 이용하여 상용화된 매체로는 5-8호선 지하철승강장 동영상광고, LG유플러스 오즈매장 동영상광고, 코엑스몰 입체영상광고 등과 이벤트성으로 운영되는 빔버타이징광고, 건물 맵핑광고 등이 있다.

디지털사이니지의 종류는 앞서 말한 사양의 발전에 따른 이름의 변화 외에도 적용 장소의 변화 또는 기능의 변화에 따라 이름이 바뀌기도 한다. 예를 들면 철도역 전광판라고 불리던 것이 KTX의 등장으로 KTX 전광판으로 불리고, 교통지

표 10.2 장소, 기능, 사양에 따른 디지털사이니지의 종류

설치장소/기능			LED	LCD	프로젝터/기타
도심	건물	뉴스, 광고전달 뉴스, 광고전달	옥상, 벽면		
			전광판		
		미디어아트 제공	미디어파사드		건물맵핑
	Street	뉴스, 정보전달	전자현수막		
		미디어아트,정보전달	미디어폴		빔버타이징
교통	지하철	교통정보 전달		정보안내판	
		광고 전달		브랜드씨어터	
		광고, 일반정보 제공	TAS, 스핀 TV	S-맵	음성광고
		광고, 일반정보 제공		디지털포스터	
	버스	광고, 일반정보 제공		버스TV	
		교통 정보 제공			음성광고
		교통 정보 제공		승강장 LCD	
	철도	광고, 교통 정보 제공	홍보전광판		
		광고, 일반정보 제공		역사내 LCD	
		뉴스, 광고전달		차내 LCD	
	공항	광고, 교통 정보 제공	홍보전광판		
		광고, 일반정보 제공		멀티비전	
유통네트워크	극장	홍보, 광고, 편의제공	극장 전광판	키오스크, 티켓발매기, 멀티비전, 매장내 LCD 등	벽면, 천정 프로젝터
	대형 할인점	광고, 편의제공 등		매장 LCD, 키오스크	
	복합쇼핑몰	광고, 홍보, 편의제공		디지털 디렉토리, 키오스크, 멀티비전	
	커피숍	광고, 홍보, 편의제공		키오스크, 티켓발매기, 매장내 LCD 등	
	드럭스토어				
	은행				
	미용실				

표 10.2 (계속)

<table>
<tr><th></th><th colspan="2">설치장소/기능</th><th>LED</th><th>LCD</th><th>프로젝터/기타</th></tr>
<tr><td rowspan="5">유통네트워크</td><td>전자매장</td><td rowspan="5">광고, 홍보, 편의제공</td><td></td><td rowspan="5">키오스크, 티켓발매기, 매장내 LCD 등</td><td></td></tr>
<tr><td>편의점</td><td></td><td></td></tr>
<tr><td>레스토랑</td><td></td><td></td></tr>
<tr><td>패스트푸드</td><td></td><td></td></tr>
<tr><td>스크린골프</td><td></td><td></td></tr>
<tr><td rowspan="4">생활 네트워크</td><td>아파트</td><td>정보, 광고 전달</td><td></td><td>E/V LCD</td><td></td></tr>
<tr><td>대학교</td><td>정보, 광고 전달</td><td></td><td>학교내 동영상</td><td></td></tr>
<tr><td>스포츠센터</td><td>정보, 광고 전달</td><td></td><td>매장내 동영상</td><td></td></tr>
<tr><td>병원</td><td>정보, 편의제공</td><td></td><td>처방전 발매, 수납 키오스크, 대기시간 표시 LCD</td><td></td></tr>
<tr><td rowspan="3">스포츠, 리조트</td><td>골프장</td><td>정보, 광고 전달</td><td></td><td>로비 LCD</td><td></td></tr>
<tr><td>운동장</td><td>정보, 광고 전달</td><td>경기 안내 전광판</td><td></td><td></td></tr>
<tr><td>스키장</td><td>정보, 광고 전달</td><td>슬로프 전광판</td><td>멀티비전, 키오스크</td><td></td></tr>
</table>

역 중심으로 있던 정보안내LCD 역시 이제는 극장, 쇼핑몰 등에서도 등장하면서 다양한 이름으로 불리고 있다. 그리고 기능의 변화에 따른 매체 이름의 변화도 많은 편이다. 예를 들면 홍보안내판, 정보안내판 이라는 기능의 광고물은 보다 구체적인 기능을 보여주는 이름으로 바뀌어 가고 있으며 지하철방향안내판, 버스도착정보안내판, 코엑스몰 디지털디렉토리, 극장영화예고안내판 등을 그 사례로 볼 수 있다.

디지털사이니지는 앞서 얘기한 한 가지 기능이 아닌 여러 기능을 가지는 경우가 많이 있다. 그리고 이때 사업자에 의해 별도의 이름으로 붙여진다. 예를 들면 코엑스몰 디지털디렉토리 광고물은 코몰라이브로, 이마트천정걸이동영상광고는 이마트라이브로 불리우고, 지하철정보안내 및 무료전화기능의 디지털사이니지는 디지털뷰 라는 이름으로 불리워졌다. 이는 사업자가 자신의 사업 라인업을 만들면서 이름 붙이기도 하고 고급감을 갖기 위해 특별한 브랜드를 만들기도 하면서 시작되었다.

결론적으로 디지털사이니지의 종류는 크게 사양별로 LED, LCD, 프로젝터로 나눌 수 있지만 그 기능과 장소에 따라 같이 불리기도 하고 따로 불리기도 한다. 또한 세부적인 사양을 강조하기도 하고 없었던 장소에 새롭게 들어서는 매체인 경우 장소를 강조하는 이름을 갖기도 하며 새로운 기능을 강조하는 이름을 갖기도 한다. 뿐만 아니라 복합적인 기능이 있거나 특별한 이유가 있을 경우 사업자 자신이 특별한 이름을 붙여 부르기도 한다. 그리고 이런 상황을 볼 때 디지털사이니지는 지속적으로 새로운 종류가 태어날 수 있으며 시간이 지나면서 많은 이름들이 잊혀질 수도 있다.

현재 이러한 주류적인 디스플레이 기기를 이용한 디지털사이니지 외에도 레이저, 워터스크린, e-paper 등을 이용한 실험적인 디스플레이와 후각, 청각을 자극하는 디지털기기도 지속적으로 개발되고 있다. 따라서 디지털사이니지의 종류는 앞으로도 무궁무진해질 것으로 생각된다.

표 10.3 장소, 기능, 사양에 따른 디지털사이니지 사례

도심			
건물	뉴스, 광고 전달	옥상, 벽면 전광판	
건물	미디어 아트	미디어파사드	

표 10.3 (계속)

도심				
건물	미디어 아트	건물 맵핑		
Street	뉴스, 정보 전달	전자현수막		
Street	미디어 아트 정보 전달	미디어폴		
Street	미디어 아트 광고전달	빔버타이징		

표 10.3 (계속)

도심				
지하철	교통 정보 광고 전달	역구내 LCD		
교통				
지하철	교통 정보 일반 정보 광고 전달	차량내 LCD		
지하철	교통 정보 일반 정보 광고 전달	디지털뷰 (철거)		

표 10.3 (계속)

도심			
지하철	교통 정보 일반 정보 광고 전달	스핀TV (철거)	
지하철	교통 정보 일반 정보 광고 전달	TAS	
지하철	일반 정보 광고 전달	스크린도어 LCD	
지하철	일반 정보 광고 전달	S-MAP	 

표 10.3 (계속)

도심			
지하철	일반 정보 광고 전달	브랜드 씨어터	 
지하철	일반 정보 광고 전달	디지털 포스터	
지하철	광고 전달	게이트비전	
지하철	광고 전달	벽면 멀티비전	

표 10.3 (계속)

도심				
버스	일반 정보 광고 전달	버스쉘터 LCD		
버스	일반 정보 광고 전달	버스TV		
철도	교통 정보 일반 정보 광고 전달	홍보전광판		
철도	교통 정보 일반 정보 광고 전달	캐노피형 멀티비전		

표 10.3 (계속)

도심			
철도	교통 정보 일반 정보 광고 전달	벽면형 멀티비전	
철도	뉴스, 광고 전달	KTX 차내 LCD	
공항	교통 정보 일반 정보 광고 전달	홍보전광판	
공항	교통 정보 일반 정보 광고 전달	벽면형 멀티비전	

표 10.3 (계속)

도심			
공항	교통 정보 일반 정보 광고 전달	기둥형 멀티비전	
공항	편의시설물(기내)	기내 동영상	 
유통(체인) 네트워크			
극장	홍보, 광고, 편의제공	소형전광판	
극장	홍보, 광고, 편의제공	극장내 멀티비전	

표 10.3 (계속)

<table>
<tr><th colspan="5">도심</th></tr>
<tr><td>극장</td><td>홍보, 광고
엔터테인
먼트</td><td>스티커스
(철거)</td><td></td><td>
</td></tr>
<tr><td>극장</td><td>홍보, 광고
편의제공</td><td>티켓발권기</td><td></td><td>
</td></tr>
<tr><td>극장</td><td>미디어아트
광고</td><td>천정형
프로젝터</td><td></td><td>
</td></tr>
<tr><td>할인점</td><td>정보, 광고
제공</td><td>매장내
LCD</td><td></td><td>
</td></tr>
</table>

표 10.3 (계속)

도심			
할인점	정보, 광고 제공	매대 LCD	
할인점	정보, 편의제공 광고제공	매장내 키오스크	
복합 쇼핑몰	홍보, 광고제공	중소형 전 광판	

표 10.3 (계속)

도심			
복합	홍보, 편의 광고제공	디지털 디렉토리	
복합 쇼핑몰	홍보 미디어 아트 광고 제공	디지털 갤러리	
복합 쇼핑몰	홍보 미디어 아트 광고 제공	멀티비전	
복합 쇼핑몰	홍보 미디어 아트 광고 제공	전광판	

표 10.3 (계속)

도심			
커피숍, 레스토랑	홍보, 편의 광고제공	매장내 LCD 진동벨	  
은행, 미용실	홍보, 편의 광고제공	매장내 LCD	 

표 10.3 (계속)

도심				
통신, 전자매장	홍보, 광고 제공	프로젝터 이용 DAMS (철거)		
드러그 스토어	홍보, 광고 제공	매장내 LCD		
편의점, 노래방	홍보, 광고 제공	매장내 LCD		 

표 10.3 (계속)

도심				
스크린 골프	홍보, 광고 제공	매장내 프로젝터, LCD		
생활 네트워크				
아파트	홍보, 광고 제공	엘리베이터 LCD		
대학교	홍보, 광고 제공	대학교내 LCD		

표 10.3 (계속)

도심			
대학교	홍보, 광고 제공	인터넷 키오스크 (철거)	
스포츠 센터	홍보, 광고 제공	매장내 키오스크	
병원	홍보, 편의 제공	병원 LCD	
스포츠/리조트			

표 10.3 (계속)

도심			
골프장	홍보, 편의 제공	매장내 LCD	
운동장	경기 알림판 경기중계판	대형전광판 전광판 펜스	 

표 10.3 (계속)

도심				
스키장	홍보 광고 제공	슬로프 전광판		
스키장	홍보 광고 제공	리조트 내 LCD		

CHAPTER 11 INTRODUCTION TO **NEW OUT OF HOME ADVERTISING**

디지털사이니지 광고 매체의 성공요건

국내 디지털사이니지 옥외광고 시장은 2006년 옥외광고용 LCD가 출시되기 시작하면서 급격히 증가하기 시작하여 현재에는 전체 옥외광고 시장의 약 20%대 규모로 성장했다 그리고 앞으로의 성장 추이는 더욱 빨라질 것으로 예상된다. 하지만 아직까지 광고주로부터 효과적인 광고매체로 인정 받지 못하고 대분의 디지털사이니지 매체가 기존 TV광고 소재나 그와 유사한 콘텐츠를 내보내는 수준에 머물러 있다. 즉, 양적 성장에 비해 질적 성장이 거의 이루어 지지 않고 있다는 것이다.

최근에는 기존의 많은 고정 광고 매체들이 디지털사이니지 형태로 바뀌어 가고 있으며 새로운 공간이 개발될 때마다 디지털사이니지의 설치가 최우선적으로 고려되고 있다. 하지만 광고주의 캠페인에 주력 매체로 활약하기에는 아직까지 해결해야 할 과제들이 많이 남아 있다.

그럼 다음으로 디지털사이니지의 증가 배경과 현재 운영 매체들의 문제점, 광고매체로서의 성공을 위해 고려해야 할 점 등을 자세히 알아보기로 하자.

1. 디지털사이니지 매체의 증가 배경과 문제점

디지털사이니지 매체의 증가는 앞에서도 언급하였지만 옥외용 LCD의 개발과 네트워크 기술의 발전 등에 기인한다. 그리고 LCD 가격의 하락과 네트워크를 활용한 관리 비용의 절감 등이 광고사업자에게 디지털사이니지 매체 개발의 동기를 부여하였고 포스터와 같은 구형 게시물들이 디지털화될 때 느껴지는 환경적 신선감이 건물주와 시설관리자들에게 교체 욕구와 수요를 불러일으켰다.

이러한 삼박자가 들어맞아 2006년 이후 국내 옥외광고시장에 디지털사이니지 바람이 일어났고 현재까지 그러한 추세는 계속 이어지고 있다. 국내 시장에서 디지털사이니지 매체의 붐을 일으킨 대표사업자는 KT라고 할 수 있다. KT는 통신 인프라와 막대한 자금력을 바탕으로 보다 넓고 세분화된 타깃 지역에 디지털사이니지 매체를 설치 운영하였으며 디지털사이니지 매체의 초기시장을 개척하였다. 즉 홈플러스 PDP, 대학교 PDP 등과 아파트 엘리베이터 LCD, 병원LCD, GS25 편의점 LCD와 지방 지하철역사의 교통정보안내판에 이르기까지 초기에 설치된 다양한 고객 접점의 디지털사이니지 매체가 KT에 의해 개발되었다.

이러한 분위기 속에 제2, 제3의 사업자들이 뉴미디어 사업이라는 기대감 속에 디지털사이니지 사업을 일으켰다. 하지만 적지 않은 투자비용과 광고주들의 무관심은 결국 사업포기라는 결과로 이어졌고 중소형 매체사가 할 수 있는 사업이 아니라는 교훈을 심어주었다. 결국 디지털사이니지 사업은 대규모 투자가 가능하고 관련 인프라를 가지고 있는 대기업 중심으로 재편되었으며 현재 KT, CJ파워캐스트, GS넷비전, LG유플러스 등이 시장의 핵심 플레이어로 자리잡고 있다.

디지털사이니지 매체 사업은 지하철, 버스쉘터 등의 교통네트워크와 전국적인 체인 유통망을 가지고 있는 유통네트워크, 그리고 미용실, 병원, 아파트 등 생활네트워크에서 가장 활발하게 일어났다. 그리고 각각의 발생 배경을 따져보면 먼저 교통지역에서는 지하철 도착정보 등을 안내하기 위한 교통안내정보판의 신설이 계기가 되었다. 지하철1,3,4호선의 행선게시안내기를 약 1,000개 가까이되는 수량의 LCD광고매체로 교체하면서 불붙은 교통지역의 디지털사이니지는 디지털뷰, 2호선 교통안내정보판 등으로 확대되었고 그러한 분위기는 지방의 지하철 역사까지 이어졌다. 이러한 대규모 공익시설물의 설치가 디지털사이니지형 광고 사업 모델과 연계된 이유는 사업의 성패 보다 장기간 해당 위치를 선점할 수 있는 메리트가 컸기 때문이었다.

둘째, 유통네트워크에서의 디지털사이니지 발생 배경과 증가 원인을 살펴보면 유통점을 운영하는 기업의 신사업 개발 차원에서 시작되었음을 알 수 있다. 현재 GS25 매장은 전국적으로 3,000여 개가 있으며 이중 2,000개 이상의 점포에 디지털사이니지 매체를 운영하고 있고 CU나 바이더웨이 편의점에서도 유사한 매체가 운영 중에 있다. 커피빈, 카페베네 등 전국적인 커피 체인점들도 전국적으로 최소 100개~800여개 수준의 점포를 운영하고 있으며 각 점포마다 디지털사이니지를 운영하고 있다. 여기에 극장, 은행, 대형 할인점, 레스토랑, 주유소 등 전국적인 체인 유통망을 가지고 있는 장소들까지 가세하여 그 수는 크게 증가하였다. 하지만 이러한 디지털사이니지 매체는 광고의 효과성에 기반하여 설치된 매체라기 보다 기업의 수익 창출과 고객 서비스 제고라는 목적성을 가지고 설치되었기 때문에 효과성에 주목하고 있는 광고주들의 관심을 얻기가 쉽지 않았다.

셋째, 생활네트워크에서의 디지털사이니지 발생 배경을 살펴보자. 이 영역은 앞서 얘기한 교통과 유통네트워크 보다는 다소 소규모 자본으로 개발할 수 있는 장점이 있고 세분화된 타깃에게 광고를 전달할 수 있어 광고주 영업에는 다소 유리하나 현실적으로 매체 수량과 장소의 상징성 문제 등으로 대형 광고주 영입이 어려운 상황이다. 시장 초기에 생활네트워크 공간에서 가장 먼저 시도된 장소는 대학교와 병원이었다. 대학교의 구내식당이나 대형 종합병원의 대기실에 광고매체로서 처음 등장하였고 이 후 쇼핑몰, 스포츠센터, 미용실, 약국, 서점 등으로 확대되어 갔다. 이러한 생활네트워크에서의 디지털사이니지는 사업자 입장에서 볼 때 세분화된 타깃에게 맞춤 광고를 판매하기 위해 설치하였고 실제 공간을 소유하거나 관리하는 건물주 입장에서는 고객 서비스 또는 인테리어 개선의 입장에서 설치하였다. 다시 말하면 생활네트워크 공간의 디지털사이니지는 틈새 시장을 노리고 뉴미디어 개발을 추진한 사업자와 환경 개선과 임대료 수익을 얻기 위한 건물주의 합의에 의해 만들어졌기 때문에 광고 매체로서의 임팩트가 크지 않았다. 즉 독자적인 광고매체로서 가지는 효과 보다는 편의시설물 또는 정보판으로서의 효과가 더 컸다고 볼 수 있다.

이상과 같이 교통, 유통, 생활 네트워크 속에서 개발된 디지털사이니지 매체는 광고의 효과성 확대 차원 보다는 사업자의 장기적인 위치 선점 욕구, 건물주 또는 시설관리자의 신규 수익 창출 목적, 환경개선 및 고객 서비스 제공 목적으로 개발된 것이었다. 또한 광고주가 원하는 효과성에 대한 고민, 즉 어떤 타깃에게 어떤 메시지를 어떻게 더 효과적으로 줄 수 있는지에 대한 고민 없이 일부 시간대에 동영상 TV광고나 광고이미지를 게재할 수 있는 매체로만 개발됨으로서 뉴미디어로서의 신선감을 광고주에게 줄 수 없었다.

해외에서 성공한 디지털사이니지의 대표적인 사례로 중국 포커스미디어의 슈퍼마켓 디지털사이니지와 미국의 셀프주유소 디지털사이니지, 영국 지하철의 디지털포스터 등을 들 수 있다. 슈퍼마켓 디지털사이니지는 구매접점 광고로서 효과적인 위치에 설치되어 실제 상품의 판매촉진에 기여를 했고 포커스미디어를 중국 최대의 디지털사이니지 네트워크 사업자로 만들었다. 그리고 미국의 셀프 주유소 디지털사이니지 역시 소비자가 가장 자연스럽게 광고에 노출되고 접촉할 수 있도록 설치되었고 음성과 인터랙티브가 가미된 광고를 표출함으로서 많은 광고주들에게 환영을 받았으며 런던 지하철의 디지털포스터는 여러 매체가 연속되어 설치되어 있는 장소적 잇점에 디지털 콘텐츠가 동일하게 표출되는 임팩트가 더해져 성공매체로서 자리를 잡았다.

이와 같이 성공한 디지털사이니지와 그렇지 않은 디지털사이니지의 차이를 보면 결국 효과성이 있느냐 없느냐의 문제이다. 그리고 그 효과성은 사업자가 판단하는 것이 아니라 철저히 소비자와 광고주의 입장에서 판단되어야 한다. 옥외라는 복잡하고 집중력이 낮은 공간에서 다양한 여러 소비자들의 주의를 이끌어내기 위해서는 소비자에게 쉽게 접촉되고 보여줄 수 있는 장소에 소비자의 관여도(Involvement)를 끌어낼 수 있는 콘텐츠를 제공하여야 하고 그 결과로서 광고주 브랜드의 인지도 제고나 판매에 영향을 줄 수 있어야 한다.

하지만 국내에서 개발되어 운영되고 있는 매체들을 보면 그러한 효과성을 가진 매체가 많지 않다. 대부분 물리적인 노출 한계를 가지고 있거나 솔루션과 콘텐츠 측면에서 신선감이 떨어지며 소비자를 배려한 접점과 UI (User Interface) 측면에서도 많은 문제를 안고 있다. 그럼 다음으로 디지털사이니지 매체가 성공하기 위해서는 어떤 요소가 필요한지 구체적으로 알아보도록 하자.

2. 설치장소와 네트워크

디지털사이니지 매체의 설치장소는 지하철, 철도역 등 메스(Mass) 타깃 대상의 장소에서 미용실, 대학교와 같이 코어(Core) 타깃 장소까지 폭넓고 다양한 편이다. 매체가 개발되는 장소적 특성을 볼 때 사람들이 많이 모이는 장소가 일반적으로 효과 있다고 생각할 수 있으나 그 광고가 특정한 사람들에게 더 자주 보여지기를 바란다면 코어 타깃 중심의 설치장소도 매우 효과적이다.

여기서 우리는 과연 어떤 장소가 소비자에게 효과적이고 광고주가 관심을 가질 것인가를 살펴보아야 한다. 동일 비용으로 보다 효과적인 장소의 매체를 운영하는 것을 고려하는 것은 광고주 입장에서 볼 때 당연한 일이며 매체사는 이러한 점을 고려하여 효과를 최대한 높일 수 있도록 장소의 선택과 매체 운영방법을 개발하여야 한다.

많은 사람들에게 노출되기 위한 매스미디어적 성격의 디지털사이니지를 개발 할 경우에는 그러한 목적에 맞도록 네트워크를 최대한 넓혀야 한다. 즉 최대한 넓은 장소에서 많은 매체를 확보하여 동시 다발적인 광고 집행이 이루어질 수 있도록 해야 한다. 예를 들면 지하철에서 운영되는 디지털사이니지라고 가정할 때 몇 개의 역사 또는 특정 노선에서만 운영되는 매체는 전 역사와 전체 노선에서 운영되는 디지털사이니지에 비해 경쟁력이 떨어질 수 밖에 없을 것이다.

반면 세부 타깃을 위한 특수한 디지털사이니지를 개발할 경우에는 네트워크의 양보다는 질을 우선해야 한다. 타깃의 성향, 라이프스타일을 고려하여 설치장소를 선택하되 상징성을 가질 수 있는 우수한 장소로만 구성 되어야 한다. 미용실 LCD 매체를 예로 든다면 서울 전체 100개의 일반 미용실을 선택할 경우와 강남, 청담동 지역 고급미용실 20개를 선택할 경우 어떤 매체가 더 경쟁력이 있을까? 미용실 매체에 광고를 하기 위해 관심을 가지고 있는 광고주라면 아마 후자를 더욱 선호할 수 밖에 없을 것이다.

이처럼 디지털사이니지 매체가 효과적으로 운영될 수 있기 위해서는 광고의 목적에 따라 어떤 장소에 어떤 타깃을 위해 어떤 메시지를 전달할 것인지가 우선 고려되어야 하기 때문에 설치장소와 그에 맞는 네트워크 수준의 결정은 매우 중요하다. 따라서 매스미디어적 성격의 디지털사이니지 매체들은 다른 유사 미디어와 연계하여 네트워크의 폭을 더 넓힐 필요가 있으며 코어 타깃을 대상으로 한 디지털사이니지들은 타깃을 보다 세분화하여 상징성 높은 핵심 장소로 고급감 있는 포트폴리오를 구성해야 한다.

3. 설치위치와 관련성(Relevance)

디지털사이니지의 성공에 필요한 또 한가지의 요건은 광고물이 표시되는 설치위치이다. 설치장소가 우수하거나 네트워크의 양이 넓고 많다 하더라도 잘 보이지 않는 곳에 위치하거나 소비자가 접촉하기 어렵다면 아무런 의미가 없다. 일반적으로 디지털사이니지 매체는 15초 또는 20초 마다 다른 광고로 바뀔 수 밖에 없는 동영상 매체이며 옥외활동을 하는 대부분의 소비자들은 광고를 기다려서 볼 정도로 여유가 많지 않다.

옥외광고는 일반적으로 2초 이내에 인식될 수 있도록 간단 명료해야 한다고 한다. 그렇기 때문에 많은 정보를 싣는 것 보다 가장 중요한 메시지 하나를 4-5

단어 이내로 구성하여 표시하는 것이 가장 좋다고 한다. 과연 이러한 얘기는 왜 나왔을까? 아마도 빠른 동선상에서 무의식적, 반복적으로 인지되는 것이 옥외광고이기 때문에 구구절절한 설명 없이도 무엇을 말하고 있는 지를 한눈에 알 수 있어야 효과가 있다는 이야기일 것이다.

따라서 디지털사이니지 매체가 효과적이기 위해서는 이렇게 간단 명료한 크리에이티브가 구현되어야 하나 동영상 매체이고 멀리서 한눈에 볼 수 있을 만큼 광고물의 크기가 크지 않기 때문에 실제로 적용이 쉽지 않으며 대부분 TV광고를 그대로 표출시키는 것이 불가피하다. 결국 소비자의 빠른 이동동선 상에서 노출되는 디지털사이니지 매체의 동영상 광고는 소비자 접촉 확률이 떨어지고 설사 보인다고 하더라도 무슨 광고인지 인지되기 어렵게 된다.

디지털사이니지 매체가 멀리서 한눈에, 지속적으로 인지될 수 없는 매체라면 결국 설치위치가 바뀌어야 한다. 즉 일반적인 소비자의 빠른 동선 보다는 어쩔 수 없이 정지할 수 밖에 없는 정지동선, 그것도 근접하여 최소 15초 이상 광고를 볼 수 있는 시간이 확보되는 위치에 디지털사이니지 매체가 위치하여야 한다.

하지만 최근 국내에서 운영되고 있는 디지털사이니지 매체를 보면 그러한 점들이 잘 고려되고 있지 않은 듯 하다. 대부분의 매체들이 정지동선 상에 놓여 있지 않고 소비자를 끌어들일 만한 충분한 시간도 확보하지 못하고 있다. 물론 유효한 정지동선을 찾기가 쉽지 않고 설사 찾는다 하더라도 광고매체를 설치할 만한 조건들이 맞지 않는 경우들이 많다. 하지만 디지털사이니지 매체를 통한 동영상광고가 효과적이기 위해서는 정지동선에 놓여 있는 것이 중요하다. 만약 비정지 동선에 설치를 해야 한다면 순간적인 시선에도 인식될 수 있도록 운영방법과 콘텐츠를 바꾸어야 한다. 즉 매우 간단한 메시지만 전달하는 고정형 포스터 형태의 콘텐츠가 적합할 것이다.

설치위치와 관련하여 다음으로 고려해야 할 점은 얼마나 자연스럽고 편안하게 보일 수 있느냐 하는 것이다. 소비자는 일상에서 만나는 광고매체에 대해 매우 인색한 편이다. 의도적으로 찾아 다니거나 관심을 가지고 있지 않으며 보이면 보고 안보이면 안보는 매우 수동적인 성향을 가지고 있다. 따라서 광고매체가 효과적이기 위해서는 소비자의 자연스러운 눈높이 선 상에 있어야 하고 접촉 되어지는 환경 또한 복잡하지 않아야 한다. 시선의 분산이나 불안감이 조성되는 공간에 있는 광고매체는 또 하나의 시각적 공해로 느껴질 수 있기 때문이다.

그리고 가시거리 또한 중요하다. 너무 멀리서 보이는 광고 보다는 근접하여 임팩트 있게 보이는 광고가 보다 효과적이다. 가능하면 음향 효과가 포함되면 더욱 더 좋다. 소비자에게 근접 노출되면서 소리까지 들려 줄 수 있다면 소비자 관련성(Relevance) 차원에서 보다 유리해 질 수 있기 때문이다.

그럼 광고매체에 대한 소비자 관련성에 대해 알아보도록 하자. 소비자와의 관련성은 소비자가 매체에 대해 관심을 가지게 되는 이유로서 디지털사이니지와 같이 다소 긴 시간 동안 보여져야 하는 매체의 경우에는 더욱 중요하다. 소비자 관련성은 소비자의 개인적 특성과 소비자가 처한 환경에서 발생하며 디지털사이니지가 가지고 있는 특성이나 다양한 소비자 유인 요소와 소비자간의 교집합이 발생할 경우 소비자 관련성이 높아질 수 있다.

예를 들면 대형 할인점에서 치약을 고르고 있는 소비자가 치약 매대에 설치된 디지털사이니지에서 표출되고 있는 새로 출신된 치약 광고를 보게 된다면 그 소비자와 해당 매체는 관련성을 갖게 된다. 또 극장에서 영화를 보기 위해 안내 키오스크를 검색하는 소비자는 그 디지털사이니지를 통해 보여지는 새로운 영화 광고에 관련성이 생긴다. 이렇듯 소비자가 처한 환경에서 소비자의 주의를 끌 수 있도록 연결시켜 줄 수 있는 것이 바로 소비자 관련성이다.

소비자 관련성을 가지는 매체와 그렇지 못한 매체는 효과 면에서 큰 차이가 있다. 그리고 소비자 관련성은 디지털사이니지가 설치된 위치와 광고의 내용 즉 노출의 질에 따라 결정된다. 앞서도 말했듯이 디지털사이니지는 소비자가 자연스럽게 접촉할 수 있는 정지동선 상에 위치해야 하나 그렇지 못할 경우에는 소비자가 처한 상황 속에서 소비자의 발길을 잡을 수 있도록 소비자 주의를 이끌어 낼 수 있어야 한다.

'미디어 리슨시(Media Recency)'이론의 창시자이며 광고 미디어의 유명 인물인 어윈 에프론(Erwin Ephron)은 소비자를 끌어들이는 인게이지먼트(Engagement)의 중요성을 강조하면서 "미디어는 주의를 기울인 소비자에게 도달될 때 효과가 있으며 미디어 효과 측정시 가장 중요한 부분은 바로 광고 노출의 질과 소비자의 주의이다"라고 말하고 있다(2011, 유승철).

4. 솔루션(Solution)과 콘텐츠(Contents)

디지털사이니지의 최초 사양은 LED이나 현재의 대표 사양은 LCD이다. 그리고

LCD로 만들어진 키오스크 형태의 매체가 가장 많이, 넓게 분포되어 있으며 다양한 정보와 서비스를 제공하면서 광고매체로 운영되고 있다. 또한 네트워크에 의해 동시에 실시간으로 통제되면서 한 장소에 국한된 옥외매체가 아닌 매스미디어적인 형태로 그 역할을 넓혀가고 있다. 이밖에 프로젝터를 이용한 광고물도 간간히 나타나고 있는데 입체영상이나 초대형 건물 래핑 등 새로운 이미지의 광고 개발에 활용되고 있다.

하지만 국내 디지털사이니지 매체의 솔루션과 콘텐츠의 수준을 보면 해외와 많은 차이를 갖는다. 우리나라는 IT 강국으로서 기술에 대한 수준은 해외 어디와 비교를 하더라도 뒤떨어지지 않는데도 광고 솔루션과 콘텐츠 부분에서는 매우 열세인 편이다. 그 이유는 광고플랫폼에 대한 기본적인 이해의 차이에서 비롯된다고 본다.

해외 광고 선진국의 경우에는 옥외에서의 동영상 미디어가 TV CF를 방송하기 위해 개발된 것이 아닌 보다 더 효과적으로, 더 다양한 광고를 표시하기 위해 채택되었다. 다시 말하면 광고의 효과를 극대화 하기 위해 동영상 기술을 채택하였고 그로 인해 LED나 LCD가 기존 매체를 대체해 나갔다(LED나 LCD 기술이 있는 상황에서도 턴스크린 광고나 트라이비전 광고와 같은 구식 사양이 상당히 오랫동안 옥외광고 시장에서 운영되었다). 반면 우리나라의 경우에는 1995년 전후로 풀칼라 대형 LED가 개발되면서 단순히 TV CF를 실어 내보내는데 집중했다. 광고의 효과 보다는 외형에 집착했던 것이다. 큰 비용을 들여 뉴미디어적으로 보이는 매체를 개발하면 그 자체가 효과가 있다고 보았고 결국 그러한 뉴미디어에 담을 내용에 대한 고민 부재로 국내 광고주로부터 디지털사이니지의 효과성을 신뢰받지 못하는 결과를 낳았다.

현재에도 이러한 추세는 계속되고 있다. 동작인식이나 3D 입체 영상이 표출될 수 있는 뉴미디어가 개발되면 그 기술에 맞춰 광고 내용을 만들어 보려고 노력한다. 최근 개발된 투명 LCD와 4D의 경우도 새로운 기술을 가지고 광고 플랫폼을 만들어 보려고 애쓰고 있지만 이러한 노력은 단순히 기술적 특징만을 보여줄 수 있을 뿐 소비자에게 새로운 경험을 극대화하여 전달하지는 못한다. 소비자에게 감동을 줄 수 있고 광고주가 요구하는 브랜드 가치가 제대로 전달되기 위해서는 내용적인 측면에서 동기 유발되어 기술적으로 구현되어야 한다. 즉, 디지털사이니지의 솔루션과 콘텐츠는 목적성을 가지고 크리에이티브하게 발현되어야 효과가 있다.

일반적으로 광고 솔루션이란 크리에이티브를 구현 시켜주는 기술을 의미한다. 전통적인 옥외광고에서는 광고의 기법, 문제 해결 방식의 의미였으나 디지털 미디어에서는 실시간 네트워크 전송 기술, 원스톱 관리 프로그램, 증강현실 프로그램, 동작인식 카메라, 3D 디스플레이 등의 소프트웨어와 하드웨어가 결합된 기술을 솔루션이라고 말 할 수 있다. 하지만 이 솔루션은 단순히 기술의 단계에만 머물러서는 안되며 소비자에게 메시지를 효과적으로 전달하기 위한 아이디어가 포함된 기술이어야 의미가 있다.

최근 스마트폰이 대중화되고 이용률이 높아지게 된 가장 큰 이유로 어플리케이션의 다양화와 발전을 들 수 있다. 그리고 어플리케이션 개발의 활성화는 오픈 시장이라는 플랫폼에서 가능해졌지만 그 근저에는 소비자들의 니즈(Needs)를 충족시키기 위한 개발자들의 노력이 있었다. 즉 소비자의 필요성을 알고 소비자에게 채택되기 위해 많은 개발자들이 다양한 솔루션을 만들어 낸 것이다. 하지만 디지털사이니지 영역에서의 솔루션 개발은 그러한 노력들이 일어나고 있지 않다. 단순히 동영상을 효과적으로 송출하고 관리하는 수준에만 머물러 있다. 그 결과 많은 소비자들이 옥외의 디지털사이니지 보다 자신의 스마트폰을 더 많이 이용하게 되면서 디지털사이니지 광고에 대한 관심은 점점 더 낮아져 가고 있다. 하지만 옥외에서 임팩트와 재미를 줄 수 있고 스마트폰 보다 더 많은 혜택을 제공할 수 있는 솔루션이 개발되거나 스마트폰과 연계하여 효과를 극대화 할 수 있는 솔루션이 개발된다면 디지털사이니지의 미래는 밝아질 것이다.

디지털 미디어의 시대가 도래하면서 콘텐츠의 중요성이 높아지고 있다. 대중들에게 일방향적으로 전달되던 광고메시지는 이제 개인별 맞춤 메시지, 양방향 메시지 형태로 만들어지고 있다. 하지만 형식적인 양방향 메시지, 단순 체험만을 위한 인터렉티브가 아닌 소비자 관련성이 있고 소비자에게 감동적인 경험을 줄 수 콘텐츠가 만들어져야 한다.

최근 새로운 콘텐츠의 개발이 시작되고 있고 어느 정도 성과 있는 사례들도 나오고 있으나 아직까지 신선감 있고 놀라운 경험을 주는 콘텐츠는 많지 않다. 그 이유로는 광고 집행시 디지털사이니지에 맞게 별도로 광고를 제작하는 것은 비용이 많이 들고 효과에 대한 검증도 어렵기 때문이다. 따라서 광고주들이 보다 쉽게 새로운 시도에 대한 결정과 투자를 할 수 있도록 효과에 대한 검증 데이터나 성공사례의 창출이 필요하다.

콘텐츠의 제작은 광고주의 몫이므로 매체를 설치하고 영업하는 매체사 입장에서는 상관할 바가 아니라는 식의 태도는 문제가 있다. 디지털사이니지 시장을 이끌어가는 주체는 광고주, 대행사, 매체사 모두가 해당되지만 그 중 사업을 주도하는 매체사의 역할이 가장 클 것이다. 효과 있는 콘텐츠를 개발하여 광고주에게 제안하고 성공사례를 널리 알려 아직 시도해보지 못한 광고주를 자극시키는 일을 매체사가 시장의 중심에 서서 해나가야 한다.

광고의 내용은 광고의 목적과 전략에 따라 결정되는 것이 일반적이다. 따라서 아직 효과가 검증되지 못한 디지털사이니지를 위한 광고내용, 즉 검증되지 못한 디지털사이니지 콘텐츠는 광고 목적과 전략 수립시 배제되는 경우가 많다. 하지만 디지털사이니지가 가지고 있는 위치적, 기능적 장점들을 살릴 수 있는 솔루션과 콘텐츠가 하루 빨리 성공사례로 시장에 나와 준다면 우리도 디지털사이니지를 통한 새로운 성공 경험을 할 수 있을 것이다.

디지털사이니지 매체의 성공 요건 중 솔루션과 콘텐츠는 매우 중요하다. 소비자의 주의를 끌기 위해서는 매체라는 그릇보다 거기에 담겨있는 내용이 더 중요하기 때문이며 그 내용을 가장 임팩트 있고 재미있게 전달해 줄 수 있는 매체가 디지털사이니지이기 때문이다. 또한 소비자는 디지털사이니지라는 매체를 기억하는 것이 아니라 그 속에서 표현되는 솔루션과 콘텐츠를 기억하므로 우리는 우리가 가지고 있는 기술을 보다 효과적으로 활용할 수 있는 방법을 찾는데 노력을 아껴서는 안될 것이다.

5. 임팩트(Impact)와 UI (User Interface)

옥외광고로서의 디지털사이니지가 타 매체와 차별화되는 가장 큰 특징은 임팩트(Impact)일 것이다. 디지털사이니지가 가지는 정보를 제공하고 소비자에게 브랜드와 관련된 새로운 경험을 제공할 수 있다는 특징은 스마트폰이나 양방향 TV 등과 같은 다른 미디어와 유사하나 임팩트 측면에서는 다른 미디어와 차별점을 갖는다.

그럼 디지털사이니지가 주는 임팩트는 어떤 것일까? 첫째, 크기에서 오는 임팩트 일 것이다. 대형 전광판에 자신의 모습이 비쳐지거나 서울스퀘어 빌딩의 미디어파사드에 광고가 표출된다면 그 크기에서 오는 효과성은 다른 어느 미디어보다 강할 것이다. 둘째, 첨단 기술을 이용하여 지금까지 보지 못한 영상을 제공하는 임팩트이다. 쇼핑몰을 지나던 중 만나게 되는 홀로그램을 이용한 3D 입체

영상이나 지하철 터널속에서 나타나는 LED 영상 등은 새로움을 추구하는 소비자에게 강한 임팩트를 줄 수 있다. 셋째, 동시 노출에 따른 임팩트이다. 여러 광고물이 나란히 동시에 노출되면서 주는 시각적 임팩트는 소비자의 주의를 끌고 규모감을 느끼기에 충분하다. CGV 극장 로비에 있는 모든 동영상 매체가 하나의 주제로 동시에 노출될 때 소비자들은 한편의 쇼를 보고 있는 것 같은 느낌을 갖게 될 것이다. 마지막으로는 위치적 특수성이 갖는 랜드마크 임팩트이다. 옥외광고의 특성 중 하나인 랜드마크와 반복 노출은 디지털사이니지 영역에서도 예외일 수 없다. 인천공항이나 코엑스몰과 같이 상징성이 높은 장소에서 지속적으로 노출되는 디지털사이니지 광고는 소비자의 무의식속에 랜드마크 임팩트를 가지게 해 줄 것이다. 이러한 임팩트 효과는 디지털미디어에 있어 일방향 콘텐츠 영역에서 주로 고려된다. 물론 매체의 사양에 따라 달라지겠지만 소비자들에게 수동적으로 보여지는 광고 영상으로서의 한계를 극복하기 위해 신선감과 재미가 수반되어야 한다.

다음은 UI (User Interface) 측면이 고려되어야 한다. 이것은 단순 노출을 목적으로 하는 경우 보다는 상호작용성을 가진 콘텐츠 영역에서 중요하게 생각되어야 할 필수 요건이다. UI는 소비자가 디지털사이니지에 접촉할 수 있는 최초의 기회를 제공하고 접촉의 진행을 유지시키며 접촉의 결과를 얻게끔 만드는 즉 접촉 프로세스 전체를 지배하는 중요한 개념이다.

공공장소나 교통지역에서 운영되는 디지털사이니지가 학습을 통해 사용될 수 있다면 과연 얼마나 많은 사람들이 그것을 이용할 수 있을까? 그리고 사용이 불편하거나 특별한 사람만 사용할 수 있다면 과연 그것이 효과적인 광고 매체가 될 수 있을까? 바로 이러한 점에서 UI의 필요성이 제기된다.

옥외에서 운영되는 디지털사이니지는 멀리서 보여지는 것보다는 가까이서 직접 만져보고 경험해보는 것이 중요하다. 따라서 소비자가 어떠한 불편도, 고민도 없이 자연스럽게 사용할 수 있도록 UI가 고려되어야 한다. 하지만 최근 보여지는 디지털시이니지의 콘텐츠는 온라인 콘덴츠 제작 경험을 바탕으로 하어 제작된 것이 대부분이며 제작도 온라인 콘텐츠 제작업체가 주로 담당할 수 밖에 없는 것이 현실이다. 옥외 디지털사이니지만을 위한 제작 물량이 많지 않기 때문에 여기에 특화된 제작사가 별도로 운영되기 쉽지 않기 때문이다. 따라서 조속히 새로운 매체에 대한 UI 고민과 충분한 시행착오를 경험한 수준 높은 제작업체의 등장이 필요하다. 또한 더 많은 시간과 비용을 들여 콘텐츠와 매체를 만들 수 있는 시장 환경의 조성도 필요하다.

최근 들어서 산업디자인 및 공공디자인의 화두가 되고 있는 UD (Universal Design)라는 디자인 관점에서 디지털사이니지의 UI 를 고려할 수 있는 시사점들을 찾아 볼 수 있다. 유승철은 〈디지털사이니지 마케팅〉에서 UD의 주창자로 일컬어지는 미국의 로널드 메이스(Ronald L. Mace)의 'UD 7가지 원칙'을 디지털사이니지 디자인이라는 특수 맥락에 맞게 아래와 같이 수정하여 정리하였다.

우리가 일반적으로 인터렉티브 매체를 개발하고 콘텐츠를 기획할 때 과연 소비자들을 얼마나 이해하고 있는가를 반성해 보아야 한다. 인터렉티브 매체를 소비자들이 쉽게 접촉할 수 있게 하기 위해 너무 간단한 프로그램만으로 구성된다면 충분한 소비자 경험을 줄 수 없고 그렇다고 너무 많은 기능을 넣는다면 특수한 몇 명에게만 효과가 있을 것이다.

따라서 앞에서 얘기하고 있는 공평성, 융통성, 직관적 사용, 쉬운 인지정보, 오류에 대한 포용력, 적은 노력, 충분한 여유 등이 반영된 UI의 개발이야 말로 현재 우리 디지털사이니지 시장의 우선 과제가 아닐 수 없다.

6. 디지털사이니지 광고매체의 성공사례

최근까지 디지털사이니지 광고매체의 성공사례는 아직 많지 않으나 2012년 전후로 강남역, 삼성역, 코엑스몰 등 옥외광고 핵심지역들에 디지털사이니지 광고매

표 11.1 디지털사이니지에 적용한 로널드 메이스의 UD 원칙

1	공평한 사용(Equitable)소비자 누구나 차별감이나 불안감을 느끼지 않고 미디어를 이용 가능한가?
2	사용상의 융통성(Flexibillit in Use)다양한 상황에서도 미디어를 통해 정보를 정확하고 편안하게 얻을 수 있는가?
3	간단하고 직관적인 사용(Simple and Intuitive)직감적으로 사용방법을 간단히 알 수 있도록 간결하고 사용시 피드백이 있는가?
4	쉽게 인지할 수 있는 정보(Perceptive Information)정보구조가 간단하고 복수의 전달 수단을 통해 정보 입수가 가능한가?
5	오류에 대한 포용력(Tolerance for Error)소비자의 잘못된 조작을 원래 상태로 쉽게 복귀가 가능한가?
6	적은 물리적 노력(Low Physical Effort)무의미한 반복동작이나 무리한 힘을 들이지 않고 자연스런 자세로 사용이 가능한가?
7	접근과 사용을 위한 충분한 물리적 여유(Size and Space for Approach and Use)다양한 신체조건의 사용자가 편안하게 미디어를 활용할 수 있는가?

체가 등장하면서 성공사례들이 나타나고 있다. 하지만 아직까지 일방향 노출 중심의 광고매체들이 대부분이며 진정한 의미의 디지털사이니지 광고매체인 양방향성 광고매체는 성공사례를 찾아보기 어렵다. 먼저 2010년경 등장한 아파트 엘리베이터 LCD 광고매체는 서울, 경기 및 전국 대도시 중심의 아파트에 설치되어 지역광고주 대상의 광고매체로 빠르게 자리를 잡아갔다. 매체의 수량이나 크기 등의 한계로 TV, 온라인 광고매체와 비교할 때 효과성이 높지 않아 대형 광고주 영입에는 성공하지 못했지만 해당 아파트 주변 지역 광고주 대상 광고매체로는 인기가 높고 지속적인 매출 성장이 일어났다. 그리고 그러한 성공의 이유로는 정지동선에서 집중할 수 있는 매체 환경을 들 수 있고 디지털 매체의 장점인 빠르고 편리한 광고 송출과 저렴한 광고비도 영향을 주었다.

다음으로는 강남역지하상가 입구에 설치된 게이트비전광고와 삼성역 코엑스몰 입구에 설치된 미디어터널을 들 수 있다. 이 매체는 기존 일반 라이트박스 광고물이 있던 위치를 디지털사이니지로 교체한 사례로서 광고주 수요가 높은 위치의 매체는 여러 광고주 참여가 가능한 디지털 매체로의 교체가 효율성을 높여줄 수 있음을 입증했다. 즉, 디지털사이니지의 장점인 여러 광고를 동시에 노출하도록 하는 대신 광고 단가를 낮추어 많은 광고주들이 부담 없이 참여할 수 있도록 하여 사업자 입장에서 더 높은 수익을 확보할 수 있게 된 것이다. 이러한 광고매체는 기존 정지 화면 광고가 디지털로 구현된다는 점만 다르지 나머지는 기존 라이트박스 광고와 다를 바가 없기 때문에 수요가 높은 장소에서만 성공 가능하다는 한계를 갖는다. 또한 광고물의 대형화가 가능하여 상징성과 높은 임팩트를 줄 수 있다는 장점이 있다.

그리고 최근 지하철 출입구 주변 또는 승강장 입구 주변 등 빠른 동선상에

그림 11.1 아파트 엘리베이터 LCD 광고매체

그림 11.2 강남역 게이트비전과(GV) 삼성역 디지털터널미디어(DTM)

노출되는 디지털포스터를 대표적인 성공사례로 꼽을 수 있다. 예전 지하철 출입구 주변 포스터는 크기가 작고 비조명광고로 운영되어 해당 역사 주변의 지역광고주들이 저렴한 비용으로 참여하는 매체로 여겨졌다. 하지만 이러한 포스터형 광고가 인기 역사를 중심으로 연속되는 디지털매체로 바뀌면서 광고 임팩트가 높아졌고 고급스러운 이미지가 만들어지면서 공연, 영화광고주 등이 선호하는 매체가 되었다. 또한 광고료 수준도 높지 않고 시점별 운영이 가능해지면서 대기업 광고주 뿐만 아니라 지역광고주들의 참여도 늘어나고 있다. 이러한 매체는 기존 아나로그 광고물의 효과를 디지털사이니지가 좀 더 높여 줄 수 있음을 보여준 대표적인 사례라 할 수 있으며 옥외광고는 임팩트를 통해 시선을 사로잡을 수 있도록 하는 것이 매우 중요하다는 것을 다시 한번 알게 해준 사례라 할 수 있다.

다음으로는 2016년 코엑스몰에 설치된 초대형 멀티비전인 언더월드파노라마를 들 수 있다. 이 매체는 코엑스몰 내 100 m의 벽면에 고화질 디스플레이를 설치하여 미디어아트 작품과 함께 초대형 광고가 표출될 수 있도록 한 광고매체

그림 11.3 지하철 디지털 포스터

이다. 이 매체는 설치장소가 코엑스몰 내 핵심위치가 아님에도 불구하고 미디어의 규모와 콘텐츠의 고급감 면에서 차별성을 가지면서 광고주 선호를 이끌어 냈다. 즉, 고급스러운 이미지와 큰 화면에서 오는 임팩트가 주변 유동인구에게 주목도와 호감도를 높여주었기 때문에 대기업 또는 명품 광고주들이 참여를 이끌어 낼 수 있었다.

또한 이 매체는 코엑스의 명소화에도 기여를 하고 있으며 UHD 급 영상미를 가진 고급스러운 미디어 아트 콘텐츠가 지속적으로 교체 운영되면서 새로운 볼거리 제공과 이슈 창출 역할을 하고 있어 광고주들의 관심은 점점 높아지고 있다.

이상과 같이 지금까지 성공한 디지털사이니지 광고매체는 일방향성 노출 중심의 광고매체가 대부분이다. 그리고 성공 요인은 네트워크적인 특징 보다 설치위치에 대한 소비자 관련성(Relevance) 및 노출 임팩트, 편리하고 빠른 송출 관리 등이 작용하고 있음을 알 수 있다. 옥외라는 공공장소에서 간접적으로 노출되는 옥외 광고매체의 특성 상 이러한 일방향적 노출 광고가 광고주 선호 측면에서 어쩌면 당연한 것일지 모른다. 하지만 디지털사이니지는 소비자와의 상호작용을 통해 개인 맞춤형 광고가 가능한 미래지향적 광고매체로서 양방향성을 주요한

그림 11.4 코엑스몰 언더월드파노라마

특징으로 가지고 있기 때문에 언젠가는 소비자가 선호하고 광고주가 만족할 만한 효과성을 가진 양방향 매체가 등장할 수 있을 것이다. 그리고 그 매체는 광고의 노출 임팩트 보다는 개인적인 경험 제공과 미디어 관여도(media engagement)를 높여줄 수 있는 방향성을 가질 것으로 예상된다.

CHAPTER　INTRODUCTION TO **NEW OUT OF HOME ADVERTISING**

12 옥외광고 디자인 전략

옥외광고 디자인의 개념은 옥외매체에 표시되는 메시지나 이미지라고 얘기할 수 있다. 하지만 이러한 개념은 최근 광고 전략이 다양화, 정교화 됨에 따라 특정 장소에서 특정 타깃에게 효과적으로 광고메시지를 전달하기 위해 의도된 내용물 또는 표시물이라는 의미로 확대되고 있다. 따라서 최근에는 매체에 맞게 디자인을 만들어 밀어 넣는 것이 아니라 디자인 즉 크리에이티브에 따라 광고 매체가 선정되고 상황에 맞게 디자인을 별도로 제작하는 경향으로 바뀌어 가고 있다.

물론 많은 옥외 광고물들은 여전히 지면광고가 그대로 사용되거나 특별한 전략 없이 기업의 브랜드 로고만 표시되고 있는 경우가 대부분이지만 옥외광고의 발전적 측면에서 볼 때 분명 효과적인 디자인 개발 전략은 필요하며 성공적인 대부분의 옥외광고가 이러한 전략적인 배경에서 만들어진 크리에이티브가 바탕이 되고 있음을 알 수 있다.

따라서 이 장에서는 일반적인 옥외광고 디자인 프로세스와 국내, 해외에서의 성공 크리에이티브를 바탕으로 한 디자인 개발 전략, 매체별 효과적인 디자인 가이드라인 등을 살펴봄으로서 옥외광고만의 특별한 크리에이티브 적용 방법을 알아보고자 한다.

1. 디자인 제작과 전략

디자인 제작 프로세스

디자인 제작의 프로세스는 디자인 제작의 목적이 광고 집행의 목적과 같기 때문에 광고 기획 프로세스와 크게 다르지 않다. 디자인 제작에 앞서 가장 먼저 고려해야 할 점은 설정된 광고목표를 달성하기 위해 타깃의 라이프스타일과 타깃이 모이는 장소의 특성을 파악하는 일이다. 옥외광고는 생활 동선상에서 자연스럽게 눈에 띄는 광고로서 그 많은 정보와 광고물들 사이에서 더 빨리, 자주 보여지기 위해 타깃과 공간에 대한 이해가 필수적이다.

둘째, 커뮤니케이션 컨셉트를 이해하여야 한다. 광고 목적을 달성하기 위해 많은 미디어들이 크로스(Cross)되어 집행되고 옥외광고도 그러한 차원에서 운영된다고 볼 때 전체적인 조화나 메시지의 일관성을 위해 통일된 커뮤니케이션 컨셉트에 대한 이해가 반드시 필요하다. 아무리 크리에이티브가 뛰어나다고 해도 광고주가 원하는 결과를 얻지 못하면 무의미하기 때문이다.

셋째, 실제 어떤 표현과 방법을 만들어낼지에 대한 전략설정과 아이데이션 단계이다. 이 단계는 실제 집행되기 위한 구체적인 디자인 방향을 구상하는 단계로서 매우 중요하다. 소비자에게 어떻게 접근할 것인가? 어떤 비쥬얼, 어떤 메시지를 전달할 것인가 등에 대한 기본 방향을 정하기 위해 차별화의 여러 방법들을 강구하여야 한다. 호기심 유발을 위한 티져방식, 유머코드 접근방식, 이익(Benefit) 제공 방식 등 소비자 유인 동기들을 찾고 그에 맞는 크리에이티브 전략을 설정하여 구체적인 표현 방식을 찾는다. 일반적으로 디자인 방향이 설정 된 후 제작 단계에 들어가기 전에 광고주로부터 중간 승인을 받는데 이는 제작 방향에 대한 광고주 합의 없이 디자인 제작이 들어갈 경우 불필요한 제작비와 시간의 문제가 생길 수 있기 때문이다.

넷째, 크리에이티브 제작 단계이다. 결정된 아이디어를 구체적인 표현물로 제작하는 단계, 즉 적절한 카피와 이미지가 포함된 디자인 또는 동영상 등의 결과물이 만들어지는 단계이다. 이 단계에서 가장 중요하게 고려해야 할 점은 실제 효과적으로 잘 전달 될 수 있는 디자인이 제작되어야 한다는 점이다. 아무리 좋은 아이디어일 지라도 설치된 광고물이 너무 멀거나 빨리 지나가는 공간에 설치된다면 읽혀질 수 없기 때문에 의미가 없게 되고 색상이 주변 공간과 비슷하여 눈에 띄지 않는다면 그 효과성 역시 반감 된다.

마지막으로 광고주 승인을 얻은 뒤에 실제 설치하고 검수하는 단계이다. 이 단계에서는 디자이너의 의도대로 광고물이 제대로 제작되고 설치되었는지를 판단한다. 색상, 느낌, 형태 등에 대해 원고를 제작한 디자이너가 꼼꼼하게 살펴보고 문제가 있을 경우 디자인을 수정하게 재 설치를 한다.

표 12.1 디자인 제작 프로세스

타깃 및 장소특성 파악 → 커뮤니케이션 컨셉트 이해 → 표현전략 수립, 아이데이션 → 디자인 제작 → 광고주 승인, 제작 설치

크리에이티브 전략

광고목표를 가장 효과적으로 빠르게 달성하기 위한 옥외광고 표현전략으로는 상황일치 전략, 확대와 과장 전략, 상황연출 전략, 스토리텔링 전략 등이 있다. 이러한 전략들은 옥외광고의 특성을 이용하여 차별화와 임팩트를 꾀하고 크리에이티브 이슈를 창출하기 위한 전략들로서 주로 해외에서 먼저 시작되었다. 최근에는 국내에서도 이와 같은 전략들이 구사되고 있으며 주로 엠비언트미디어(Ambient Media)와 디지털미디어(Digital Media)의 형태로 나타나고 있다.

먼저 상황일치 전략은 설치장소나 시간적, 계절적 접근 전략으로서 소비자가 놓여지는 공간과 시간 등의 상황과 광고 내용을 일치시켜 광고 수용에 대한 거부감을 줄이고 자연스러운 광고 접촉을 유도하여 소비자의 기억에 오래 남게 하는 전략이다. 이 전략은 다양한 옥외매체와 공간의 특성을 이용할 수 있기 때문에 현재 옥외광고 디자인 개발 시 가장 많이 고려된다.

옥외 공간에서의 상황은 매우 다양하고 많다. 그 상황이란 건물이 가지고 있는 시각적 이미지일수 도 있고 거리의 풍경일 수도 있다. 또한 버스 뒷편 배기가스통의 연기도 우리 주변의 상황이다. 이렇듯 우리가 늘 알고 있고 친숙한 공간 속에서의 상황과 전달하고 싶은 브랜드 이미지 또는 메시지를 자연스럽게 연결시켜 광고의 목적을 달성하는 것은 옥외광고에서만 가능한 일이다. 그리고 이러한 크리에이티브는 대부분 엠비언트 형태의 광고로서 놀라움과 재미 요소가 포함될 때 효과가 있다. 최근 국내에서의 상황일치 전략은 지하철, 버스 등의 교통광고에서 교통시설물을 이용시 느끼는 소비자의 관심 사항을 광고와 연결하여 표현하는 사례에서 찾아 볼 수 있으며 우리가 자주 접하는 극장 에디켓 광고도 이와 같은 상황일치 전략 하에서 탄생하였다.

둘째, 확대와 과장 전략이다. 이것은 시각적 접근 전략으로서 브랜드의 특징이나 컨셉을 확대하여 보여주거나 실제 보다 과장되게 표현하여 소비자로부터 시각적 임팩트를 주는 것을 말한다. 시각적 임팩트는 다른 미디어 보다 옥외광고에서 보다 강하고 효과적으로 표현할 수 있는데 확대와 과장 전략은 이 점을 적극 활용하여 브랜드의 특장점을 설명하는 전략이다.

그림 12.1 중국, 과일음료 광고

그림 12.2 금연광고

그림 12.3 말레이시아, 건전지광고

그림 12.4 레바논, 염색약광고

그림 12.5 한국, 경찰청 홍보

그림 12.6 한국, 경찰청 홍보

시각적 임팩트를 위해 확대와 과장 전략을 구사할 때 중요한 점은 브랜드의 특장점이 명확하게 표현되거나 소구 하고자 하는 내용이 소비자에게 제대로 전달될 수 있느냐가 중요하다. 일반적인 광고를 단순히 크게만 확대하여 운영하는 것은 이러한 크리에이티브의 개념과는 거리가 멀다. 따라서 확대와 과장 전략은 광고주가 의도하고자 하는 의미가 있어야 하고 소비자들은 그 속에서 재미와 관심을 가질 수 있어야 성공한 전략이라 평가할 수 있다.

하지만 옥외광고 표현에 있어서의 과장 광고는 일반적으로 문제가 되는 과장 광고의 범주에 들어서는 안 된다. 없는 사실을 있는 사실처럼 꾸미는 속임수 성격의 과장이 관심 유발과 재미를 주기 위한 표현으로서의 과장이어야 하며 이것으로 인해 소비자들에게 재미있고 독특한 브랜드 경험을 줄 수 있어야 한다. 우리나라의 경우 대형 건물이나 구조물을 이용하여 시각적 임팩트를 줄 수 있는 합법적인 매체가 거의 없는 편이어서 건물 래핑과 차량을 이용한 불법적인 광고 등에서 이러한 시도가 종종 일어나고 있다.

그림 12.7 네덜란드생명 본사 건물 나이키광고

그림 12.8 축구장 접착제광고

그림 12.9 어린이 우유광고

그림 12.10 장난감 회사 광고

셋째, 상황연출 전략이다. 상황연출 전략은 소비자의 행동을 유발하거나 상황을 경험하게 하기 위한 전략으로서 소비자의 참여와 공감을 목적으로 브랜드가 어떠한 상황을 연출하고 그 결과로서 브랜드에 대한 이해와 선호도를 얻기 위한 목적으로 사용된다. 이러한 전략은 시각적인 임팩트 보다 소비자가 체험하고 공감하는 것이 보다 중요하기 때문에 이벤트적인 요소와 결합되어 진행되는 경우가 많다.

상황연출을 위한 크리에이티브 전략은 소비자들로 하여금 새로운 경험을 통해 즐거움과 긍정적 이미지를 갖게 만들어야 하기 때문에 너무 과장되거나 이해하기 어려워서는 안 된다. 또한 일반적인 내용이거나 신선감이 떨어져도 소비자의 관심을 끌지 못한다. 즉 생각하지도 못한 의외의 상황이 연출되어야 하며 그 결과가 진솔하고 재미가 있어야 한다.

그림 12.11 다이어트 미네랄워터 광고

그림 12.12 아식스 마라톤 체험 광고

그림 12.13 화장실내 커피광고

그림 12.14 발자국 이용 광고

그림 12.15 화장실 변기 자동차광고

그림 12.16 UN광고-사회적 약자의 목소리를 들어주세요

최근에는 디지털 기술을 이용한 양방향, 참여형 광고 들이 이러한 전략 속에서 많이 개발되고 있으며 스마트폰과 같은 개인 단말기와 연계한 이벤트성 광고물의 개발도 이러한 전략하에 활발히 진행되고 있다.

넷째, 스토리텔링 전략이다. 이 전략은 광고 컨셉트에 맞는 내용적 접근 전략으로서 스토리텔링 기법을 활용하여 크리에이티브를 만들어내는 전략이다. 즉 광고의 컨셉트와 브랜드의 가치 등을 소비자에게 보다 효과적으로 전달하기 위해 소비자의 호기심을 유발 할 수 있는 내용으로 스토리를 개발하고 그 스토리에 맞게 크리에이티브를 계획하여 집행하는 것으로서 성공할 경우 직접적인 광고보다 소비자의 선호도가 높고 기억이 오래 남는 장점이 있다.

풍부한 상상력과 창의성이 포함된 스토리의 개발과 그것을 광고적으로 실행하는 것은 쉽지 않지만 옥외광고를 오랜 기간 집행한 경험이 있는 글로벌 기업에서는 이러한 방법을 매우 선호하고 있으며 그 효과에 대해서도 큰 만족감을 가지고 있다.

이러한 스토리텔링 기법의 광고는 하나의 매체만 집행하는 것 보다는 여러 매체를 동시 다발적으로 집행할 때 보다 효과가 높다. 예를 들면 나이키가 2002년 월드컵 기간에 전세계적으로 집행한 외계인 대 지구인 축구시합 캠페인의 경우 벽보, 전단, 현수막 등이 동원되어 외계에서 보낸 도전장이 뿌려졌고 눈에 띌만한 이슈성 이벤트들이 동시에 집행되었다. 최근에는 증강현실 기법을 이용한 전광판 광고를 통해 스토리텔링 크리에이티브 전략이 많이 적용되고 있으며 국내에서는 2000년대 초 '선영아 사랑해'티저광고가 대표적인 스토리텔링 전략 사례라 할 수 있겠다.

그림 12.17 외계인 축구시합 도전

그림 12.18 남성스킨케어 광고, 하늘에서 찾아온 미녀천사

그림 12.19 공기오염방지 빌보드

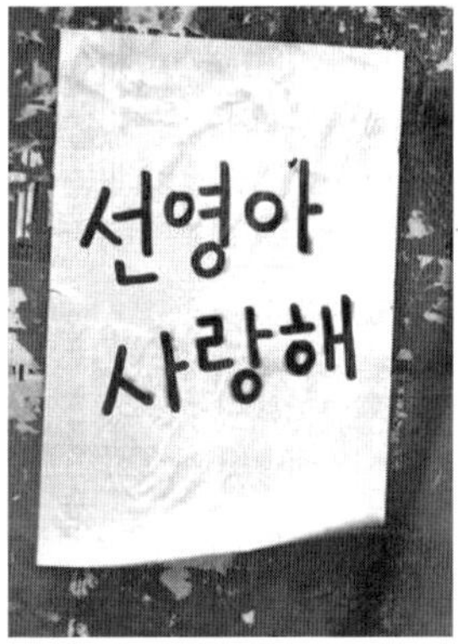

그림 12.20 인터넷 사이트(마이클럽) 티저광고

2. 옥외광고 디자인의 효과성 제고

옥외광고 크리에이티브가 결정되면 효과적인 디자인을 제작 하여야 한다. 앞서도 얘기했듯이 옥외광고는 다른 미디어의 광고와 달리 환경 속에서 간접적으로 노출되는 광고로서 아무리 좋은 크리에이티브라도 잘 보이지 않거나 볼 수가 없다면 아무 의미가 없다. 따라서 여기서는 일반적으로 옥외광고 디자인 제작 시 공통적으로 고려되어야 할 사항과 매체별 특성이 반영된 매체별 가이드라인을 살펴보고자 한다.

일반적인 고려사항

2004년 아이피데코(IPDECAUX)의 리포트에 따르면 옥외광고만의 임팩트를 살리기 위해 크게 두가지로 구분하여 총 11가지의 가이드를 제시하고 있다. 먼저 주목성과 가시성을 높이기 위한 4가지 가이드로 '최소한 간단하게(Keep it Simple)', '단일한 메시지를 강조(Focus On Singular Message)', '쉽게 읽혀질 수 있도록(Be Legible)', '눈의 움직임을 따라(Follow The Eye)'이다.

광고는 늘 차로 붐비는 거리나 복잡한 도시 환경속에 놓여 있고 소비자의 시선을 끌 수 있는 시간은 2초이며 최대 5~7개의 단어를 인지할 수 있기 때문에 광고 메시지는 한번의 눈길로도 쉽게 이해할 수 있어야 하며 어떤 브랜드의 광고인지 브랜드명이 즉시 확연하게 들어나야 한다. 따라서 광고 메시지는 최소한 간단하게 하고 너무 많은 메시지를 담아서는 안된다.

또한 옥외광고에 사용된 글자가 너무 가늘거나 너무 멋을 부리면 잘 보이지 않기 때문에 멀리서도 충분히 보일 수 있도록 글자 크기와 폰트를 조정해야 한다. 그리고 일반적으로 짧은 시간 동안 광고에 머무르는 시선은 Z 방향으로 움직이므로 효과적인 메시지와 비쥬얼의 배치를 위해서는 이러한 점을 염두해 두어야 한다.

색상과 이미지 사용에 대한 가이드로는 총 7가지를 제시하였는데 '색상 대비(Colour and Contrast)', '계절감을 고려(Think of the Seasons)', '하나의 주 이미지 사용(Use One Dominant Image)', '인쇄매체로 기획된 크리에이티브를 똑같이 쓰지 말자(Don't Use Same Creative Originally Made For Print Media', '제품 이미지가 잘 드러나도록(Use A Clear Product Image)', '브랜드명을 분명하게 노출(Let The Brand Stand Out)', '유명인사, 연예인 활용(Celebriries Attract Attention)'이다.

그림 12.21

옥외광고는 기본적으로 가시성과 주목성이 중요하다. 하지만 사람들로 하여금 관심을 불러 일으킬 수 없으면 그것 역시 효과 있는 디자인이라 할 수 없을 것이다. 여기서 얘기하는 7가지는 사람들이 쉽고 자연스럽게 볼 수 있는 방법들을 제안하고 있는데 이러한 가이드는 제품의 인지도 증가는 물론이고 제품 판매에도 영향을 주므로 매우 중요하다 하겠다.

현재 국내 광고 디자이너들의 상황을 보면 주로 지면광고 제작 중심으로 활동을 하기 때문에 옥외광고 디자인 제작에 전문성을 가진 디자이너가 많지 않다. 따라서 이러한 가이드를 고려하지 않고 제작을 하여 종종 실패한 디자인을 만들게 되는 경우가 있다. 대표적인 예로 회색 도심 한복판에 설치할 빌보드 광고의 바탕색을 제품의 고급감과 세련됨을 강조하기 위해 실버톤으로 처리하거나 최소 100 m 이상 떨어진 거리에서나 볼 수 있는 광고물에 유명 연예인의 전신 이미지를 넣는 경우 등을 들 수 있다.

옥외광고 가시거리별 가독 가능한 문자의 크기와 출력 해상도를 정리한 해외 자료를 보면 다음과 같다.

표 12.1 가시거리별 문자의 최소크기 및 매체별 해상도

Distance	Minimal Readable Text Height	Resolution for LED	Print Resolution	Examples
1.5m–15m	2.5cm–5cm	3mm–8mm	high	Malls, Airports, Retail, Lobbies, Office etc.
15m–30m	5cm–10cm	6mm–12mm	high	Window, Street display, Drive through
30m–60m	10cm–20cm	12mm–15mm	normal	Posters, Surface Streets
60m–90m	20cm–25cm	25mm–34mm	normal	Posters, Surface Streets and Highway Bulletins
90m–110m	25cm–40cm	34mm–66mm	normal	Highway Bulletins, Highway Posters
110m–150m	40cm–50cm	34mm–66mm	normal	Highways, Spectaculars
150m–180m	50cm–60cm	66mm–76mm	low–normal	Highways, Spectaculars, Staduims

표 12.1 (계속)

Distance	Minimal Readable Text Height	Resolution for LED	Print Resolution	Examples
180m +	60cm-100cm	76mm-90mm	low	Malls, Airports, Retail, Lobbies, Office etc.
300m	90cm	/	/	/
380m	120cm	/	/	/
550cm	180cm	/	/	/
1km	240cm	/	/	/

* Wayfinding, People, Signs & Architecture, Paul Arthur, 1992
* Guidelines to Designing good creative for out-of-home advertising -clear channel

매체별 디자인제작 가이드라인

옥상과 야립광고는 100 m~1 km 수준의 거리에서 노출되는 원거리 노출 광고물이다. 이렇게 원거리에서 그것도 차량 이동시에 짧은 시간동안 볼 수 있는 광고는 디자인 제작 시 보다 더 많은 사항들이 고려되어야 한다.

먼저 색상이다. 주로 도심과 고속도로 상에 있는 광고물의 배경색은 주변색인 회색(Gray)과 갈색(Brown)계열의 무채색과 대비되는 채도가 높은 색상을 사용하여야 한다. 또한 하늘과 맞닿아 있기 때문에 하늘색(Sky Blue)과 계절색과 대비되는 색상 즉, 겨울에는 흰색, 가을에는 브라운색 등과 대비되는 색상을 고려하여야 한다. 특히 흰색 바탕과 단일색이 단계적 차이를 보이는 그라데이션(Gradation)기법의 바탕은 야간 조명시 문제점으로 보일 수 있어 피하는 것이 좋다. 그리고 바탕색의 경우 한가지 색상으로 처리하는 것 보다는 복잡하지 않은 비쥬얼 이미지를 바탕으로 사용할 경우 보다 고급스러운 느낌을 줄 수 있다.

옥상과 야립광고의 문자 메시지는 단순하되 분명하고 확연하게 드러나야 한다. 브랜드명과 같은 주요소와 기업슬로건과 같은 보조요소는 주요소가 80% 이상을 차지하는 것이 효과적이다. 또한 문자의 두께는 가늘면 보이지 않고 너무 굵으면 뭉쳐 보이므로 적당한 선을 유지하는 것이 좋고 크기는 크고, 폰트는 멋내지 않은 일반적인 고딕체가 가독성이 뛰어나다. 때때로 배경 컬러와 문자 컬러의 차이로 문자의 가독이 어려운 경우가 있는데 이 때에는 문자 주변에 테두리를

그림 12.22 간결하고 의미가 명확한 디자인 사례

그림 12.23 배경, 모델, 브랜드 가독성 우수 사례

하여 가독성을 높이는 것도 방법이다.

원거리 광고물에 이미지를 적용할 경우에는 단순하고 명확하게 알아 볼 수 있는 이미지가 좋다. 즉 거리가 멀어 얼굴 인식이 불가능한 상황에서 유명 모델을 쓴다던가 너무 복잡하고 정교한 이미지를 쓸 경우 기대하는 효과를 볼 수 없다. 또한 대형 광고물은 대부분 기업이미지 또는 전략적 브랜드 이미지 광고가 대부분이므로 악의적이고 중의적으로 해석되는 이미지는 피하는 것이 좋다.

버스외부광고의 디자인 제작 시 우선 고려해야 할 사항은 버스의 이동적 특성과 광고 규격과 비례, 그리고 빨강, 파랑, 녹색이라는 버스 고유의 바탕 색상 이다. 버스광고는 버스가 잠시 정차하거나 이동 중에 노출되기 때문에 매우 간결하고 명확한 메시지와 이미지를 적용하여야 인지도를 높일 수 있다. 또한 채도와 주목도가 높은 버스 고유의 강력한 컬러 배경 속에서 전달하고자 하는 메시지나 이미지를 효과적으로 구현하기 위해서는 적절한 컬러를 사용하여야 한다.

버스광고를 바라보는 소비자의 시선은 좌, 우측 또는 우, 좌측으로 움직이기 때문에 이미지와 텍스트, 브랜드 로고는 일정한 방향으로 흐르는 것이 효과적이며 수직적인 레이아웃 보다는 선형적, 수평적인 레이아웃이 바람직하다. 따라서 하나의 광고면에 여러 요소가 혼재되어 있거나 여러 방향의 시선 흐름이 존재하면 메시지 전달에 효과적이지 않게 된다.

또한 문자 중심의 광고안을 적용할 때에는 배경색이 없거나 밝은 퍼지티브(Positive) 방식이 유리하고 이미지 중심의 광고안일 경우에는 강한 배경색을 사용한 네거티브(Negative) 방식이 좋다.

버스광고의 텍스트 크기는 가시거리를 15~30 m 수준으로 생각하고 제작하는 것이 좋다. 이러한 거리에서 가시 가능한 텍스트의 최소 크기는 5~10 cm이나 이것은 보일 수 있는 최소 가능 크기일 뿐 소비자의 편안한 가독을 생각한다면 보다 더 커야 한다. 하지만 가독성만을 고려하여 너무 문자의 크기를 크게 하면 브랜드의 고급감이나 신뢰성은 상대적으로 낮아지므로 적당한 크기의 유지가 바람직하다. 글자의 폰트나 굵기 등은 너무 멋을 부리지 말아야 하고 얇거나 두껍지 않아야 한다.

또한 버스광고의 메시지 구성에 있어 짧은 시간에 가독이 가능하도록 하려면 4개 단어 이하의 구성이 바람직하다. 사람이 1초에 읽을 수 있는 단어는 최대 4개이며 한번에 읽을 수 있는 글자수는 4-6개 정도이므로 버스광고의 메인 카피는 4단어 이상 너무 길지 않도록 하여야 한다.

마지막으로 버스광고 디자인 제작시 주의해야 할 점은 버스 자체가 가지고 있는 라인들을 고려해야 한다는 점이다. 버스제작회사, 차량의 종류에 따라 버스 측면이 가지고 있는 구조적인 선들이나 노출이 불가피한 배기구, 방향지시등 등이 있기 때문에 그러한 부분들을 고려하여야 하며 이 부분에 작은 문자나 민감한 이미지들이 들어가서는 안 된다.

쉘터광고 디자인 제작시 고려해야 할 점은 위치가 고정된 세로형 광고판, 내부조명 사양, 주변 환경과의 영향 등이 있다. 쉘터광고는 이동성 매체인 버스광고

그림 12.24 양분형과 텍스트 혼합형의 시선 흐름 비교

그림 12.25 간결성, 주목성 차별성을 높인 사례

그림 12.26 색채 조화 및 이미지와 가독성을 높인 사례

와 달리 고정적인 장소에 위치하며 버스 대기 시간 동안 노출되므로 소비자들에게 보여질 수 있는 시간이 조금 더 많다. 따라서 버스광고에 비해 자세한(Detail) 이미지광고나 설명이 표현될 수 있다.

쉘터광고는 세로형으로 제작된 이미지와 레이아웃이 보다 효과적이다. 또한 기다리는 사람들이나 주변 환경으로부터 가시 방해가 적은 상단부의 노출효과가 좋아 메인 카피나 중요한 이미지는 중간 이상에 위치하는 것이 좋다. 그리고 자연스러운 시선의 흐름을 고려하여 위에서 아래로 Z 방향의 내용 구성이 효과적이다.

텍스트의 크기는 가시거리를 5 m~10 m로 수준으로 생각하고 제작하되 이 때 최소 5 cm 이상이 되어야 가독이 가능하다. 또한 고정된 매체이고 주변 유동인구의 대기시간이 충분하다고 해서 너무 많은 메시지를 넣는 것은 효과적이지 않다. 일반적으로 가독이 가능하다고 하더라도 옥외에서는 이 모든 것이 읽혀지지 않기 때문이다. 쉘터광고는 대부분 잡지광고를 변형(Variation)하여 집행하는 경우가 많은데 이 때 글자의 굵기, 자간, 행간, 폰트 등은 가독성을 고려하여 적용하여야 한다.

쉘터광고는 주변 환경의 영향을 많이 받는다. 특히 버스 이용 관련 안내문이나 노선도, 간판, 교통표지판 등 주변에 많은 방해 요소가 있기 때문에 텍스트로만 되어 있는 광고 보다 이미지 중심의 광고가 더 효과적이다. 특히 내부조명 광고물로서 세련되고 강력한 이미지의 사용이 유리하나 배경이 흰색 또는 밝은 색

그림 12.27 세로형 이미지의 레이아웃, 단순한 메시지, 이미지의 임팩트 등을 고려한 사례

일 경우 내부 광원이 노출되어 얼룩 느낌이 들 수 있으므로 선명도가 높은 색상이 좋다. 버스쉘터는 도심지의 주변색인 회색계열과 계절색에 영향을 받는다. 따라서 채도가 높은 단일계열 색상의 배경을 사용하는 것이 주목도를 높일 수 있다.

지하철 차내광고 디자인 제작시 고려해야 할 매체적 특성은 다량의 광고가 혼재되어 운영되고 있는 차내 환경과 답답한 공간을 서서 이동하고 있는 이용객의 심리적인 상태, 그리고 조금은 여유 있는 물리적 시간이다. 최근 지하철 이용객의 행동 패턴을 보면 스마트폰의 이용률이 높아져 예전 보다 광고에 대한 관심이 낮아 졌으나 스마트폰을 보지 않는 사람들에게 지하철 차내 공간은 빠른 이동을 잠시 멈출 수 있는 자연스러운 정지(Stopping) 장소이므로 적절한 광고 디자인이 적용될 경우 효과적으로 광고 메시지를 전달 할 수 있다.

지하철 차내광고의 종류로는 A형(액자형광고), S형(천정걸이형광고), B형(천정모서리형광고)가 있다. 이중 가장 안정적인 거리와 가시각도를 가지고 있는 것은 A형 광고로서 출입문 좌우에 위치한다. A형은 가시거리가 짧기 때문에 이미지, 카피, 로고 등이 제한 없이 자유롭게 삽입될 수 있다. 하지만 신문이나 잡지광고에 비해 수동적인 입장에서 읽혀지기 때문에 광고 요소들이 너무 복잡하거나 많아서는 안되며 답답한 소비자의 마음을 자극할 수 있는 명쾌하고 신선한 내용이 필요하다. 글자의 폰트와 줄간격, 크기는 쉽게 읽혀 질 수 있도록 잡지광고 보다 여유롭게 해야 하고 브랜드명이나 메인 카피는 다소 고급감이 떨어지더라도 크고 강하게 하는 것이 좋다

지하철 광고는 1개 차량에 약 30~40여개의 광고물이 운영되고 한 사람의 가시권 내에도 3~4개의 광고물이 동시에 노출되고 있으므로 한눈에 관심을 갖고 그 내용까지 읽을 수 있도록 유인할 수 있는 핵심 이미지와 메시지가 필요하다.

그림 12.28 차내A형 광고 예시

그림 12.29 차내 S형 광고 예시

S형광고의 경우 수량이 적고 중앙 통로에 설치되어 노출도는 높지만 A형 광고 보다 거리가 멀고 높은 위치에 있어 자세한 가독이 어렵다. 따라서 보다 간결한 요소로 광고를 구성하여야 하고 주목성을 더 높일 수 있는 방향으로 디자인되어야 한다. S형 광고의 주목성을 높이기 위해서는 배경색을 네거티브 타입으로 하거나 이미지와 텍스트의 면적 점유율을 넓히는 방법이 있다. 글자의 크기는 작아서는 안되며 단순하고 강한 이미지가 효과적이다. 세로형 제품 이미지를 삽입할 경우에는 가로형 매체임을 고려하여 제품의 특징적 이미지를 확대 배치하는 것이 좋다.

와이드칼라(W/C)라고 불리우는 라이트박스 광고는 지하철, 공항, 철도역, 쇼핑몰 등의 벽면에 설치되는 광고물로서 대합실 대기 의자 정면 앞이나 지하철 스크린도어와 같이 정지 동선에 위치한 경우도 있지만 대부분 이용객의 빠른 동선상에 위치한다. 따라서 라이트박스 광고물의 디자인 제작 시 고려해야 할 매체적 특징으로는 위치적 특성과 상대적으로 넓은 광고면, 내부조명과 출력 사양, 복잡한 주변환경을 들 수 있다.

라이트박스 광고는 짧은 노출시간을 고려하여 간결하고 단순한 디자인 요소와 메시지만으로 구성되어야 하며 메시지는 2개 이하로 하는 것이 효과적이다. 또한 보행자들이 수평적으로 이동하면서 광고를 보는 경우가 대부분이기 때문에 수평적 레이아웃이 효과적이며 가운데 정렬로 디자인 요소를 배치하는 것 보다 좌, 우 한 방향을 중심으로 배치하여 시선의 흐름을 일정하게 유지시키는 것이 좋다.

색상을 선택할 경우에는 실내 인공조명을 고려하여야 한다. 인공조명이 푸른 빛을 띄기 때문에 난색 계열의 색상은 발색이 좋지 않으며 Gray, Blue, Purple 등의 색상이 효과적이다. 그럼에도 불구하고 난색 계열의 색상을 사용할 경우에는 타 광고에 적용하였던 색상보다 더 강하게 해야 비슷한 느낌을 줄 수 있다. 라이트박스 광고는 내부조명의 영향을 받기 때문에 일반 인쇄 광고보다 컬러간의 대비가 다소 약해지는 경우가 있다. 따라서 강한 대비의 색상을 사용하거나 명도를 보다 어둡게 해야 주목도가 높아진다. 또한 흰색이나 밝은 색상의 바탕색을 사용할 경우 형광등 자국이 보이므로 주의하여야 한다.

메인 카피나 이미지의 배치는 라이트박스 광고가 설치되는 높이와 가시거리 등을 고려해야 한다. 즉 보행자의 자연스러운 시선 각이 어디인지를 살펴 해당 높이에 중요한 광고요소를 배치하여야 한다. 일반적으로 가시거리는 최소 4 m

그림 12.30 가로형배치, 푸른 색 계열사례

그림 12.31 간결한 메시지, 하단 시밍선을 고려한 사례

수준으로 가정하고 글자의 크기를 적정하게 조정하는 것이 좋은데 노출도를 위해 글자 크기를 너무 크게 하거나 지나친 이미지의 확대 등은 오히려 가독성을 떨어뜨릴 수 있으니 조심하여야 한다.

라이트박스의 크기가 대형 일 경우에는 시밍선(Seaming Line)을 고려해야 한다. 시밍선은 출력 원단의 최대 크기가 광고물의 크기 보다 작을 경우 두 개의 원단을 붙여 사용하는데 이때 나타나는 라인을 뜻한다. 따라서 이러한 시밍선이 발생할 경우에는 예상 위치를 정확히 파악하여 그 부분에 민감한 디자인 요소를 배치하지 말아야 한다.

CHAPTER INTRODUCTION TO **NEW OUT OF HOME ADVERTISING**

13 Ambient와 Digital 크리에이티브

전통적인 옥외광고의 특성을 한마디로 얘기하면 SSL 효과라고 할 수 있다. 일본 관동 네온협동조합의 조사보고서에 따르면 옥외광고의 독자적인 효과성은 스케일(Scale) 효과, 서브리미널(Subliminal) 효과, 랜드마크(Land mark) 효과로 구분하고 있는데 이는 옥외광고가 다른 매체에 비해 물리적으로 크기 때문에 규모감에 따른 큰 임팩트를 줄 수 있고 정기적, 반복적으로 접촉할 기회가 많기 때문에 잠재의식 속에 기억할 수 있는 서브리미널 효과를 가지며 도시경관의 중요한 요소로 작용하고 가게나 빌딩을 찾을 수 있는 역할을 할 수 있는 효과가 있다는 것이다(서범석, 2001).

이러한 특성은 2000년대 초까지 우리나라뿐만 아니라 외국에서도 마찬가지였고 광고주들로부터 옥외광고를 집행하는 이유로 인정받던 일반적인 효과였다. 하지만 이것은 옥외광고가 4대 매체의 보조매체로서 밖에 역할을 하지 못하고 정보제공이나 독자적인 크리에이티브를 발휘 할 수 없는 매체로 인식하게 만들었다.

옥외광고의 특성으로 SSL효과는 옥외광고의 Mass 미디어적인 특성만을 고려한 효과이나. 최근 소비자들은 개인화, 다양화, 디지털화 되고 있으며 이러한 소비자들에게 접근하기 위한 광고기법들은 보다 정교해지고 있다. 따라서 타깃팅 광고에 대한 관심이 높아지고 있고 이러한 해결책으로 다시 부상하고 있는 것이 옥외광고이므로 옥외광고의 특성과 효과는 다시금 재고 되어야 할 것이다.

최근의 옥외광고는 매스미디어적인 효과를 넘어서 소비자들이 참여하게 하고 감동과 재미를 주며, 소비자 스스로 버즈(Buzz)를 생산하도록 하는 미디어가

되어가고 있으며 이종(異種)매체와의 결합을 통해 보다 총체적으로 소비자에게 다가갈 수 있는 오프라인 미디어가 되어가고 있다.

이러한 옥외광고의 미디어 변화 속에서 가장 중요한 크리에이티브 형태는 앰비언트와 디지털이다. 이것은 생활 속에서 다양한 아이템을 개발할 수 있으며 첨단 IT기술을 이용하여 새로운 경험을 소비자에게 끊임없이 줄 수 있다는 면에서 미디어크리에이티브의 영역 속에 들어갈 수 있다. 다시 말하면 옥외미디어에 게재하기 위한 크리에이티브가 아닌 크리에티티브 자체가 미디어가 되는 OOH (Out of Home)영역에서의 새로운 미디어라 할 수 있겠다.

따라서 이 장에서는 새로운 미디어 형식으로서의 앰비언트와 디지털 크리에이티브에 대해 그 의미를 알아보고 최근 등장한 여러 사례들을 구분하여 살펴보기로 한다.

1. Ambient 크리에이티브

엠비언트(Ambient)의 사전적 의미는 주의의(주변의)라는 뜻과 환경적 개념을 가진 형용사이다. 이 용어가 국내 광고시장에 사용되기 시작한 것은 2000년대 중반부터였으며 얼터너티브(Alternative) 미디어의 일환으로 이해되기 시작하였다. 원래 얼터너티브미디어는 '대안적 미디어'라는 뜻으로 기존 언론미디어에 대항하기 위한 지하(Underground)미디어 또는 지역공동체 미디어의 개념에서 출발하였지만 여기서의 의미는 기존 미디어로는 전달되지 않는, 새로운 정보전달 방법을 가진 뉴미디어의 개념으로 생각할 수 있다.

엠비언트 미디어는 우리를 둘러싼 주변 환경을 이용하여 만들어내는 광고미디어를 말한다. 다시 말하면 광고매체가 아닌 광고매체 또는 광고매체의 형식을 파괴한 광고 매체이며 고정된 형태가 없기 때문에 크리에이티브 자체가 미디어인 광고매체인 것이다. 이것은 전통적인 옥외광고의 개념을 탈피하여 소비자가 생활 접점에서 만날 수 있는 각종 사물과 환경을 이용하여 브랜드의 특징 또는 브랜드가 전달하고 싶은 메시지와 연결함으로써 소비자에게 더 재미있고 친숙하게 다가갈 수 있게 한다.

최근까지 개발된 대표적인 엠비언트 크리에이티브 사례들을 통해 그 특징을 5가지로 정리할 수 있다. 기존 매체를 활용하거나 변형하여 새롭고 기발하게 보이도록 하는 크리에이티브, 생활 속의 사물 또는 기구, 소품 등의 형태나 특징을

그림 13.1 경기장 래핑광고

그림 13.2 페덱스 차량 래핑광고

이용한 크리에이티브, 공간의 특성을 이용한 크리에이티브, 사물이나 기구의 움직임 또는 기능적 특성을 이용한 크리에이티브, 마지막으로 소비자의 참여를 통해 메시지나 이미지를 생산해내는 크리에이티브이다.

그럼 먼저 기존 매체를 활용한 크리에이티브 사례를 보면 다음과 같다. 〈그림 13.1〉은 남아프리카공화국의 축구경기장 선수 출입구 래핑 광고이다. 선수들이 깨끗하게 세탁된 유니폼을 입고 세탁기에서 나와 경기 후 다시 세탁기로 들어갈 수 있도록 연출한 광고로서 기존의 래핑광고 매체를 세탁기 이미지와 연결하여 표현한 사례이다. 〈그림 13.2〉는 일반적으로 볼 수 있는 페덱스 배송차량 외부 래핑 광고에 경쟁사인 DHL 앞부분 이미지를 뒤에 그려 넣어 절대 따라올 수 없는 속도감을 표현했다. 〈그림 13.3〉은 도로변 대형 야립광고 매체를 이용한 금연 광고 인데 광고판의 메시지와 더불어 담배로 표현된 지주와 하단의 재떨이가 금연 메시지를 보다 더 강하게 만들어 주고 있다. 〈그림 13.4〉는 영화 스타워즈 에

그림 13.3 금연 캠페인 광고

그림 13.4 스타워즈 영화 홍보 광고

그림 13.5 대구세계육상대회 홍보물

그림 13.6 손목시계 광고

피소드3의 홍보광고로서 스타워즈의 상징물인 광선검을 기존 광고판 내부 형광등을 이용하여 표현하였다.

기존 매체를 활용한 엠비언트 크리에이티브는 적법하게 장기간 노출될 수 있다는 장점이 있지만 기존 매체가 가지고 있는 형태적 특성의 한계로 기발한 아이디어가 많지 않은 편이다. 국내에서는 광고주들이 불법적인 매체의 참여를 꺼려하기 때문에 이러한 기존 매체 변형 크리에이티브를 선호한다. 최근에는 버스쉘터와 버스외부광고를 이용한 이미지의 변형광고를 많이 시도하고 있다.

둘째, 생활 속의 사물 또는 시설물, 소품 등의 형태나 특징을 이용한 크리에이티브 사례이다. 〈그림 13.5〉는 2011년 대구세계육상선수권대회 홍보를 위해 대구시가 설치한 엠비언트 광고이다. 가로등이나 펜스 구조물들을 이용한 사례는 해외에서 많이 볼 수 있지만 국내에서는 공공시설물을 이용한 엠비언트 광고를 집행하기가 쉽지 않으며 지자체 또는 관공서의 홍보 목적으로만 제한적으로 운영되고 있다. 〈그림 13.6〉은 스위스 IWC 손목시계 광고로서 비행기 탑승을 위한 이동버스의 손잡이를 시계모형으로 제작하여 소비자가 자연스럽게 IWC 시계

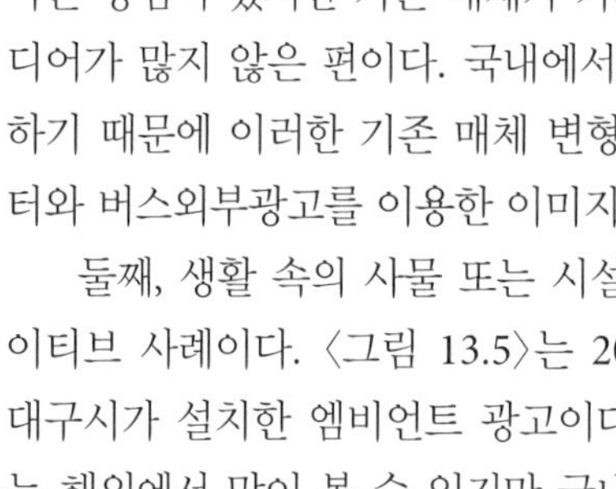

그림 13.7 스레고 건물 래핑광고

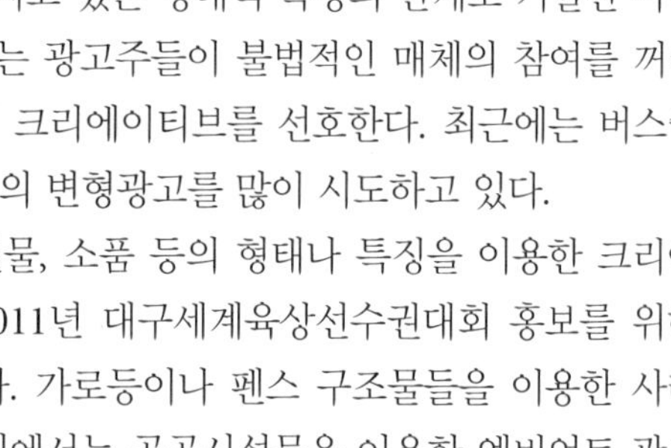

그림 13.8 헤어컨디셔너 광고

그림 13.9 동물보호 캠페인

그림 13.10 스키장 광고

를 접할 수 있는 경험을 제공하고 있다. 〈그림 13.7〉은 착시현상을 유도하기 위해 만들어진 사례이다. 사각 타일 형태의 건물 외벽의 한 가운데를 레고 이미지로 래핑하여 건물 전체가 레고로 만들어진 것 처럼 보이게 하였다. 〈그림 13.8〉은 인도의 Livon 헤어컨디셔너 광고로서 부드럽고 매끈한 머리결을 만들어 준다는 메시지를 전달하기 위해 놀이터의 미끄럼틀을 이용하였다. 〈그림 13.9〉는 거리의 가로수에 동물 문양을 표현하고 "You never kill just the tree"라는 메시지를 통해 동물보호에 대한 경각심을 불러 일으키고 있다. 〈그림 13.10〉은 눈이 온 거리 풍경에서 늘 볼 수 있는 자동차 유리창에 스키나 보드를 타고 있는 조그마한 스키 타는 이미지를 올려 놓아 소비자에게 호기심과 재미를 제공하고 있다. 그리고 〈그림 13.11〉과 〈그림 13.12〉는 밤새 자지 않고 국민을 지키고 있다는 부

그림 13.11 경찰홍보-부엉이 래핑

그림 13.12 경찰홍보-그네

엉이와 힘이 아주 센 경찰이라는 이미지를 창문과 그네라는 생활 환경에 접목시켜 재미요소를 불러일으킨 경찰 홍보 이미지 광고이다.

이렇게 생활 주변에서 늘 볼 수 있는 사물 또는 시설물, 소품 등을 이용한 사례는 엠비언트 크리에이티브 중 기발한 아이디어가 가장 많은 편이다. 그 이유는 생활 주변에서 보이는 풍경과 사물들이 그만큼 많고 다양하며 소비자에게 친숙하고 자연스럽게 느껴지기 때문일 것이다. 하지만 국내에서는 불법적인 성격이 강하기 때문에 상업적으로 많이 활성화 되지는 못했으며 대구육상대회광고와 국립미술관 서울관의 공사장 펜스광고, 경찰 홍보 래핑 등의 공익적 차원의 광고에서 최근 운영되었다.

셋째, 공간의 특성을 이용한 크리에이티브 사례이다. 〈그림 13.13〉은 뉴질랜드 방수카메라 광고인데 밀물과 썰물이 들어오는 바닷가에 광고판을 설치하고 썰물시 물이 들어와도 문제없다는 메시지를 보여주고 있다. 〈그림 13.14〉는 회전식 출입문이라는 공간의 특성을 살려 발레리나 이미지를 가운데 설치하고 사람들이 회전문을 이용할 때마다 재미있게 광고 메시지를 읽고 기억할 수 있게 하였다. 〈그림 13.15〉는 독일 폭스바겐 자동차 광고인데 영어로 번역하면 "Perfect day for a test drive"라는 문구를 다리 아래에 있는 사람들에게 그림자로 바라볼 수 있도록 하였다. 날씨가 좋은 날에 더욱 더 선명한 그림자가 나타난다는 점에 착안한 광고이다.

이러한 공간을 이용한 앰비언트 크리에이티브 사례는 공간적, 시간적 제약을 많이 받기 때문에 임팩트는 크지 않으나 자연 현상 또는 늘 익숙한 움직임과 공간을 이용한다는 점에서 새롭게 느껴진다. 국내의 경우 최근 현대기아차가 활발하게 이러한 시도를 많이 했는데 경춘선 화물열차에 자동차를 싣고 가는 타임캡

그림 13.13 방수카메라 광고

그림 13.14 발레학원 광고

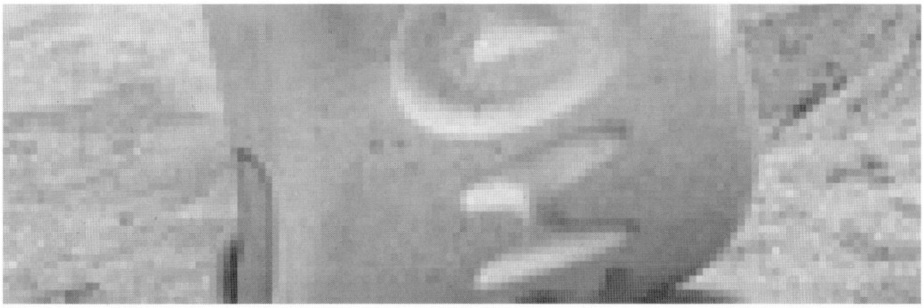

그림 13.15 그림자 광고

술 이벤트나 인천공항 수화물 캐로셀에 자동차를 전시하여 자동차 트렁크에 많은 짐이 실을 수 있다는 특징을 연출한 사례 등이 있다.

넷째, 사물이나 기구의 움직임 또는 기능적 특성을 이용한 크리에이티브 사례이다. 〈그림 13.16〉은 태국의 핫소스 광고인데 화장실에서 볼 수 있는 핸드드라이어 겉면에 매워서 입을 불고 있는 남자 이미지를 표현함으로서 핫소스 제품의 특징을 쉽게 느낄 수 있게 한 광고이다. 실제 뜨거운 바람과 강한 소리가 발생하므로 바라보는 소비자 입장에서는 브랜드 이미지에 대한 강한 인상이 심어질 수 있을 것이라고 생각된다. 〈그림 13.17〉은 거리의 맨홀 뚜껑에서 피어 오르는 수증기에 착안한 광고이다. 불쾌하게 느껴지는 동그란 맨홀과 수증기가 뜨거운 커피 이미지로 변신하였을 때 소비자는 매우 재미있고 신선하게 해당 브랜드를

그림 13.16 핫소스 광고

그림 13.17 커피광고

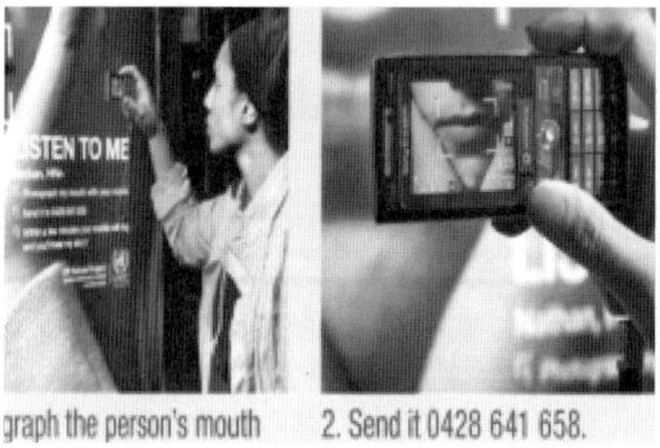

그림 13.18 미국 파티 대행회사 광고

그림 13.19 네덜란드 탄산음료 광고

인지할 수 있게 된다. 〈그림 13.18〉은 미국의 파티 대행회사 광고이다. 지하철 환풍구에 가벼운 컬러 리본띠를 메달아 놓고 지하철이 지나갈 때마다 나오는 바람을 통해 신나게 움직이는 파티의 느낌을 전달하고 있다. 〈그림 13.19〉는 네덜란드 탄산음료 광고로서 분수대의 물줄기가 탄산음료 패키지를 통해 나오게 하여 탄산음료의 시원함을 표현하고 있다.

주변 환경 속에서 사물의 움직임이나 동작을 통해 브랜드 이미지를 만들어내는 사례는 형태적 특징을 연계한 크리에이티브와 결합하여 만들어지는 경우가 많으며 최근에는 헤리포터의 요술 커피잔과 같이 주변의 자연스러운 움직임을 신기술을 이용해 가상으로 연출하는 테크니컬한 엠비언트 크리에이티브도 나타나고 있다. 국내에서는 해운대 바다 위를 BMW미니가 달리는 모습을 연출한 사례 등이 있다.

마지막으로 소비자의 참여를 통해 메시지나 이미지를 생산해내는 크리에이티브이다. 〈그림 13.20〉은 테디베어뮤지엄의 풋프린트 포스터 광고로서 2011년 옥외부문 대한민국광고대상을 받은 작품이다. 접착제가 발라져 있는 곰 이미지를 바닥에 설치하고 시간이 흐름에 따라 사람들이 밟고 지나가는 발자국이 쇠창살이 되면서 반달가슴곰 구하기의 메시지가 이해되는 환경공익광고 캠페인 사례이다. 〈그림 13.21〉은 호주의 유명 껌 제조회사의 공익 캠페인 사례로서 껌이 바

그림 13.20 테디베어박물관의 환경공익캠페인 광고

그림 13.21 Gum 모자이크 광고

그림 13.22 그린 횡단보도

닥에 버려지는 것을 막고 자사의 기업이미지를 홍보하기 위해 껌이 가장 많이 버려지는 장소에 순서가 메겨진 모자이크 그림판을 세워 순서에 맞게 껌을 붙여 모자이크를 완성하게끔 한 사례이다. 〈그림 13.22〉는 중국 환경보호재단이 DDB 차아나 그룹과 함께 진행한 환경보호 캠페인의 사례로서 사람들이 더 많이 걸으면 환경이 보호된다는 메시지를 전달하기 위해 상해의 가장 붐비는 횡단보도에 이파리가 없는 나무 이미지를 바닥에 설치하고 양측면에 초록색 친환경 페인트(빠르게 마르고 잘 씻기는)가 들어있는 스폰지를 설치하여 지나가는 사람들의 발자국에 의해 초록색 나뭇잎이 완성되도록 한 사례이다.

이러한 소비자 참여 성격의 엠비언트 크리에이티브는 광고주가 소비자 참여 환경을 만들어주고 소비자가 직접 행동하여 메시지 또는 이미지를 만들어 가게 한다. 그리고 이것은 우리 생활 환경을 더욱 즐겁고 의미있게 만든다는 취지 하에 많은 사람들이 즐거운 마음으로 참여하게 됨으로서 자연스럽게 광고의 목적을 달성할 수 있게 한다.

2. Digital 크리에이티브

옥외광고에서 말하는 디지털 크리에이티브는 OOH 공간에서 디지털 기술을 이용하여 브랜드의 특징을 전달하거나 소비자와의 교감을 통해 기업 선호도를 높일 수 있는 크리에이티브를 말한다. 앞에서도 얘기했듯이 디지털 기술이 발달하면서 이제 옥외광고는 새로운 기술이 가장 먼저 적용되는 뉴미디어로서의 지위를 갖게 되었다. 새로운 기술은 소비자에게 처음 경험하는 신선감을 줄 수 있으며 그러한 경험은 미디어의 홍수 속에서 소비자들에게 효과적으로 브랜드 인지도를 높일 수 있는 역할을 한다.

디지털 기술은 인터넷과 스마트폰의 발달로 최근 급속도로 빠르게 성장하고 있다. 따라서 옥외광고의 영역에서도 이러한 기술이 적용된 새로운 크리에이티브들이 하루가 다르게 많이 쏟아져 나오고 있으며 그 적용 방식도 확대되고 있다. 그리고 이러한 디지털 크리에이티브는 기능적 솔루션과 내용적 콘텐츠가 결합되어 나타나고 있는데 여기서는 편의상 솔루션이라는 용어를 포괄적 개념으로 사용하고자 한다.

옥외광고 디지털 크리에이티브는 크게 인터랙티브(Interative)솔루션과 신기술 쇼윙(Showing)솔루션으로 나눌 수 있다. 그럼 최근 몇 년 사이에 등장한 사례들을 통해 디지털 크리에이티브의 트렌드를 살펴보면 다음과 같다.

Interactive 솔루션

인터랙티브 솔루션은 주로 소비자와의 상호작용과 참여를 목적으로 개발된다. 따라서 소비자가 주인공이 되어 광고의 한 축을 담당하도록 하는 방향으로 크리에이티브가 발전하고 있으며 그 종류로는 4가지를 들 수 있는데 소비자를 인식하여 반응하는 소비자 감지형 크리에이티브, 소비자의 능동적 참여를 유도하는 크리에이티브, 소비자가 광고 콘텐츠를 직접 생산하도록 하는 크리에이티브, 소비자를 식별해 맞춤 콘텐츠를 제공하는 크리에이티브 이다. 먼저 소비자 감지형 크리에이티브는 소비자의 행동을 감지해 자동적으로 반응이 나타나고 그 반응을 소비자가 재미있게 인식하면서 브랜드의 경험을 간접적으로 체험하게 하는 크리에이티브이다. 소비자 입장에서는 다소 수동적인 성격을 가지고 있다.

〈그림 13.23〉은 국내에서 진행된 BMW 자동차 광고이다. 광고판 상단에 설치된 카메라가 소비자의 움직임을 인식하여 소비자가 그 앞을 지나갈 경우 자동차 헤드라이트와 백미러가 점등되며 자동차의 시동 소리가 울리도록 만들어졌다. 〈그림 13.24〉는 가정폭력 방지 캠페인의 일환으로 독일 엠네스티가 집행한 사례로서 아이트래킹 기술을 이용하여 사람이 광고판을 쳐다볼 때에는 행복한 부부의 모습이 연출되고 그렇지 않을 경우에는 남편이 아내를 폭행하는 장면이 연출된다. 〈그림 13.25〉는 일본지하철에서 진행된 사례로서 지하철 이용객이 지나갈 때 이것을 감지하여 그 때마다 향수를 뿌려주는 향기마케팅 광고이다. 〈그림 13.26〉은 소비자의 움직임을 인식하여 카메라 플레쉬가 터지는 크리에이티브로서 국내에서 만들어진 니콘 카메라 광고이다.

소비자의 능동적 참여를 유도하는 크리에이티브는 소비자의 직접적인 참여를 높일 수 있는 다양한 방법들이 사용된다. 주로 터치 방식을 이용하거나 카메라나 스마트폰을 통한 증강현실 방식과 QR코드 방식, 게임 방식 등이 이용되며 최근 스마트폰의 활용으로 인터페이스 측면에서 많은 발전을 이루고 있다.

〈그림 13.27〉은 뉴욕타임스퀘어광장의 포에버21 매장 상단의 전광판광고이다. 실시간으로 거리의 사람들을 동영상으로 보여주고 여러 모델들이 출연하여 사람들의 사진을 찍거나 들어올리는 등 다양한 볼거리를 제공하여 소비자들의 적극적인 참여를 유발하는 크리에이티브 사례이다. 〈그림 13.28〉은 거리의 대형

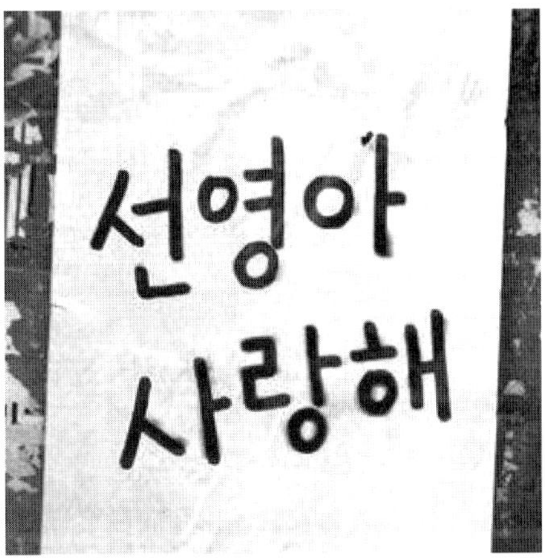

그림 13.23 BMW 인터랙티브 광고

그림 13.24 가정폭력방지 캠페인 광고

그림 13.25 지하철 내 향수 광고

그림 13.26 카메라 광고

그림 13.27 실시간 동영상 연출

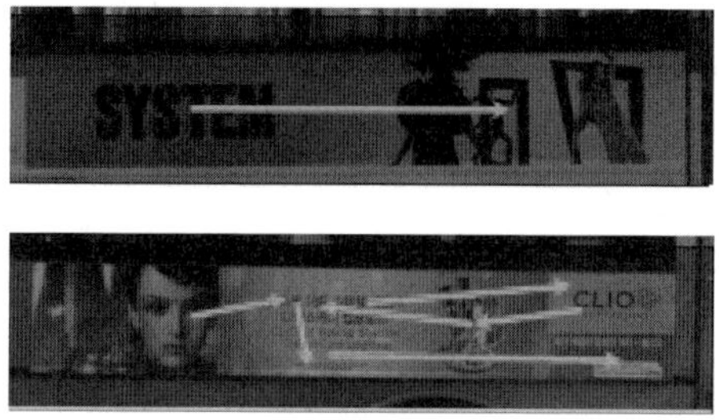

그림 13.28 DISNEY PARK 증강현실 광고

전광판과 카메라를 이용한 증강현실 기법으로 가상의 디즈니 캐릭터들이 실제 카메라로 비쳐진 사람들과 어울릴 수 있도록 연출 한 사례이다. 〈그림 13.29〉는 열정적인 함성과 단합을 유도하기 위해 코카콜라가 집행한 사례인데 옥외에 축구 중계를 위한 대형 스크린을 설치하고 소리에 반응하도록 하여 경기 중에 응원 함성이 적으면 중계가 꺼지고 소리가 커지면 다시 켜지도록 하였다. 〈그림 13.30〉은 2011년 현대자동차가 뉴욕 타임스퀘어광장에 설치한 사례로서 스마트

그림 13.29 코카콜라 소리 인식 광고

그림 13.30 현대자동차 전광판 게임

그림 13.31 폭스바겐 스마트폰 AR광고

그림 13.32 참여형 다이어트 음료광고

폰을 이용하여 자동차게임을 할 수 있는 전광판 광고이다. 〈그림 13.31〉은 스마트폰을 이용한 증강현실 광고로서 캐나다에서 집행한 폭스바겐 캠페인이다. 전용 앱을 다운로드 받아 옥외광고판을 촬영하면 해당 광고판에서 자동차가 튀어나오거나 날아다니는 모습이 스마트폰을 통해 영상으로 보여진다. 〈그림 13.32〉는 프랑스에서 집행된 여성용 다이어트 미네랄워터 광고로서 헬스용 자전거를 설치하여 여러 사람이 같이 운동을 하게 하고 그 운동에 반응하여 건물 벽면에 건장한 남성이 여성을 유혹하는 공연이 펼쳐지게 하였다.

소비자가 광고 콘텐츠를 직접 생산하도록 하는 크리에이티브는 터치나 휴대폰 입력, 사진 촬영, 인터넷 등록 등을 통해 소비자의 의견이나 모습 등이 반영되도록 하고 그 내용이 곧 옥외에서 광고 콘텐츠로 표현되어 자연스럽게 소비자가 광고에 참여하도록 유도한다. 이러한 크리에이티브는 소비자가 메시지를 만들 수 있는 플랫폼을 광고주가 만들어 주고 소비자가 그 내용을 채워 넣을 때 보다 적극적인 참여와 메시지의 진실성이 보여 질 수 있다는 점에서 효과가 있다.

〈그림 13.33〉은 내가 직접 디자인하는 농구화라는 주제로 국내 나이키 매장에서 집행한 사례이다. 터치스크린을 이용하여 소비자가 직접 색상과 패턴을 넣

그림 13.33 나이키 Custom Dunk 캠페인

그림 13.34 BBC 소비자 의견 조사 캠페인

어 자신이 직접 디자인하게 되면 대형 농구화 조형물에 반영되고 자신이 만든 디자인을 출력하여 실내 보드판에 붙이거나 개인이 보관할 수 있도록 한 인터랙티브 캠페인이다. 〈그림 13.34〉는 BBC방송국 홍보광고로서 사회적으로 민감한 이슈에 대한 소비자 의견을 묻는 사례이다. 〈그림 13.35〉는 SONY가 집행한 컬러도쿄 캠페인으로서 도쿄시내 SONY 본사 건물의 경관조명 LED를 인터넷으로 실시간 중계하고 소비자가 인터넷에 접속하여 자신이 원하는 컬러로 변경하면 그대로 반영되게 한 사례이다. 〈그림 13.36〉은 American Express Card가 집행한 벨기에의 전광판 빌보드 사례로서 소비자가 홈페이지에 사진을 등록하면 빌보드에 자신의 모습이 게재되도록 하였다.

소비자를 식별해 맞춤 콘텐츠를 제공하는 크리에이티브는 RFID, GPS, 카메라 등을 이용하여 소비자의 정보 이름, 성별, 나이, 취향 등을 파악한 후 해당 소비자에게만 특별한 개인별 맞춤 정보를 제공함으로서 보다 더 높은 브랜드 관여도를 얻을 수 있는 장점이 있다. 하지만 이러한 방식은 개인정보 보호라는 문제

그림 13.35 SONY 컬러도쿄 캠페인

그림 13.36 아메리칸 익스프레스 광고

그림 13.37 BMW 미니 캠페인

그림 13.38 Starhub 뮤직 피팅룸

등으로 공개적인 옥외광고에서는 소비자에게 거부감을 줄 수 있으므로 최근에는 이름 등 구체적인 정보가 아닌 개인별 취향과 성별, 나이 정도의 정보만 파악하여 크리에이티브가 만들어지고 있다.

〈그림 13.37〉은 BMW 미니 구매자의 키홀더에 소비자의 정보를 담은 RFID를 삽입하여 소비자가 광고판 근처에 접근할 때 소비자의 이름을 불러주는 사례이다. 〈그림 13.38〉은 소비자가 입는 옷의 취향과 음악의 취향이 같다는 것에 착안하여 음원 다운로드 회사가 집행한 사례이다. 패션몰에 진열된 옷에 미리 스타일에 맞는 음악을 연결할 수 있는 RFID칩을 심어 소비자가 피팅룸에 들어가 옷을 입을 때 피팅룸 안에서 해당 음악이 들리도록 하였다. 〈그림 13.39〉는 52인치 LCD 광고물에 카메라를 장착하여 소비자가 해당 광고물 앞에 다가서면 소비자의 얼굴을 인식하여 성별, 연령별로 구분된 맞춤 광고가 표출되도록 한 사례이며 〈그림 13.40〉은 블루투스가 탑재된 휴대폰을 가진 사람이 해당 광고판 앞을 지날 때 동영상 광고가 그 사람의 휴대폰으로 전송되도록 한 사례이다.

그림 13.39 소비자 인식형 광고

그림 13.40 히드로공항 블루투스 L/B

신기술 Showing 솔루션

디지털 크리에이티브의 또 다른 영역인 쇼윙 솔루션은 디지털 신기술을 이용하여 소비자로 하여금 전에 보지 못했던 새로운 영상을 보여줌으로서 호기심 유발과 관심을 유도하는 크리에이티브이다. 따라서 인터랙티브 솔루션과 같이 소비자 상호작용이나 참여를 통해 경험을 제공하는 것이 아니라 단순한 시각적 경험을 통해 광고를 기억하게 만든다.

현재 개발되어 광고 매체화 된 사례를 통해 신기술 쇼윙 솔루션을 분류하자면 크게 두가지로 나눌 수 있는데 3D 입체 형태로 강한 임팩트를 제공하는 크리에이티브와 기존과 다른 전혀 새로운 기술로 표현된 영상 크리에이티브이다.

3D 입체 형태의 영상을 만드는 방법에는 현재 여러가지 기술이 사용되고 있다. 전통적으로 가장 널리 알려진 홀로그램방식과 투명한 스크린을 설치하고 사전에 제작된 영상을 투사하여 공중에 입체 영상이 보이게끔 하는 홀로스크린방식, 대형 건물이나 조형물의 세부적인 위치를 맵핑(Mapping)하여 컴퓨터그래픽으로 동영상 콘텐츠를 만들고 고휘도 프로젝터로 투사하여 건물이나 조형물 자체가 변화하는 것처럼 보이도록 한 맵핑방식과 최근 개발된 3D LCD, 3D LED 등의 3D 스크린방식이 최근 광고에서 가장 많이 활용되고 있다.

〈그림 13.41〉은 코엑스몰에서 집행된 홀로그램 광고이다. 이 광고는 휴대폰이 공중에 떠 있고 제품의 4면을 모두 볼 수 있다는 점이 소비자에게 호기심을 불러 일으켰다. 하지만 역피라미드형 유리관에 들어 있어야 하고 크기도 제한적이며 하나의 이미지만 보여질 수 있다는 한계가 있다. 〈그림 13.42〉는 홀로스크린 광고를 최초로 개발한 VIZOO사의 샘플 동영상으로서 허공에 사람이나 자동차를 띄워 입체로 보이도록 한 기술이다. 〈그림 13.43〉은 국내 기술로 중국 북경

그림 13.41 홀로그램을 이용한 휴대폰광고

그림 13.42 홀로스크린 광고

그림 13.43 티파니 맵핑광고

그림 13.44 3D 노트북 광고

에서 집행된 티파니 런칭광고 사례로서 건물 자체를 보석으로 바꾸어 놓은 맵핑광고 이다. 〈그림 13.44〉는 3D LCD가 장착된 노트북을 실제 전시하여 소비자로 하여금 입체영상을 체험하도록 한 사례이다 최근에는 무안경 3D 패널들이 개발되어 광고에 사용되고 있다.

기존과 다른 전혀 새로운 기술로 표현된 영상 크리에이티브는 기존의 LCD, LED, 프로젝터와 같은 평면형 동영상 매체와 달리 새로운 소재, 새로운 기술을 이용하여 전혀 예상하지 못했던 장소에 광고를 표출하도록 하여 소비자의 관심을 유도한다.

〈그림 13.45〉는 뉴욕 허드슨강에서 집행된 나이키 워터스크린 광고사례로서 예전의 워터스크린 보다 훨씬 임팩트 있고 완벽한 영상을 구현하였다. 〈그림 13.46〉은 국내 기술로 개발된 터널형 LED 광고로서 달리는 전동차의 속도에 연동하여 선형으로 이루어진 LED가 평면으로 보이도록 만든 사례이다. 〈그림 13.47〉은 일본 지하철광고에 적용된 사례로서 e-paper를 이용하여 플렉서블(Flexable)한 종이 재질에 영상이 나올 수 있도록 하였다 〈그림 13.48〉은 투명한 유리에 동영상이 구현되는 투명 LCD 사례이다. 투명 LCD는 쇼케이스 방식으로 구현되며 내부에 실제 제품을 전시하고 유리면에는 광고가 표출될 수 있도록 하여 제품전시와 설명을 동시에 할 수 있다.

그림 13.45 워터스크린광고

그림 13.46 지하철 터널LED광고(TAS)

기존과 다른 방식의 특성을 지닌 하드웨어를 통해 호기심을 유발하거나 새로운 느낌을 전달하고자 한 광고들과 달리 하드웨어는 일반적인 사양을 적용했으나 콘텐츠의 독특한 내용과 의미를 전달을 위해 카메라와 시간, 센서 등을 이용한 상황인식 디지털 광고 사례들이 최근 늘어나고 있다. 〈그림 13.49〉는 주변 공항에서 이륙한 비행기 시각이 대체로 정확하다는 사실을 이용하여 만든 영국 브리티시 항공의 광고로서 해당 시간이 되면 광고판 안에 있는 아이가 일어나서 멀리 보이는 비행기가 어디를 가고 있는 비행기인지 알려주고 있다. 또한 〈그림 13.50〉은 아르헨티나에서 진행된 삼성전자 안전트럭 캠페인으로서 일방향 일차선 고속도로를 달리는 대형 트럭을 뒤의 차가 추월하기 어려운 점을 감안하여 자사의 옥외형 LCD 패널과 전방카메라를 이용하여 실시간으로 전방 상황을 중계

그림 13.47 e-Paper를 이용한 동영상광고

그림 13.48 투명 LCD

그림 13.49 브리티시항공 전광판

그림 13.50 삼성전자 안전트럭

해 줌으로써 후미의 운전자가 안전하게 트럭을 추월할 수 있게 해준 캠페인이다. 그리고 〈그림 13.51〉은 스웨덴 지하철에서 진행된 Apotrk Hjartat이라는 브랜드의 헤어케어 제품 광고인데 지하철 승강장에 전동차가 진입할 때 불어오는 바람을 감안하여 만든 광고로서 전동차 차량이 진입하는 시간에 맞추어 광고판 안의 모델의 머리칼이 날리는 이미지가 만들어지도록 한 광고이다. 이렇게 시각적 센서나 카메라를 이용하여 주변 상황이 광고판에 전달됨으로써 광고주의 제품 또는 서비스의 특성을 소비자에게 잊지 못하게 만들어준 광고들은 대표적인 디지털 크리에이티브라 할 수 있겠다.

〈그림 13.52〉는 버스쉘터에 카메라를 설치하여 주변상황을 실시간으로 보여주다가 준비된 가상이미지가 갑자기 나타나는 방식으로 일반 소비자를 깜짝 놀라게 하는 재미요소가 있는 광고이다. 이러한 광고는 증강현실 광고라 불리기도 하며 디지털 기술의 발달이 점점 소비자 체험에 보다 다양한 방식으로 접근할 수 있음을 보여주고 있다. 이러한 증강현실성 광고들은 첨단 기술에 대한 과시 이미지와 재미요소가 결합되어 놀라운 바이럴 효과를 불러일으키고 있다. 최근 대표적인 바이럴 효과를 목표로 만들어진 가상 화성 여행은 준비된 화성의 이미지가

그림 13.51 스웨덴 지하철 헤어케어 제품광고

그림 13.52 펩시 MAX 버스쉘터

그림 13.53 가상 화성여행

전혀 뜻밖의 상황에서 나타남으로써 놀라움과 재미를 준 사례이다. 즉, 아이들의 일반적인 스쿨버스의 유리창을 모니터로 이용한 사례인데 이것은 앞서 설명한 투명 LCD 기술이 적용된 것으로서 아이들이 눈치채지 못하게 버스가 출발하고 나서 어느 순간 모니터의 전원이 켜지고 준비된 화성 영상이 버스의 움직임과 연동되어 나타나 아이들의 환호성을 불러일으킨 사례이다.

이상과 같이 엠비언트와 디지털 크리에이티브는 옥외광고 분야를 재미 있고 신선한 아이디어가 포함된 살아있는 생활 환경 캠페인으로 만들 수 있어 타 매체와의 차별성을 가지며 그 역할과 의미를 높여가고 있다. 하지만 아직까지 유튜브 영상등과 같이 바이럴 마케팅의 수단으로 먼저 인식되는 경향도 없지 않다. 즉, 현실에서 사람들이 실제 겪은 일처럼 보이도록 과장되게 메이킹 영상을 제작하거나, 일회성 연출을 장기적으로 운영한 사례처럼 보이도록 한 경우가 없지 않다. 즉, 현실적으로 구현 가능성이 있으나 모든 각도, 매 시간의 상황에서 그러한 재미와 화면의 일치성을 주지는 못할 수도 있다는 것이다. 따라서 이러한 한계를 극복할 수 있는 크리에이티브가 반영된 옥외광고가 등장 한다면 바이럴 효과와 더불어 일상 생활 속에서 자연스럽게 매칭되는 소비자 경험과 함께 더 큰 감동과 재미를 줄 수 있을 것이다.

14 옥외광고 법규

1. 옥외광고물 법령의 제정 및 개정연혁

우리나라의 광고물 관리에 관한 최초의 법령은 1962년 1월 7일자 법률 제988호로 제정된 '광고물등단속법'이다. 광고물단속법은 전문 7개조로 된 모법을 공포하고 구체적인 규제는 모두 각 시 · 도 규칙으로 정하도록 규정하였다. 1963년 11월에는 광고물등단속법의 전체 7개 조문 중 4개 조문에 대하여 크게 보완하였는데, 이 때 보완된 내용으로는 광고물의 종류에 전단을 추가한 것과, 관할 관청에 부산직할시를 추가한 것 등이다(김영배 외, 2004).

모법이 공포된 지 5개월 후인 1962년 6월 1일에는 서울특별시 규칙 제255호로 '서울특별시 광고물단속법 시행규칙'이 제정되었으며, 1980년초까지 시대의 변천에 따라 11회 개정을 거듭하였다. 한편, 1973년 9월 1일 내부에서는 '광고물등단속법 시행규칙에 관한 준칙'을 제정하여 각 시 · 도에 시달하였는데 이는 서울특별시의 시행규칙을 모체로 한 것이었다.

1980년 1월 4일자 법률 제3227호로 '광고물등단속법'을 '광고물등관리법'으로 법제명을 개정하였다. 또한 급변하는 시대에 경찰 행정력으로 광고물 단속의 책임에 한계를 느끼게 되어, 규제기관을 경찰에서 행정기관으로 이관하게 되었다.

'광고물등관리법'의 개정에 따라 1980년 1월 22일자로 내무부에서는 '광고물등관리법 시행규칙 준칙'을 개정하여 각 시도에 시달하였으며, 이에 서울특별시에서는 1980년 2월 8일자 서울특별시 규칙 제1841호로 '서울특별시 광고물등관리법 시행규칙'을 개정 · 공표하였다.

1990년 8월 1일자로 법률 제4242호로 '광고물등관리법'을 '옥외광고물등관리법'으로 법제명을 개정하고 전문을 개정하였다. 또한 1991년 1월 8일 '옥외광고물등관리법 시행령'이 제정되었는데 이는 그동안 지방정부의 각 시 · 도 시행규칙을 통하여 규제되어 왔던 제반 조항들을 중앙정부의 시행령으로 대폭 이관한 것으로, 이때부터 중앙정부를 중심으로 한 옥외광고물 관리체제로 개편되었다. 이러한 법체계의 개편으로 종전의 시 · 도 시행규칙은 1991년 2월 2일자로 폐지되었으며, 1991년 4월 23일 '서울특별시 옥외광고물등관리조례'가 제정되었다.

1992년 12월 8일자 법률 제4516호로 '옥외광고물등관리법'4차 개정을 하게 되었는데, 이때의 주요 변경사항은 한국광고사업협회의 설립근거를 마련하여 법인체로 인정하게 된 것이다. 이에따라 1993년 2월 24일 '옥외광고물등관리법시행령'개정시 광고사업협회의 정관과 협회의 임원, 협회의 감독 등에 관한 조항을 보완하였다. 2001년 7월 24일 '옥외광고물등관리법'의 6차 개정으로 제재조치를 강화하고, 시 · 도지사의 권한을 시장 · 군수 · 구청장의 고유 권한으로 위임하였다(김영배 외, 2004).

옥외광고물 등 관리법은 옥외광고물의 표시장소, 표시방법과 게시시설의 설치, 유지 등에 관한 제한 성격의 기본적인 법률이므로 광고물 설치기준에 관한 내용 위주로 규정하고 있다. 설치광고물의 집행 또는 관리에 대해서는 하위규정인 광고물법 시행령과 각 지방자치단체별로 관리조례를 적용하고 있으며, 이들의 시행과정에서 도시계획법, 문화재보호법, 산림법 등 관련법규의 규정과 연계되어 있다. 주된 내용은 옥외광고물의 목적, 정의 등 기본사항, 옥외광고물에 대한 허가 또는 신고, 옥외광고물의 표시방법, 광고물관리심의위원회, 광고물의 안전도 검사 및, 옥외광고업의 신고 및 교육 등에 관한 내용을 규정한다(이정교 외, 2004).

세부 내용별로 살펴보면 기본사항에 있어서는 법의 목적, 정의 및 다양하게 구분되고 있는 옥외광고물의 분류로 구성되어 있다. 허가 · 신고 및 금지 · 제한에 있어서는 허가 또는 신고대상 광고물, 허가 또는 신고지역 및 절차, 광고물의 표시, 금지지역 장소와 광고물의 표시제한으로 구성되어 있다. 광고물의 표시방법에 있어서는 일반적 표시방법과 분류별 간판의 표시기준으로 구성되어 있다. 광고물 관리심의 위원회에 있어서는 위원회 기능 및 운영, 시 · 도 및 시 · 군 · 구의 관리심의위원회에 관한 규정으로 구성되어 있다. 안전도 검사에 있어서는 검사대상 광고물, 검사 시기 및 방법, 안전도 검사의 위탁으로 구성되어 있다. 광고물의 신고 및 교육에 있어서는 광고업의 신고, 교육, 교육의 위탁, 허가취소 및 영업정지, 청문절차로 구성되어 있다. 과태료, 이행 강제금에 있어서는 규정 위반 시 과태료 부과, 안정도 검사 등의 위반 시 이행 강제금 부과내용으로 구성되어 있다.

옥외광고물업의 등록제와 관련된 옥외광고물 등 관리법 시행령 일부개정령이 2006년 6월 23일 공포 24일부터 시행되었다. 이번 공포된 시행령 개정령은 2004년 12월 23일 개정된 옥외광고물 등 관리법에 따른 후속 개정령으로 옥외광고업이 신고제에서 등록제로 전환되었다. 이번 공포된 시행령에는 등록제 시행에 필요한 옥외광고업 기술자격과 시설, 등록취소 등의 처분기준, 휴 · 폐업 등의 신고 미이행자에 대한 과태료 부과 기준 등을 포함시키고 있다. 그리고 옥외광고물 등 관리법 일부개정령이 진행되었다. 이때의 옥외광고물 등 관리법 일부 개정 내용을 소개하면 다음과 같다(팝사인, 2006).

먼저, 광고심의와 건축심의의 연계 근거 규정 마련하였다. 개정작업 중인 법안은 광고심의와 건축심의가 연계될 수 있도록 신규 광고물에 대한 건축심의 시 광고물 관리 심의를 할 수 있는 근거규정을 마련했다. 시장 · 군수 또는 구청장이 필요하다고 인정하는 경우에는 건물이 준공되기 전에 광고물 등의 허가를 받거나 신고를 하게 할 수 있게 하는 안이 검토되었다.

둘째, 지자체 광고물정비사업 정부지원 근거 규정 마련하였다. 지방자치단체에서 옥외광고물 정비 사업을 추진하고자 하는 경우 예산 등의 지원이 없어 사업 추진에 한계가 있으므로 지방자치단체에서 옥외광고물 정비사업 등을 추진하고자 하는 경우 국가가 직접 재원을 지원할 수 있는 근거규정도 신설될 예정이다. 이를 위하여 지방자치단체에 재원을 지원할 수 있도록 하는 내용이 신설되었다.

셋째, 주민참여를 위한 제도 도입되었다. 옥외광고물의 설치 및 관리에는 주민참여가 미흡한 실정이라는 점에서 적극적인 주민참여를 위한 제도도 도입 근거가 신설된다. 즉 시장 · 군수 또는 구청장이 규정에 의해 시군구 조례에 위임된 표시방법을 달리 정하고자 하는 경우, 특정구역의 지정 및 고시에 관한 사항, 광고물 등의 정비사업, 광고물 등의 관리에 관하여는 사전에 당해 지역에 거주하는 주민 등의 의견을 듣도록 하는 방안이 마련되었다.

넷째, 정부 및 시도에 관리권한 부여될 예정이다. 동일한 생활권이라도 복수의 기초자치단체가 관련되는 경우 옥외광고물 제도 및 설치기준이 서로 다를 때에는 조화된 도시경관에 어려움이 있으므로 특별시장 · 광역시장 · 도지사가 관할 시 · 군 · 구의 옥외광고물 관리에 대해 조정할 수 있도록 했다.

그리고, 2007년 행정자치부의 옥외광고물 등 관리법 시행령 일부개정령안의 주요내용을 살펴보면 다음과 같았다. 먼저, 건물의 가림막과 공사장에 광고물 표시를 허용하고 있다. 시공 중인 건물의 가림막과 공사장 설치 울타리에 광고물 표시가 허용되며 표시가능지역 등 광고물 표시방법이 신설됐다. 건물과 공사장 가림막 광고물은 광고물관리심의위원회의 심의를 거쳐 부착할 수 있도록 했는데 시공회사 및 건물을 소유하고 있는 자의 성명 · 상호 · 상표 · 상징하는 도형 및 영업내용을 표시하는 광고물 등에 한하여 표시할 수 있도록 했다(팝사인, 2006).

또 시공중인 건물의 가림막에는 하나의 광고물만 부착토록 하고 공사장에 설치된 울타리에 표시하는 때에도 하나의 면에 하나의 광고물을 부착하여야 하며 건물 및 울타리의 높이를 초과하지 않도록 했다. 시공중인 건물의 가림막에 표시하는 광고물의 높이는 10층 이하에 표시하여야 하며 그 면적은 10층 이하의 벽면 면적의 2분의 1이내에서 시 · 군 · 구 조례에서 정하는 크기로 표시할 수 있도록 하고 공사장에 설치된 울타리에 표시하는 광고물은 하나의 면에 10제곱미터 이내의 면적으로 표시하도록 했다.

둘째, 건물의 벽면, 창문덮는 광고물 표시를 제한적으로 허용하고 있다. 건물의 벽면 또는 창문을 덮는 광고물 표시를 허용하고 표시가능지역 등 광고물 표시방법을 신설했는데 전면적 허용이 아니라 면적과 소재에 제한을 두어 시행될 예정이다. 건물의 벽면 또는 창문을 덮는 광고물은 창문을 막는 경우 건물 안에서 밖을 볼 수 있는 재료를 사용하고 광고물의 높이는 10층 이하에 표시하여야 하며 그 면적은 10층 이하의 벽면 면적의 2분의 1이내에서 시 · 군 · 구 조례에서 정하는 크기로 표시하도록 제한적 허용 안을 마련했다.

셋째, 교통수단, 차체 측면에 창문 제외하고 전면 허용하고 있다. 교통수단이용 광고물은 차체 측면의 2분의 1이내에서 표시할 수 있도록 하고 있는데 면적제한을 삭제하여 창문을 제외한 차체 측면에 표시할 수 있도록 완화했다. 또 광고물에 대한 안전을 강화하기 위하여 안전도검사 대상에 지면으로부터 높이가 4미터 이상인 공공시설물 · 교통시설이용 광고물 및 현수막지정게시시설과 가로 10미터 이상의 가로형 간판을 추가했다.

넷째, 전광류의 공공목적 표출비율 25% 이내로 완화하고 있다. 적색류 네온 및 전광류 광고물의 표출면적은 2분의 1이내에서 표시할 수 있었으나 상업지역 · 관광지 · 관광단지 내에서는 이를 적용하지 않고, 네온관이 외부에 노출되지 아니하는 간접네온방식을 허용하는 방안도 마련됐다. 또 전광류의 공공목적 표출비율은 현행 30% 이내에서 25% 이내로 완화했다.

이와 함께 가로 10미터 이상이거나 건물의 가림막 · 벽면 또는 창문을 덮는 가로형 간판 등은 도시미관을 감안하여 허가대상으로 정하고 건물정면에 표시하는 가로형간판중 5제곱미터 미만인 경우에는 신고하지 않고 설치할 수 있었으나, 불법 · 불량 간판의 대부분을 차지하고 있는 현실을 감안하여 신고대상으로 변경했다.

다섯째, 신고대상 광고물, 원색사진 및 원색도안을 첨부하도록 하고 있다. 신고대상 광고물의 경우 표시하고자 하는 장소의 주변을 알 수 있는 원색사진 및 원색도안이 현행 첨부서류에서 제외되어 있으나, 광고물 설치의 적법성 확인 등에는 최소한 사진이나 도안이 있어야 판단이 가능하므로 이를 제출토록 하고, 구조안전확인서류 제출대상 광고물을 시 · 군 · 구 조례에서 정하던 것을 대통령령으로 상향 조정했다.

또 건물의 벽면을 이용하는 간판 등에는 영업내용의 경우 4분의 1 이내로 제한하였으나, 시행과정에서 영업내용 여부의 판단, 크기 등에 대한 민원이 제기되고 있어 광고주의 자율적인 결정에 의하도록 개선했다. 아울러 건물의 4층 이상에는 측면 또는 후면에 한하여 판류를 이용한 1개의 가로형 간판이 허용되고 있는데 중심상업지역과 일반상업지역에는 건물정면에도 설치할 수 있도록 허용했다.

여섯째, 불법 입간판 즉시 폐기를 가능하도록 했다. 가로등주 및 전신주에 벽보 등을 부착하여 도시미관을 저해하고 있는 실정이므로 광고물 등의 금지물건에 가로등주 및 전신주를 추가하고 이를 공공시설물이용 광고물에서 삭제했다. 이와 함께 불법벽보 · 전단 · 현수막 등 재활용할 수 없거나 보관하기 곤란한 광고물 등은 이를 즉시 제거할 수 있으나 입간판도 보관이 어렵고 다시 설치하는 경우가 대부분이므로 이를 즉시 폐기할 수 있도록 했다.

한편, 국회 문화관광위원회 간판문화개선소위원회가 '쾌적한 도시환경 개선을 위한 옥외광고물관리와 진흥에 관한 법률안'을 마련해 주목을 받고 있다. 간판소위 대체법안은 옥외광고물 진흥정책 추진을 통한 규제와 지원의 조화를 도모하고 규제의 실질화, 유연화를 통한 아름다운 국토경관문화를 조성한다는 취지 아래 중앙집권적 관리에서 지방자율적 관리로 전환, 모든 옥외광고물을 관리대상에 포함, 규제와 진흥정책의 병행, 일정규모 이상 간판에 대한 처벌규정 신설 등의 주요내용을 담고 있었다.

'쾌적한 도시환경 개선을 위한 옥외광고물관리와 진흥에 관한 법률안'의 주요내용을 살펴본다. 간판소위 대체법안은 옥외광고물 진흥정책 추진을 통한 규제와 지원의 조화를 도모하고 규제의 실질화, 유연화를 통한 아름다운 국토경관 문화를 조성한다는 취지 아래 중앙집권적 관리에서 지방자율적 관리로 전환, 모든 옥외광고물을 관리대상에 포함, 규제와 진흥정책의 병행, 일정규모 이상 간판에 대한 처벌규정 신설 등의 주요내용을 담고 있었다.

2011년 옥외광고물 등 관리법 시행령의 개정안은 다음과 같은 내용을 담고 있다. 주요 골자는 시 · 도지사의 권한 강화, KTX 등 열차 차량 광고 허용 등의 내용이다. 2011년 10월 10일 국무회의를 통과해 공포됐다. 교통시설 · 교통수단 · 공공시설 이용 광고물과 옥상간판, 지주이용간판을 제외한 모든 광고물의 설치 및 표시방법을 시도조례에 대폭 위임함으로써 각 시 · 도의 자율성과 재량권을 확대했다. 구체적으로는 다음과 같은 내용이다.

먼저, 대통령령에서 규정한 간판의 총수량 제한을 시 · 도 조례로 위임 (법 제3조 제3항 및 영 제 12조)이다. 현재는 간판설치 수량을 대통령령에서 업소당 3~4개로 정하고 있으나, 개정법률에서 시 · 도지사 권한을 확대 부여한 취지를 감안해 시 · 도지사가 지역특성을 고려해 간판의 총 수량을 3~4개 범위 내에서 시 · 도 조례로 자율적으로 정할 수 있도록 위임했다.

둘째, '간판표시계획서' 제출 도입에 따른 대상 건물 규모 (법 제3조 제7항 및 영 제23조)에 관한 내용이다. 개정법률에서 일정 규모 이상의 건물에는 '간판표시계획서'를 제출하도록 하는 규정이 신설됨에 따라 그 대상 건물의 규모를 규정했다. 제출대상 건물은 간판 수요가 많은 제 1종 및 제 2종 근린생활시설(아파트 상가 포함) 중 바닥면적의 합계 300㎡이상의 건물 등으로 했다.

셋째, KTX 등 철도차량 광고 허용(법 제3조 제3항 및 영 제19조)에 관한 내용으로 철도광고는 지하철에만 허용하고 있으나 일본, 프랑스 등 외국과 같이 수익사업이 가능하도록 KTX 등의 철도차량에도 광고를 허용했다.

넷째, 특정구역 지정시 시 · 도 지사가 완화할 수 없는 사항 등 명시(법 제3조 제4항 및 영 제21조)이다. 특정구역으로 지정하는 경우에도 교통안전을 위해 교통신호기로부터 보이는 직선거리 30 m 이내에서 빛이 점멸하거나 신호등과 같은 색상을 나타내는 네온 · 전광류 광고물을 설치할 수 없도록 하고, 도시미관을 저해하는 광고물의 남설을 막기 위해 공공시설물(버스승강장, 시계탑 등)의 표시 면적은 1/4을 초과해 광고할 수 없도록 규정하고 있다.

다섯째, 광고물등 자율관리구역 도입에 따른 지정절차 등 마련(법 제4조의 2 및 영 제26 · 조)이다. 개정법률에서 광고물 자율관리구역이 도입되고 지정절차 등을 대통령령에서 정하도록 위임함에 따라 자율관리구역의 구체적인 지정범위 및 절차 등을 신설했다. 시장 등은 대통령령으로 정하는 지역을 '광고물등 자율관리구역'으로 지정 · 운영할 수 있고, 자율관리구역에서는 주민협의회를 구성 · 운영해야 한다. 광고물등의 모양 · 크기 · 색깔 및 표시방법 등을 주민들의 협의를 통해 자율적으로 정할 수 있다. 행정안전부장관과 시 · 도지사는 필요한 지원을 해야 한다.

여섯째, 광고물등 정비시범구역 도입에 따른 지정절차 등 마련(법 제4조의3 및 영 제28조)이다. 광고물등 자율관리구역과 마찬가지로 정비시범구역이 도입되고 지정절차 등을 대통령령에서 정하도록 위임함에 따라 정비사업의 구체적 지정범위 및 절차 등을 신설했다.

시장 등은 대통령령으로 정하는 지역을 '광고물등 정비시범구역'으로 지정할 수 있고, 시장 등은 정비시범구역에 설치하는 광고물등의 모양 · 크기 · 색깔 및 표시방법 등을 정해 고시할 수 있다. 시 · 도지사와 시장 등은 또 광고물등의 제작비와 설치비 등을 지원할 수 있다.

일곱째, 광고물의 설치 및 표시방법을 시 · 도 조례에 대폭 위임(법 제3조제3항 및 영 제20조)이다. 법 개정 전에는 광고물 11개 광고물에 대해서는 대통령령에서 설치 · 표시방법을 규정하고, 5종(세로형간판, 공연간판, 현수막, 벽보, 전단)은 시 · 군 · 구 조례에서 규정하고 있으나 앞으로는 중앙부처간 협의가 필요한 광고물(지하철역, 철도역 공항 등 교통시설이용광고물), 2개 이상의 시 · 도에 적용하는 광역적 성격의 광고물(버스, 택시, 철도 등 교통수단이용광고물), 도시미관 및 교통안전에 크게 영향을 미치는 광고물(버스승강장, 관광안내도 등 공공시설물이용 광고물, 옥상간판, 지주이용간판) 등 5종만 대통령령에 존치하고 나머지 광고물은 시 · 도 조례에 위임하는 것으로 되어있다.

여덟째, 특정구역 광고물등의 표시 금지 · 제한 기준 및 제외 사업장 마련(법 제4조제2항 및 영 제25조)이다. 2011년 일부 지자체에서 특정구역을 지정함에 있어 업소 규모와 관계없이 동일한 기준으로 적용함에 따라 재산권 행사를 제한하는 요인이 되고 있으므로 특정구역으로 지정하면서 건물소유자 또는 입점한

업소의 재산권을 과도하게 제한하지 않도록 표시 금지 · 제한 기준 및 제외 사업장을 규정했다. 개정법률에서 특정구역 지정시 표시방법 제한대상에서 제외하는 사업장을 '공중보건, 교통안전, 국민생활과 밀접한 관련이 있는 사업장'으로 규정함에 따라 대통령령에서 그 대상을 의료기관, 약국, 주유소, 가스충전소, 은행 등으로 규정했다.

아홉째, 국가등의 공공목적 광고물에 안보홍보 및 범죄신고 광고물 추가(법 제6조제2항 및 영 제29조)이다. 경찰청에서 도로변에 설치된 홍보물에 대해 존치할 수 있도록 건의한 것으로, 국민의 안보의식 고취 및 범죄예방 등의 홍보는 국가적인 차원에서 볼 때 필요성이 인정되고 남북분단 현실을 고려할 때 한시적 존치는 필요한 것으로 판단되므로 제29조제3항에 포함해 설치를 허용하되 현재 설치된 최대규격 12 m^2 (3 m × 4 m) 범위 내 설치토록 제한하는 내용으로 개정됐다.

열째, 대구세계육상대회 종료 및 광주하계유니버시아드대회 · 세계자연보전총회 등 유치로 옥외광고사업 수익금 배분비율 조정(별표2)에 관한 내용이다. 2011대구세계육상대회가 지난 9월 종료됨에 따라 옥외광고사업 수익금 배분대상에서 제외하고, 2015광주하계유니버시아드대회, 2012세계자연보전총회, 2013평창동계스페셜올림픽세계대회를 신설하며 2012여수세계박람회의 배분비율을 20/100에서 25/100으로 증액한다. 또한 특정구역을 지정해 광고물의 표시방법을 완화하거나 제한하는 권한이 시 · 도지사 권한으로 조정되는 등 시 · 도의 역할이 부여됨에 따라 광고물정비사업을 하는 시 · 군 · 구에 배분하는 수익금을 시 · 도에도 배분할 수 있도록 하는 근거를 신설했다.

마지막으로 옥외광고업 시설기준 면적 삭제(별표6)에 관한 것으로 이전에는 옥외광고업 시설기준은 2~3평으로 규정하고 있으나, 총리실 규제과제로 채택이 되어 모든 '작업장의 경우 면적기준을 삭제토록 함'에 따라 면적기준이 삭제됐다.

한편, 예전의 옥외광고물 관리법은 문제점들은 다음과 같다. 정석, 박선주, 강수형, 윤주남(1995)은 '현행 옥외광고물법을 진단 한다'에서 다섯 가지 문제점을 지적했다. 첫째, 법의 목적이 분명하지 않다는 것이다. 옥외광고물법 제1조에 명기되어 있는 목적을 보면 옥외광고물을 규제하는 이유로 '미관풍치'와 '미풍양속'의 유지 및 '공중에의 위해방지' 등의 세 가지를 들고 있다. 미관풍치란 아름다움과 멋을 의미하고, 미풍양속이란 고유의 풍속이나 문화를 의미하는 말로 요즘 시대에는 잘 쓰이지 않는 용어일 뿐만 아니라, 옥외광고물을 규제하는 여러 가지 이유 가운데 한 가지 측면, 즉 아름다움과 전해져 내려오는 고유의 풍속만을 강조하고 있을 뿐, 옥외광고물을 규제하는 또 다른 근본적인 이유나 목적이 빠져 있다.

둘째, 광고물의 분류체계가 단순 나열형이다. 즉, 형태의 차이에 따른 분류(가로형간판, 세로형간판), 광고내용에 따른 분류(공연간판), 광고물의 설치위치나 게시방식에 따른 분류(옥상간판, 지주이용간판, 돌출간판, 창문이용 광고물, 공공시설물이용 광고물, 교통수단이용 광고물, 교통시설물이용 광고물), 재료 등 그 밖의 기준에 따른 분류(현수막, 애드벌룬, 벽보, 전단, 선전탑, 아취광고물)가 뒤섞여 있어 혼란스러울 뿐만 아니라, 이러한 분류방식에 포함되기 어려운 새로운 유형의 광고물이 등장할 때마다 광고물의 종류를 늘이기 위해 법을 개정해야 하는 문제를 안고 있는 것이다.

셋째, 규제내용이 복잡하고, 이해하기 어렵다. 법과 시행령에서 다루고 있는 법령의 구성이 복잡하고 체계적이지 못한 점이 많다는 것이다. 특히 광고물의 표시방법에 대한 조항들 중 서로 관련이 있는 유사한 내용들이 각기 다른 조항으로 떨어져 있어 복잡하고 혼란스러우며, 이해하기 어렵다.

넷째, 광고물 구역(Sign Zone)의 개념이 거의 없다. 옥외광고물의 규제는 광고물이 설치되는 곳이 어딘가에 따라, 다시 말해 자연경관이나 주거환경을 보호하기 위해 광고물 규제를 강화해야 할 필요성이 큰 곳인가, 아니면 상업 활동을 활성화하기 위해 광고물 규제를 완화해 줄 필요성이 큰 곳인가에 따라 옥외광고물 규제를 달리 하는, '광고물구역(sign zone)'의 개념에 입각하여 이루어지는 것이 필수적이라고 지적한다.

다섯째, 광고물의 규제권한이 중앙정부에 있다. 우리나라의 옥외광고물 규제 주체는 중앙정부이고, 중앙정부가 정한 규제내용이 대도시, 중소도시, 농어촌 할 것 없이 전국 어느 곳이나 거의 같이 적용되고 있으며, 이로 인해 그 지역의 특성 및 도시경관을 고려하여 옥외광고물을 관리해야할 각 지방자치단체는 자율적인 광고물 관리를 하기 어려운 형편이라고 지적한다.

김영배(2006)는 옥외광고관리법의 문제점을 다음과 제시하고 있다. 먼저, 중앙집권적 옥외광고물(간판)규제였다는 것이다. 광고물을 장려하는 쪽이 아닌 규제쪽으로 맞추어져 있었기 때문에 불법광고물을 양산했다는 것이다. 개수, 크기, 종류 등이 너무 획일적으로 정해져 있었기 때문에 건물이나 자연 경관과 조화가 될 수 있는 광고물이 될 수 없었다.

둘째, 지방자치제마다 조례가 있지만 지역환경은 무시하고 서울시 조례만 답

습했다는 것이다. 옥외광고물은 지역마다 조건이 다르기 때문에 법 적용이 다르게 되어야 함에도 불구하고 지역성을 무시했다는 것이다.

셋째, 현행 법령은 업소당 3-4개의 간판을 허용하고 있다. 이는 간판이 많고 사이즈가 크고 난잡한 광고물을 양산시켰다. 약국, 이미용업소 등은 이 법에 적용이 안되어 더욱혼란을 가중시켰다.

넷째, 현재 간판이 이렇게 크게 된 이유로 간판의 폭을 건물의 폭만큼 사용가능하게 하고 간판의 높이를 상하층 창문사이 공간 모두 사용가능하게 됨을 들었다. 색깔에서도 너무 현란하게 된 것은 간판조도에 대한 규율조항이 없었고 건축허가 과정에서도 간판에 대한 고려가 없다는 점을 들 수 있겠다.

다섯째, 법령이 난해함을 문제점으로 들었다. 담당공무원도 불법간판 판정이 어려울 정도로 법령이 어려웠다. 그리고 애매한 법령에 의해 불법간판 규제는 정부를 불신하게 만들기도 하였다.

여섯째, 규제실효성이 미흡하다는 것이다. 규제수단으로 징역, 벌금, 과태료, 이행 강제금 등 모든 수단을 동원하고 있으나 실효성이 저조하다. 그리고 안전도 검사를 규정하고도 안전도 검사의 실제적 기준이 부재함을 꼽고 있다.

2011년 옥외광고물 등 관리법 시행령 개정안을 살펴보면 과거의 문제점들이 많이 개선되었다. 그렇지만 아직까지 광고물의 분류체계가 명확하지 않은 점, 시, 도에 이양된 법안의 실현성등은 문제로 남아 있다.

2. 옥외광고물법령체계

2011년 11월에 개정된 옥외광고물등관리법 시행령 제3조(옥외광고물의 분류)을 살펴보면 다음과 같다.

가로형 간판: 다음 각 목의 것

1. 문자 · 도형 등을 목재 · 아크릴 · 금속재 등의 판에 표시하거나 입체형으로 제작하여 건물의 벽면에 가로로 길게 붙이거나 벽면 등에 직접 도료(색상이 표시된 천 · 종이 · 비닐 · 테이프 등을 포함한다. 이하 같다)로 표시하는 옥외광고물 나. 주유소 또는 가스충전소의 주유기 또는 충전기시설의 차양면(遮陽面)에 상호 · 정유사 등의 명칭을 표시하거나 상호를 현수식(懸垂式)으로 표시하는 광고물
2. 세로형 간판: 문자 · 도형 등을 목재 · 아크릴 · 금속재 등의 판에 표시하거나

입체형으로 제작하여 건물의 벽면 또는 기둥에 세로로 길게 붙이거나 벽면 등에 직접 도료로 표시하는 광고물

3. 돌출간판: 문자 · 도형 등을 표시한 목재 · 아크릴 · 금속재 등의 판이나 이용업소 · 미용업소의 표지등(標識燈)을 건물의 벽면에 튀어나오게 붙이는 광고물
4. 공연간판: 공연 · 영화를 알리기 위한 문자 · 그림 등을 목재 · 아크릴 · 금속재 등의 판에 표시하거나 실물의 모형 등을 제작하여 해당 공연 건물의 벽면에 표시하는 광고물
5. 옥상간판: 건물의 옥상에 따로 삼각형 · 사각형 또는 원형 등의 게시시설을 설치하여 문자 · 도형 등을 표시하거나 승강기탑 · 계단탑 · 망루 · 장식탑 · 옥탑 등 건물의 옥상구조물에 문자 · 도형 등을 직접 표시하는 광고물
6. 지주(支柱) 이용 간판: 다음 각 목의 것 가. 문자 · 도형 등을 표시한 목재 · 아크릴 · 금속재 등의 판을 지면에 따로 설치한 지주에 붙이는 광고물 나. 문자 · 도형 등을 따로 설치한 삼각기둥 · 사각기둥 · 원기둥 등의 게시시설 기둥면에 직접 표시하는 광고물다. 군사시설, 철도의 주요 경계시설, 공사 현장 등을 가리기 위하여 지주 형태로 설치한 시설물에 문자 · 도형 등을 표시하는 광고물
7. 현수막: 천 · 종이 · 비닐 등에 문자 · 도형 등을 표시하여 건물 등의 벽면, 지주, 게시시설 또는 그 밖의 시설물 등에 매달아 표시하는 광고물
8. 애드벌룬: 비닐 등을 사용한 기구에 문자 · 도형 등을 표시하여 건물의 옥상 또는 지면에 설치하거나 공중에 띄우는 광고물
9. 벽보: 종이 · 비닐 등에 문자 · 그림 등을 표시하여 지정게시판 · 지정벽보판 또는 그 밖의 시설물 등에 붙이는 광고물
10. 전단: 종이 · 비닐 등에 문자 · 그림 등을 표시하여 옥외에서 배부하는 광고물
11. 공공시설물 이용 광고물: 공공의 목적을 위하여 설치하는 인공구조물 또는 편익시설물에 표시하는 광고물
12. 교통시설 이용 광고물: 제2조제1호 각 목의 교통시설에 문자 · 도형 등을 표시하거나 목재 · 아크릴 · 금속재 등의 게시시설을 설치하여 표시하는 광고물
13. 교통수단 이용 광고물: 제2조제2호 각 목의 교통수단 외부에 문자 · 도형 등을 아크릴 · 금속재 등의 판에 표시하여 붙이거나 직접 도료로 표시하는 광고물

14. 선전탑: 도로 등의 일정한 장소에 광고탑을 설치하여 탑면에 문자 · 도형 등을 표시하는 광고물
15. 아치광고물: 도로 등의 일정한 장소에 문틀형 또는 반원형 등의 게시시설을 설치하여 문자 · 도형 등을 표시하는 광고물
16. 창문 이용 광고물: 천 · 종이 · 비닐 등에 문자 · 도형 등을 표시하여 창문 또는 출입문에 직접 붙이거나 문자 · 도형 등을 목재 · 아크릴 · 금속재 등의 판이나 입체형으로 제작하여 창문 또는 출입문을 이용하여 표시하는 광고물 [전문개정 2011.10.10.]

이제는 광고물분류를 좀 더 세분화할 필요가 있다. 분류의 개념을 확대 해석할 수 있도록 해서 다양한 매체가 포함될 수 있도록 해야 할 것 같다. 예를 들어 어느쪽으로 포함될 수 없는 매체는 대안매체(Alternative media)로 통일시키면 좋을 것 같다. 애드벌룬, 벽보, 전단, 선전탑 같은 매체는 현재 생명력을 잃고 있기 때문에 법 안에 포함시켜야 되는지를 판단했으면 한다. 아울러 디지털사이지니같은 매체를 포함시키는 방향이 적절하다.

2014년과 2016년 7월에 개정된 옥외광고물등관리법 시행령 제3조(옥외광고물의 분류)을 살펴보면 다음과 같다.

1. 벽면 이용 간판: 다음 각 목의 것 가. 문자 · 도형 등을 목재 · 아크릴 · 금속재 · 디지털 디스플레이 등을 이용하여 판이나 입체형으로 제작 · 설치하여 건물 · 시설물 · 점포 · 영업소 등의 벽면, 유리벽의 바깥쪽, 옥상난간 등에 길게 붙이거나 표시하는 것 나. 문자 · 도형 등을 도료, 색상이 표시된 천 · 종이 · 비닐 · 테이프 등을 이용하여 건물 · 시설물 · 점포 · 영업소 등의 벽면, 유리벽의 바깥쪽, 옥상난간 등에 길게 표시하는 것 다. 주유소 또는 가스충전소의 주유기 또는 충전기시설의 차양면(遮陽面)에 상호 · 정유사 등의 명칭을 표시하거나 상호를 현수식(懸垂式)으로 표시하는 광고물
2. 삭제 〈2016.7.6.〉
3. 돌출간판: 문자 · 도형 등을 표시한 목재 · 아크릴 · 금속재 등의 판이나 이용업소 · 미용업소의 표지등(標識燈)을 건물의 벽면에 튀어나오게 붙이는 광고물
4. 공연간판: 공연 · 영화를 알리기 위한 문자 · 그림 등을 목재 · 아크릴 · 금속재 · 디지털 디스플레이 등의 판에 표시하거나 실물의 모형 등을 제작하여 해당 공연 건물의 벽면에 표시하는 광고물

5. 옥상간판: 건물의 옥상에 따로 삼각형 · 사각형 또는 원형 등의 게시시설을 설치하여 문자 · 도형 등을 표시하거나 승강기탑 · 계단탑 · 망루 · 장식탑 · 옥탑 등 건물의 옥상구조물에 문자 · 도형 등을 직접 표시하는 광고물
6. 지주(支柱) 이용 간판: 다음 각 목의 것 가. 문자 · 도형 등을 표시한 목재 · 아크릴 · 금속재 · 디지털 디스플레이 등의 판을 지면에 따로 설치한 지주에 붙이는 광고물 나. 문자 · 도형 등을 따로 설치한 삼각기둥 · 사각기둥 · 원기둥 등의 게시시설 기둥면에 직접 표시하는 광고물 다. 군사시설, 철도의 주요 경계시설, 공사 현장 등을 가리기 위하여 지주 형태로 설치한 시설물에 문자 · 도형 등을 표시하는 광고물
6. 의2. 입간판: 건물의 벽에 기대어 놓거나 지면에 세워두는 등 고정되지 아니한 목재, 아크릴 또는 조례로 정하는 재료로 만들어진 게시시설에 문자 · 도형 등을 표시하는 광고물
7. 현수막: 천 · 종이 · 비닐 등에 문자 · 도형 등을 표시하여 건물 등의 벽면, 지주, 게시시설 또는 그 밖의 시설물 등에 매달아 표시하는 광고물
8. 애드벌룬: 비닐 등을 사용한 기구에 문자 · 도형 등을 표시하여 건물의 옥상 또는 지면에 설치하거나 공중에 띄우는 광고물
9. 벽보: 종이 · 비닐 등에 문자 · 그림 등을 표시하여 지정게시판 · 지정벽보판 또는 그 밖의 시설물 등에 붙이는 광고물
10. 전단: 종이 · 비닐 등에 문자 · 그림 등을 표시하여 옥외에서 배부하는 광고물
11. 공공시설물 이용 광고물: 공공의 목적을 위하여 설치하는 인공구조물 또는 편익시설물에 표시하는 광고물
12. 교통시설 이용 광고물: 제2조제1항제1호 각 목의 교통시설에 문자 · 도형 등을 표시하거나 목재 · 아크릴 · 금속재 · 디지털 디스플레이 등의 게시시설을 설치하여 표시하는 광고물
13. 교통수단 이용 광고물: 제2조제1항제2호 각 목의 교통수단 외부에 문자 · 도형 등을 아크릴 · 금속재 · 디지털 디스플레이 등의 판에 표시하여 붙이거나 직접 도료로 표시하는 광고물
14. 선전탑: 도로 등의 일정한 장소에 광고탑을 설치하여 탑면에 문자 · 도형 등을 표시하는 광고물
15. 아치광고물: 도로 등의 일정한 장소에 문틀형 또는 반원형 등의 게시시설을 설치하여 문자 · 도형 등을 표시하는 광고물

16. 창문 이용 광고물: 다음 각 목의 것 가. 문자 · 도형 등을 목재 · 아크릴 · 금속재 · 디지털 디스플레이 등을 이용하여 판이나 입체형으로 제작 · 설치하여 건물 · 시설물 · 점포 · 영업소 등의 유리벽의 안쪽, 창문, 출입문에 붙이거나 표시하는 광고물 나. 문자 · 도형 등을 도료, 천 · 종이 · 비닐 · 테이프 등을 이용하여 건물 · 시설물 · 점포 · 영업소 등의 유리벽의 안쪽, 창문, 출입문에 표시하는 것

그리고 2016년 7월 개정때는 제3조의2(디지털광고물의 적용 · 표시대상) 제3조 제1호, 제4호부터 제6호까지, 제11호부터 제13호까지 또는 제16호의 광고물에 해당하는 경우에만 디지털광고물을 적용하거나 표시할 수 있는 것으로 디지털광고물의 적용과 표시대상이 신설되었다. 2011년에 개정된 법과 달라진 것은 디지털광고물이 포함되었다는 것이다. 그렇지만 분류를 제한하는 것 등과 관련하여 크게 변화한 점은 없다.

3. 기타 옥외광고 관련법규

옥외광고 특별법

특별법 옥외광고사업의 역사

현행 〈옥외광고물등관리법〉은 〈광고물등단속법〉의 명칭으로 최초 제정되고 그 이후로 총 6차례의 개정 작업을 통하여 2001년 7월 24일에 공포되었다. 내용에서 〈옥외광고물등관리법〉의 일관된 목적은 현행법률의 제1조에도 명시되어 있듯이 “이 법은 옥외광고물의 표시장소, 표시방법과 게시시설의 설치 · 유지 등에 관하여 필요한 사항을 규정함으로써 미관풍치와 미풍양속을 유지하고 공중에 대한 위해를 방지하며, 건강하고 쾌적한 생활환경을 조성함을 목적으로”하고 있음을 알 수 있다(서울특별시, 2002, 서범석, 2002에서 재인용). 한편 정부는 국가적 행사를 위해 행사 홍보와 준비 · 운영자금 조달을 위하여 다양한 유형의 국가적 사업(예를 들면, 체육복권 발행 사업, 기념주화 판매 사업, 기념우표 사업, 택지분양 사업, 옥외광고 사업 등)을 벌여왔으며 이러한 사업을 지원하기 위하여 특별법 형태의 지원법 및 동 시행령을 제정하여 왔다(서범석, 2002). 따라서 특별법에 의한 옥외광고는 아시아경기대회'와 서울올림픽'이라는 당시로는 초유의 국제적 스포츠대회 개최를 목적으로 설치되었다. 1981년에 설치된 서울올림픽 조직위원

회는 대회의 준비 및 운영에 필요한 기금조성이라는 특별하고 한시적인 목적으로 1984년부터 옥외광고사업을 시행하였다(손봉숙, 2005).

그 후로는 서울올림픽지원사업이 종료된 1989년 4월부터 특별법 광고사업은 국민체육진흥공단으로 이관되어 국민체육진흥기금 조성을 위한 사업과 각종 대회지원을 위한 수익사업으로 활용되었다. 예를 들어, 1993년 대전세계박람회와 동계유니버시아드대회, 그리고 강원 동계아시아대회지원을 위해 활용된 것이다. 또 다시 '제14회 부산아시아경기대회지원을 위한 조직위원회와 2002 월드컵 축구대회조직위원회로 전량 이관되었다. 이렇듯 국제 체육대회가 있을 때마다 특별법이 연장되었다(월간팝사인, 2006).

2002세계월드컵 축구대회 지원을 위한 조직위원회와 대구에서 개최된 제22회 하계유니버시아드대회 조직위원회는 특별법상 옥외광고사업을 독점적으로 시행하였다. 옥외광고 사업으로 인한 기금조성 규모가 무려 579억원으로 최고액을 달성한 2003년 대구U대회는 특별법 광고물에 대한 많은 논란을 파생시키기도 했다(월간팝사인, 2006).

2006년까지 존속되고 있는 특별법 광고는 제22회 대구 하계 유니버시아드대회 지원법에 의한 광고물이다. 본 법은 2001년 제정된 이래 2번의 개정을 거쳤으며, 2004년 12월 개정된 법에 따라 옥외광고사업은 추가로 2년 더 연장되었다. 대구 유니버시아드조직위원회는 목적사업인 행사종료 후에도 2년간이나 옥외광고사업을 추가로 시행토록 하였다(손봉숙, 2005). 즉, 대구유니버시아드대회를 위한 옥외광고물 사업의 종료시점은 2004년 12월 31일로 명시되어 있었지만, 2년 연기되면서 2006년 12월 31로 조정되었고 관련 광고물들도 일체 연장 승계되었었다. 그렇지만 2007년에는 2006년 12월 31일로 종료함에 따라 철거가 진행 중이다. 좀 더 구체적인 변천과정을 살펴보면 다음과 같다(박영주, 2006).

올림픽조직위원회지원법

제10회 서울아시아경기대회 및 제24회 서울올림픽대회를 유치한 정부는 1981. 12. 31. 서울아시아경기대회조직위원회 및 재단법인 서울올림픽대회조직위원회를 지원하고 이들 대회를 위한 재원을 마련하기 위한 목적에서 "서울아시아경기대회 · 올림픽대회조직위원회지원법"을 제정하였다. 이 법은 각각 1987년 12월 31일과 1989년 12월 31일까지 효력을 가지는 한시적인 법률이었다.

국민체육진흥법의 개정(1989. 3. 31)

국민체육진흥법은 1962년 9월 17일에 '국민체육을 진흥하여 국민의 체력을 증진하고 건전한 정신을 함양하여 명랑한 국민생활을 영위하게 하기 위해'법률 제1146호로 제정된 법이었다. 정부는 1989년 3월 31일에 국민체육진흥법을 개정하여 국민체육진흥기금을 관리 · 운영해 오던 국민체육진흥재단을 '서울올림픽기념국민체육진흥공단'으로 변경하여 국민체육진흥기금을 관리하게 하였다. 한편, 서울특별시는 1989. 8. 22. '서울특별시광고물등관리법시행규칙'을 개정하여 국민체육진흥법 제19조 제1항에 따라 체육부장관이 승인하는 광고물('국민체육진흥광고물'이라 칭함)은 국민체육진흥공단이 광고주를 대리하여 구청장의 허가를 받아 광고주가 설치하도록 하는 특례규정을 신설하였다. 종전 올림픽조직위원회가 설치한 옥외광고물 중 체육부장관이 승인한 광고물은 국민체육진흥공단의 광고사업에 의한 광고물로 인정되어 1998. 12. 31.까지 표시기간이 연장될 수 있게 되었다.

국제무역산업박람회조직위원회지원법

1993년 국제무역산업박람회를 개최하게 되자, 정부는 1989년 12월 12일 박람회를 준비 · 운영하기 위하여 '재단법인 국제무역산업박람회조직위원회'를 설립한 후 이를 지원하기 위한 법률("국제무역산업박람회조직위원회지원법")을 제정하였다. 이 법 역시 1994년 12월 31일까지 효력을 가지는 한시법이었다. 국제무역산업박람회가 대전에서 개최하기로 확정된 후 1991. 1. 14. "대전세계박람회지원법"으로 개정하면서, 박람회조직위원회에 옥외광고를 통한 수익사업을 허용하였다. 이들 광고물은 옥외광고물법에서 정한 거리규정의 제한 등을 받지 않도록 규정하고 있었으며, 유효기간은 1994년 12월 31일까지로 제한되었다.

제14회 아시아경기대회지원법

1997년 제2회동아시아경기대회 및 2002년 부산아시아경기대회를 지원하기 위하여 제정된 "제14회 아시아경기대회지원법"에 의해 허용된 옥외광고 사업은 기본적으로는 박람회지원법에서 허용된 것과 거의 유사한 내용을 규정하고 있었으나, 옥상광고, 지주이용광고, 차량탑재 영상광고 등과 같은 보다 다양하고 새로운 형태의 옥외광고를 허용하기에 이르렀다. 이 법에 의하여 설치된 옥외광고물은

1999년 1월 1일부터 2002년 12월31일까지 표시할 수 있었는데, 2001년 12월 27일에 그 시행령을 개정하여 옥상광고, 지주이용광고, 차량탑재 영상광고에 대하여, 그리고 2002년 10월 23일에는 다시 영업용 택시광고의 표시기간을 2003년 6월 23일까지 그 표시기간을 연장하였다.

제18회 동계유니버시아드대회 및 제4회 동계아시아경기대회지원법

이 법은 1995년 12월 30일에 1997년 개최된 제18회 동계유니버시아드대회 및 1999년 개최된 제4회 동계아시아경기대회의 준비 및 운영을 위하여 제정된 것으로(법률 제5130호), 각각 1998년 12월 31일, 2000년 12월 31일까지 한시적으로 효력을 가지고 있었다. 옥외광고사업과 관련하여서는 옥외광고물법령과 별도로 광고물의 종류, 규격, 설치장소 및 사업기간 등에 관한 내용을 대통령령으로 규정하고 있었는데, 옥외광고물의 종류를 전기이용광고(옥상, 지주), 대회홍보광고, 차량탑재 영상광고(지주광고)로 제한하고, 표시기간도 1999년 12월 31일까지로 제한하였다. 1999년 12월 28일에 이 법 시행령을 개정하여 강원동계아시아경기대회 조직위원회가 해산되는 경우에는 월드컵축구대회 조직위원회가 이들 옥외광고물에 대한 허가신청을 하도록 규정하여, 위 기간이 만료된 후에는 다시 월드컵대회를 위한 재원마련의 방법으로 사용할 수 있도록 했다.

2002년 월드컵축구대회 지원법

2002년 월드컵축구대회의 준비를 위하여 1997년 1월 13일에 제정되었다. 2003년 12월 31일까지 효력을 가지는 한시법이었다. 동계대회지원법의 법률개정에 맞추어 시행령을 개정하여(2000. 7. 22. 대통령령 제 16906호), 옥외광고물의 종류, 규격, 설치장소 및 사업기간을 정하였는데, 조직위원회가 이들 옥외광고물을 설치하는 경우, 행정자치부 장관과 설치장소 및 설치수량을 협의한 후 허가신청을 하도록 하였다. 특기할 점은 특별법에 따른 옥외광고물임에노 불구하고 옥외광고물법에 따른 허가신청 및 옥외광고물심의위원회의 심의를 필요적 요건으로 정하고 있다는 것이다.

제22회 하계유니버시아드대회 지원법

2003년 대구하계유니버시아드대회 개최를 위하여 2001년 3월 28일에 제정된 이 법률 역시 옥외광고사업을 수익사업의 하나로 정하고 있었다. 이 법에 따른 광고물을 설치하기 위해서는 허가를 신청하기 전에 반드시 옥외광고물법에 의한 허가를 받도록 하였고, 광고물심의위원회의 심의를 거쳐야만 했다. 그러나 설치하는 광고물에 반드시 "제22회 하계유니버시아드대회"를 나타내는 문자를 표시하지 않아도 되었다. 이 법은 당초 2004년 12월 31일까지 효력을 가지는 한시법이었으나, 2004년 1월 29일에 법률의 효력이 2006년 12월 31일까지 연장되었다(박영주, 2006). 이것을 표로 요약하면 다음과 같다.

〈표 14.2〉에서는 대회 때마다 옥외광고사업을 허용함으로써 계속 연장이 되고 있음을 알 수 있다. 한편, 지난 1981년 이후 국제경기대회 지원법상 옥외광고 허용기간을 중심으로 〈표 14.3〉을 재구성하여 보았다. 각 지원법상 옥외광고 허용기간이 어떠한 대회를 위해서 어떠한 근거법률에 토대하여 시행되었는지를 살펴볼 수 있는 자료이다(손봉숙, 2005).

옥외광고특별법의 변화

옥외광고특별법은 2006년 12월 31일자로 종료함에 따라 2008년에 일반법으로 흡수되었다. 2008년에 옥외광고물등관리법과 옥외광고물등관리법시행령이 개정되어 2009년 1월부터 옥외광고센터가 기금조성용광고사업을 시작하게 되었다. 그렇기 때문에 국내 야립광고는 기금 조성을 목적으로 제한된 범위에서 운영된다. 다른 옥외광고와 달리 야립광고는 설치 위치가 고속도로로 한정되어 있다. 한국옥외광고센터에서 제공하는 야립광고가 설치된 도로는 총 14개로 야립광고가 설치된 고속도로는 인천공항, 올림픽대로, 경부, 중부, 서울외곽, 남해, 호남, 영동, 서해안, 서울-춘천, 제2경인, 자유로, 외곽순환, 대구-부산이며 한국의 고속도로는 다음과 같은 특징을 가지고 있다. 첫째, 주거지역과 고속도로 간에 적절한 간격을 유지하고 있기 때문에 외국에 비해 주민 민원이 적은 편이다. 둘째, 주요 야립광고가 서울 등 대도시의 고속도로에 밀집해 있기 때문에 매체 관리와 영업이 용이하나, 이 외의 지역은 야립광고를 통해 수익을 내기 어렵다. 셋째, 외국에 비해 야립간판의 높이가 높게 위치해 있어, 근거리 운전자의 경우 시야 확보가 어렵다. 넷째, 현재 한국의 야립 광고주는 대부분 대기업이나 중견기업이기 때문에 정책 관련 협조를 구하는 것이 용이하다(옥외광고센터, 2017).

표 14.1 각종 국제대회 지원법 경과 (1981~현재)

대 회 명	법 률 명	제.개정	비고
'86아시안게임과 '88서울올림픽	서울올림픽대회 조직위원회지원법 (1981.12.31~1989.12.31)	제정 1981.12.31 (3535호)	
		개정 1982. 3.20 (3540호)	옥외광고사업 허용
	서울아시아경기대회 · 올림픽대회조직위원회지원법 (1982.12.31~1989.12.31)	개정 1982.12.31 (3611호)	
		개정 1984.12.31 (3780호)	
		개정 1986.12.31 (3883호)	
		개정 1989. 3.31 (4105호)	
	국민체육진흥법 (1989. 3.31~1998)	개정 1989.3.31 (제4105호)	체육진흥공단 이양
'93대전세계박람회	국제무역산업박람회 조직위원회지원법	제정 1989.12.12 (4136호)	옥외광고사업 허용
	대전세계박람회지원법 (1991.1.14~1994.12.31)	개정 1991.1.14 (4323호)	
		개정 1991.3.8 (4339호)	
		개정 1993.3.6 (4541호)	
		개정 1993.8.5 (4570호)	
	대전엑스포기념재단법	제정 1993.8.5 (4570호)	
'97동아시아경기대회 '02아시아경기대회	제14회 아시아경기대회지원법 (1995.12.29~2003.12.31)	제정 1995.12.29 (5075호)	옥외광고사업 허용
		개정 1998.9.16 (5551호)	
		개정 1999.2.8 (5893호)	
		개정 1999.2.8 (5911호)	
		개정 1999.2.8 (5914호)	
		개정 2002.12.30 (6842호)	
'97동계U대회와 '99 강원동계아시아대회	제18회동계유니버시아드대회 및 제4회동계아시아경기대회지원법 (1995.12.30~2000.12.31)	제정 1995.12.30 (5130호)	옥외광고사업 허용
		개정 1997.12.31 (5491호)	
		개정 1998.9.16 (5551호)	
		개정 1998.9.16 (5559호)	
		개정 1999.1.21 (5654호)	

표 14.1 (계속)

대 회 명	법 률 명	제.개정	비고
2002 세계월드컵 축구 대회	2002년월드컵축구대회지원법 (1997.1.13~2003.12.31)	제정 1997.1.13 (5278호)	
		개정 1998.9.16 (5551호)	
		개정 1999.2.8 (5893호)	
		개정 1999.2.8 (5911호)	
		개정 1999.2.8 (5914호)	
		개정 2000.1.12 (6127호)	옥외광고사업 허용
대구유니버시아드	제22회하계유니버시아드대회지원법 (2001.3.28~2006.12.31)	제정 2001.3.28 (6444호)	옥외광고사업 허용
		개정 2004.1.29 (7130호)	
		개정 2004.12.31 (7289호)	지원법 연장

출처: 손봉숙 (2006). 특별법 옥외광고물의 실태와 개선방안. 손봉숙의원실, 한국옥외광고학회 토론회

표 14.2 국제경기대회 지원법상 옥외광고 허용기간

기 간	대 회 명	근 거 법 률
1982. 3. 20~ 1989. 12.31.	'86아시안게임과 '88서울올림픽	서울올림픽대회조직위원회지원법
		서울아시아경기대회 · 올림픽대회조직위원회지원법
		국민체육진흥법 (~ 1998)
1991.1.14~ 1994.12.31.	'93대전세계박람회	국제무역산업박람회조직위원회지원법
		대전세계박람회지원법
		대전엑스포기념재단법
1995.12.29~ 2003.12.31.	'97동아시아경기대회 '02아시아경기대회	제14회 아시아경기대회지원법
1995.12.30~ 2000.12.31.	'97동계U대회와 '99 강원동계아시아대회	제18회동계유니버시아드대회 및 제4회동계아시아경기대회지원법
2000.01.12~ 2003.12.31.	2002 세계월드컵 축구 대회	2002년월드컵축구대회지원법
2001.03.28~ 2006.12.31.	대구유니버시아드	제22회하계유니버시아드대회지원법

출처: 손봉숙 (2006). 특별법 옥외광고물의 실태와 개선방안. 손봉숙의원실, 한국옥외광고학회 토론회

4. 옥외광고 허가 관련 법규

광고물등의 허가 또는 신고는 [법제3조, 시행령제6조]에 나와 있다. .아래 내용의 지역, 장소, 물건에 광고물 또는 게시시설 표시, 설치시시장 등(특별자치시장, 특별자치도지사, 시장, 군수, 자치구의구청장-이하 시장 등으로 지칭)의 허가를받거나 신고하여야 한다. 다음과 같은 곳이 포함된다.

- 도시지역
- 문화재 및 보호구역
- 보전산지
- 자연공원
- 도로, 철도, 공항, 항만, 궤도, 하천(각 장소의 경계지점으로부터 직선거리 1 km 이내 지역으로서 경계지점의 지상 2 m 높이에서 직접 보이는 지역포함)
- 철도차량, 도시철도차량, 자동차, 선박, 항공기 등
- 지구단위계획구역
- 관광지 또는 관광단지
- 옥외광고심의위원회의 심의를 거쳐 고시하는 지역, 장소 및 물건

표 14.3

표시기간	광고물의종류
3년이내	벽면이용광고물, 돌출광고물, 옥상광고물, 지주이용광고물,입간판, 공공시설물이용광고물, 교통수단이용광고물(도시철도차량, 자동차, 기선 및 범선, 항공기 및 초경량비행장치), 현수막게시시설, 애드벌룬(옥상또는지면설치), 전기를 이용한 광고물
2년이내	공연광고물
1년이내	건물의 벽면을 이용하는 현수막
60일이내	애드벌룬(공중에 띄우는 경우)
30일이내	교통수단이용광고물(비행선), 선전탑, 아치광고물
15일이내	벽보, 전단

표 14.4

허가 신고 대상광고물	내용	
	허가	신고
벽면이용광고물	• 한변의 길이가 10 m 이상인 것 • 4층 이상의 벽면에 설치하는 타사 광고	• 면적이 5 m^2 이상, 한변의 길이 3 m • 건물의 4층 이상 층에 표시하는 광고물
돌출광고물	의료기관 · 약국의표지, 미용업소의 표지, 윗부분까지 높이가지면으로부터 5 m 미만인 것, 한면의 면적이 1 m^2 미만인 것을 제외한 모든 돌출광고물	의료기관 · 약국의표지, 미용업소의표지, 윗부분까지 높이가 지면으로부터 5 m 미만인 것, 한면의 면적이 1 m^2 미만인 돌출광고물
공연광고물	최초로 표시하는 공연광고물	최초로 표시하는 것을 제외한 공연광고물
지주이용광고물	윗부분까지 높이가 지면으로부터 4 m 이상인 지주이용광고물	윗부분까지 높이가 지면으로부터 4 m 미만인 지주이용광고물
교통수단 이용광고물	사업용자동차, 사업용화물자동차, 비행선	사업용자동차, 사업용화물자동차, 비행선을 제외한 교통수단이용광고물
교통시설 이용광고물	지하도 · 지하철역 · 철도역 · 공항 또는 항만의 시설내부에 표시하는 것을 제외한 모든 교통시설광고물	
전기를이용하는광고물	• 광원노출광고물(광원이 직접 노출되어 표시되는 네온류, LED광고물) • 디지털광고물(빛이 점멸하거나 동영상변화가 있는 광고물)	
게시시설	허가받아야 하는 광고물을 설치하기 위한 게시시설, 면적 30 m^2 초과하는 현수막의 게시시설	허가받아야 하는 광고물을 설치하기 위한 게시시설을 제외한 모든 게시시설
그외	옥상광고물, 애드벌룬, 공공시설물이용광고물, 선전탑, 아치광고물	입간판, 현수막, 벽보, 전단

그리고, 허가 및 신고 수리의 기준은 [시행령제8조]에 나와 있다. 허가 및 신고 수리의 기준은 금지광고물이 아니어야 하며, 광고물 등의 표시방법 · 표시기간의 기준에 맞아야 한다.

허가, 신고를 받아야 하는 옥외광고물(하기 내용의 광고물은 처리 기관의 허가, 신고를받아야한다).

5. 옥외광고 표시금지관련

광고물 등의 표시금지 관련은 다음에 해당된다[시행령제24조(광고물등의표시가 금지되는지역 · 장소 · 물건)]

표 14.5

	해당 사항
광고물 등의 표시가 금지되는 지역, 장소	• 전용주거지역, 일반주거지역, 녹지지역, 시설보호지구 • 경관지구 및 보존지구중시 · 도심의위원회의 심의를 거쳐 고시한 지역 • 공원자연보존지구, 공원자연환경지구 • 하천, 공유수면, 산림보호구역, 생태 · 경관보전지역 및 자연유보 지역 • 지정문화재 및 보호구역 • 관공서, 학교, 도서관, 박물관, 병원, 공회당, 사찰, 교회 • 화장장, 장례식장, 묘지 • 도시지역 외의 고속국도 · 일반국도 · 지방도 · 군도의 도로 경계선 및 철도 · 고속철도의 철도경계선으로부터 수평거리 500 미터 이내의 지역, 10대 이상의 대형승합자동차가 한꺼번에 주차할 수 있는 시설을 갖춘 휴게소, 버스정류장과 도로경계선 및 철도경계선으로부터 직접 보이지 아니하는 지역은 제외 • 다리 · 축대 · 육교 · 터널 · 고가도로 및 삭도 광고물 등의 표시가 금지되는 물건
광고물 등의 표시가 금지되는 물건	• 도로표지 · 교통안전표지 · 교통신호기 및 보도분리대 • 전봇대 • 가로등기둥[전문개정] • 가로수 • 동상 및 기념비 • 발전소 · 변전소 · 송신탑 · 송전탑 · 가스탱크 · 유류탱크 및 수도 탱크 • 우편함 · 소화전 및 화재경보기 • 전망대 및 전망탑 • 담장(가설울타리제외) • 재배중인농작물 • 도로교통안전과 주거 또는 생활환경을 위한 시설물로서 시 · 도 조례로 정하는 물건

표 14.5 (계속)

	해당 사항
금지지역, 금지물건에 표시가능한 광고물	• 자사광고 • 지정게시판 또는 지정벽보판에 표시하는 벽보 • 공공시설물 이용 광고물 • 지정게시대나 시공 또는 철거중인 건물의 가림막에 표시하는 현수막 • 교통수단 이용 광고물 • 국방부장관이 승인한 군사시설의 가림간판 • 국토교통부장관이 승인한 철도의 주요 경계시설의 가림간판 • 폐기물을 수집 · 보관 또는 처분하는 지역으로서 시 · 도심의 위원심의를 거쳐 고시한 지역의 가림간판 • 시공 또는 철거에 따른 위해를 방지하기 위하여 설치하는 가설 울타리에 표시하는 광고물 • 행사 · 공연 또는 국가 등의 주요시책 등을 홍보하기 위해 가로등 기둥에 표시하는 현수기(전기 사용 불가)

6. 결론

옥외광고에 관련하여 옥외광고법이 2016년에 개정되었지만 아직까지 옥외광고법의 개정이 계속 요구되는 상황이다. 옥외광고법에 의한 옥외광고의 종류에 대해 계속 논의가 되고 있고 디지털옥외광고가 법에 포함되어 있지만 디지털옥외광고 표시방법 등 세부적인 사항에 대해서도 계속 논의중이다. 따라서, 앞으로도 계속 관련되어 옥외광고법이 계속 개정되어야 하며, 앞으로는 지자체별로 옥외광고법이 문자가 아닌 가이드북으로도 나와 일반 시민들에게 편의성을 높여야 할 것으로 보인다.

CHAPTER INTRODUCTION TO **NEW OUT OF HOME ADVERTISING**

15 옥외광고 정책의 현재와 미래

옥외광고의 발전은 옥외광고 정책과 맞물려 있기 때문에 적합한 옥외광고 정책을 추진하는 것이 필요하다. 이제는 디지털미디어시대에 맞게 옥외광고매체도 다양화 될 예정이이서 새로운 정책적 방안이 필요하다. 여기에서는 새로운 시대에 맞는 옥외광고 정책의 방향을 알아보도록 하겠다. 따라서 생활형 간판에 적합한 방향과 광고매체로써 적합한 방향을 구분해 제시해 보겠다.

1. 생활형 간판에 적합한 방향

첫째, 옥외광고 정책의 현재를 고려해 본다면 생활형간판과 옥외광고물 매체에 대한 분리가 필요하다. 생활형간판과 옥외광고매체를 분리하여 법적으로 따로 구분할 필요가 있다. 옥외광고물 등 관리법 시행령에 두가지 관점이 혼합되어 나타나 혼란을 가중시키고 있다. 생활형간판에 관한 법으로 옥외광고물 매체를 관리하다 보니, 옥외광고물 매체 발전을 저해시키고 있다. 일반 상점의 업주가 아닌 광고주를 유입하기 위해서는 새로운 정책이 필요하다.

눌째, 도시경관적 옥외광고가 다루어져야 한다. 옥외광고를 광고 매체를 넘어서 도시 경관적 차원에서 정책이 이루어졌으면 한다. 그동안 옥외광고를 보는 시각은 주로 사적인 것에만 치우쳐져 있었다. 지금은 공간 속에 설치되는 경관재로서의 광고를 바라보아야 한다. 옥외광고물이 많이 생겨나면서 도시의 공해요인으로도 부각되고 있다. 이제는 도시경관적 측면에서 옥외광고물이 도시 환경에 조화되는지의 여부를 살펴보아야 한다(최범, 2007). 그렇지만 한편으로는 매체로써의 성격이 부각될 수 있도록 해야 한다. 즉, 광고주나 선호할 수 있는 위치, 소비자가 바라볼 수 있는 위치에 경관과 조화가 될 수 있는 매체가 만들어져야 한다. 그리고 옥외광고 정책이 이러한 점들을 포함시켜야 한다.

셋째, 법률적 차원으로 옥외광고물 등 관리법이 현실성을 반영하고 있는지 따져보아야 한다. 현재 우리나라 옥외광고의 불법율은 무려 60% 이상으로 추정되고 있다. 법이 존재하지만 불법이 합법화된 상태이다. 현재의 법으로는 현실을 담아낼 수 없기 때문에 이러한 문제가 발생한다. 불법을 최소화 할 수 있는 현실적인 법률이 마련되어야 한다.

넷째, 공공사업의 전개이다. 현재 정부와 지자체 차원에서 추진하는 '옥외광고 개선사업'이 각지에서 벌어지고 있다. 이는 구체적인 사업을 통해 옥외광고를 보다 나은 방향으로 바꾸기 위한 계기를 만들고 있다. 옥외광고를 발전시키기 위해서는 구체적인 사업을 통해 바람직한 모델을 만들어 확산할 필요가 있다(최범, 2007). 이를 위해서는 구역(Zoning)하여 구체적 성공적 모델을 만들어야 한다. 그리고 지자체는 가이드라인을 만드는데 있어 문자적 조례보다는 그림화(Picturing)한 것을 꼭 고려해야 한다.

2. 광고매체에 적합한 방향

먼저, 광고주와 고객의 입장을 고려한 정책 마련되어야 한다. 광고 매체의 최종 소비자인 '광고주'와 그 광고주를 움직이게 하는 '고객'의 입장에서 정책 방향이 최우선적으로 검토돼야 한다. 아무리 좋은 정책을 만들더라도 고객이 싫어하고 광고주가 불신하는 매체에 관한 것이라면 의미 없는 일이기 때문이다. 따라서 옥외광고 정책은 일반 고객과 광고주가 원하는 바가 먼저 수용되어야 한다. 그 이후에 각 업계 입장이 반영되는 방향으로 정해져야 한다. 예를 들면 소비자 입장에서의 '도시미관' 부분과 광고주의 관심사인 '효과 매체 개발과 투명한 시장구조' 등에 대한 고려가 업체간 이익을 위한 '사업자 선정방식과 공정성 여부' 및 '기존 구조물 철거의 경제성' 등에 대한 논의 보다 앞서 이루어져야 한다(박현, 2007).

둘째, 시장에 맡기는 자율 경쟁도 중요하지만 체질 개선을 위한 환경이 형성되어야 한다. 옥외광고 판매 구조가 투명하지 않아 신뢰도가 확보되지 못한 현 상황에서 어느 기관이 주체가 되어 새로운 유통구조를 만들고 이를 통해 새로운 시장을 창출하고 시장 질서를 바로 잡으면 옥외광고의 발전을 위한 새로운 계기가 될 수 있을 것이라 생각한다. 많은 사업 주체들이 기존 사업자 선정방식과 같이 관리주체가 이원화되거나 공정성만을 내세워 최고가 경쟁 입찰로 사업자가 결정된다면 옥외광고 시장의 전망은 밝지 않다. 왜냐하면 정부는 허가 중심의 행정을 펼치게 될 것이고, 광고주는 합리적인 광고단가가 아닌 부담금을 감수해야 하고, 매체사는 사업 실패의 위험을 안고 가야 할 것이기 때문이다. 이와 같은 실패사례는 지하철광고사업에서 이미 나타났으며 최근 버스광고도 비슷한 양상이 나타나고 있다. 합리적 광고단가를 산정할 수 있는 방법을 찾아내야 할 것이며 사업자 선정에 있어 합리적 선정방법을 강구하여 모든 주체들이 만족할 수 있는 체계를 만들어야 한다.

셋째, 아울러 옥외광고물 심의 과정이 체계적일 필요가 있다. 지나친 크리에이티브 제재는 다양성을 해칠 수 있기 때문에 가능한 심의가 완화되는 것이 옥외광고의 창의적 발상을 위해서도 바람직하다. 그리고 옥외광고센터의 심의에서 통과되었다 하더라도 지자체의 허가 문제가 남아있다. 옥외광고센터의 심의를 지자체가 인정해 주는 것이 현재로서는 대안이라 하겠다. 그리고 심의를 간편화하기 위한 방법들이 강구되어야 할 것이며 디자인 측면에서 문제가 되는 경우, 어떠한 방법을 통해 수정할 수 있는지의 방법도 찾아져야 할 것이다. 또한 옥외광고센터의 심의가 일관성을 가지고 사업자를 위한 심의가 되어야 한다는 전제가 따라야 한다. 옥외광고물 심의 과정과 일관성에 대한 문제는 옥외광고의 미래를 좌우하는 문제이기 때문에 개선되어야 한다(김재영, 2010).

넷째, 옥외광고 전통매체라고 불리우는 기금조성용광고(야립광고), 전광판광고, 버스, 지하철 등의 교통광고 등을 살릴 수 있는 방안을 마련해야 한다. 예전보다 이 매체들이 선호하지 되지 않고 있다. 이유는 여러 가지가 있다. 새로운 디지털 매체의 출현, 가격 상승, 입찰제도 등의 문제들이다. 전통매체를 살릴 수 있는 방안을 만들어 옥외광고산업을 키울 수 있는 방안을 마련해야 할 것이다.

3. 매체별 옥외광고 정책

2007년 옥외광고물 등 관리법을 보면, 차량 래핑의 경우 제한적임에도 불구하고 현실을 감안하면, 차량 전체가 래핑된 차량이 이동하고 있다. 현실적으로 불법이 양산되고 있다. 이와 같은 차량전체 래핑은 구역에 따라 허용하거나 국가적 이벤트에 허용하는 등 이를 다루는 정책이 만들어져야 한다.

건물 래핑의 경우도 마찬가지로 창문을 막을 경우에는 안에서 밖을 볼 수 있는 재료를 사용하도록 하고 광고물의 높이는 10층 이하, 면적은 10층 이하의 벽면 면적의 3분의 1 이내에서 시 · 군 · 구 조례에서 정하는 크기로 표시하도록 했다. 이것 또한 현실에서 창문 전체를 래핑하거나 건물에 래핑을 하는 경우가 있다. 현실적인 수정이 이루어져할 분야이다.

건물의 가림막과 공사장에 설치된 울타리 광고도 허용되었다. 그러나 안전을 고려하여 천 · 종이 · 도료 · 비닐 등으로만 부착하도록 했다. 이때 광고물의 높이는 10층 이하에 표시하고 그 면적은 10층 이하 벽면 면적의 3분의 1이내에서 시 · 군 · 구조례로 정할 수 있도록 했다.

4. 디지털사이니지에 따른 정책

디지털 기술의 발달과 '방송 · 통신 융합'으로 대변되는 미디어 환경 변화가 가속화되면서 전통적인 매체 중심의 옥외광고시장에 대대적인 재편의 바람이 불고 있다. IT기술과 스마트폰의 발전에 힘입어 디지털 사이니지(Digital Signage : DS)와 같은 뉴미디어가 광고시장의 새로운 패러다임으로 부각되면서 옥외광고시장 전반에 걸쳐 다양한 DS사업이 전개되고 있다.

옥외광고시장에 부는 디지털 사이니지 열풍은 날로 그 열기를 더해가고 있다. 지하철, 공항, 영화관, 편의점, 아파트 · 오피스텔, 병의원 등 일상의 다양한 공간에서 디지털 사이니지의 도입이 봇물을 이루고, 기존의 전통 광고매체가 디지털 광고매체로 교체되는 움직임도 가속화되고 있다.

2011년 들어서 새롭게 모습을 드러낸 디지털 사이니지 사업모델을 살펴보면 LG유플러스가 KT에 이어 '유플러스 미디어보드'로 아파트 엘리베이터 시장에 진출했고, 코레일 구간의 첫 디지털 사이니지 매체로 에이치아이코리아위즈의 LCD 동영상 매체 '스마트프레임'이 새롭게 선을 보였다. 개항 10년 만에 대대적인 광고매체 리뉴얼로 새롭게 태어난 인천공항과 지난 10월 말 개통한 신분당선은 '디지털 사이니지'가 중심이 된 매체 환경을 구축하고 있다.

2기 지하철(서울지하철 5~8호선)의 LCD동영상 매체 'Smart-iTV', 다음커뮤니케이션-핑거터치의 '공항철도 디지털뷰', 컴시너지의 정보제공형 디지털 디스플레이 매체 '시티비전' 등 올 연말과 내년 초에 사업을 본격화하는 DS사업도 줄을 잇고 있다.

그림 15.1 지하철 디지털사이니지 사례

파급력과 영향력이 큰 다수 대중이 이용하는 공공시설에서 대규모 디지털 사이니지 사업이 잇따라 물꼬를 트고 있는데, 이를 주도하고 있는 것은 자본력과 기술력을 가진 IT기업 등 대기업과 언론사들이다. KT(신분당선 · 가로변 버스쉘터 · 아파트 엘리베이터 · 미디어폴 등), CJ파워캐스트(코엑스 코몰라이브 · CGV 씨네라이브 등), LG유플러스(아파트 · 오피스텔 엘리베이터)와 같은 IT기업들은 이미 옥외광고시장에 깊숙이 발을 담그고 있고, 지난해 연말과 올 연초에 치러졌던 초대형 입찰에서는 서울신문사(지하철 2호선), 동아일보사(인천공항) 등 언론사들이 적극적인 수주 경쟁에 나서 매체를 확보하는 이변을 낳기도 했다.

광고대행사들이 직접적으로 옥외광고 매체사업에 진출하는 사례도 눈에 띈다. HS애드(코엑스몰 스탠드형 라이트박스), 제일기획(미디어폴)에 이어 최근에는 SK마케팅앤컴퍼니, 대홍기획 등이 디지털 사이니지 사업으로 옥외매체사업에 뛰어들고 있다. 인하우스 광고대행사들이 수익구조를 다변화하기 위한 일환으로 DS사업에 관심을 가진 것으로 풀이할 수 있다.

SK마케팅앤컴퍼니는 2012년 1월부터 하나은행PDP 광고사업을 시작한데 이어 8월에는 초대형 월(Wall) 인터랙티브 미디어 CGV클라우드의 매체영업권을 확보해 활발한 영업활동에 나서고 있다. 대홍기획은 편의점 세븐일레븐, 바이

더웨이 800개 점포에 42인치 TV를 설치하고 내년부터 본격적으로 DS사업을 전개한다는 계획이다(이정은, 2012).

디지털 사이니지는 출퇴근길 아파트 엘리베이터에서 지하철, 버스, 택시 등의 교통수단은 물론 학교, 은행, 극장, 편의점, 마트, 프랜차이즈 매장 등에 이르기까지 이제 상업공간을 비롯한 옥외 공간 곳곳에서 소비자들의 라이프 패턴에 따라 언제 어디서나 만날 수 있는 생활밀착형매체로 자리잡고 있다.

현재 디지털 사이니지가 확대되고 있는 대표적인 장소는 바로 지하철과 버스 쉘터 등의 교통수단이다. 지하철에는 스크린 도어 PDP 광고, 전동차 내 디지털 매체, 행선 안내기 서브 TV와 메트로라이브 등의 매체가 운영되고 있는데 '디지털 뷰'가 대규모로 설치되었다. 2016년부터 철거되기 시작하였다. 5-8호선에도 LCD 매체가 통합매체 운영방침에 따라 새롭게 대규모로 조성될 계획이어서 관심을 모으고 있다. 디지털 사이니지가 가진 장점은 원격 통제를 하기 때문에 문제가 생기면 바로 조치가 가능하고 소재 교체가 쉽다는 점이다.

최근의 디지털 사이니지의 추세는 기존의 옥내용에서 옥외용 공간으로 변화되고 있는데 가까운 시간 내에 IP와 매체가 서로 결합될 가능성이 크다. 향후 디지털 사이니지는 단순히 영상을 보여주는 원거리 대형매체에서 벗어나 눈높이 형태의 근거리 옥외매체로 변화될 것으로 예상한다(김재영, 2011).

이와 더불어 디지털사이니지를 두고 정부부처간 콘텐츠운영과 심의를 서로 다루고자 한다. 그런데, 이러한 점에서도 꼭 염두에 두어야 할 것은 디지털 사이니지를 발전시키는 것이다.

5. 기금조성용광고

대표적인 사업이 국제대회 지원을 위한 기금조성용 옥외광고사업이다. 2009년과 2010년 두 해 동안 우여곡절을 겪으면서 사업자 선정이 끝났지만 개운하지 않은 것은 사업자들의 요구와 정부 정책을 대행하고 있는 옥외광고센터 간의 커뮤니케이션이 원활하게 이루어지지 않은 점이다. 기금조성사업이 아무리 옥외광고산업을 활성화하는데 필수불가결한 조건이라 하더라도 정책 집행자와 사업자는 서로가 윈윈할 수 있는 방안을 모색하기 위한 커뮤니케이션에 인색하지 않아야 한다. 현재는 사업자의 불만이 팽배해 있는 상태이다. 옥외광고센터도 이 기금조성용 광고를 활성화하기 위해 수익구조 분석, 광고사업방식 선정, 향후 수익 예상 등 다양한 노력을 강구하고 있다. 결국 해결책은 정부, 광고사업자, 광고매체사, 대행사 등이 공유할 수 있는 합의점을 찾아내는 것이다. 적절한 광고단가 산정, 기금조성 비율 등이 관건이다.

정부의 정책적 사업을 대행하는 옥외광고센터나 기금조성 사업자로 선정된 회사들은 모두 한국의 옥외광고산업이 활성화되기를 바라고 또한 옥외광고산업이 발전을 해 나가는데 온갖 노력을 기울여왔다. 즉, 동일한 목표를 가지고 있으면서도 상이한 행동을 하고 있는 것은 서로에게 치명적인 위험을 안겨줄 수 있으므로 조속히 서로에게 도움이 되는 신뢰성을 가져야 한국의 옥외광고산업의 미래가 희망적일 수 있다(김재영, 2011). 최근에는 관계가 호전되어 기금조성사업이 이전보다 원활히 되고 있다.

6. 자유표시구역

2016년의 옥외광고법 개정으로 자유표시구역 제도가 도입되었다. 행정자치부장관이 시, 도지사의 신청을 받아 옥외광고물 등 자유표시구역을 지정할 수 있도록 하는 것이다. 옥외광고물 자유표시구역 제도로 우리나라도 해외의 옥외광고처럼 선정된 구역에서는 지금까지 제한되었던 옥외광고물을 설치 할 수 있다는 것이다. 예로 들면, 미국의 뉴욕 타임스퀘어나 영국의 피카디리 광장 같은 곳에서 설치되어 있는 옥외광고물을 상상하면 되겠다. 지금까지는 외국에서 나타날 수 있는 옥외광고물이 한국에서는 허용되지 못했었다. 그런데, 이러한 옥외광고물은 하나의 광고물에만 그치는 것이 아니라 해외처럼 다양한 옥외광고물에 의한 도

그림 15.2 뉴욕 타임스퀘어 1

그림 15.3 뉴욕 타임스퀘어 2

시가 형성되는 것이다. 오늘날의 도시는 다양한 요소로 구성된다. 도시가 갖추고 있는 인프라와 문화가 도시를 만들어 낸다. 해외에서 올 수 있는 접근성과 뮤지컬, 공연, 영화관 등의 문화적 요소가 도시를 형성함과 동시에 다양한 형태의 옥외광고물이 도시의 이미지를 만들어간다. 이렇게 될 때, 새로운 옥외광고물이 한국을 대표하는 랜드마크로 작용할 것이다. 이는 도시를 명소화함은 물론 이로 인해 새로운 해외관광객이 유입되어 새로운 관광자원을 창출하는 계기가 되었다. 최종적으로 옥외광고물을 통해 새로운 문화융합도시를 만들 수 있다.

그리고, 연말연시 · 국제행사 등 한시적 기간 동안 상업광고를 허용하는 '한시적 옥외광고물 자유표시구역' 추진에 관한 내용이다. 도시 미관과 조화를 전제로 미디어파사드의 광고, 건물외벽랩핑광고, 공공시설물의 한시적 광고물 집행을 허용하여, 연말연시나 국제적 행사에 도시의 이미지와 광고주의 기업 이미지를 동시에 제고시킬 수 있게 되어 도시의 문화의 창출되고, 국가 위상 확보에 기여할 수 있게 될 것이다.

7. 결론

옥외광고 정책의 변화로 발전적 입장에서 정책들이 결정되어 공정하게 실행되었으면 한다. 그리고 이러한 정책이 현재 침체된 옥외광고 시장을 활성화 시켰으면 한다. 한편, 2011년 종합편성채널(종편)의 등장이 옥외광고시장에 미치는 영향은

그림 15.4 부스 래핑 사례

예상보다 크지 않을 것이라는 전망이 나왔다. 미디어미래연구소는 2012년 1월 13일 미래광고시장 전망 및 이슈 발표에 따르면 옥외광고시장의 2012년 규모는 7,784억원으로, 자연성정률 수준에서 정체 양상을 보일 것으로 전망됐다. 조선 · 중앙 · 동아 · MBN의 종합편성채널이 제작 투자가 당초 계획대로 이뤄질 경우 내년에 4,230억 원 수준의 광고비 규모를 형성할 것으로 전망됐으며, 종편의 영

그림 15.5 건물 래핑 사례

향으로 신문, 잡지, 케이블TV 광고가 타격이 클 것으로 예측됐다. 옥외광고는 2011년 7,707억 원에서 2012년 7,784억 원으로 자연성장률 수준에서 머무를 것으로 전망됐다(이정은, 2012). 이와 같은 상황에서 옥외광고발전을 도모할 수 있는 방법은 옥외광고 정책을 올바로 시행하는 것이다. 광고주, 광고대행사, 광고매체사 등 모든 주체들의 공동된 의견을 통해 옥외광고 발전은 활성화 될 것이다.

방송통신광고조사(2016)에 의하면 옥외광고시장은 옥외광고 시장의 매출액은 2016년 1조 921억 원, 2015년 1조 1,140억 원으로 2015년 대비 2016년은 2.0% 감소하였으며, 2017년 예상 매출액은 1조 950억 원으로 0.3% 성장할 것으로 나타났다. 세부 유형별 옥외광고 매출액 규모는 교통 광고가 3,924억 원으로 전체 옥외광고 매출액의 36.0%를 차지해 가장 큰 수치로 나타났으며 그 다음으로 엔터테인먼트 광고 매출액은 3,259억 원으로 29.8%를 나타냈다. 빌보드 광고는 1,871억 원으로 17.2%를 차지하였고, 기타광고는 1,858억 원으로 17.0%를 차지해 빌보드 광고와 비슷한 수치를 보였다. 옥외광고 시장은 계속 하락하고 있는 상황이다. 이러한 상황은 한국광고시장 자체가 정체되어 현재 광고비가 성장이 둔화된 채, 매체간의 제로섬 게임을 하고 있기 때문에 옥외광고시장이 성장하는 것은 쉽지 않은 상황이다. 그렇지만 옥외광고는 현재 새로운 테크놀러지와 함께 함께 연동되어 진화되고 있기 때문에 앞으로 전망이 밝을 수 도 있다. 우리가 이러한 전망을 해보면서 새로운 옥외광고시장이 만들어지길 기대해보자.

참고문헌

1장

서범석(2001), 옥외광고론, 나남출판.

서범석, 이명희, 김영배, 김정수(2004), 옥외광고학 원론, 위드북스.

서울시정개발연구원(1994, 1995), 서울시 옥외광고물 정책관리 방향(I), 옥외광고물의 효율적 관리방안연구-옥외광고물의 법령의 개선을 중심으로.

옥외광고물 등 관리법 시행령(2011), 일부개정 2011.10.10, 대통령령 제23215호.

이정교, 이예승, 강미성, 구은연(2004), 옥외광고물 분류체계에 관한 연구, 옥외광고학연구, 1(2), 93 – 116.

HS 애드 내부자료.

옥외광고물 등의 관리와 옥외광고산업 진흥에 관한 법률 시행령(2017)

2장

서범석(2001), 옥외광고론, 나남출판.

유승철(2011), 디지털사이니지 마케팅, 팝사인

3장

Zenith Optimedia(2007), Aduertising Zxpenditure. http://www.oaaa.org.

6장

서범석(2001), 옥외광고론, 나남출판.

서범석, 박현수, 심성욱(2006), 2장 옥외광고 효과조사 실시방안, 옥외광고 유통구조, 한국언론재단.

서울시 (2010). 서울시 유동인구 조사백서

최민욱(2006), 옥외광고 효과에 관한 이론적 연구, 옥외광고학연구, 3(2). 35 – 54.

심성욱 외(2007), 옥외광고효과측정개선방안연구보고서, 행정안전부.

淸水公日(2003), 한국옥외광고학회 특별 세미나 발표문.

7장

김신엽 (2016). 아이트래커 실험을 통한 디지털 옥외 광고 효과 측정 연구 – eye tracker 실험을 중심으로. 한국OOH광고학회 추계학술대회, 2016.10, 57-71.

김재홍(1995), 옥외광고 효과측정을 위한 실증연구, 광고연구 26, 한국방송광고공사 339 – 355.

박정선, 정현주 (2014). 아이트래커를 활용한 야립광고 수용자 효과측정 연구. 광고학연구, 25(6), 135-168.

서범석(1996), OHM의 광고 효과에 관한 연구 : 전광판 광고를 중심으로, 광고학연구 7(3), 103 – 124.

서범석(2001), 옥외광고 효과측정 모델에 대한 연구 : 대형 옥외광고 효과측정 항목 개발을 중심으로, 광고학연구, 12(2). 191 – 206.

심성욱(2007), 옥상광고효과에 관한 연구 : 신사역사거리 S핸드폰 네온광고를 중심으로, 옥외광고학회 2007년 춘계광고학술심포지엄.

심성욱, 신일기, 주대홍(2007), 스키장광고효과에 관한 연구 : 노출(DEC), 태도, CPM, 옥외광고학회 2007년 추계광고학술심포지엄.

신일기, 심성욱(2011), 인터랙티브옥외광고수용에 관한 연구: 디지털사이니지 StikusWall 사례를 중심으로, 한국광고홍보학보, 13(4), 390 – 432.

심성욱, 변혜민(2012), 편의점 디스플레이를 통한 콘텐츠 및 광고태도에 관한 연구: 매체태도를 중심으로, 광고학연구, 23(1), 233 – 252.

씨제이파워캐스트 (2016). Target Insight : 강남역 광고효과 Report. 2016년 8월.

이희준, 조창환, 김승은, 백남정, 최영현, 고수영 (2016). 디지털 사이니지의 매체 영향력 측정 모델 개발에 대한 연구 : 광고 매체로서의 수용자 정보수집 및 타게팅 기능을 중심으로. 2016년 한국광고학회 춘계광고학술세미나, 140-145.

인앤아웃컴퍼니 (2015). 쿠팡 채널코엑스 광고효과 조사보고서. 2015년 2월.

8장

심성욱 외(2007), 옥외광고효과측정개선방안연구보고서, 행정안전부.

월간 팝사인(2007), 옥외광고에 세계가 주목한다 ③미국편, 4월호.

월간 팝사인(2008). 옥외광고에 세계가 주목한다 ④영국편, 4월호.

일본옥외광고효과조사포럼(2005), 미국의 옥외광고사의 동향.

호주 옥외광고미디어 협회 www.oma.org.au/

박현 (2017). OOH(Out Of Home) 미디어의 광고 노출효과 측정 방안 연구 : 남역지하상가의 기둥광고와 벽면광고를 중심으로, 단국대학교 박사논문.

https://www.matrixmediaservices.com/

http://route.org.uk/

www.clearchannel.com

9장

나카무라 이치야, 이시도 나나코(2010), 디지털 사이니지 혁명, 서울: 커뮤니케이션북스.

신일기, 심성욱(2011), 인터랙티브옥외광고수용에 관한 연구: 디지털사이니지 StikusWall 사례를 중심으로, 한국광고홍보학보, 13(4), 390 - 432.

스마트미디어진흥협회(2016). 디지털사이니지 산업동향보고서

10장

나카무라 이치야, 이시도 나나코(2010), 디지털 사이니지 혁명, 서울: 커뮤니케이션북스.

문철수(2010), OOH 광고 미디어로서의 디지털 사이니지에 관한 탐색적 연구, 옥외광고학연구, 7(4), 237 - 256.

매일경제(2011. 08. 22)‘, 일상이된‘디지털사이니지’.

방송통신전파진흥원 (2014). 디지털사이니지보고서

심성욱, 신일기(2007), 옥외광고혼잡에 대한 소비자 지각에 관한 연구: 지하철 스크린도어(PSD: Platform Screen Door) 광고물을 중심으로. 광고학연구 19(5),193 - 212.

심성욱 , 김운한, 신일기(2011), 인터랙티브광고론, 서울경제경영출판사.

양윤직(2010), 디지털 시대의 광고 미디어 전략. 서울: 커뮤니케이션북스.

유승철(2009), 디지털 사이니지 광고의 멋진 신세계. 제일월드와이드, 402, 52 - 55.

이노빅스(2009)‘, 1위편의점훼미리마트매장내삼성전자LED설치’, http:// www.innob2b.com/.

조성우(2011), 현대오피스로비에 나타난 디지털 사이니지의 공간 표현 특성에 관한 연구: 미디어 기업을 중심으로, 건국대학교 디자인대학원 석사학위 논문.

DMC미디어(2011), 해외 디지털사이니지 사례, 2011. 04.

__________(2011), 디지털 미디어 이슈 리포트, 2011. 07.

KT경제연구소(2010), 첨단기술로 진화하는 디지털 사이니지.

13장

서범석(2001), 옥외광고론, 나남출판.

14장

강상권(2011),‘ 옥외광고법령어떻게바뀌나?’, 강의자료.

김영배(2006), 간판문화 획기적 개선방안, 문화관광부 발표자료.

김영배, 이명희(2004), 사례로 본 옥외광고물관리법 시행령의 문제점과 개선방향 연구, 옥외광고학연구, 1(2), 69 - 91.

박영주(2006), 법적관점에서 본 특별법 옥외광고물. 손봉숙의원실, 한국옥외광고학회 공동토론회(특별법 옥외광고 어떻게 할 것인가?).

서범석(2002), 옥외광고 특별법에 관한 연구.

서울특별시(2002), 옥외광고물등관리법시행령.

손봉숙(2005), 정책보고서 4- 특별법 옥외광고정책의 현황과 개선방안.

손봉숙(2006), 특별법 옥외광고물의 실태와 개선방안. 손봉숙의원실, 한국옥외광고학회 공동토론회(특별법 옥외광고 어떻게 할 것인가?).

이정교, 이예승, 강미성, 구은연(2004), 옥외광고물 분류체계에 관한 연구, 옥외광고학연구, 1(2), 93 – 116.

팝사인(2006, 7월), 국회문광위 간판소위 대체법안 진단, 50 – 52.

팝사인(2006, 7월), 규제완화법안 진행경과 및 전망, 46 – 49.

팝사인(2006, 7월), 등록제시행, 자격요건과 시설요건 점검, 43 – 45.

정석, 박선주, 강수형, 윤주남(1995), 옥외광고물의 효율적 관리방안 연구 (2), 서울시정개발연구원.

지스마트 (2016). 옥외광고물법 정리. 내부자료.

15장

김재영(2010), 디지털 사이니지와 스마트 폰으로 확장되는 옥외광고매체, 광고계동향, Vol. 249. Special Issue 4.

박현(2007), 기금조성용옥외광고정책:옥외광고의 소중한 발전의 계기가 되었으면. 기금조성 옥외광고의 대안적 패러다임 토론회. 손봉숙의원실.

심성욱 (2016). 옥외광고시장 발전방향. 행자부 발표자료.

이정은(2011)a, 2012년 옥외광고시장, 종편 충격파 예상보다 적을 듯 미디어미래연구소“, 종편4,230억원수준광고비”예상, SP투데이. 235호.

이정은(2011)b, 지하철 · 철도 구간에 신규 디지털 사이니지 사업‘봇물’연말 · 연초에 대규모 사업 줄줄이 영업 스타트, SP투데이. 235호.

최범(2007), 옥외광고에 부는 바람. 기금조성 옥외광고의 대안적 패러다임 토론회. 손봉숙의원실.

방송통신위원회 (2016). 방송통신광고조사

옥외광고 관련 주요 History

1908년: 동대문 성벽 주변 복덕방과 채소종자상 간판과 천연당사진관 간판 사진
1909년: 〈대한매일신보〉 3월자에 옥외광고회사의 간판달기 권장광고 기사
1910년: 2월 6일자 화평당 간판광고, 2월 10일자 자혜대약방 건물의 간판이 포함된 건물 그림
1925년: 〈조선상공안내〉라는 책자의 목차에는 간판제작업이 등장
1927년: 〈별건곤〉 1927년 12월호에 서울시내 간판품평회에 대한 기사
1910년: 파리에서 열린 제 1회 expo에서 세계 최초로 네온사인이 소개
1930년: 네온사인이 일본으로부터 전파
1936년: 5월 20일 쇼윈도용 광고기구-전광뉴스식 사인 이라는 기사
1938년: "상점 · 상품광고의 새경향, 광, 음, 동 장식"이란
1956년: 일제때 들어왔던 네온제작 기술을 바탕으로 우리 자본에의 한 간판 제작기술이 복원
1959년: 김포국제공항 청사 신축
1960년: 1월 월동 전력대책으로 네온사인 소등령
1961년: 5.16이후 경제 부흥의 분위기가 확산되면서 대형 빌보드 등상
1962년: 2월 네온사인 소등령 해제
1962년: 6월20일 〈옥외광고물등단속법〉이 제정, 시행되어 치안본부 관할의 법적 규제가 시작
1963년: 11월11일에 〈옥외광고물등단속법〉 개정

1965년: 제일광고네온사가 일본 구로도네온사와 기술제휴로 네온의 선진기술을 도입

1967년: 전력 악화로 네온사인 규제

1968년: 7월 네온사인 규제 해제

1968년: 제주국제공항 개장

1971년: 여의도공항 폐쇄, 김포국제공항에 합류

1973년: 11월 오일쇼크로 네온사인 및 조명광고가 전면 규제

1973년: '새마을운동간판' 3천여개 설치, 국도광고

1974년: 제일기획 SP전담부서 신설

1974년: 8월 15일 지하철1호선 개통, 전홍이 광고대행사로 선정

1976년: 김해국제공항 개장

1977년: 10월 도시미관과 자연보호 차원에서 고속도로 야립광고와 옥상광고물 설치가 전면 금지

1977년: 네온 및 조명광고의 설치 금지 명령

1978년: 규격 위반과 풍치미관을 해치는 광고물 철거 시작

1979년: 10년 이상된 불법광고물부터 단계적으로 철거 시작

1980년: 1월 4일 〈옥외광고물 관리법〉이 제정, 관할 관청이 치안본부에서 내무부로 변경

1982년: 8월1일자로 관광진흥 차원에서 단순네온에 한해 부분적으로 허용

1980년: 2월 8일 서울시〈광고물등 관리법시행규칙〉이 서울특별시 규칙 제 1841호로 공표

1981년: 1월 10일에 개정, 제1885호로 변경

1982년: 8월6일 개정, 서울특별시 규칙 11989호로 변경

1984년: 3월부터 광고도장기능사 시험제도가 부활

1984년: 86아시아경기대회 및 88서울올림픽 기금조성 광고물 등장

1984년: NECO(종이, 천 등에 비주얼 화면 인쇄 후 면판에 부착하는 비조명 광고물) 등장

1984년: 지하철 2호선 개통

1985년: 국내 복합네온 1호인 신사동 후지필름 네온 설치

1985년: 지하철 3, 4호선 개통, 부산지하철 1호선 개통

1986년: 아시안게임 경기장광고 등장

1987년: 6월 1일자로 동자부 고시로 네온광고의 사용금지 해제

1988년: 4층 이상의 건물 측면에 네온 광고물을 허용
1989년: 부분적으로 허용되었던 네온 및 옥상광고가 상업지역으로 전면 확대
1987년: 시청앞 한흥빌딩 옥상에 올림픽기금조성광고물로 램프식 전광판 최초 설치
1988년: 조선일보 코리아나 벽면에 Q보드 전광판, 서울신문에 LED 전광판 설치
1989년: 네온 및 옥상광고 허용
1989년: 올림픽기금조성용광고물이 국민체육진흥기금 조성용 광고물로 대체
1991년: LG애드 옥외광고 전담 부서 설립
1991년: MMT 등 유연성신소재의 내부조명용 옥상 비주얼 광고 등장
1992년: 〈옥외광고물등 관리법〉 4차 개정에서 한국광고사업협회가 법정단체화
1993년: 대전EXPO기금조성용광고물로 네온사인, 애드벌룬, 점보트론, 레이저광고, 서치비전 등장
1993년: 제 1회 한국우수광고물 및 기자재전(코사인93)이 최초로 개최
1995년: 광화문 조선일보 시티비전(CRT방식), 동아일보전광판(FDT방식)의 풀칼라 전광판 설치
1995년: 광주비엔날레 기금조성용광고물 등장, 버스쉘터 개발
1996년: 지하철5호선 개통, 조선일보 전광판 광고사업 본격화(디지털조선애드 설립)
1997년: 무주동계유니버시아드 기금조성 광고물 등장(네온, 야립, 점보트론 추가)
1997년: 대구지하철 개통
1997년: 옥외광고사 관련〈자격기본법〉시행령이 공포, 국가가 인정하는 옥외광고사 제도 시행
1999년: 부산아시아경기대회, 동계유니버시아대회 기금광고 등장
1999년: 지하철8호선 개통, 인천지하철1호선 개통
2000년: 지하철7호선 개통, 코엑스몰 개장
2001년: 월드컵 기금광고 등장
2001년: 3.29일 인천공항 개항
2001년: 지하철6호선 개통
2002년: 대구지하철2호선, 부산지하철3호선, 광주, 대전지하철1호선, 공항철도(일부) 개통

2003년: 지하철 승강장 PDP 광고 설치(장리기획)
2004년: 4.1일 KTX 개통, 서울 신버스운영 체계 개시
2004년: 삼일로, 강남대로 등에 중앙차로버스쉘터 설치(아이피데코)
2005년: 지하철 스크린도어 설치(유진메트로)
2006년: 옥외광고 전용 LCD 출시, 상암월드컵경기장 LED A보드 최초 설치
2006년: 12월 기금광고 사업기간 종료, 철거 방침 확정
2007년: 기금광고 완전 철거, 인천공항철도(AREX) 개통
2008년: 6월 옥외광고물등관리법시행령 개정, 기금광고 일반법화, 4월 옥외광고센터 출범
2008년: 지하철1,3,4호선 열차안내정보시스템 설치
2008년: 송파, 양화로 중앙차로버스쉘터 설치 (광인)
2009년: 지하철9호선 개통(동아일보 옥외광고사업 시작), 영등포타임스퀘어몰 오픈
2009년: 강남대로 미디어폴 설치(KT, 제일기획, 광인), 코엑스몰 코몰라이브 설치(CJ파워캐스트)
2009년: 기금광고 입찰, 사업자 선정 (5개사 251기)
2009년: 서울역앞 서울스퀘어빌딩 미디어파사드 설치(98 m × 78 m, 세계 최대)
2010년: 야립광고 본격 설치 시작
2010년: 지하철 디지털뷰 설치(다음), 2호선 실시간 정보시스템 설치(비츠로시스)
2010년: 디스트릭트, 미디어클라우드 개발, LG U+ 아파트LCD 사업 개시
2011년: 동아일보 옥외광고사업 확장(인천공항, 버스외부), 인천공항 디지털 리뉴얼 오픈
2011년: 신분당선 개통, 강남지하상가 리뉴얼 오픈, 김포공항 롯데몰 오픈
2011년: 무안경 3D LCD, 투명LCD 개발
2011년: 국회의사당, 신촌밀리오레 건물 맵핑 시도, 인터렉티브 전광판 등장(강남CGV)
2011년: KTX 울산, 신경주, 김천구미, 오송역 개통
2012년: 2기 야립사업 사업권 입찰, 중앙일보, 인풍 참여
2013년: 서울메트로 광고사업 직영제(영업수수료제) 3호선부터 시작
2013년: KTX 경부 고속선 완전개통(서울, 부산 2시간 소요)
2013년: 서울버스광고 전체물량 대상 입찰, 전홍 수주(1년 6개월뒤 반납)

2013년: 창원 NC다이노스 9번째 구단으로 프로야구 참가
2014년: KT가로변 버스쉘터 설치완료
2014년: 코엑스몰 리뉴얼, 제2롯데월드몰 오픈
2014년: 강남역 게이트비전 설치
2014년: 지하철 PDV설치 (UHD 84인치, 스크린도어 부분에 설치)
2014년: 지하철 디지털뷰 사업종료, 철거
2014년: 광주 챔피언스필드 개장
2015년: 3기 야립사업 사업권 입찰
2015년: 삼성역 미디어터널 설치
2015년: 서울버스광고 후면설치 허용
2015년: KTX 호남 고속선 완전개통(서울, 광주간 1시간30분)
2015년: 택시광고 재등장(210개 법인 택시 연합)
2015년: 9호선 연장구간 오픈(사업자: 한승공영)
2015년: 수원 KT위즈 제10구단으로 프로야구 합류, 수원 KT위즈파크 개장
2016년: 지하철 디지털포스터 확대
2016년: 대구라이온스파크, 고척돔구장 개장
2016년: 하남스타필드 오픈
2016년: 옥광법 개정(1월), 시행령 개정(7월) – 디지털옥외광고 합법화, 광고자유표시구역 등
2016년: 광고자유표시구역 강남구 코엑스 일대 선정
2016년: 중앙일보, 강남대로 미디어폴 사업자 선정
2016년: 한국경제신문, 잠실야구장 사업권 수주
2017년: 종로구간 중앙차로버스쉘터 사업입찰(JC데코 수주)
2017년: 인천공항 T2 사업권 입찰
2017년: 코엑스일대 광고자유표시구역 사업권 입찰
2017년: 서울시 버스광고 사업권 입찰
2017년: 제주공항 사업권 입찰

저자 소개

심성욱 한국외국어대학교 신문방송학과를 졸업하고 미국 미주리대학교에서 광고학석사(M.A), 플로리다대학교에서 광고학박사(Ph.D.)학위를 받았다. 2003년부터 한양대학교 광고홍보학과에서 재직중이다. 박사학위 취득 후 2002년 9월부터 광고대행사 오리콤에서 브랜드전략연구소 부장으로, 2003년에는 한국언론진흥재단 객원연구위원으로 일한 바 있다. 2014년 11월부터 2016년 10월까지 한국OOH광고학회장을 역임하였다. 현재 서울시와 한국옥외광고센터 옥외광고 심의위원을 맡고 있다. 주요 관심분야는 광고전략, 디지털광고, OOH광고 등이다. 저서로는 '광고학개론(공저)', '인터랙티브광고론(공저)', '한국의 광고2(공저)', '시장개방 20년과 한국의 광고산업(공저)', '디지털미디어와 광고(광고)', '옥외광고효과와 유통구조(공저)' 등이 있다.

박현 고려대학교 한국사학과를 졸업하고 단국대학교에서 방송영상학 석사와 커뮤니케이션학 박사 학위를 받았다. 1996년 ㈜LG애드 SP매체팀에 입사하여 2012년까지 LG계열사 옥외광고 대행 업무와 OOH 비즈니스 사업 및 옥외광고 컨설팅 업무를 수행했다. 그리고 2017년 1월까지 약 5년간 CJ파워캐스트㈜에서 OOH 사업부장과 디지털사이니지 사업부장으로 재직하면서 다양한 OOH 사업 추진과 디지털사이니지 신규 매체 개발을 주도하였다. 현재 한국디지털사이니지 연구소장으로 재직하고 있으며 서울시와 한국옥외광고센터의 옥외광고 자문위원, 용산구 옥외광고 심의위원, 스마트사이니지포럼 운영위원 및 서비스산업 분과장을 맡고 있다. 그의 관심 분야는 옥외광고 매체 개발과 정책연구, 디지털사이니지 콘텐츠 크리에이티브 등이다. 저서로는 '한국의 광고2(공저)'가 있다.

찾아보기

한글 찾아보기

ㅅ

ㅇ

영어 찾아보기

기타

新 옥외 광고론 2판

2012년 3월 13일 | 제1판 1쇄 발행
2017년 8월 31일 | 제2판 1쇄 인쇄
2017년 9월 5일 | 제2판 1쇄 발행

지은이 | 심성욱 · 박현
발행인 | 김은중
발행처 | 서울경제경영출판사
북디자인 | (주)우일미디어디지텍

주 소 | 03767 서울특별시 서대문구 신촌로 205, 506호
전 화 | 02)313-2682
팩 스 | 02)313-8860
등 록 | 1998년 1월 22일 제5-63호

ISBN 978-89-97937-68-4 93320
정가 20,000원

※ 파본은 바꾸어 드립니다.